북송 강역도

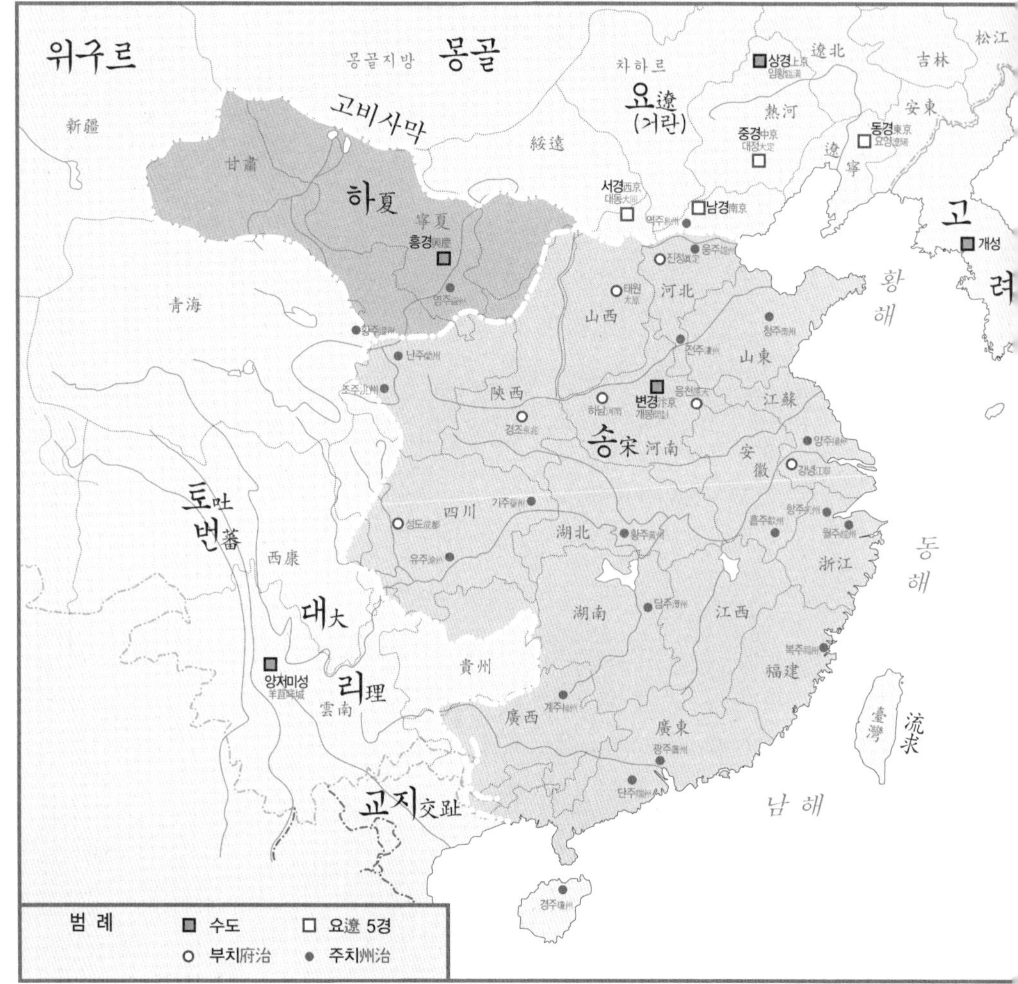

위구르
몽골지방
몽골
차하르
요遼
(거란)
고비사막
하夏
송宋
토번
吐蕃
대大
리理
교지交趾
고
려
황해
동해
남해
범례
수도
요遼 5경
부치府治
주치州治

남송 강역도

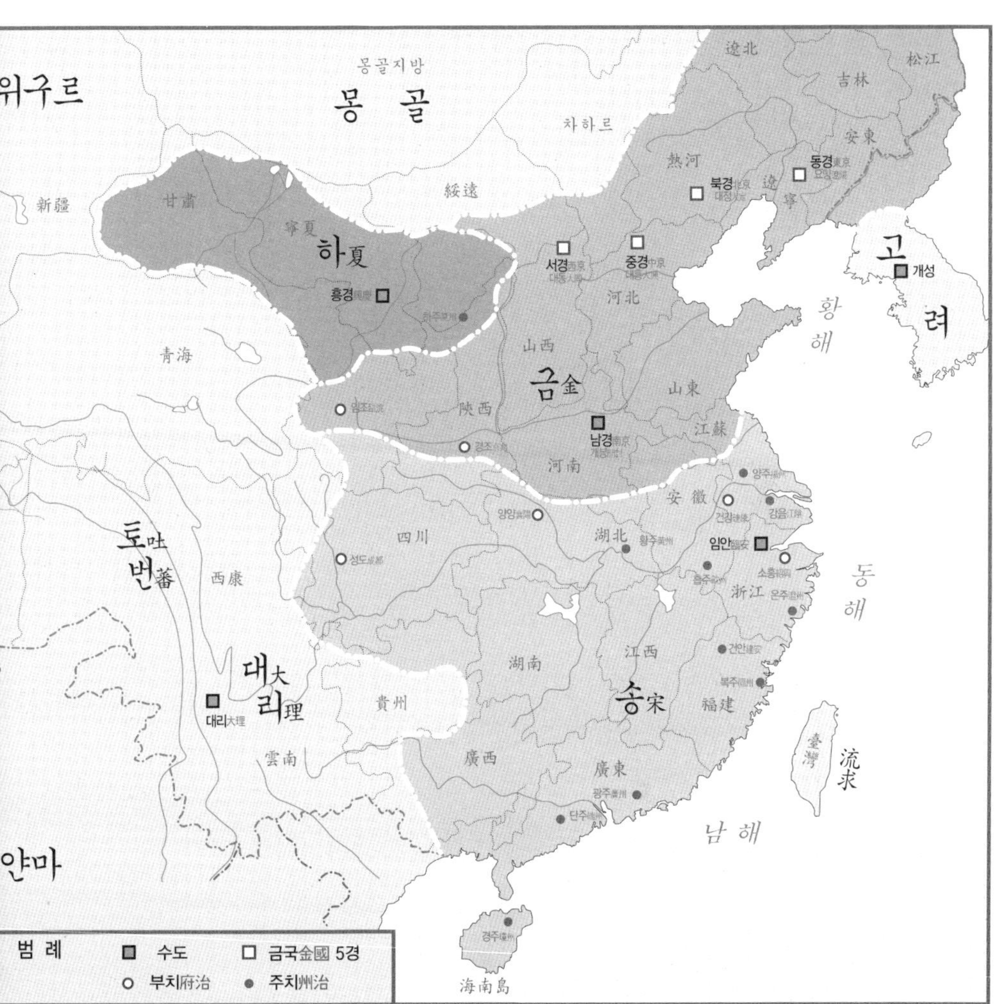

위구르
몽골지방
몽 골
차하르
遼北
松江
吉林
安東
熱河
동경東京
북경北京
遼寧
新疆
甘肅
綏遠
寧夏
하夏
흥경
서경西京
중경中京
河北
고
개성
려
황해
青海
山西
금金
山東
陝西
남경南京
江蘇
河南
安徽
양주
四川
湖北
임안臨安
토吐
번蕃
西康
성도成都
浙江
동해
湖南
江西
대大
리理
대리大理
貴州
송宋
福建
雲南
廣西
廣東
臺灣
流求
남 해
얀마
海南島
범 례
수도
금국金國 5경
부치府治
주치州治

중국의 역사

【송 대】

중국의 역사

【송 대】

스도 요시유키 | 나카지마 사토시 지음
이석현 | 임대희 옮김

혜안

「금명지쟁표도金明池爭標圖」(송, 장택단張擇端 작)

글싣는 차례

| 첫머리에 |

중국 군주독재체제의 확립

문관정치체제의 확립과 용관·용병의 폐단

당 후반부터 오대를 거쳐 송에 이르는 기간, 즉 8세기 중엽부터 약 200년 동안은 중국 역사상 하나의 큰 변혁기였다. 균전제均田制[1)]의 붕괴로 지주전호제地主佃戶制[2)] 사회로 이행하였고, 율령체제律令體制에서 무인정치체제武人政治體制로 바뀌고 나아가 강력한 황제권력에 의한 관료정치체제가 구현되어 갔다.

송대 전제체제를 지탱해 준 주요 버팀목은 문인관료체제文人官僚體制였다. 문인관료는 주로 과거시험 합격자로서, 과거는 문인관료의 공급로였다. 과거시험의 응시자는 주로 지주층 자제였다. 이들은 명예와 특권을 쥘 수 있는 관료를 목표로 하여, 가문家門의 기대를 한 몸에 받으며 여러 해 동안 각고의 노력 끝에 과거시험에 합격하여 관리의 길[관도官途]에 들어섰다. 교양 있는 지주층 즉, 사인층士人層[3)]은 관료의 모태였고, 송대 황제권력의 기반이었다.

국가체제가 충실해지고 활동이 확대되면 당연히 관제는 팽창하고 기구도 복잡해지고 필요한 관료의 수도 많아진다. 그런데 송은 특수한

송대의 사대부 형세호이자 사대부인 이들의 교양은 거문고, 바둑, 서예, 그림의 네 가지로 대표된다.

사정 때문에 황제권력을 확립하기 위해 관제를 의도적으로 복잡하게 만들고 동시에 중복시켰기 때문에 점점 더 많은 수의 관료가 필요해졌다.

한편, 앞에서 말했듯이 사인층 자제들은 관리가 되기를 열망했다. 이는 또한 사인층 전반의 바람이기도 했다. 황제는 그러한 사인=지주층을 존립의 기반으로 삼았다. 따라서 그들의 바람을 가능한 한 들어주어야 했고 이 때문에 관료 숫자는 늘어날 수밖에 없었다. 또한 송조는 다른 시대에 비해 관료에게 주는 봉록俸祿[4] 등의 대우도 후한 편이었다.

인원이 증가하고, 대우도 좋았기 때문에 말할 것도 없이 급여 인건비가 늘어났다. 관료에게 주는 급여는 국가의 재정지출에서 큰 부분을 차지하여 재정에 큰 부담을 주었다. 게다가 앞에서 말했듯이 송의 관료 조직에는 불필요한 부분이 많았으며 비능률적이었다. 용관冗官(불필요한 관직)이 많았던 것이다. 용관의 폐단은 북송 중기에 정론政論의 대상이 되었다.[5]

황제의 전제체제를 지탱하는 또 하나의 버팀목은 군사력이었다. 송에서는 문관정치가 행해졌으므로 군정도 문관을 우위에 둔 통제가 가능했는데,[6] 이는 다른 한편으로 약병弱兵의 원인이 되기도 했다.

당시 송은 북방의 요遼와 서하西夏라는 강대국과 대치하고 있었다. 유목사회에 기반을 둔 강력한 군사국가였던 이들의 침입을 막기 위해 송은 총력을 다해 대응해야 했다. 첫 번째 방책은 병사 수의 증가였다. 북송 중기에 서하와 전쟁을 벌이면서 병사 수가 격증하였고, 이 방대한 병력을 유지하기 위한 군사비는 재정을 심하게 압박했다. 이에 당연히 용병冗兵(불필요한 군인)이 논의의 대상에 올라, 병제兵制를 개혁하여 재정을 회복하자는 논의가 일어났다.

신종·왕안석의 신법개혁

용관·용병 문제를 개혁하여 궁핍한 재정을 회복하자는 논의와 함께 조야朝野의 논의에 오른 문제는 대지주·대상인의 발호였다. 수많은 중소지주와 중소상인들이 대지주와 대상인의 압박으로 몰락하게 되면 이는 황제의 권력기반을 뒤흔드는 일이 되므로 송 왕조에게는 중대한 문제였다. 중소지주의 몰락에 박차를 가한 것은 직역職役의 과중한 부담이었다.

직역이란, 조세징수[7]와 경찰 등 행정의 말단 직무가 무상노동 형태로 유산농민有産農民에게 할당되는 것으로, 그 부담이 과중하여 중소지주층이 힘겨워하고 있었다. 농민이 악덕 대지주와 대상인 또는 이들과 결탁한 관료들의 악정에 시달리고, 궁핍해져 도적이 되고, 관헌들에게 저항하는 모습은 유명한 『수호전水滸傳』에 생생하게 잘 묘사되어 있다.

신종·왕안석의 신법개혁新法改革[8]은 이 중대한 사회문제를 해결하고 생산력 증진과 재정난 타개를 도모하고, 부국강병을 성취하기 위한 것이었다. 이것은 국초 이래, 중국통일의 최종적인 완성을 위해 노력하였지만 아직 실현되지 못한 요遼로부터의 연운燕雲지방 탈환[9]이라는 과제를 실현시켜 여러 해에 걸친 대외적 굴욕을 씻어낼 길과도 연결되는 것이었다.[10]

왕안석의 신법은 『주례周禮』 정신으로의 복귀를 표방했다. 『주례』를 들고 나온 것은 아마도 중국의 전통적인 상고주의尙古主義(옛 것을 숭상하는 경향)에 따른 것으로 보인다. 이는 내용적으로 사회진보의 방향과 합지하는 바가 많았고, 고위 관료와 결탁한 대지주·대상인의 발호를 억제하고 군주권을 강화시키고자 한 것이었다.

그러나 신법·구법 간의 당쟁은 송의 국운에 큰 영향을 미쳤다. 신법의 흐름에 편승한 채경蔡京의 악정은 새로 흥기한 금나라의 침략으로 인해 송을 망국의 비운으로 이끌었다. 송의 황족은 포로가 되어 금나라로 끌려갔다. 유일하게 포로 신세를 면한 강왕康王 구構가 송의 부흥을 지향하는 사인士人들의 중심이 되어 남송을 다시 일으켰다. 부흥한 남송의 정국을 장악한 것은 당연히 구법당 정치가들이었다.

남송시대가 되자 국가의 생사를 쥔 중대문제인 금과의 관계가 정국에서 크게 부각되어 금과 화해할 것인지 싸울 것인지를 둘러싼 의견대립이 정치상 주된 의제가 되었다. 이는 주전主戰을 주창하는 군벌세력과 주화主和를 주창하는 문관들 간의 대립이기도 하였다. 이젠 북송 이래 진행되었던 신법·구법의 정책투쟁에 몰두할 여유가 없었다. 학문이나 사상의 문제로서는 다툼이 여전히 남아 있었지만, 정치상의 문제로서의 신법과 구법 간의 당쟁은 이윽고 사라졌다.

송의 대외관계

송조 300년 동안, 대외관계는 실로 중대한 문제였다.[11] 대외관계는 단순히 외국과의 관계로만 한정되는 것이 아니라 국내의 정치·사회 문제와도 긴밀히 관련되어 있었다.[12]

당 초기에는 중국 주변의 여러 민족이 대부분 당의 무력에 제압당하여 복속되어 있었다. 그들은 당 문화권에 속하여 문화 문물을 수용하여 자신들의 문화 향상과 건국에 노력했다. 그 결과 10세기 초에는 거란족契丹族[13]이 결집하여 강력한 국가를 세우고, 당 멸망 후 분열한 중국의 오대왕조보다 우위에 서게 되었다. 송이 일어나 분열된 중국을 통일했지만 거란[요遼][14]이 송보다 군사적으로 우위를 점하는 형세는 변함이 없었다.[15]

송대(11세기)의 국제관계

한편, 서북 변경에는 티베트계인 탕구트족이 하국夏國(서하西夏)을 세워, 송에 대항하며 물러서지 않았다.[16] 질적으로 열악함을 면하지 못한 송의 군대는 군사적 실력에서 요[17]·하[18]보다 열세에 놓여 있었다. 송은 세폐歲幣와 세사歲賜라는 명목으로 이들에게 실리를 안겨주면서 겨우 명목적이고 의례적인 대외적 우위만을 유지하였다.

이어 금金[19]이 동북지방 오지에서 흥기하여 요를 멸망시키자, 송의 열세는 명실공히 결정적이 되었다. 중국 북반부(회수淮水 이북)를 금에게 빼앗기고 송은 금의 신하 혹은 조카라는 입장에 처하였다.

요·하·금에서는 모두 중국에 대한 문화적 독립정신도 강화되었다. 세 나라 모두 독자적인 문자를 제정하여 사용한 데서 그 일단을 볼 수 있다. 과거 당나라 시대에 당 문화권에 포함되어 것을 기뻐하던 무렵과 비교하면 큰 차이가 있다.

이처럼 오대·송 시기에 중국 주변의 여러 민족이 민족적 자각에 눈 뜨면서 중국과 대등한 국가의식을 갖고 활약하는 일이 많아졌다. 한반도에서는 고려[20]가 송과 화친관계를 유지하며 국가체제를 정비했다.

베트남[21]이 건국된 것도 이 시기다. 베트남에서는 10세기 중엽 무렵 오吳왕조 후, 968년 정부령丁部領이 대구월국大瞿越國을 세웠다. 여黎씨를 거쳐 이李씨가 정권을 이어받아 1054년 국호를 대월大越로 바꾸고 1174년 송으로부터 안남국왕安南國王에 봉해졌다.[22] 1225년에는 진陳씨가 왕이 되었다. 당시 베트남은 남송의 책봉국冊封國이라는 형식을 취하고는 있었으나 사실상 독립국이나 마찬가지였다.

송은 요·하·금으로부터 항상 압박을 받고 침입을 당하고 있었기 때문에 이들을 방어하기 위한 군사비가 막대한 액수에 달했다. 즉, 국가재정에 항상적으로 큰 부담을 주고, 재정·경제, 국민 생활에 큰 영향을 주었던 것은 이들 여러 나라와의 관계였다.[23]

또 종래 중화사상에 입각하여 오랑캐[이적夷狄]라고 천시해 왔던 여러 외국[24]에게 늘 압박을 당하고 신하의 입장에서 그들을 섬기고 그 아래 위치하게 된 것은 전통적 관념에 큰 충격을 주었다.[25] 한편으로는 이에 반발하여 화이명분華夷名分을 분명히 구별해야 한다는 민족주의적 주장도 강하게 일어나게 된다.[26]

요·서하·금에게 계속 고통을 당하던 송은 결국 몽골족(=원元)의 무력 앞에 멸망하고 300년 역사의 막을 내리게 된다.

당송변혁기의 중요성

1922년 교토京都 대학의 나이토 도라지로內藤虎次郎(나이토 고난內藤湖南)는

『개괄적 당송시대관概括的唐宋時代觀』에서 당과 송 사이에 역사상 많은 차이가 있음을 지적했다. 예를 들면 당대의 귀족정치에서 송대 이후 군주독재정치로 이행한 점,[27] 송대에 화폐경제가 성행한 점, 노예소작인이 해방되어 인민의 토지소유가 가능해진 점, 서민문화가 성행한 점 등을 차이점으로 들고, 이 차이는 당·송 두 왕조 사이에 시대의 변화가 있었음을 나타낸다고 보았다.

중국사의 시대적 변화를 단지 왕조교체에서 찾았던 종래의 『십팔사략十八史略』식 왕조사관에 대해, 나이토의 설은 시대상의 변화를 지적하고, 당·송 양 시대 사이에 성격적 차이가 존재한다는 것을 밝혀 중국사에서 당송변혁의 중요성을 학계에 인식시키는 업적을 남겼다. 그러나 그의 설은 시대라는 그 자체를 완결된 개체로 보고 주로 문화사 중심으로 파악한 것으로, 한 시대에서 다음 시대로 나아가는 필연적 발전법칙에 의해 파악한 것은 아니었다.

나이토의 학설은 교토 대학을 주무대로 삼아 많은 후계자를 배출하였는데, 그 중에서도 미야자키 이치사다宮崎市定의 업적이 주목할 만하다. 미야자키는 나이토 학설을 사회경제적인 면에서 보강하고, 나아가 중국사 이외의 아시아 여러 국가(이슬람과 인도를 포함)의 시대구분까지 고려하여 총괄적인 시대구분 속에서 송대의 시대성을 파악했다.

예를 들면 1950년 출판된 『동양적 근세東洋的近世』는 당말 변혁을 중세사회로부터 근세사회로의 변혁이라는 사회경제적 의미로 파악하면서 송대를 유럽사의 르네상스기에 대비시켰다.

한편 도쿄東京 대학에서는 가토 시게시加藤繁가 중국경제사의 개척자로서 견고하고 치밀한 실증적 연구를 진행했는데, 특히 당송시대의 사회경제사 연구에 진력하였다. 가토는 시대구분론에 대해서는 극히 신중한 태도를 보였는데, 『중국경제사개설支那經濟史槪說』(1944)에서 다음과 같이 지적하였다.

"전국진한戰國秦漢은 물론 남북조 시대까지는 소작인이 그렇게 많지 않았고, 대관호족大官豪族의 대토지를 경작한 것은 주로 노복奴僕이었다. 균전법의 붕괴를 전후하여 농경에 노복을 쓰는 것이 쇠퇴하고, 소작인을 쓰는 것이 유행했다. 대지주가 소유한 대토지, 즉 장원의 토지를 경작한 것은 주로 소작인[전호佃戶]이었다. … 송대에는 노복을 경작에 쓰는 일이 더욱 쇠퇴하고 소작제도가 점점 발달했다. 북송시대에 전국의 자작농과 소작인의 비율은 대략 2대 1 정도 되었을 것이다."

즉 노예노동시대에서 지주전호제로 이행한 시기를 당말오대로 설정하였기 때문에, 가토 역시 당과 송 사이에 변혁이 있었다고 본 것 같다.

제2차 세계대전 후 마에다 나오노리前田直典의 『동아시아에서의 고대의 종말』(1948)이 출판된 이래 중국사 시대구분을 둘러싼 논의는 더욱 활발해졌다. 마에다의 설은 동아시아 역사를 일체一體로 파악하면서, 여러 민족의 역사발전에 대한 이해는 상호간의 연관성을 중시해야 하며, 중국사에서 고대사회의 종말은 당말오대 즉 10세기 전후였다고 보았다. 이 마에다 설을 계기로 해서 이후 점차 중국사를 동아시아사의 일환으로 보고 시대구분을 하려는 방향을 취하게 되었다.

당·송의 사이가 중국사에서 현저한 변혁기에 해당한다는 사실은 분명하다. 문제는 이것을 어떻게 평가할 것인가, 중국사 발전의 전체 속에서, 또는 동아시아 역사의 일환으로서 어떻게 파악할 것인가다. 송대는 독재적 군주에 의한 중앙집권적 관료지배가 확립된 시기이며 이후의 중국사 전개에 발단이 되는 시대에 위치한다. 이것을, 송대를 근세의 시작으로 보는 시대관, 중세의 시작으로 보는 시대관과 어떻게

정합적으로 설명할 수 있을지는 논의가 갈리는 바로서, 앞으로의 연구를 기다려야 할 것이다.[28]

송일무역의 성행

894년 견당사遣唐使가 폐지된 이래, 중국과 일본 사이의 공적 관계는 사라졌다. 오대를 거쳐 북송·남송 시대 동안 양국 정부 사이에 지속적인 공적 관계는 회복되지 않았다. 하지만 양 국민 사이의 교섭은 빈번했다. 중국이 오대의 분란을 수습하고 송의 통일시대가 열리자 무역과 문화[29] 모두에서 일본과 깊은 관계를 가지게 되었다.[30]

송과 일본의 무역은 평화로운 관계에서 이루어지는 민간무역으로 발전했다. 이 당시 일본은 헤이안平安 시대의 귀족사회에서 무가사회武家社會로 이행 발전하는 시대로, 중국에 대해서는 수동적인 무역에서 점차 능동적인 무역으로 이행해 가면서 마침내 상인들이 왕래하는 상호무역으로 비약하는 시기였다. 무로마치室町 시대 일본인의 활발한 해외활동의 맹아가 준비된 것이다(森克巳, 『日宋貿易の硏究』).

남송시대에는 양국 사이에 교통이 크게 활발해지고 상선들의 왕래 역시 빈번해졌다. 그 시작을 연 것은 다이라노 기요모리平清盛였다. 그는 호겐保元의 난에서 공을 세워 다자이 다이지大宰大貳가 되자 송일무역의 이익에 눈을 돌리고 이를 장려했다. 그는 셋쓰 후쿠하라攝津福原에 별장을 짓고 막대한 재력과 공력을 투입하여 효고兵庫 항구를 수리하고, 온도音戶의 세토瀨戶를 개통하였다. 또한 송인을 후쿠하라 별장에 초대하여 고시라카와 법황後白河法皇의 임관臨觀을 요청하기도 하는데, 이는 송과의 교통무역을 진흥시키고자 한 그의 생각에 따른 것이었다.

1172년 송의 명주明州장관이 방물方物과 편지를 보내왔는데, 그 편지

다이라노 기요모리平清盛

에 "일본국왕에게 주는[사賜] 물색物色"이라는 문구가 포함되어 있었다. 그런데 '賜'라는 글자는 상하관계를 나타내는 것이어서 일본 조정에서 의견이 분분하였다. 일부는 문서를 받지 말고 그대로 돌려보내야 한다는 의론을 제기했지만 기요모리는 이런 의견에 개의치 않고 다음 해에 답장과 답례품을 보냈다. 형식적인 용어에 매달리지 않고 무역의 실리를 취하고 활발한 왕래를 꾀한 기요모리의 의지를 반영한 것이었다.

일본의 선종禪宗 수용

이렇게 해서 남송과 일본의 교통은 활발해졌다. 남송 중엽이 되자 송으로 가는 일본상선의 수도 증가했다. 일본을 왕래하는 송선宋船이 많았던 것은 말할 것도 없다. 그리고 이 상선을 타고 일본에서 남송으로 건너간 입송승入宋僧과 송에서 일본으로 귀화한 귀화승歸化僧의 수도 많았다.

입송승·귀화송승들 가운데 현재 이름이 알려진 자는 90여 명에 이른다. 기미야 야스히코木宮泰彦[31]는 남송시대의 입송승으로서 사적에 보이는 인물 109명을 열거하였다. 당말오대~북송시대까지 바다를 건너는 승려는 통상 많은 수행승[종승從僧]과 동행했지만 남송시대의 입송승들은 보통 혼자서 왕래하였다. 그만큼 입송이 일반화되고 간편해졌기 때문일 것이다.

이들 입송승은 "죄장소멸후생보리罪障消滅後生菩提"[32]를 위한 불적佛蹟 순례를 목적으로 한 자도 있었으나, 남송 때는 율종律宗[33]을 배우기 위해 입송하는 자가 있었고 특히 선종을 배우려는 자가 대부분이었다. 선종은 입당승이나 귀화당승에 의해 이미 몇 차례 일본에 전해졌지만 다른 종파들과 함께 부수적으로만 전해졌고, 나라[34]·헤이안[35] 시대 사람들의 정서에 맞지 않는 부분도 있어 일본에서는 선종이 발전하지 못했다.

영은사靈隱寺 절강성 항주시에 위치한 송대 임제파臨濟派의 총본산. 진대晉代에 창건되어 오대에 오월왕吳越王이 재건하였다. 사진은 본전本殿에 해당하며 대웅보전도 근래에 재건되었다.

그런데 중국에서는 오대·북송을 거치며 선종이 점점 융성하여 남송 때는 불교종파의 대종을 이루게 된다. 송일 간의 교류가 빈번해짐에 따라, 당연히 중국 선종은 일본 불교계에 큰 영향을 미치게 되었고, 많은 명승名僧이 송으로 건너가 선禪을 배우고 이를 일본에 전하였다.

당시 일본에서는 헤이안 문화가 이미 쇠퇴하고 새로운 시대정신으로서 새로운 종교가 요구되고 있었다. 에이사이榮西와 도겐道元이 송을 다녀와 임제臨濟·조동曹洞의 선禪을 일본에 전하여 일본의 신문화 형성에 공헌하게 된 것도 이 같은 인연에서 비롯된 것이었다.

세계사적 의의를 가지는 송의 신문화

불교뿐 아니라 도교와 유교에서도 송대는 중국 사상사에서 중요한 시기였다. 그 중에서도 유교는 종래의 전통유학에서 새로운 유학인 송학宋學(주자학朱子學)이 생겨났다. 송학은 동아시아 여러 나라로 전해져 각국의 사상계와 정계에 큰 영향을 미치게 된다.

또한 과학기술 영역에서도 활자인쇄 등 인쇄술이 발달하고, 나침반을 항해술에 응용하였으며, 화약을 병기로 사용하게 되는 등, 세계사적 의의를 갖는 과학기술의 발달이 송대에 이룩된다. 그것은 새로운 시대로서의 송대를 특징지웠다.

이 책은 위와 같은 송대의 중국 모습을 묘사하는 방식으로 구성 서술하였다. 제1장·제3장·제4장·제5장은 스도 요시유키周藤吉之가 집필하고, 제2장·제6장·제7장·제8장·제9장·제10장은 나카지마 사토시中嶋敏가 집필하였다.

제1장

송宋 정권의 성립과 관료체제

제1장의 내용

제1장에서는 먼저 송 태조·태종조의 중국통일과 절도사節度使체제의 해체, 중앙집권체제의 확립에 대해 기술하고, 다음에 송 초 중앙관제의 특색, 원풍元豊 관제개혁, 지방관제에 대해 기술하며, 마지막으로 송의 과거제와 관료제의 관계에 대해 논하기로 하겠다.

태조는 황제의 자리에 오르자 잔존해 있던 지방정권의 정복에 착수하였고, 다음 태종대에 이르러 전국통일을 이룩하였다.

태조는 절도사체제를 해체하고[1] 중앙집권적인 관료체제를 수립하고자 했다. 우선 절도사 가운데 금군禁軍인 시위사侍衛司와 전전사殿前司의 대장을 겸임하여 강대한 군대를 장악한 자들[2]에게서 금군의 병권을 거두어들였다. 또한 금군을 전전사·시위마군사侍衛馬軍司·시위보군사侍衛步軍司의 셋으로 나누어 무장의 통병권統兵權을 분할하여 반란을 예방하였다.[3] 한편, 지방 절도사에 대해서는 휘하의 군대에서 강건한 자를 뽑아올려 중앙의 금군을 증강시키고 아병牙兵을 약화시켰다. 이른바 줄기를 튼튼히 하고 가지는 약하게 만든다는 '강간약지强幹弱枝' 정책으

태조 영창릉永昌陵 전경

로, 절도사로부터 병권을 빼앗은 것이다. 또 태조~태종 시대에 걸쳐 절도사의 민정권과 재정권을 박탈하고 절도사체제를 해체시켰다.

이렇게 해서 당 중기부터 대두한 무인들에 의해 성립한 오대의 무인정치가 막을 내리고, 중앙에서 지방에 이르기까지 문관이 많이 임용되어, 다시 관료정치가 이루어지게 되었다. 이는 일단 무사가 득세한 후 상당히 오랜 기간에 걸쳐 무가정치가 계속된 일본과 비교하면 흥미로운 차이라고 하겠다.

이 장에서는 송의 관제를 상세히 기술하였다. 제도는 하나의 시대를 이해할 때 중요한 고리가 되기 때문이다. 당대에는 선거選擧제도가 시행되어 그것에 의해 관료가 채용되었지만, 아직 문벌귀족 세력이 강하여 이들이 과거출신 관료를 억누르고 있었고, 선거제 자체도 문벌귀족에게 유리하게 되어 있었다. 그러나 오대를 거쳐 송대가 되자 귀족은 몰락하여 세력을 잃고, 신흥 지주층인 형세호形勢戶의 자제가 과거를 통해 관료가 되었다. 즉 송의 관료체제는 신흥 지주층인 관호官戶·형세호와 깊이 관계되어 있었다. 거듭 말하자면 송의 관료체제는 다음 장에서 기술할 관호·형세호의 토지소유와 일종의 봉건적 종속관계인 지주·전호 관계에 입각하여 성립하였고, 그 같은 송대 사회의 기초적 구조 위에서 상부구조가 형성되었다.[4)]

송 초에는 당말오대 제도를 답습하여 이른바 '사使 체제'를 취하고 중앙에 중서문하성中書門下省·추밀원樞密院·삼사三司를 두어 각각 민정·군정·재정을 맡아보게 하였다. 당제唐制인 3성省·6부部·9시寺·5감監 등의 제도는 이름만 있을 뿐 실제로 담당하는 업무가 없었고 단지 봉록俸祿[5]이나 위서位序를 나타낼 뿐이었다.

지방에는 로路에 전운사轉運使[6](민정民政과 재정財政)·안무사安撫使(군정軍政)·제점형옥提點刑獄[7]·제거상평사提擧常平使 등을 두었다.

그 후 1082년(신종 원풍 5) 중앙관제가 개혁되어 당제처럼 3성·6부가 부활하고, 당말오대 이래 이름만 남아 있던 '사使 체제'는 완전히 소멸하여 명실공히 관료체제가 완성되었다. 이는 중국 역사상 일대 전기轉期를 가져왔다.[8] 문치정치에 의해 관료조직이 확대되고 과거제도도 발전하였다. 태조는 부府·주州에서 실시되는 해시解試를 거쳐 중앙의 성시省試에 합격한 사람들을 친히 시험하여, 이후 해시·성시·전시殿試라는 3층제가 완성되었다. 이로써 과거합격자는 천자의 문생門生(제자)이 되었고, 그만큼 관료에 대한 천자의 입장이 강화되었다. 태종은 과거 응시자를 대량으로 합격시켜 우대하였는데, 이들이 관계에 진출하면서 관료군의 주류는 천자에게 절대복종을 맹세하는 과거출신자가 장악하게 되었다. 따라서 이는 과거제[9]를 획기적으로 개혁한 셈이 되었다.

삼채유리사리탑

북송에서는 재상 및 집정執政 자리에 진사 출신자가 많이 임용되었는데, 그동안 남북 관료들 사이의 세력 부침에 따라 대립항쟁이 계속되었고 정책의 시행에도 영향을 미쳤다. 송 초에는 화북 관료가 권력을 장악하였지만, 인종 때 강남 관료들이 진출하고 명신名臣도 배출하였다. 신종조의 신법新法 시행 때는 강남 관료[10] 세력이 크게 신장되었고, 이들과 대립하는 구법당에는 화북 관료 출신이 많았다. 이렇듯 북송 말에는 강남 관료가 권력을 장악하였다. 이러한 남북 관료 간의 항쟁은 북송이 멸망할 때까지 계속되었다.[11]

1) 중국통일과 중앙집권

잔존한 십국왕조의 정복

송 태조 조광윤

송 태조 조광윤趙匡胤은 송을 건국(960)한 다음 오대 이후 분열되어 있던 중국통일에 뜻을 두었고,[12] 다음 황제인 태종 때 통일을 달성하였다(979). 또 태조·태종은 국내적으로 당말오대 이후 각지에서 권력을 휘두르고 있던 무인, 특히 절도사의 권력을 박탈하여 무인 대신 문관 관료를 임용하고 무인 정치 대신 문치정치를 행하였다.[13]

앞서 후주後周의 뒤를 이어받아 송왕조를 세운 태조는 우선 종래의 절도사체제를 해체하고 동시에 금군의 강화를 도모했다. 그리하여 모신謀臣 조보趙普[14]의 방책을 써서 중국통일을 이루고자 했다. 즉 963년(건덕 원) 초楚에서 일어난 내란을 틈타 모용연쇠慕容延釗를 보내 형남荊南의 고계충高繼沖을 함락시켰으며, 초의 주보권周保權을 포로로 붙잡아 호북·

호남의 땅을 병합했다. 965년(건덕 3)에는 왕전빈王全斌에게 명하여 후촉後蜀을 공격하고 맹창孟昶의 항복을 받아내어 사천 땅을 영유하였다.

그 후 971년(개보 4) 태조는 반미潘美를 대장으로 삼아 남한南漢 정벌에 나서 남한의 유창劉鋹을 누르고 광동·광서의 땅을 합쳤다. 나아가 975년(개보 8)에는 조빈曹彬을 대장으로 삼아 남당南唐을 공격하여 남당의 군주 이욱李煜의 항복을 받아내고 강소·안휘·강서 등의 땅도 차지하였다.

다음 태종의 치세인 978년(태평흥국 3)에, 오월吳越의 전숙錢俶이 입조하여 오월의 땅(강소·절강·복건 등)을 송에 바쳤다.[15] 이어 다음해 979년(태평흥국 4), 태종은 직접 북한北漢 정벌에 나서 북한 유계원劉繼元의 항복을 받고 산서의 땅을 영유하였다.

이렇게 해서 송의 태조·태종은 당말오대 이래 분열되어 있던 여러 나라를 모두 정복하여 중국통일을 달성하였다.

송의 태조와 태종은 지방 절도사의 권력도 점점 박탈해 나갔는데, 이것 역시 모신 조보의 방책을 따른 것이 많았다.

태조와 모신謀臣 조보趙普

조보는 송 건국의 일등공신으로, 태조가 귀덕歸德 절도사로 있을 때 장서기掌書記로 일하였고, 태조의 동생으로 나중에 태종이 된 조광의趙匡義와 함께 태조를 옹립한 주모자 가운데 한 사람이다.[16] 송조가 건국

조보를 방문한 송 태조

八姓戰鬭不息生民塗地其故何也吾欲息天下之兵爲國家長久計其道何如普曰 陛下之言及此天地人神之福也此非它故方鎮太重君弱臣彊而已今所以治之亦無它奇巧惟稍奪其權制其錢穀收其精兵則天下自安矣語未畢 上曰卿勿復言吾已諭矣時石守信王審琦等皆上故人各典禁衛普數言于 上請授以它職 上不許普乘間即言之 上曰彼等必不吾叛卿何憂普曰臣亦不憂其叛也然熟觀數人者皆非統御才恐不能制伏其下苟不能制伏其下則軍伍間萬一有作孽者彼臨時亦不得自由耳上悟於是召守信等飲酒酣屏左右謂曰我非爾曹之力不得至此念爾曹之德無有窮盡然天子亦大艱難殊不若爲

조보의 헌책獻策 『속자치통감장편續資治通鑑長編』 권2, 건륭 2년 7월 무진

된 후에는 군정을 담당하는 추밀원의 여러 고관을 역임하고 재상 자리에 올랐다. 조보는 깊고 차분하며 굳세고 과단성 있는 성품을 갖춘, 행정에 밝은 현실주의 정치가로서 정치적 목적을 이루기 위해서는 인정을 무시하고 황제에게 직언하는 일이 많았다.[17)]

태조는 유력 절도사였던 이균李筠·이중진李重進의 반란을 평정함과 동시에 천하의 병사들에게 휴식을 주고 왕조를 오래 지속시킬 방안을 강구하였다. 조보는 태조가 즉위한 다음 해인 961년(건륭 2) 절도사에 대한 대책을 바치며 다음과 같이 말했다.

> "방진方鎭(절도사)이 상당한 비중을 갖고 있는 것은 오직 황제의 힘이 약하고 신하가 강하기 때문입니다. 지금 이들을 다스리고자 한다면 달리 뾰족한 방책이 없습니다. 오로지 그들의 권력을 빼앗고 그들의 전곡錢穀을 제어하고, 그들의 정병精兵을 거두어들이면 천하는 자연히 안정될 것입니다."

즉, 조보는 절도사에게서 민정권을 박탈하고 재정을 통제하고 그 정병을 중앙에서 거두어들이는 것 외에는 달리 방책이 없다고 진언한 것이다. 절도사 대책은 조보의 이 같은 방안에 따라 시행되었다.

조보는 또 당시 금군을 통솔한 전전도지휘사殿前都指揮使인 석수신石守信과 왕심기王審琦를 다른 관직으로 옮길 것을 여러 차례 요청했다. 태조가 이 요청을 받아들이지 않자 "그들이 모반하는 일은 없겠지만 부하들을 통제할 수는 없을 것입니다"라고 말했다고 한다. 이에 961년 태조가 술자리에서 그들에게 말하여 그 자리를 그만두게 했다. 962년(건륭 3), 태조가 부언경符彦卿에게 병권을 맡기려고 하자 조보는 이를 누차 말리며 간하였으나 받아들여지지 않았다. 그러자 조보가 "폐하께서는 어떻게 주周 세종世宗에게 반역을 할 수 있었습니까?"라고 내뱉었고, 이 말을 들은 태조는 묵묵히 이를 중지하였다.

이렇게 하여 나중에 서술하듯이 태조는 전전도점검殿前都點檢 모용연쇠를 사임시키고, 나아가 유력한 절도사이자 전전부도점검을 겸하고 있던 고회덕高懷德 이하의 사람들을 술자리에서 설득하여 그들을 사임시키고 금군의 기구개혁에 나섰다. 조보는 탁월한 실무가였는데, 태조의 권유로 책에 관심을 갖게 되어 결국 누구보다 독서를 좋아하는 사람이 되었다. 항상 책상 안에 『논어』를 넣어두고 큰일을 결정할 때 이것을 읽었다는 일화는 유명하다. 그러나 그는 진사 출신 관료들과는 뜻이 맞지 않아 그들을 요직에 등용하는 것에 반대하고 방책을 써서 배척하려 하였기 때문에 그들과는 점차 멀어지게 되었다.

금군 장수將帥의 권력 삭감

절도사의 민정·재정·군사의 3권 가운데 가장 기본적인 것은 말할 것도 없이 군사권이었다. 그래서 태조는 우선 이 군사권을 줄이기로 했다. 오대 말기부터 절도사들 중에는 천자의 금군禁軍, 즉 시위사侍衛司나 전전사殿前司의 대장을 겸하는 자가 많았다. 이러한 절도사는 강대한

【북송 계보도】

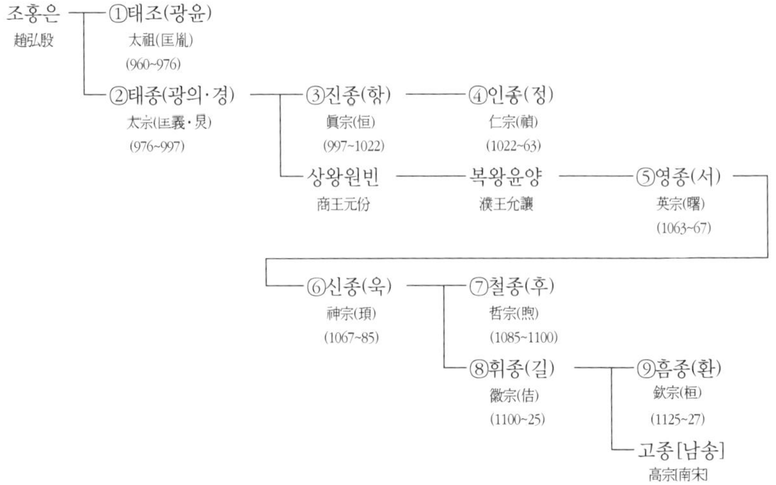

군대를 거느리고 반란을 일으켜 당시 왕조를 무너뜨리고 새로운 왕조를 세우기도 했다.

태조 조광윤도 후주後周 세종世宗 때, 동주同州절도사(섬서 동주에 주둔)로 전전도지휘사殿前都指揮使(전전사의 장수)를 겸하였고 그것을 바탕으로 전전도점검殿前都點檢(전전사의 최고무장)까지 되고, 충무忠武절도사(하남 허주許州에 주둔)를 겸했다. 공제恭帝 때 전전도점검으로 귀덕군歸德軍절도사(하남 송주宋州에 주둔)를 겸하였던 그는 마침내 전전사와 시위사 등 금군의 추대를 받아 천자의 자리에 올랐다. 태조를 추대한 자나 그 후 태조에게 귀복한 자들 중에도 이렇게 절도사로서 금군 장수를 겸하는 자가 많았다.

원래 태조는 주로 후주後周의 금군 중에서도 전전사의 추대를 받았고, 시위사의 경우 태조에게 꼭 우호적이지만은 않았다. 그리고 금군의 무장들도 절도사를 많이 겸하고 있었다.

즉 전전부도점검 모용연쇠는 전주澶州절도사(하남 전주에 주둔), 전전도지휘사 석수신은 활주滑州절도사(하남 활주)를 겸하였다. 시위친군 마보군

도지휘사侍衛親軍馬步軍都指揮使 이중진李重進은 회남淮南절도사(강소 양주揚州)를 겸하였는데, 태조에 모반했다가 살해되었다. 시위친군 마보부도지휘사侍衛親軍馬步副都指揮使인 운주鄆州절도사(산동 운주) 한통韓通도 태조의 즉위에 반대하다가 살해되었다. 그러나 시위친군 마보군 도우후侍衛親軍馬步軍都虞候 진주陳州절도사(하남 진주) 한령곤韓令坤은 태조를 따랐다.

송 금군禁軍(시위사侍衛司) **군관**軍官**의 도장** 오른쪽은 신위군神衛軍의 도장(하북성 창주현 출토)이며, 왼쪽은 귀화군歸化軍의 도장이다(하북성 창려현 출토). 신위군은 오대의 호첩군虎捷軍에 후촉後蜀의 항복한 병사를 합친 것으로 태종 태평흥국 2년(977)에 개칭하였다. 귀화군은 개보 7년(974)에 남당의 군軍을 합친 것이다.

태조는 우선 이 절도사를 겸하는 전전사와 시위사 등 금군 대장의 강대한 권력을 줄이기 위해 그들을 불러들여 회의중에 금군의 병권을 제압하였다. 그리고 전전사의 최고무장인 도점검·부도점검을 폐지하고 도지휘사 이하의 무장만을 남겼다. 시위사도 시위친군 마보군 도지휘사·부도지휘사·마보군 도우후를 폐하고, 시위사를 시위마군사와 시위보군사의 두 부대로 나누어 각각 시위마군 도지휘사·시위보군 도지휘사 이하의 무장을 둠으로써, 금군 대장이 강대한 권력을 한 손에 쥐고 조정에 반항하는 것을 방지했다.

즉 태조는 금군의 병력을 분산시켜 금군 대장이 반란을 일으키지 못하도록 한 것이다. 그리고 난 후 지방 절도사의 병권을 박탈하는 정책을 취했다.

절도사의 병권 박탈과 금군禁軍·상군廂軍

태조는 우선 지방 절도사의 권력을 빼앗기 위해 때때로 절도사를 다른 진鎭으로 옮기게 하여 한 곳에 오랫동안 머무르며 세력을 키우는 일을 막았다. 그리고 절도사 관할 하의 뛰어난 병사들을 골라 도하都下, 즉 경사京師(수도)의 군사로 보내 금군의 충실화를 도모하고 절도사 병력을 약화시키는 데 힘썼다.

무인상武人像

이렇게 하여 지방의 강병이 수도로 징발되어 금군은 더욱 충실해졌고, 절도사의 아병牙兵은 약화되어 나중에 상군廂軍으로 불리며 잡역雜役에 동원되었다.18)

또한 태조는 기회 있을 때마다 지방의 절도사를 그만두게 하고는 문관, 즉 관료를 파견하여 절도사를 대신하게 하였다. 나아가 태조는 절도사의 진장鎭將 임명권도 박탈했다.

절도사 관할 하의 진장은, 앞서 기술했듯이 절도사의 지배 아래 있는 현성縣城이나 관진關津 및 요해지, 나아가 경제상의 요지에 설치되어 도적을 잡고 징세 권한을 장악하여 절도사체제의 기반을 이루고 있었다. 그래서 태조는 현마다 현위縣尉를 한 명씩 두고 종래 진장이 맡아보던 도적 잡는 일을 현위에게 맡겼다. 그리고 향촌의 농민을 궁수弓手로 삼고, 현위는 이 궁수를 사역해서 도적을 잡도록 했다.

이렇게 해서 진장은 자신의 주된 직무를 현위에게 빼앗겼다. 또 절도사가 쥐고 있던 진장 임명권도 박탈하여, 중앙에서 진장을 파견하고 나중에는 문관을 임명하여 감진관監鎭官이라 하였다. 송대에는 오대 때 많이 설치되었던 진을 정리하되, 단 상업상의 요지에는 진을 남겨두어 감진관을 통해 상세商稅[19]를 징수했다.

또한 송대에는 아병이 잡역에 사역되는 상군廂軍이 되었기 때문에 종래 아병을 통솔하였던 도지병마사都知兵馬使·도압아都押牙·압아押牙 등의 아전과 공목관孔目官·구압관勾押官 등의 아리牙吏는 군사적 권력을 상실하고 부·주의 역에 사용되었으며, 나중에는 향촌의 민호를 사역하여 이를 대체시켰다.(제4장 참조) 이렇게 해서 송대에는 절도사 관할 하의 무장 역시 절도사의 병권 박탈과 함께 그 권력을 상실하였다.

이상과 같이 송 초에는 금군과 상군이 있었는데, 금군 중에는 지방을 방위하기 위해 나누어서 파견된 경우도 있어서 이들을 둔주屯駐금군·주박駐泊금군이라고도 불렀다. 진종眞宗과 인종仁宗 조에는 북변 여러 로의 병사들을 뽑아 금군으로 편입시키고, 혹은 각지의 민병을 모집하여 금군의 강화를 꾀했다. 이 때문에 금군이 수적으로는 증가했으나 자질은 저하되어 외적에 대항할 수 없게 되었다.

상군은 부·주에 속했고, 공작영선工作營繕, 수륙의 운송, 교량,[20] 우역郵驛, 말의 사역, 제방堤防, 봇둑[언태堰埭] 등의 잡역에 사역되었다. 진종·인종 조에는 상군을 선발하여 금군에 편입시키고, 혹은 유민을 모집해서 상군에 넣기도 했다. 그리고 병역을 감당할 수 있는 자는 군사훈련을 시켜 이른바 '교열상군教閱廂軍'으로 삼았다. 그래서 상군은 '교열상군'과 '불교열상군不教閱廂軍'으로 구성되었다. 나중에 '불교열상군'은 정리되고, 여러 로에서 각각의 군호軍號가 정해졌다.

절도사의 민정권 박탈과 통판通判

태조는 오대 이래 절도사가 장악하고 있던 민정권도 박탈했다. 우선 태조는 부·주의 민정을 감독하기 위해 중앙에서 통판通判을 파견했다. 통판은 부·주의 장관(다음에 서술할 지부주사知府州事)과 공동으로 부·주를 다스렸는데 그 권한이 명확히 규정되어 있지 않았다. 이는 지부주사의 권한을 견제하기 위해서였다. 즉 통판은 지부주사보다 관품이 한 단계 낮았지만 권한이 같았기 때문에 지부주사의 속관이 아니었다. 때문에 통판의 서명署名(첨서簽書)이 없으면 장관은 결정을 내릴 수 없었고, 이후 통판은 감시역으로서 지부주사가 두려워하는 대상이 되어 '감군監郡'으로도 불렸다.

또한 절도사가 관할하는 여러 부·주에도 통판을 두어 절도사의 민정을 감독하였다. 따라서 절도사라 해도 자기 관할 하의 민정21)을 마음대로 할 수 없게 되었다. 나아가 『송사』 조보趙普 열전에 절도사체제의 개혁과 관련하여 "여러 도道의 정장丁壯을 수도로 보내 수위守衛(금군禁軍)에 충당하고, 각 주에는 통판을 두어 재정을 맡아보게 하였다. 이로부터 군사가 정예화되고, 부府의 창고는 충실해졌다"라고 기술되고 있듯이, 통판은 각 주의 재정까지 담당하고 있었다. 어쨌든 각 주에 통판을 둔 것은 절도사의 아병을 중앙으로 보내 금군을 강화하고 아울러 절도사체제를 무너뜨리는 데 큰 역할을 하였다.

더욱이 태조는 절도사의 막료(막직관幕職官), 즉 절도판관節度判官, 장서기掌書記, 절도추관節度推官, 그리고 관찰판관觀察判官, 관찰지사觀察支使, 관찰추관觀察推官 등을 모두 중앙에서 임용하고 그 자리에 과거 급제자를 앉혔다. 또 태조는 현령縣令(현의 장관) 직을 중시하여 이 자리에 중앙에서 상참관常參官(다음에 서술할 조관朝官)을 보내 임명하였다. 현령은 종래 절도사 관할 하의 진장에게 민정권을 통제받고 있었는데, 진장의 권한이 줄고 나아가 현령에 상참관도 임명되었기 때문에 절도사도 현정에는 간섭을 할 수 없게 되었다. 이렇게 해서 절도사의 민정권도 박탈되었다.

또 태조는 종래 절도사 관할 하의 마보도우후가 주의 형옥刑獄(재판)[22]을 담당하던 것을 그만두게 했다. 즉 마보원馬步院을 고쳐서 사구원司寇院을 설치하고, 사구참군司寇參軍을 두었다. 사구원은 그 뒤 사리원司理院으로 바뀌고 사리참군司理參軍에는 문관을 임용하여 형옥[23]을 맡아보게 하였다. 이에 따라 아병의 장수인 무관이 담당하던 형옥[24]을 과거출신 관료가 맡게 되었다.

절도사의 재정권 회수

태조는 절도사의 재정권도 빼앗았다. 오대 이래 각 주의 재정은 정부로 들어가는 상공上供, 절도사에게 들어가는 유사留使, 주에 모아두는 유주留州로 나뉘어 있었다. 이 가운데 상공은 적고, 유사·유주가 많았는데 특히 유사가 많은 액수를 차지하였다.

이에 태조는 각 주의 민전民田의 조세와 소금·술 등에 부과한 세稅는 그 주에서 사용할 여러 경비를 제외하고 그 나머지를 모두 상공하게 했다. 그리고 종래 절도사가 징수하였던 민호의 조세나 염세鹽稅·주세酒稅[25]는 중앙에서 관리를 보내어 징수하였고, 또 이를 감독하기 위해 전운사轉運使를 두어 금령禁令을 정하고, 장부를 엄중히 조사하게 하였다. 이후 절도사는 이들 조세수입에서 필요한 경비를 뺀 나머지를 모두 상공하게 되어 재정권을 빼앗겼다.

태조의 뒤를 이은 태종은 즉위 다음 해 977년(태평흥국 2)에 종래 절도사 관할 하에 있던 지군支郡(속주)을 중앙에 직속시켰다.[26] 그동안 절도사는 자신의 관할 아래 있는 속주에 많은 친리親吏(아장牙將 또는 아리牙吏)를 파견하여 관진關津 등의 시장을 담당케 하고 조세와 상세·주세 등을 징수하여 재정수입을 꾀하였는데, 이것을 중지시키기 위함이었다. 이렇게 하여 절도사는 속주에서 얻고 있던 수입도 잃게 되었다.

관료체제의 정비와 군주 독재체제의 확립

송 태종太宗

이상과 같이 당말·오대 이래 오래 계속되던 절도사체제는 송 태조·태종 시대에 민정·군사·재정의 3권을 빼앗기고 해체되기에 이르렀다. 또 종래 무관이 차지하였던 관직에 문관 관료를 임용하여 이로부터 송의 관료제가 확립된다.

즉, 중앙에서는 오대의 중앙관제를 이어받아 중서성(중서문하성)과 추밀원 및 삼사를 두었다. 중서성은 민정, 추밀원은 군정, 삼사는 재정을 담당했다.

송 초에는, 중서성은 문관이 임용되었으나 추밀원과 삼사는 오대의 제도를 답습하여 대부분 무관이 임용되었다. 그러나 진종조 이후에는 대부분 문관이 임용되었다. 이리하여 중앙에서는 관료체제가 확립되었다.

지방에서도 앞서 말했듯이 절도사체제가 해체됨과 동시에 로와 부·주·현의 관직에 문관 관료가 많이 임용되어 관료제가 확산되었다. 이리하여 송에서는 중앙에서부터 지방에 이르기까지 문관이 많이 임용되어 중앙집권적인 관료체제가 성립하였다. 이를 군주 독재체제라고도 한다. 이하 송대의 관료조직과 문관 임용을 위한 과거제, 관료들 사이의 권력투쟁 등에 대해 기술하겠다.

2) 송 초의 중앙관제

중서성中書省

송 초의 중앙관제는 앞에서도 말했듯이 당말·오대의 관제를 답습한 것으로, 중앙정부에는 중서문하성(중서성)·추밀원·삼사가 있어 각각 민정·군정·재정을 담당하였다. 그래서 당제의 3성(중서성中書省·문하성門下省·상서성尚書省), 6부(이부吏部·호부戶部·예부禮部·병부兵部·형부刑部·공부工部), 9시(태상시太常寺·종정시宗正寺·태복시太僕寺·대리시大里寺·홍려시鴻臚寺·광록시光祿寺·사농시司農寺·태부시太府寺·위위시衛尉寺), 5감(국자감國子監·장작감將作監·도수감都水監·군기감軍器監·소부감少府監) 등의 제도는 그저 관명만 있을 뿐 실제로 담당하는 업무가 없어 관명은 봉록이나 위계만을 나타냈다.

문관상文官像

즉 중서·문하·상서의 3성은 이름만 있을 뿐 각 성에는 장관을 두지 않았고, 재상의 소임에 해당하는 2~3명의 동중서문하평장사同中書門下平章事와 이를 돕는 참지정사參知政事(집정) 2명이 있어 이들이 민정의 실제 최고 관직이었다. 그리고 문하성에 둔 급사중給事中은 당제唐制에서는 신하의 상주上奏를 봉박封駁(상서하여 그 잘못됨을 반박)하는 일을 맡아보았으나 이것 역시 이름만 남아 있었고 해당 업무는 추밀원에 속하는 통진은대사通進銀臺司가 맡았다. 또 중서성의 중서사인中書舍人도 당제에서는 조칙詔勅(천자가 신민에게 내리는 글), 제고制誥(관리임명서)를 기초하는 관직이었는데, 이 또한 관명만 남고 다음에 서술할 '관직館職'에서 선발된 지제고知制誥가 이 직무를 담당했다. 당제의 한림학사원翰林學士院은 송에서도 답습되어, 앞서 언급한 지제고 가운데서 한림학사가 나왔다. 오랫동안 한림학사 자리에 있는 자가 한림학사 승지承旨가 되었으며, 아직 한림학사·지제고가 되지 못한 자는 직학사원直學士院이라 했다. 한림학사는 집정으로 승진陞進하는 중요한 자리였다.

또 중서성과 문하성의 두 성에는 원래 천자의 행위를 간쟁諫諍하는 좌우 간의대부諫議大夫·좌우 정언正言 등이 있었는데, 이것도 관명만 남고 타관他官에서 겸임하는 지간원知諫院·동지간원同知諫院이 이 직무를 맡아보았다. 천자의 언동 등을 기록하는 기거사인起居舍人·기거랑起居郎도 마찬가지로 타관에서 겸임하는 기거원起居院의 동수기거주同修起居注가 이를 행했다.

단, 조정을 감찰하는 일은 당제를 이어받은 어사대御史臺[27]에 맡겼다. 어사대의 장관은 어사중승御史中丞으로서 이 역시 집정으로 승진하는 중요한 관직이었다.[28]

또한 추밀원·삼사가 군정·재정을 담당하였기 때문에, 당제의 6부·9시·5감의 직무에도 큰 변화가 있었다. 즉 6부·9시·5감의 직무는 대부분 이 두 관청에 합쳐지고 나머지 업무는 다른 관직에서 담당하였는데, 이것을 판부사判部事·판시사判寺事·판감사判監事 등으로 불렀다. 그리하여 6부·9시·5감의 관직은 이름뿐이어서, 여기에 임명된 자들은 이 관명을 갖고 중앙에서 다른 업무를 맡아보거나 지방으로 가서 지방관 업무[29]를 담당했다.

추밀원樞密院

추밀원은 중서성에 필적하는 중요한 관청으로, 추밀사樞密使·추밀부사樞密副使 이하의 관을 두고 참지정사와 함께 집정執政으로 불렸다. 추밀원이 군정을 담당하였기 때문에 종래 병부兵部가 맡아보았던 직무는 거의 없어져 단지 관명만 남았다.

더욱이 송에서는 구당황성사勾當皇城司라고 하는 특수 관직도 있었는데 외척과 환관이 그 장관이 되어 친종親從·친사관親事官 수천 명의 군사를 거느리며 궁성을 경비했다. 이들은 이 밖에도 외교·군사 기밀로서부터 민간의 사소한 사건에 이르기까지 첩보와 탐색 활동을 하고 적발하는 일을 맡았다.

삼사三司

삼사는 국가의 재정을 담당하는 관청으로, 중서성·추밀원의 양 부府에 버금가는 중요성을 갖고 있었고 중국 역대왕조 중에서도 독특한 제도였다. 삼사는 염철부鹽鐵部·탁지부度支部·호부戶部의 3부로 이루어졌고, 각 부에는 여러 안案(부국部局)이 있었다. 장관은 삼사사三司使였고, 그 아래에 염철부사副使·탁지부사·호부부사를 두고, 각 부의 여러 안에는 판관判官·추관推官이 있었다. 또 3부에는 인리人吏(공목관孔目官 등의 서리)가 있고, 거기에 부속된 아사衙司에 대장·군장과 객사客司·통인관通引官 등도 있어 앞에서 언급한 절도사체제와 같은 체제를 취하고 있었다.

삼사사는 집정으로 승진하는 자가 많았고, 삼사부사에는 삼사에 속하는 지방의 발운사發運使[30]·전운사轉運使 중에서 임용되는 경우가 많았다. 삼사에는 이 밖에 삼부구원三部勾院·제거장사提舉帳司·도리흠사都理欠

名。中書舍人韓川言「祖宗設此官，禮均二府，以待勳舊，未嘗帶以致仕。且宣徽，武官也，宮保，文官也，不宜混并。」不聽。方平亦固辭不拜。七年，馮京亦以使致仕。紹聖三年，議者言官名雖復，而無所治之事，乃罷之。南渡以後，不復再置。

三司使　使　副使　判官　鹽鐵使　度支使　戶部使　三部副使　三部判官

三司之職，國初沿五代之制，置使以總國計，應四方貢賦之入，朝廷不預，一歸三司。通管鹽鐵、度支、戶部，號曰計省，位亞執政，目爲計相。其恩數廩祿，與參、樞同。太平興國八年，分置三使。淳化四年，復置使一員，總領三部。又分天下爲十道：曰河南，河東，關西，劍南，淮南，江南東、西，兩浙，廣南。在京東曰左計，京西曰右計[10]，置使二員分掌。俄又置總計使判左、右計事，左、右計使判十道事，凡干涉計度者，三使通議之。五年，罷十道左右計使，復置三部使。咸平六年，罷三部使，復置三司一員。闕正使，則以給、諫以上權使事。

使　一人，以兩省五品以上及知制誥、雜學士、學士充。亦有輔臣罷政出外，召還充使者。使闕，則有權使事，又闕，則有權發遣公事。掌邦國財用之大計，總鹽鐵、度支、戶部

志第一百一十五　職官二

삼사三司　『송사宋史』 직관지職官志

司·도빙유사都憑由司·개탁사開拆司·아사衙司·추감공사推勘公事 등을 두었다.

이렇게 삼사는 6부 중 호부·공부의 일을 담당하고 예부·형부의 일부와 후술하듯이 여러 시감寺監의 업무를 맡아보았다. 이 때문에 삼사는 많은 서리를 두었는데, 대장大將·군장軍將을 두어 중국 각지의 조세 및 관물의 조운과 하천공사·공장工匠·관이 소유하는 점택店宅·창고의 관리 등을 담당했다.

또한 삼사에는 외국外局 내지는 부속기관으로서 제거재경제사고무사提擧在京諸司庫務司와 제점재경창초장소提點在京倉草場所(司)도 있었다. 전자에는 수도(개봉부開封府)[31]의 제사諸司·제고諸庫·제무諸務·제장諸場·제원諸院·방작坊作·제역諸驛 등 130여 소 내지 82·72개 소가 부속되어 있었다. 이들의 제사무장원방역諸司務場院坊驛을 관리하기 위해 조관朝官과 제사사諸司使(환관무관宦官武官)를 임용하여 제거제사고무사관提擧諸司庫務司官을 두었다. 또 후자는 수도의 창고 25개, 초장草場 10개를 관할하고 이를 관리하기 위해 제점창초장관提點倉草場官을 두었다.[32]

임시·부속 관청들

다음으로, 당제唐制에서 이부吏部는 관리의 임면을 담당하였는데, 송에서도 심관동원審官東院과 이부유내전吏部流內銓(그냥 유내전이라고도 한다)이 설치되어 문관인 경조관京朝官과 선인選人에 대한 임면을 맡아보았다. 또 삼반원三班院을 두어 원래 병부가 해야 할 소사신小使臣(하급무관)의 임면을 맡아보게 하였다. 그 후 심관서원審官西院을 두어 대사신大使臣(중급무관)의 인사도 맡았다. 예부에서도 예의禮儀와 관련된 일은 예의원禮儀院에서 맡고, 형부의 직무도 심형원審刑院이 담당했다. 이렇게 하여 육부의 관직은 거의 유명무실해졌다.

당제인 9시九寺 역시 마찬가지였다. 태상시太常寺에서 담당하던 예의를 태상예의원太常禮儀院이 맡고, 제사의 연회를 담당하는 광록光祿, 창고의 저장을 담당하는 사농司農, 창고저장물의 무역·출납을 담당하는 태부삼시太府三寺의 업무가 거의 모두 삼사와 그 부속기관인 제거재경제사고무사·제점재경창초장사에 속하여, 위의 기관들은 거의 이름만 남게 되었다. 또 홍려시鴻臚寺[33]·위위시衛尉寺의 업무는 각각 객성사客省司·좌우금오가장사左右金吾街仗司에 속하였고, 태복시太僕寺의 업무 중 말의 사육은 군목사群牧司가 맡았다. 단, 대리시大理寺와 종정시宗正寺에는 실제 업무가 존재하였다.

5감五監 중에서도 공사를 담당하는 장작감將作監과 하천을 담당하는 도수감都水監과 군기감軍器監의 일은 삼사에 속했다. 소부감少府監의 일은 제거재경제사고무사의 문사원文思院·후원조작소後苑造作所에 나뉘어 속하였고, 다만 국자감國子監만이 실제 업무를 행하고 있었다. 이처럼 5감도 대부분은 유명무실하였다.

나아가 당제의 비서성秘書省의 경우, 송에서는 소문관昭文館·사관史館·집현원集賢院의 이른바 삼관三館과 비각秘閣이 설치되어 있었고, 소문·사관의 직관直館, 사관·집현원의 수찬修撰, 비각의 직각直閣·교리校理 등을 관직館職이라고 했다. 이들 관직에는 문학文學을 하는 사인[34] 가운데

【송 초의 관직 개요표 (원풍 관제개혁 이전)】

A. 중앙

a. 中書門下省 : 民政 담당

同中書門下平章事(宰相) 2~3명
參知政事(執政) 2명

翰林學士院
翰林學士(內制)·直院
천자의 명을 받아 詔勅을 起草함

舍人院
知制誥(外制)·直院
재상의 명을 받아 制詞를 기초함

(翰林學士院·舍人院: 兩制라 한다)

館職 천자의 도서를 소장하는 館閣에서 근무
昭文觀
直館
史館
修撰·直館·檢討
集賢院
修撰·直院·校理

(昭文觀·史館·集賢院: 三觀(도서·기록의 소장과 출판))

秘閣 : 태종이 설치한 귀중 서적·서화의 창고
直閣·校理
館閣校勘

大學士·學士·直學士·待制
侍從官
觀文殿大學士·學士
資政院大學士·學士

(觀文殿大學士·學士, 資政院大學士·學士: 구 재상·집정 등에게 내림)

端明殿學士
翰林侍讀學士
翰林侍講學士

(翰林侍讀學士, 翰林侍講學士: 儒術을 논함)

龍圖閣學士
天章閣學士
寶文閣學士

(龍圖閣學士, 天章閣學士, 寶文閣學士: 三閣學士·直學士·待制
천자의 고문에 대비하거나 천자와 함께 의논함)

知諫院·同知諫院 : 천자의 행위를 간쟁

起居院 : 천자의 언동을 기록
同修起居注
判省事

審官院(이후의 審官東院)
朝官(唐의 常參官—朝廷의 알현과 연좌에 참여하는 관—六部郎中 이하, 太子洗馬 이상)과 京官(未常參官—아직 朝謁에 참여하지 않는 관—著作佐郎 이하, 將作監主簿 이상)의 任免을 담당
知審官院事

流內銓

選人(府州軍監의 幕職官·州縣官)의 임면 담당

判吏部流內銓·同判吏部流內銓

三班院

소사신(하급무관)의 임면 담당

勾當三班院

審官西院

대사신(중급무관)의 임면 담당

知審官西院事

太常禮儀院

예의 업무 담당

知禮儀院事

審刑院

형옥 업무 담당

大理寺 判決의 재검토

知審刑院事·詳議官

判部事

b. 御史臺 : 조정 감찰을 담당

御史中丞

臺院

侍御史知雜事

殿院

殿에서의 百官의 실패를 바로잡음

殿中侍御史裏行

察院

百官의 오류를 바로잡음

監察御史裏行

c. 樞密院 : 군정 담당 ——— **通進銀臺司**[35] : 신하 상주문의 封駁

樞密使·樞密副使·知樞密院事·同知樞密院事·簽書樞密院事·同簽書樞密院事(執政)·樞密直學士·都承旨

知通進銀臺司門下封駁事

皇城司

궁성 경비를 담당하고 겸하여 각종 첩보활동을 행함

勾當皇城司

客省司

이민족의 朝貢 宴享 등을 담당

群牧司

말을 기르는 것을 담당

左右金吾街仗司

儀衛의 軍器를 담당

당제의 九寺·五監 중에서 실제 職事가 있는 주요 관아

大理寺

천하의 奏獄을 裁斷하는 일을 담담

判大理寺事·詳斷官

宗正寺

종실의 업무를 담당

判宗正寺事

國子監

국립대학

判國子監事·直講

d. 三司 : 재정 담당

三司使·副使·判官

鹽鐵部

河川·軍器·商稅, 鹽·茶의 專賣, 坑冶·鑄錢·제사의 음식시설 등을 담당

鹽鐵副使·判官·推官

度支部

관리의 봉급, 軍糧의 지급, 官物 租稅의 漕運을 담당

度支副使·判官·推官

戶部

田稅, 酒의 專賣, 각종 工作 修理를 담당

戶部副使·判官·推官

三部勾院·提擧帳司

三部의 帳簿 검사

都理欠司

欠稅의 독촉을 담당

都憑由司

帳簿의 대조 확인

開拆司

각종 문서의 접수 발송

衙司

三司大將·軍將의 衙役을 담당

推勘公事

三府의 職事를 推勘

提擧在京諸司庫務司

提擧諸司庫務司官

諸司

東西八作司(여덟 가지 工作을 수행)

翰林司(천자의 주차와 연회 시설 및 그곳에서 일하는 사람의 관리)

專勾司(諸軍의 俸給·사의를 審計) 등

諸庫

內藏庫(歲計의 잉여를 축적)

左藏庫(부세 수입을 받아서 관리·병사의 봉록을 지급) 등

諸務

左右廂店宅務(관의 창고·점포의 대여, 수리)

榷貨務(염·차의 어음 취급)

雜買務(궁중과 관청의 필요 물품 매입) 등

諸院

都鹽院(염 전매 담당)

都商稅院(상세 징수)

文思院(금은 등의 장식품과 수레·의복 등을 공급) 등

坊作

作坊(軍器 제조)

後苑作(宮中과 皇族 물품 제작) 등

諸驛

都亭驛(西藩 貢物 담당)

懷遠驛(南蠻 貢物 담당) 등

提點在京創草場司

提點創草場官

諸倉

船般倉(사방에서 수도로 조운하는 곡물을 수납)

稅倉(開封府 관내의 조세를 수납)

折中倉(상인이 곡물을 入中) 등 25倉(이후 차와 馬料를 들이는 것도 있었다)

草場(馬料 저장)

10개 소

B. 지방

路 ┬ 府 —— 縣
　 ├ 州 —— 縣
　 ├ 軍 —— 縣
　 └ 監

a. 路

路의 감사

轉運使(漕使) 민정·재정 담당

轉運使·副使·判官

安撫使(변경에서는 經略安撫使) (帥司) 군정 담당
安撫使(馬步軍都摠管을 겸함) 路의 가장 중요한 府州의 知府州事 겸임
副使(武官·전시에는 총지휘관)

提點刑獄(憲司) 감찰 담당(獄訟 감찰·죄수 심문·관리 부정행위 탄핵)
文武官을 함께 기용

b. 특수한 官府

江淮制置發運使 : 동남6로의 전운사를 지휘하고, 대운하의 조운과 정부로의 상공을 수행
중앙의 三司(원풍 이후에는 戶部)에 속함

提擧市舶司 : 해상무역·무역행정·무역으로부터의 징세 담당
市舶使(그 지역의 지주가 겸임) 提擧市舶(원풍 이후 전운사가 겸임) 提擧市舶官(숭녕 이후·專任)

C. 府

東都開封府(特別區－開封府界) : 路와 동급
知開封府事
西京河南府(洛陽)·南京應天府(宋州)·北京大名府(特別區)
知府事는 留守司公事 겸임
府
知府事(府의 民政·財政·刑獄·兵權 통할)
通判(知府事를 보좌 감찰)

d. 州

知州事(州의 民政·財政·刑獄·兵權 통할)
通判(知府事 보좌 감찰)

e. 軍 (오대에 군이 설치되어 있었던 곳)

知軍事(軍의 民政·財政·刑獄·兵權 통할)
通判(知府事 보좌 감찰)

f. 監 (염과 광산의 소재지에 설치)

知監事

g. 縣

赤縣(畿內)望縣(4천호 이상)·繁縣(3천호 이상)·上縣(2천호 이상)·中縣(1천호 이상)·中下縣(1천호 미만)
知縣事(大縣·中縣)·縣令(小縣) 縣의 민정·재정·형옥을 통할하고, 守備兵이 있으면 兵馬都監을 겸함)
縣丞(縣의 차관)

h. 鎭 (현 아래 상업이 번성한 장소)

監鎭官

i. 砦 (변경의 험준한 군사적 요지에 설치하며, 많은 경우 縣에 속함)

知砦(土軍을 모집하고, 武藝를 익히며, 盜賊을 방비)

幕職官
府州軍監
東都開封府
京判官·推官
西京河南府·南京應天府·北京大名府
留守司判官·推官
본래 節度使가 설치되었던 府州
節度判官·掌書記·推官
본래 觀察使가 설치되었던 府州
觀察判官·掌書記·推官
본래 防禦使·團練使·刺史가 설치되었던 府州
防禦·團練·軍事判官·推官
軍·監 判官
막직관 아래의 관
錄事參軍(庶務 담당)
司戶參軍(賦稅倉庫 담당)
司法參軍(刑獄 담당)
司理參軍(獄訟 담당)
縣
主簿 문서 담당
縣尉 도적 체포
監當官 : 州縣鎭 등의 鹽·茶·酒의 전매 사무와 商稅 징수, 소방, 경찰 업무도 수행

쓸 만한 인재를 골라 임명하였는데, 이들 가운데 지제고가 되는 자도 나왔다.

더구나 북송에서는 관문전대학사觀文殿大學士·학사學士, 자정전대학사資政殿大學士·학사, 단명전학사端明殿學士, 한림시독翰林侍讀·시강학사侍講學士와 용도각龍圖閣·천장각天章閣·보문각寶文閣(태종·진종·인종의 각 장서각) 등 삼각三閣 학사·직直학사·대제待制가 있었고, 이들이 시종관侍從官이 되었다. 이들 삼각학사·직학사·대제에는 학업이 뛰어난 자를 뽑았으며, 타관이 이 직무를 맡고 있었다.

3) 원풍元豊[36] 관제개혁과 그 후의 변천

당령唐令의 부활

이상과 같이 송 초의 중앙관제에서는 당제의 관명은 남아 있어도 실제 업무는 없었고, 대부분의 업무는 추밀원·삼사와 거기에 부속되어 있는 제거재경제사고무사提擧在京諸司庫務司·제점재경창초장사提點在京倉草場司와 심관원審官院 이하 여러 임시 관직들에 의해 행해지고 있었다. 이것은 당시의 실제 사무에 적응하는 것이기도 했다.

그런데 이러한 중앙관제는 신종 원풍 3년(1080)~5년에 걸쳐 개혁되어, 당제와 같이 3성·6부·9시·5감 등이 다시 부활했다. 이들 관직은 이름만 남아 있을 뿐 실제 담당하는 업무는 없어 봉록이나 위계만을 표시했다. 따라서 이 문제를 개혁하여 당제를 부활시켜야 한다는 논의가 여러 차례 일어났고 이를 실현하고자 하였다. 당시 논의의 중심에 놓인 것은 삼사였는데, 삼사가 과거의 절도사체제와 동일한 체제였기 때문에 이를 고쳐 상서성·6부와 9시 등을 부활시키고자 한 것이다.

이 때문에 신종조 초, 신법新法이 행해졌을 때 신법과 관계된 재정은 사농시司農寺에게 관할하게 하여 삼사에서 분리하였고, 삼사 중에서도 하천 관련 일은 도수감都水監, 군기軍器 관련 일은 군기감軍器監, 공사 관련 일은 장작감將作監을 신설해서 맡기고, 추감공사推勘公事도 대리시大理寺에 속하게 하는 등, 권한을 축소시켰다.

그렇게 하여 이 원풍 관제에서 삼사를 폐지하고 제거재경제사고무사와 제점재경창초장사를 해체시켜 그들의 업무를 호부戶部·공부工部·예부禮部·형부刑部와 태상太常·광록光祿·대리大理·위위衛尉·태복太僕·홍려鴻臚·사농司農·태부太府 등 여러 시寺 및 소부감少府監으로 분산시켰다.

또 원풍 개혁에서는 중서中書·문하門下·상서尙書의 3성이 부활했기 때문에 재상인 동중서문하평장사同中書門下平章事와 집정인 참지정사參知政事는 폐지되고, 재상은 상서좌복야겸문하시랑尙書左僕射兼門下侍郞·상서우복야겸중서시랑尙書右僕射兼中書侍郞이 되고, 이를 보좌하는 집정은 문하시랑門下侍郞·중서시랑中書侍郞·상서좌승尙書左丞·상서우승尙書右丞이 되었다. 추밀원은 잔존했지만, 집정은 지추밀원사知樞密院事·동지추밀원사同知樞密院事·첨서추밀원사簽書樞密院事가 되고, 종래의 추밀사·부사는 폐지되었다.

나아가 심관동서원審官東西院·이부유내전吏部流內銓·삼반원三班院 및 예의원禮儀院·심형원審刑院 등도 폐지하고, 이들이 관장하던 업무는 이부·예부·형부가 맡았다. 이 가운데 특히 이부는 심관동서원은 상서좌선尙書左選(문관)·상서우선尙書右選(무관), 이부유내전은 시랑좌선侍郞左選(문관), 삼반원은 시랑우선侍郞右選(무관)의 4선四選으로 나누어서 문무관의 인사를 맡아보게 했다.[37]

〈표 1〉 원풍 개혁 이전과 이후의 중앙관제

원풍 관제 이전의 옛제도	원풍 관제 (3성, 6부, 9시, 5감)
中書門下省	中書, 門下, 尙書 3省
樞密院	樞密院
審官東·西院	吏部 ─ 尙書左選, 尙書右選
流內銓, 三班院	吏部 ─ 侍郞左選, 侍郞右選
三司	戶部 ─ 左曹
司農寺	戶部 ─ 右曹
禮儀院, 三司設案	禮部
樞密院	兵部
審刑院, 三司衙司	刑部
三司	工部
太常禮儀院	太常寺
宗正寺	宗正寺
群牧寺	太僕寺
大理寺	大理寺
客省司	鴻臚寺
三司設案	光祿寺
三司, 提擧諸司庫務司 提點倉草場司	司農寺
三司, 提擧諸司庫務司	太府寺
金吾街仗司	衛尉寺
國子監	國子監
옛 三司修造案	將作監
옛 三司胄案	都水監
옛 三司胄案	軍器監
提擧諸司庫務司	少府監

개혁 전과의 대비

앞서 언급한 내용을 종합해서 원풍 관제의 3성·6부·9시·5감과 그 이전에 해당 업무를 맡아보았던 관청을 대비해서 표시해 보면 <표 1>과 같다.

원풍기록관元豊寄祿官

〈표 2〉 기록관(원풍 이전·이후)의 비교

원풍 이전 기록관 ①	원풍기록관 ②	품 ③
使相	開府儀同三司	종1품
左右僕射	特進	〃
吏部尚書	金紫光祿大夫	정2품
五部尚書	銀靑光祿大夫	종2품
左右丞	光祿大夫	정3품
六部侍郎	正議大夫	종3품
給事中	通議大夫	정4품
左右諫議大夫	太中大夫	종4품
秘書監	中大夫	정5품
光祿卿, 衛尉卿, 少府監	中散大夫	종5품
太常·光祿少卿, 左右司郎中	朝議大夫	정6품
前行(吏·兵部)郎中	朝請大夫	종6품
中行(戶·刑部)郎中	朝散大夫	〃
後行(禮·工部)郎中	朝奉大夫	〃
前行員外郎, 侍御史	朝請郎	정7품
中行員外郎, 起居舍人	朝散郎	〃
後行員外郎, 左右司諫	朝奉郎	〃
太常·國子博士, 左右正言	承議郎	종7품
太常·秘書·殿中丞, 著作郎	奉議郎	정8품
太子中允·贊善大夫·洗馬	通直郎	〃
著作左郎, 大理寺丞	宣德郎	종8품
光祿, 衛尉寺丞, 將作監丞	宣義郎	〃
代理評事	承事郎	정9품
太常寺太祝·奉禮郎	承奉郎	〃
校書郎, 正字, 將作監主簿	承務郎	종9품

* 원풍 이전 기록관①은 원풍기록관②와 일치하고, 모두 이것에 의거해 봉록이 지급되었다. 품③은 ②와 일치하지만 ①과 반드시 일치하지는 않는다.

또 앞에서 언급했듯이 북송의 초기 관제에서는 3성·6부·9시·5감이 봉록과 위계만을 나타냈다. 하지만 원풍 관제에서는 이 관직들이 실제 업무를 맡아보았기 때문에, 봉록과 위계를 나타내기 위해 '원풍기록격元豊寄祿格(원풍기록관元豊寄祿官)'이라는 것이 새로 마련되었다. 이것을 당제의 산관散官(실제 담당 업무가 없는 관)명에 의거하여 봉록과 위서의 계급[계관階官]을 나타내면 <표 2>와 같다.

이 가운데 선덕랑宣德郎 이하 승무랑承務郎까지는 원래의 경관京官에 해당하지만, 원풍 개혁에서는 경관 이름은 빠지고 단지 승무랑 이상이라고 했다. 통직랑通直郎 이상 조청대부朝請大夫까지는 조관朝官(승조관升朝官)이었다. 태중대부太中大夫 이상은 시종관侍從官이었다.

봉록을 보면, 예를 들면 1012년(대중상부 5)에는 이부상서가 월봉 60관, 원풍기록관에서는 이부상서가 금자광록대부에 해당하므로 마찬가지로 월 60관이었다. 또 태자세마는 월봉 18관, 원풍기록관에서는 태자세마가 통직랑에 해당하므로 월 20관이 되었고, 장작감 주부主簿는 월봉 5관, 원풍기록관에서는 주부가 승무랑에 해당하므로 월 7관이 되었다.

북송 말·남송의 개혁과 폐합廢合

원풍 관제는 상당히 번잡하였고 담당하는 업무도 서로 중복되는 바가 많았다. 그래서 북송 말 휘종대에 개혁이 진행되었고, 남송대에 통폐합이 이루어졌다.

즉, 1112년(휘종徽宗 정화 2)에는 상서좌복야가 대재大宰로, 상서우복야가 소재小宰로 바뀌어 재상은 대재겸 문하시랑, 소재겸 중서시랑이 되었다. 남송 초엽인 1129년(고종高宗 건염 3)에는 옛날로 돌아가 재상은 좌복야동평장사, 우복야동평장사가 되고, 집정은 문하시랑·중서시랑·상서좌승·상서우승이 폐지되고 참지정사가 되었다. 그 후 1172년(효종孝宗 건도 8)에는 좌복야동평장사를 좌승상, 우복야동평장사를 우승상이라 했다. 추밀원에서도 지추밀원사·동지추밀원사·첨서추밀원사 외에 추밀사·부사가 다시 설치되었다.

남송에서는 재상이 거의 지추밀원사 또는 추밀사를 겸임하였고, 참지정사도 동지추밀원사를 겸임하는 경우가 많았다.

그 후, 6부는 개혁이 별로 이루어지지 않았지만 9시는 6부의 업무와 중복되었기 때문에, 남송에서는 홍려시·광록시를 예부에 합치고, 위위시·태복시를 병부에 넣었으며, 그 밖에 태부시·종정시 등을 폐지하거나 혹은 부활시켰다.

또 5감 가운데서도 국자감은 일시 폐지하였다가 부활시키고, 장작감은 실제로 하는 일이 없었으며, 군기감은 혹은 공부로 귀속하거나 부활시키고, 도수감은 공부에 합쳤다.

이상과 같이 원풍 관제에서는 중앙관제의 경우 예전의 당제로 돌아갔지만, 실제 사용에는 맞지 않는 바가 있어 이후 다시 통폐합이 이루어졌다.

4) 지방관제

'로路'의 운영

북송의 로 지도

송의 태조·태종은 절도사체제를 해체시키고 사천·강남·산서의 땅을 정복하여 천하통일을 이룩하였다. 태종은 중국을 15로路로 나누고 각 로에는 전운사轉運使를 두어 로의 민정·군정·재정·형옥38)을 맡아보게 했다. 그 후 전운사의 권한을 나누어 군정은 안무사安撫使(변경에서는 경략안무사經略安撫使라고 함)에게 맡기고, 형옥 관련 일은 제점형옥提點刑獄39)에게 맡겼다. 왕안석이 신법을 시행한 후에는 신법을 취급하는

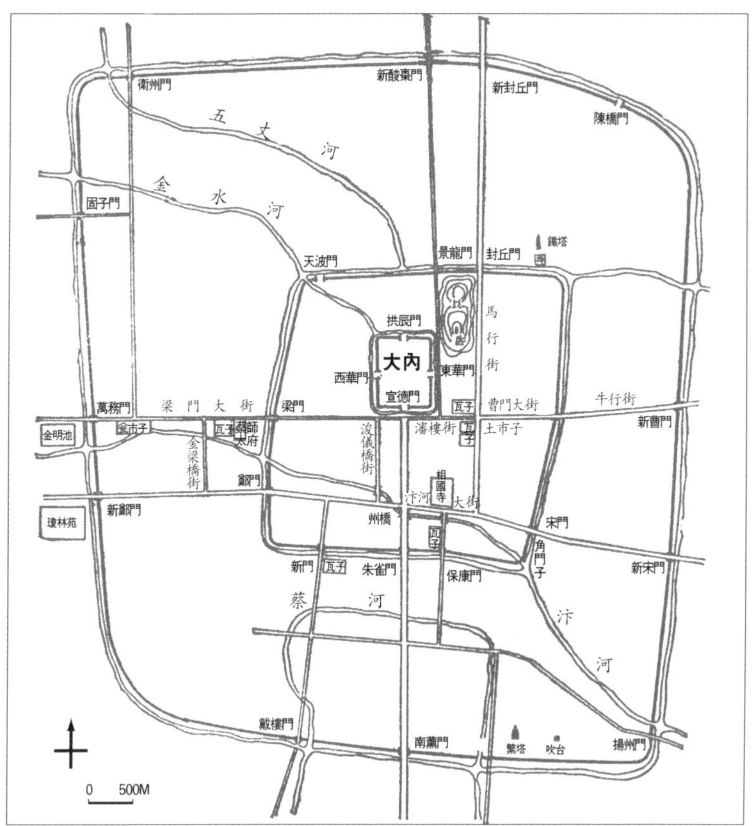

북송의 동경東京(개봉) 구조도

제거상평사提擧常平使를 설치하고 상설화하였다.

이들 관직은, 전운사를 조사漕司, 안무사를 수사帥司, 제점형옥을 헌사憲司, 제거상평사를 창사倉司로 각각 약칭하였다. 로는 태종 이후 증가하여 1080년(신종 원풍 3)에 23로, 1122년(휘종 선화 4)에 26로가 되었다.

이 밖에 동남 6로(회하淮河·양자강 유역의 지방)의 전운사를 지휘하고 대운하의 조운을 맡아보는 강회제치발운사江淮制置發運使와 해상무역을 관할하는 제거시박사提擧市舶司도 있었다.

부府·주州·군軍·감監·현縣·진鎭

로路 아래에는 일반적으로 부府·주州·군軍·감監이 있었고, 부·주·군 이래에는 현縣·진鎭이 있었으며 감 아래에는 현이 없었다. 부 가운데에서도 특별구인 동도東都 개봉부開封府의 장관인 지개봉부사知開封府事는 한림학사·삼사사·어사중승과 함께 '4입두四入頭'라고도 불리며 집정으로 승진하는 관직이었다.

이들 부·주·군·감과 현은 이후 휘종조에 이르러 4경·30부·254주·63군·1234현이 되었다. 부주에는 판관判官·추관推官 등의 속관을 두었는데 이들을 '막직관幕職官'이라 불렀고, 그 아래에는 녹사참군錄事參軍·사호참군司戶參軍·사법참군司法參軍·사리참군司理參軍 등을 두어 각각 서무·부세賦稅·단옥斷獄·소송訴訟40)을 담당했다.

현의 경우, 대·중의 현에는 지현사知縣事를, 소현에는 현령縣令을 설치하였다. 현에는 이 밖에 현승縣丞을 두는 곳도 있었고, 문서를 다루는 주부主簿와 도적을 잡는 현위縣尉를 두었다. 이상 부·주·현 등의 속관, 즉 '막직주현관'을 '선인選人'이라고 했다.

진鎭은 이전의 절도사체제 아래에서 진장鎭將이 있었던 곳인데, 송대에는 현 아래 상업이 활발한 곳에 설치된 상업 소도시41)로서 시대가 지나면서 그 수가 늘어났다. 진에는 대부분 감관監官(감당관監當官)을 두고 상세를 징수하였다. 감당관은 부·주·현·진·시 등에도 두어 소금·차·술의 전매42)와 상세를 징수하고 경찰 업무도 담당했다.

숭녕기록관崇寧寄祿官

이 같은 지방제도는, 앞서 기술한 원풍 관제에서 개혁되지 않았지만,

이들 막직 주현관도 봉록을 나타내는 계관階官 즉, 기록관寄祿官이 되어 있었다.

예를 들면, 경서로 모 현령의 계관으로 하북동로 전운사의 구당공사勾當公事가 되었고, 섬서로 모 군 절도판관의 계관으로 하동로 모 주의 주학교수州學敎授가 되었다. 또 무위군無爲軍 군사판관의 계관으로 비서성 교서랑校書郞이 되기도 하고, 혹은 하중부河中府 사록참군의 계관으로 초주楚州 염장鹽場의 감당관이 되기도 하였으며, 영주瀛州 방어추관防禦推官·지대명부知大名府 원성현元城縣의 계관으로 복주濮州교수가 되는 자도 있었다. 그래서 1103년(휘종 숭녕 2) 선인選人의 계관 즉 기록관 7계가 <표 3>과 같이 신설되었다.

〈표 3〉 선인기록관選人奇祿官 7계階

숭녕 이전의 선인기록관	숭녕 선인기록관
留守·節度·觀察判官	承直郎
節度掌書記, 觀察支使, 防禦·團練判官	儒林郎
留守·節度·觀察推官, 軍事判官	文林郎
防禦·團練判官·軍監判官	從事郎
錄事參軍, 縣令	通仕郎(宗正郎으로 고침)
知錄事參軍, 知縣令	登仕部(修職郎)
軍巡判官,司理·司法·司戶·參軍, 簿尉	將士郎(迪功郎)

이들 선인의 봉록은 원래 유수판관留守判官 30관 이하 부위簿尉 6관이었으나, 승직랑 25관 이하 적공랑迪功郎 12관이 되었다. 그리고 이들 지방 제도는 남송시대가 되자 여러 가지 임시관이 설치되어 곧 상설화되었다.

이상과 같이 송대에는 중앙과 지방을 막론하고 무관은 억누르고 문관을 많이 등용했던 까닭에 관료제가 대단히 발달했다. 그리고 이들 관료는 과거를 통하여 많이 채용되었는데, 이하에서 송대의 과거제와 관료제의 관계에 대해 기술하겠다.

5) 과거제와 관료제의 관계

송대 과거제의 확립

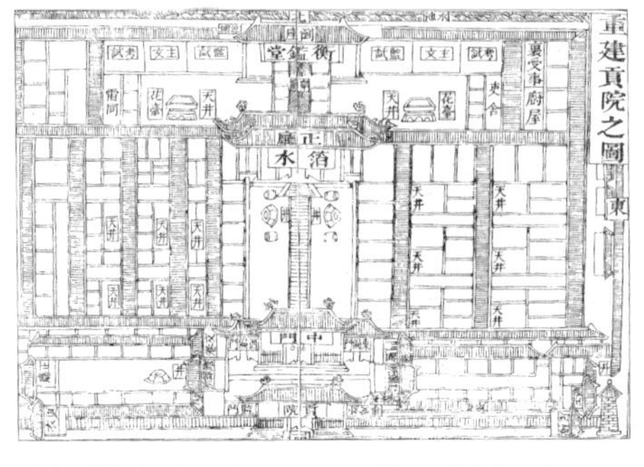

과거 시험장 남송 건강부建康府 공원貢院 「건강부지建康府志」

송대에는 문치정치가 행해져 관료조직이 크게 확대되었다. 많은 관료가 임용되었고, 이들 관료는 주로 과거를 통해 채용되었다. 게다가 송대의 관료는 과거, 특히 진사과 급제자가 아니면 고위 관직에 오르기가 어려웠다. 과거제는 수·당대부터 이미 있었지만, 송대에 더욱 정비 확대되어 관료제[43]의 발달에 크게 공헌했다.

송 초의 과거[44]에는 진사과進士科와 제과諸科(경의과經義科라고도 함)가 있었다. 진사과는 시부詩賦와 논論 및 첩경帖經·묵의墨義로 시험을 쳤고, 제과는 경서經書·예서禮書·사서史書 등의 첩서帖書·묵의로 시험을 보았다.

시부란 시와 부(시의 일종)를 짓는 것이고, 논은 논문이다. 첩경은 경서와 예서, 사서 등의 본문에서 앞뒤를 가린 채 한 줄만 드러내고 그 한 줄 중에서 또 석 자를 감추어 감춘 글자를 맞추는 것이다. 묵의는 경서·예서·사서의 작자 이름을 묻거나 이들 책에서 한 어귀를 뽑아 그 문장 다음에 오는 문장이 무엇인지를 묻는 것이다. 즉 시부 및 논은 직접 작문을 하는 시험이고, 첩경과 묵의는 일종의 암기시험이다.

송 태조 때는 진사과와 제과 등이 행해졌지만 합격자 수는 아직 적어 진사 합격자가 7~8명에서 20명 사이였고, 973년(개보 6)에 26명, 975년(개보 8)에 31명이었다.

제과는 973년에 처음으로 17명의 합격자를 냈고, 후에 96명이었다가, 975년 34명이 합격하였다.

진사과와 제과는 우선 지방의 부와 주에서 시험을 치러 공거인貢擧人(합격자)을 중앙의 예부로 보내고, 예부 공원貢院에서 이들 공거인을 시험하여 합격자 이름을 성적순으로 게시한다. 이것을 '방榜(합격자 이름을 쓴 것)을 내건다'라고 하였다. 예부 공원에서 치르는 이 시험이 '성시省試'다.

과거 수험생

그런데 태조가 973년(개보 6) 처음으로 강무전講武殿에서 다시 시험을 치르게 했다. 이것을 '복시覆試'라고 하며, 이후 송조의 역대 천자들은 성시45) 외에 친히 진사를 복시하였다.

북송대 과거의 전시 모습

이처럼 천자가 친히 시험하는 것을 '어시御試' 또는 '전시殿試'46)라고 했다. 단, 이때 태조는 예부가 성시에서 뽑은 진사 10명 외에 성시에서 낙제한 사람 중에서 16명을 더 뽑아 합계 26명을 선발하여 성시 성적을 전시의 성적으로 했다. 그런데 975년(개보 8)에는 이러한 방식을 바꾸어 성시의 성적에 상관없이 전시 성적에 입각하여 진사과와 제과의 방을 내걸었다.

이때가 되면 성시와 전시는 전혀 별개의 것이 되었고, 전시에서 1등을 한 ‘장원壯元’은 특히 우대받으며 벼슬길에 올랐다. 이처럼 태조가 전시를 통해 진사과와 제과 합격자에게 특별한 명예를 부여함으로써 송대의 과거는 관리의 등용문으로서 매우 존중받게 되었다.

과거합격자, 고위고관을 차지하다

태종 시대가 되자 진사와 제과 합격자가 상당히 많이 나왔고, 이들은 특별 대우를 받았다. 즉 태종이 즉위한 다음 해인 977년(태평흥국 2)에 태종은 “과장科場에서 준걸을 뽑는데 10명 중 5명까지 뽑지는 못한다 해도 그 중 한둘만 뽑아도 행정을 잘할 수단을 얻게 된다”고 하여 강무전에서 어시를 열어 진사 여몽정呂蒙正 이하 109명, 제과 207명을 뽑아 ‘급제’시켰다. 그 밖에 진사와 제과에는 급제하지 못했으나 15거(15번 시험을 치름) 이상인 자에게 ‘출신出身’이라는 칭호를 주었다.[47]

당시 여러 도道의 공거인이 5,200여 명이었는데 그 중 500여 명을 뽑은 것이다. 그리고 진사 급제자를 특히 우대하여 여몽정 이하 4명은 장작감승將作監丞(<표 2> 참조), 나머지는 대리평사大理評事로 주의 통판通判에 임용했다. 이를 태조 개보 6년의 진사와 비교해 보면, 당시 장원을 한 송준宋準이 교서랑직사관校書郞直史館이었고, 나머지는 여러 주부의 사구참군司寇參軍(후의 사리참군司理參軍)이 되었다. 교서랑은 대리평사보다 2계관 정도 낮은 관직이고, 사구참군은 물론 통관보다 낮은 관직이다.

이처럼 태종은 즉위 다음 해에 종래와는 비교할 수 없을 만큼 많은 수의 진사 및 제과를 뽑고 더욱이 합격자들을 매우 우대하였다. 이것은 송의 과거제를 획기적으로 개혁한 것으로, 이 같은 과거를 통해 태종 때의 재상 여몽정·장제현張齊賢과 참지정사 이지李至·왕화기王化基 등이 배출되었다. 태종은 이후 8회에 걸쳐 진사 및 제과 5천여 명을 뽑았다.

특히 992년(순화 3)에는 각 도의 공거인이 17,000여 명에 달했는데 이 가운데 진사 손하孫何 이하 353명, 제과 774명을 뽑았다.

이렇게 하여 태종 때는 위로는 중서문하의 재상부터 대성臺省(어사대御史臺·각 성省의 관官), 부주의 여러 관, 그리고 아래로는 현의 주부 및 현위에 이르기까지 많은 진사 및 제과 합격자가 임용되었다.

태조·태종의 과거정책은 진종·인종 때도 답습되었다. 진종 때는 진사과 합격자를 성적에 따라 제1~3갑甲으로 나누어 각각 임관시켰는데, 나중에 5갑으로 나뉘었다.

인종 때의 진사과48)는 종래의 시부·논·첩경·묵의 외에 책策이 더해졌다. 책은 시무時務에 대한 대책을 논하는 것이다. 인종 때 진사과 및 제과는 13방이 내걸렸는데, 재상·집정 및 추밀사·부사들이 거의 대부분 진사과 합격자였다.(후술 참조)

이에 대해 소동파蘇東坡는 "인종 때의 13방에서 상위 3명을 추리면 39명이다. 이들 중 공경에 오르지 못한 자는 단 5명뿐이었으니 실로 번성했다 할 수밖에 없다"라고 말했다. 이처럼 인종 때 13방의 상위자 3명씩을 합치면 총 39명이고 이 가운데 34명이 재상·집정 등의 고위직에 올랐다. 그리고 다음 영종 때(1064~1067)부터 과거는 3년에 1회씩 치러지게 되는데 이는 남송 말까지 그대로 행해졌다.

과거제 개혁의 추이

이상과 같이 진종·인종 시대 이후 진사과가 점점 중시되고 재상·집정 등은 진사과에서 많이 배출되었다. 그런데 당시 진사과 합격자는 강남 출신이 많았고, 제과 합격자는 화북 출신이 많았다.

이는 강남 사람의 경우 문장을 좋아하여 진사가 많은 반면 경학經學(제과)은 적었고, 화북의 경우 질質을 숭상해서 진사는 적고 경학이 많았기 때문이라고 한다. 따라서 이대로 간다면 진사과 합격자가 많은 강남 출신 관료가 고관을 차지하고, 경학을 주로 하는 화북 출신 관료세력은 쇠퇴하게 될 것이므로 화북 출신 관료들이 이에 대해 불만을 드러냈다.

그래서 과거제를 개혁하여 화북과 강남의 각 주에 진사의 수를 할당하여 화북 관료의 불평을 완화시키고자 했으나 반대 때문에 실행에 옮기지는 못했다.

이처럼 진사과는 중시되고 제과가 경시받게 되자, 신종은 사람들이 시부를 중시하여 경학을 배우지 않으며, 나아가 화북 인재가 진사과에 많이 급제하지 못할 것을 우려하여 과거제 개혁을 단행했다.

즉 종래의 제과는 폐지하여 진사과에다 합치고, 종래 진사과에서 치러졌던 시부·첩경·묵의는 그만두고, 경의經義·논·책策으로 시험을 치르게 했다.

이는 종래의 제과 시험과목인 경의를 진사과에 포함시키고, 경학을 장려하면서 화북의 인재도 진사과에 급제시키고자 한 것이다. 나아가 그렇게 하여 책, 즉 시무책時務策을 상당히 존중하여 실용에 적합한 인재를 선발하려고 했던 것이다.

그런데 다음 철종 초가 되자, 구법당이 정권을 장악하여 다시 개정이 이루어져 진사과는 시부진사詩賦進士와 경의진사經義進士로 나뉘어졌다. 그러나 철종이 친정을 펴면서 신법당이 정권을 장악하게 되자 시부진사는 없어지고 경의진사만 남게 되었다.

관리의 임용과 과거와의 관계

앞에서 말했듯이 북송에서는 과거를 통해 많은 관료가 채용되어,

과거 출신자가 중앙의 재상·집정 이하 지방 현의 현위와 주부 직에까지 이르렀다. 그러나 이 밖에도 '임자任子'라고 해서 조상의 음덕으로 관리가 되는 자도 있었다. 예를 들면 재상의 아들은 승사랑承事郎(<표 2> 참조), 집정의 아들은 승봉랑承奉郎이라는 관직을 받았다. 또 '진납進納'이라고 해서 관직을 산 자, '유외관流外官'이라 해서 오랫동안 서리로 근무하여 관리에 임용된 자도 있었다. 나아가 군공軍功을 세우거나 종실의 친척이어서, 처가의 은택으로 관직에 오르는 자도 있었다.

하지만 이들 중에서 가장 우대를 받은 것은 과거 출신자였다. 이들은 대부분 관료가 되었으며 과거 출신자 중에서도 진사과 급제자가 더 많이 고위 고관이 되었다.

이에 북송의 최고 관료 즉 재상·집정 및 추밀원 집정 중에서 진사과 합격자를 살펴보면 <표 4>와 같다.

〈표 4〉 진사과 출신 관료 일람 (단위 : 명)

	재상	집정	추밀원
태조太祖	6(3)	4(3)	8(0)
태종太宗	9(6)	21(19)	20(11)
진종眞宗	12(11)	14(14)	23(13)
인종仁宗	22(19)	37(30)	56(40)
영종英宗	2(2)	2(2)	7(3)
신종神宗	9(8)	17(15)	15(11)
철종哲宗	10(10)	20(19)	10(9)
휘종徽宗	13(11)	32(25)	15(11)
흠종欽宗	7(4)	14(8)	15(6)

* 괄호 내의 숫자는 진사급제자

이 표에 따르면, 북송의 재상·집정에는 과거 진사과 출신이 많음을 알 수 있다. 추밀원 집정을 보면, 태조·태종·진종의 3대에는 진사과 합격자가 적은데, 이는 송 초에 오대의 제도를 이어받아 무장이 추밀사와 추밀부사로 많이 임용되었기 때문이다. 그러나 인종대 이후에는 문관이 많이 임용되어 진사과 출신자가 많아졌다.[49]

이에 대해 북송의 명신 사마광司馬光도 "국가가 사람을 쓰는 방법을 보건대, 진사가 아니면 미관美官을 얻을 수 없고, 시부·논·책을 못하면 진사에 급제할 수 없다"고 말하고 있다. 그런데 시부에 능한 자는 강남 출신자가 많았고, 따라서 강남 출신자가 진사에 많이 합격했다.

이에 비해 화북 사람들은 경학을 잘하여 제과 합격자가 많았다. 그 때문에 신종 때 시험과목을 개정하여 진사과만 실시하니, 이에 화북 사람들도 진사과에 쉽게 급제할 수 있게 되었다. 이 같은 과거제의 개혁 배경에는 송 초 이래의 북방관료와 남방관료 간의 권력다툼이 있었다.[50]

북방관료와 남방관료의 항쟁

송 초 이래 관료들 사이에는 북방관료와 남방관료의 권력 다툼이 있었다. 북송의 재상·집정을 출신지에 따라 화북·강남·촉(사천)으로 나누어 표시하면 <표 5>와 같다.

〈표 5〉 북송의 재상·집정 (단위 : 명)

	재상			집정				집정(추밀원)			
	화북	강남	사천	화북	강남	사천	불명	화북	강남	사천	불명
태조	6			4				8			
태종	9			19	1	1		19	1		
진종	10	2		11	3			19	2	2	
인종	13	8	1	25	9	3		37	17	2	
영종	1	1		1	1			6	1		
신종	3	5	1	6	9	2		9	6		
철종	6	4		12	5	3		5	5		
휘종	6	6	1	12	16	4		5	8	2	
흠종	5	1	1	6	5	2	1	7	4	3	1

표를 보면, 태조·태종 때(960~997)는 화북 사람이 압도적으로 많고, 진종 때가 되어서야 겨우 강남과 촉 사람들이 임용되고 있다. 즉 송 초에는 화북관료가 권력을 장악하고 있었다. 예를 들면 후술하는 것처럼 1004년(진종 경덕 원) 거란이 대거 송을 공격해 왔을 때 화북관료의 우두머리였던 재상 구준寇準은 남방관료인 집정 왕흠약王欽若과 촉의 관료인 집정 진요수陳堯叟가 강남이나 촉으로 수도를 옮기자고 한 제안을 물리치고 진종에게 친정을 청하여 결국 거란과 전연澶淵의 강화[51]를 맺었다. 이는 북방관료가 권력을 장악하고 있어

화북 땅을 사수하였음을 보여준다.

또 진종이 집정 왕흠약을 재상에 임용하려고 했을 때는 재상 왕단王旦도 "조종조祖宗朝에는 일찍이 남인에게 나라를 맡긴 경우가 없었습니다"라고 하며 이를 거부했다.

그런데 인종조(1022~1063)가 되자 강남관료가 진출하여 범중엄范仲淹,[52] 구양수歐陽脩 등의 명신이 많이 배출되었다. 게다가 신종조(1067~1085)가 되자, 뒤에서 서술할 것처럼 왕안석王安石, 여혜경呂惠卿, 채확蔡確 등 강남 출신 관료가 신법을 행하고 크게 득세하였다.

철종대(1085~1100) 초기 선인태황태후宣仁太皇太后[53] 섭정 시대에는 사마광 등의 구법당이 세력을 얻어 화북관료가 많이 임용되었으나, 철종이 친정을 펴면서 신법당이 중용되어 강남관료가 다시 임용되었다. 휘종 때는 신법당인 채경이 권력을 잡아 강남관료가 정권을 독점했다. 흠종대(1125~1127)에는 구법당이 세력을 얻었으나 2년 후 북송은 멸망했다.

이상과 같이 북송에서는 처음 화북관료가 권력을 잡았으나 이후 강남관료가 진출하여 북송 말에는 강남관료가 권력을 장악하였다. 이러한 상황에 대해 남송의 육유陸游[54]는 다음과 같이 논평하였다.

> "천성(인종의 첫 번째 연호) 이전에 인재를 뽑아 등용할 때에는 대부분 북인을 뽑았는데, 구준寇準이 이를 담당하였다. 그로 인해 남방의 사대부[55]들이 울적해하였다. 인종이 그 폐해를 알고 널리 인재를 뽑아 남북 간의 차이를 없앴다. 그리하여 범중엄[56]이 오吳(강소江蘇·소주蘇州)에서, 구양수가 초楚(강서江西·길주吉州)에서, 채양蔡襄이 민閩(복건福建·흥화興化)에서, 두연杜衍이 회계會稽(절강浙江·소흥紹興)에서, 여정余靖이 영남嶺南(광동廣東·광주廣州)에서 일어나 한 시대의 명신이 되니 성송聖宋이 사람을 얻는 데 뛰어나다고 칭찬받았다. 그런데 소성(철종 친정 후의 연호)·숭녕(휘종의

연호) 연간에는 남인을 뽑는 일이 더욱 많아져 북방의 사대부가 다시 울적해지는 슬픔이 있었다. 그래서 진관陳瓘(휘종조의 명신, 복건·남검주南劍州 사람)이 홀로 그 폐해를 보고는 조정이 남인을 중시하고 북인을 업신여기면 국가 분열의 싹이 튼다고 말했다. 이는 천하의 지당한 지적이다……"

이 논평은 북송 남북 관료의 대립관계를 잘 설명한 것이다. 인용문에 언급된 진관은 휘종 때 재상을 지낸 채경의 정치를 엄히 비판한 인물인데, 그의 말처럼 송은 분열하여 북송이 멸망하고 남송이 성립하였다.

제2장
북송을 둘러싼 국제관계

1) 송과 요의 창업

거란의 남진과 후진後晉의 연운燕雲16주 할양

송과 거란(요)과의 국제관계를 고찰하기에 앞서 시대를 거슬러 올라가 우선 오대 각 왕조와 요와의 관계를 살펴보자. 거란의 태조 야율아보기耶律阿保機(재위 916~926)는 발해[1]를 무너뜨리고(926년)[2] 영역을 동방으로 넓히는 한편,[3] 중국으로의 남진을 시도했다. 그리하여 연국燕國(유주幽州 : 지금의 베이징)의 유인공劉仁恭·유수광劉守光 부자를 공격하고, 후량後梁과 진晉(후당)과의 다툼을 틈타 난하灤河 유역의 평주平州·난주灤州·영주營州 등 여러 주의 땅을 빼앗아 중국진출의 발판을 구축했다.

후당後唐과 거란 사이에는 전쟁 상태가 계속되고 있었다. 후당 황제 이종가李從珂(폐제)는 하동절도사 석경당石敬瑭과 사이가 나빴다. 이종가는 석경당이 진양晉陽(산서성 태원시太原市)에 있는 것을 불리하다고 여겨 그의 진鎭을 천평天平(산동성 동평현東平縣 부근)으로 옮기게 하려고 했다. 거란과 결탁해서 이 조치에 대항하고자 한 석경당은 거란을 향해 자신을 신하로 낮추며 원조를 구하고 그 보답으로 토지 할양을 약속했다. 거란의

요의 불궁사佛宮寺 석가탑 산서성山西省 응현應縣

태종(재위 926~947)이 이 부탁을 받아들여 친히 대병을 이끌고 남하하여 진양에 이르렀나. 공격해 오는 후당군을 격파한 거란은 석경당을 황제로 세우고는 황하를 건너 낙양을 함락시켜 후당을 무너뜨렸다(936년). 이렇게 해서 세워진 석경당의 나라가 후진後晋이고 석경당은 후진의 고조高祖(재위 936~942년)로 불린다.

거란은 다음 해에 국호를 중국식인 대요大遼로 바꾸었다(이후 성종聖宗 983년 국호를 다시 거란으로 고쳤다가 도종道宗 1066년에 대요로 고쳤다).[4)]

석경당이 후당을 대체하여 후진을 세울 수 있었던 것은 순전히 거란의 원조 덕분이다. 석경당은 약속을 지켜 중국 동북쪽 구석에 자리한 연운燕雲16주(연燕 즉, 지금의 베이징北京을 중심으로 하는 유주幽州·계주薊州·영주瀛州·막주莫州·탁주涿州·단주檀州·순주順州·신주新州·규주媯州·유주儒州·무주武州의 11주와, 운雲 즉 지금의 다퉁大同 지방의 운주雲州·환주寰州·응주應州·삭주朔州·울주蔚州의 5주)를 거란에게 할양하고 매년 금백金帛 30만을 바치기로 했다.

석경당은 거란에게 공손히 순종하였고, 거란은 후진에게 점점 오만한 태도를 취했다. 후진 사람들 중 일부는 이러한 사실에 분개하여 거란에 신하로서 복속하는 것에 반대하였다. 이윽고 고조가 죽고 소제少帝(재위 942~946)가 즉위하자 후진은 스스로 신하로 칭하는 것을 그만두고, 손孫이라 칭하여 거란에 상喪을 알렸다. 재상인 경연광景延廣의 주장에 따른 것이었다.

거란인의 모습 「사기도射騎圖」(이찬화李贊華)

거란의 태종은 이에 대해 전례와 다르다며 책망했다. 경연광은 불손한 말로 여기에 대답하고, 후진 영내에 거주하는 거란 상인을 살해하였다. 이에 태종은 남침의 뜻을 굳혀, 946년(후진 개운開運3, 요 회동會同 9) 먼 거리를 남하하여 황하를 건넌 거란군이 후진의 수도 변경汴京(하남성 개봉시)을 함락하고 소제를 포로로 붙잡아 본국으로 데려갔다. 이 때문에 소제는 출제出帝로도 불린다.

하동河東절도사 유지원劉知遠은 진양에서 즉위해 후한을 세우고, 거란군을 치려고 했다. 이에 거란군이 북으로 철수하고, 유지원(고조高祖)은 변경汴京으로 들어갔다. 유지원의 아들 은제隱帝는 실권을 장악한 곽위郭威의 공격을 받고 부하에게 살해되었다. 곽위는, 남당南唐과 결탁하여 후한을 공격하고자 남하하는 거란을 막기 위해 전주澶州(하북성 복양현濮陽縣)에 이르렀는데, 이때 병사들에게 옹립되어 제위에 올라 후주後周를 세웠다(951년).

후한 은제의 숙부인 유숭劉崇은 진양에 있었는데, 곽위(태조)가 후주를 세우자 그도 나라를 세워 북한北漢이라고 하였다. 유숭의 북한은 늘 거란과 결탁하여 곽위의 후주에 대항했다.

후주의 제2대 세종世宗은 천하통일의 작업을 진행시켜, 959년(후주 현덕顯德 6, 요 응력應曆 9) 거란과 싸워 연운16주를 회복하는 첫 걸음으로서 영주와 막주 2주를 손에 넣었지만 병에 걸려 뜻을 이루지 못하고 죽었다. 이 통일의 대업은 송의 태조에게로 넘어갔다.

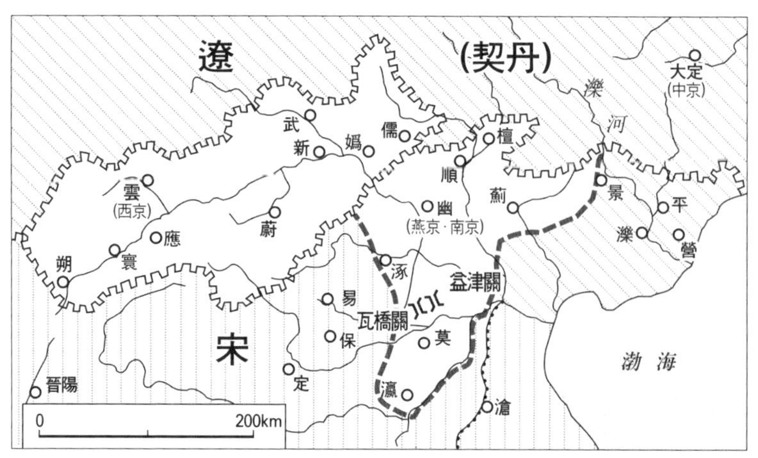

연운16주 지도

연운16주의 회복을 지향한 송의 대요對遼전쟁

북한은 유숭의 자손이 왕위를 이었고, 거란은 항상 이를 도와 송에 대항하였다. 처음 송 태조(재위 960~976)는 남방[5]의 남당 공략에 주력하느라 북방에 전력을 쏟지 못했지만, 태종에 이르러 979년(송 태평흥국太平興國 4, 요 건향乾享 원), 직접 북한 정벌에 나섰다.[6] 그리고 거란의 원군을 격파하고 진양(산서성 태원시)을 포위해 북한 국왕 유계원劉繼元의 항복을 받아냈다.

이렇게 하여 오대 이래의 지방 독립정권들이 하나하나 평정되면서 송은 전국통일의 대업을 거의 완성해 나가고 있었다. 이제 연운16주만 회복한다면 중국통일이라고 하는 용에 눈동자를 그려넣는 효과를 거둘 것이었다.

연운16주를 이민족인 거란에게 빼앗긴 것은 중국에게 큰 상처였다. 우선 첫 번째로, 그것은 중국의 체면과 관계된 문제였다. 이 지방은 예로부터 중국의 영역으로 명백히 한민족이 거주하는 지역이었다. 그

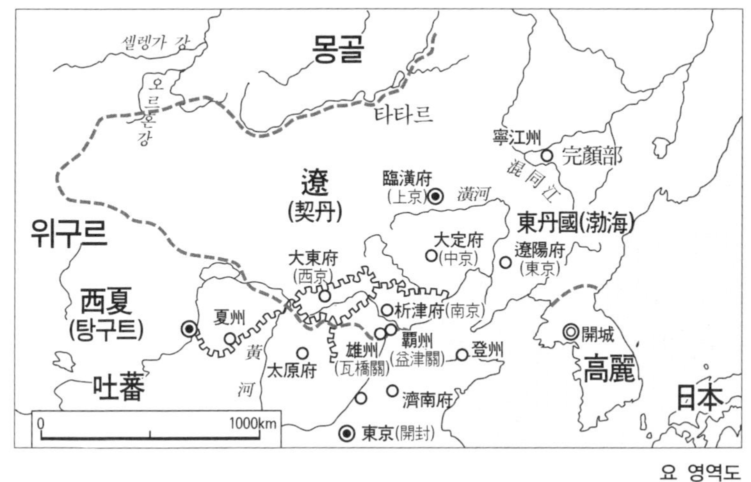

요 영역도

러한 땅을 오랑캐인 거란에게 넘겨주었다는 것은 중화를 존중하고 오랑캐를 천시하며 화이華夷를 구별하는 중화적 명분론에서는 인정할 수 없는 사실이었다.7)

두 번째로, 연운16주의 상실은 중국 국토를 북적北狄에게서 지키는 데 전략상 큰 손실이었다. 북변 장성선長城線 일대의 산맥은 외적이 침입했을 때 중국을 방어하는 천혜의 요충지였다. 이 장성선 남쪽에 위치한 연운16주를 적에게 빼앗기고, 장성선 상의 전략적 요지인 여러 관문들을 지배당하고 있다는 것은, 중국의 국토 방위라는 측면에서 보면 중대한 결함이었다. 역으로 거란의 입장에서 보면 당연히 이 지역은 중국 내지를 엿볼 수 있는 중요 거점8)이었다.

이러한 이유로 연운16주의 회복은 송에게 국가적 과제였으며, 통일을 완성시키는 최종단계이기도 했다. 송 태종은 북한을 무너뜨린 기세를 몰아 거란군과 싸워 역주·탁주를 빼앗고, 이어 유주를 포위했으나 패퇴당했다. 이후 양군의 공방은 10여 년간 계속되었다.

그런데 당시 거란의 동쪽에서는 발해 유민들이 압록강, 동가강佟佳江

유역에 정안국定安國[9])을 세워 고려·송과 교통하고 있었다.[10]) 이러한 위협 때문에 거란은 송과의 대결에 전력을 다할 수가 없었다.

그래서 거란 성종(재위 982~1031)은 우선 정안국을 정복하고(994), 고려를 복종시키면서 송에 침입할 기회를 엿보고 있었다. 한편 송 측에서는 이 무렵 서북변에서 흥기한 탕구트黨項족이 국가적 근심사로 떠올랐고 이 때문에 거란에게 공세를 펴지 못하고 있었다. 그런 참에 탕구트의 이씨가 거란으로부터 책봉을 받고 결탁함으로써 거란의 남침을 촉진하였다.

999년(송 함평咸平 2, 요 통화統和 17), 거란의 성종이 대송 정벌의 조서를 내리고 송의 북변을 침입했다. 이때부터 해마다 두 나라는 전쟁을 벌였고, 1004년(송 경덕 원, 요 통화 22)에는 성종이 대거 남진했다.

송 진종(재위 997~1022)은 신하들을 소집하여 대책을 강구하였다. 이에 왕흠약王欽若은 금릉金陵(강소성 남경시南京市)으로의 행차를, 진요수陳堯叟는 성도成都(사천성 성도시成都市)로의 행차를 청했다. 황제는 다시 재상 구준寇準에게 의견을 구했다.

구준은 도망치자는 소극책을 내놓는 자를 모조리 없앤 후 북벌 친정군을 보낼 것을 주장했다. 진종은 구준의 방책을 채용했다.

진격한 거란군은 정주定州를 공격했다. 구준은 망설이는 진종을 격려하여 전주澶州에 이르러, 황하를 건너 거란의 20만 대군과 대치했다. 황제가 친정하여 전선에 출동하니 송군의 사기는 한껏 고무되었다.

전연澶淵의 맹약盟約

거란과 송은 한편으로는 외교교섭도 계속하고 있었다.[11]) 거란은 송의 사절 조이용曹利用에게 관남關南 땅(후주 세종이 회복한 와교관瓦橋關, 익진관益津

關 이남의 지역)을 반환하라고 주장했다. 송 측에서는 진종이 토지의 할양을 막고 그 대신 재물로 거란을 설득하려 하였지만, 구준이 강경하게 재물을 주는 것에도 반대하고 더욱이 거란에게 신하를 칭하게 할 것과 유계幽薊(지금의 베이징 지방)를 헌납하게 할 것을 주장했다.

송 진종

그렇게 해야만 백년의 평화를 지킬 수 있고, 그렇지 않으면 수십 년 후 다시 거란이 딴 마음을 품을 것이라고 하였다.

진종은 수십 년 후의 일은 그때 가서 생각하고, 지금은 현재의 다툼을 멈추고 백성의 괴로움을 덜어주기 위해 화평을 구하고 싶다고 했지만 구준이 받아들이지 않았다.

송 내부에서는 강경론자인 구준을 함정에 빠뜨리기 위해, "구준이 전쟁을 빌미로 삼아 자기 권력을 확대시키려 하고 있다"고 주장하는 자가 나왔다. 할 수 없이 구준은 화평에 찬성했다. 그러나 진종이 조이용을 거란군 진지로 파견하면서 "화평을 실현할 수만 있다면 백만 재물을 주어도 괜찮다"고 말한 것을 듣고 구준은 조이용을 불러 이렇게 전했다. "황제는 재물 백만을 주어도 괜찮다고 하였지만, 그 액수가 30만을 넘기면 안 된다. 그 이상의 세폐歲幣로 화평을 맺고 돌아오면 그대를 죽이겠다."

조이용은 거란군과 절충을 시도했다. 조이용은 관남 땅을 강력히 요구하는 거란의 요구를 단호히 물리치고, 금백을 보내는 것으로 화평을 체결하는 데 성공했다. 이것을 '전연의 맹'이라고 한다(전연은 전주의 옛 명칭). 맹약 내용은 다음과 같았다.

① 국경國境은 변경하지 않는다(관남 땅은 송이 갖고, 관 이북의 땅은 거란이 갖는다).

② 송은 형, 거란은 아우의 예로써 교제한다.

③ 송은 세폐(매년의 선물)로 은 10만 냥, 비단 20만 필을 국경인 웅주雄州(하북성 웅현雄縣)에서 거란에게 인도한다.

전연의 맹약 성립 진중陣中 연회

양국 황제 사이에 서약서가 교환되고, 성곽과 해자는 옛 것을 그대로 두고 새로 수축하지 않을 것, 또 수로를 개굴하지 않을 것을 서약했다. 이후 매년 황제의 탄생일[12]과 설날[원단元旦]에 서로 사절을 파견하여 축의를 표시하는 것이 상례가 되었고, 송은 거란과의 외교사무를 위해 국신사國信司[13]를 설치하였으며, 국서에는 스스로를 남조南朝라 칭하고 거란을 북조北朝라 불렀다.[14]

전연의 맹은 양국의 주장을 타협 절충한 외교교섭의 산물이다. 거란은 관남 땅을 포기하는 대신 실리를 취했으므로 송군을 결정적으로 격파할 수 있을 정도의 실력을 갖추지 못했던 실정을 염두에 두면 오히려 현명한 선택이었다고 할 수 있다.[15] 송은 연운지방의 회복이라는 숙원을 이루지 못했을 뿐 아니라 거란을 복종시키지도 못해 중화적 자존심에 상처를 입고, 겨우 아우에 대한 형이라는 명목적 우위를 차지하는 데 만족할 수밖에 없었다.

그러나 돌이켜 생각하면 화평의 실현으로 수렁과도 같던 오랜 전쟁에 종지부를 찍은 것은 크게 보아 송에게도 이익이 되었다.[16]

서하의 발흥과 요·송의 화평 유지

전연의 맹으로 송과 거란의 관계는 일단 안정되었고, 40여 년 동안 매년 사절을 정기적으로 보내며 우호적인 관계를 유지했다. 그런데 1042년(송 경력慶曆 2, 요 중희重熙 2) 3월, 거란이 맹약을 바꾸어 관남 땅의 할양을 송에 요구했다. 때마침 탕구트의 이원호李元昊가 대하大夏 황제를 칭하며 맹렬히 송의 서북 국경을 침입하여 송은 필사적으로 방위전을 벌이고 있었는데 거란의 요구는 이러한 송의 어려움을 노린 것이었다. 당시 거란 황제는 성종의 뒤를 이은 그의 아들 흥종興宗[17](재위 1031~1055)이었다.[18]

송 조정에 온 거란의 사절

흥종은 소특말蕭特末·유육부劉六符를 송으로 보내 관남 10현의 땅을 요구하는 한편, 군대를 동원하여 송에 압력을 가하면서 서하 토벌의 이유를 물으며 연변에서 수로를 연 것, 수비군을 증강한 것 등을 비난했다. 송 인종(재위 1022~1063)은 부필富弼을 거란에 사절로 보내 교섭에 나섰다. 부필은 흥종을 만나, "전쟁은 신하에게만 이익을 가져다주는 것이고, 화평을 유지하여 세폐를 얻는 것이 군주에게 이익이 됩니다"라

송·요·서하의 대립 지도

고 설득하여, "관남 땅 10현을 할양하게 되면 거란은 땅을 얻고 영예롭겠지만, 송은 땅을 잃고 치욕을 맛볼 것입니다. 형제의 나라가 한쪽은 번영하고 한쪽은 치욕을 당하는 결정을 내리게 되면 화평을 유지할 수 없습니다. 거란이 요구하는 것은 10현의 조세租賦일 테니 이를 위한 세폐 증가를 고려하겠습니다"라고 했다.

이 제안에 대해 거란도 세폐 증액에 만족한다고 동의했다. 단, 거란은 송의 공주(황녀)를 거란으로 시집보낼 것을 제안했다. 부필은 혼인은 앞으로 양국 분쟁의 씨앗이 될 것이고 지참금이라 해봤자 10만 민緡에 지나지 않으니, 세폐를 증가시키는 쪽이 거란에게 영원한 이익을 가져다줄 것이라고 주장하여 거란의 요구를 단념시켰다.

이렇게 하여 송은 은과 비단 각 10만씩을 더하여 은 20만 냥, 비단 30만 필을 매년 거란에 보내기로 결정했다. 이에 양국은 서약서를 교환하고, 전연의 맹으로 수립된 화평관계는 이후에도 계속 유지되었다.

이 세폐의 증액에 대해서는, 송이 저자세를 취한 결과라고 비난하며 거란이 그냥 허세를 부려 송을 협박한 것인데 재상인 여이간呂夷簡이 겁을 먹고 과도하게 양보하여 오랜 해를 남겼다고 보는 견해도 있다.

그러나 당시 송이 서하의 침입에 시달리며 조야가 모두 거기에 대응하는 데 급급한 시기여서, 도저히 양면 작전을 펼 상황이 아니었다는 사실을 고려하면 이 양보는 어쩔 수 없었다고 보아야 한다. 오히려 영토 할양과 공주 출가 등의 요구를 물리치고, 세폐 증액이라는 건 하나로 거란을 납득시킬 수 있었다는 것을 높게 평가해야 할 것이다. 즉 이정도라도 성과를 낼 수 있었던 것은 부필의 의연한 태도와 뛰어난 외교수완 덕택이었다.

2) 송과 서하

송 초의 탕구트족 탁발 이씨拓拔李氏

위에서 말했듯이 송은 북쪽으로는 강적 거란(요)과 접하고, 서북쪽으로는 신흥 서하와 대적하고 있었다.[19] 이 두 적에 맞서 송은 끊임없이 긴장을 늦추지 않고 대응을 준비하고 있어야 했다.[20]

서하는 티베트계 탕구트족이 세운 나라로 섬서 변두리, 즉 오르도스에서 은천시銀川市 지방을 포함하고, 감숙성 전체에 걸친 지역을 영토로 삼았다. 이 탕구트족은 원래 사천 변두리의 동부 티베트 지방(사천성 서북부)에 살고 있었다. 그곳은 대금천大金川과 아롱강鴉礱江 상류지역 일대에서 황하 상류지방에 걸친 산지로, 그들은 많은 부족으로 나뉘어 생활하였다.

7세기 초 티베트 분지(브라마푸트라 강 상류 찬포 강 유역)에 손첸감포의 티베트족 나라 토번吐蕃(티베트)이 창건되어 세력을 확대하자, 탕구트족 일부는 여기에 복속하였지만 탁발씨 등 여러 부족은 티베트의 압력을 피해 동북쪽으로 이동하였고, 8세기 중엽에는 섬서 변두리에 이르고 나아가 이동을 계속하여 오르도스로 들어갔다.

오르도스로 들어간 탕구트족의 중심은 오르도스 남부의 하주夏州에

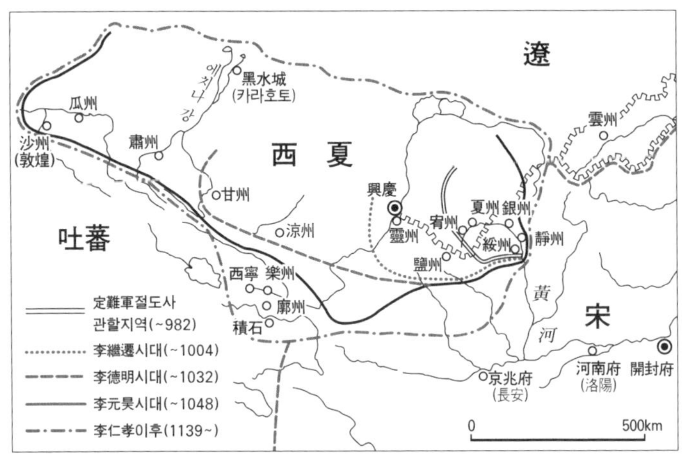

서하 영역도

근거를 둔 탁발씨로서 평하부平夏部라고 불렸다.[21] 9세기 후반, 탁발사공拓拔思恭이 스스로 자사刺史(주州의 장관)를 칭했다. 황소의 난을 진압한 공을 인정받은 그는 당으로부터 절도사 직책과 함께 이李씨 성을 하사 받았다.

탁발사공 이후, 당말·오대기 동안 탕구트의 탁발이씨는 정난군定難軍 절도사로서 자신의 세력을 하주에 확립하고, 하주夏州·수주綏州·은주銀州·유주宥州 등 여러 주, 즉 오르도스에서 섬서 북부에 걸친 지역을 지배하에 두었다.

하주의 탁발이씨는 송대에도 사실상 독립된 권력을 오르도스 지방에서 유지하고 있었다. 송 태조는 이이흥李彝興에게 태위太尉의 자리를 주어 그를 달래는 데 애썼고, 이이흥의 아들 이광예李光叡, 이광예의 아들 이계균李繼筠의 3대에 걸쳐 송과 하주의 탁발씨는 우호관계를 유지하였다. 산서에 자리를 잡고 송과 대치중이던 북한을 견제해야 했던 송으로서는 이씨와의 화친을 이롭게 여겼기 때문이다. 이씨는 종종 북한군과 싸웠고 979년에 송 태종이 북한을 친정하여 무너뜨렸을 때도 계균이 병사를 보내어 송을 도왔다.

다음 해 980년, 계균이 죽고 동생인 이계봉李繼捧이 즉위했다. 982년 이계봉은 관할 하에 있는 하주·수주·은주·유주 4주의 땅을 송에 바치고 입조했다. 태종은 크게 기뻐하며 백금 천 냥, 비단 천 필, 돈 백만 전을 내렸다. 종래 송과 우호관계를 유지하였다고는 해도 백년에 걸쳐 독립정권으로 존재하던 정난군절도사가 지배하던 4주 8현이 헌상되어 추호酋豪 270만 명과 5만여 장帳이 송에 귀속하게 된 것이다. 태종이 크게 기뻐한 것은 당연하였다.

서하인 감숙성 서하묘 출토 목판화

이계봉이 땅을 헌납하게 된 것은 직접적으로는 이계봉의 계승을 둘러싼 의견대립이라는 이씨 내부의 사정에 원인이 있었다. 즉 이계균이 죽은 후 그의 아들이 어려 이계균의 막내동생인 이계봉이 이계균의 뒤를 이었는데 일족 내부에서 이 계승에 반대하는 자가 많았다. 이에 계승이 있은 다음 해에 은주자사 이극원李克遠이 동생 이극순李克順과 함께 병사를 이끌고 하주를 습격했다. 이계봉의 복병을 만나 이극원이 사망하면서 이 시도는 막을 내렸지만 이계봉의 지위는 불안정하였다. 송의 권유도 있었지만 이계봉이 영토 헌상의 뜻을 굳히게 된 배후에는 이 같은 지위의 불안정과 3년 전 송이 북한을 무너뜨리고 천하평정을 이루었다는 통일국가 건설로의 큰 시대의 흐름이 있었다.

이계천李繼遷의 활동

이계봉은 일족의 불신을 고려하여 송의 수도 개봉에 머물게 해줄 것을 요청했다. 송은 그를 창덕군彰德軍절도사에 봉하고 사신을 하주로 보내 이계봉의 친족을 수도로 옮기는 조처를 취했다. 땅을 헌상한 것을 기회로 이씨 일족을 오랜 근거지에서 이주시키고, 송의 명령과 지배를 철저히 관철시키기 위해서였다.

이씨 일족은 내지로 이주하였지만, 이주를 달가워하지 않았던 이계봉의 일족 이계천이 신뢰하던 참모 장포張浦의 대책을 받아들여 수십 명의 무리를 이끌고 은주에서 나와 하주에서 동북 300리에 있는 지근택地斤澤으로 들어가 권토중래捲土重來를 꾀하며 독립의 깃발을 올렸다. 그때 이계천의 나이 20세였다. 963년에 태어난 이계천은 탁발사공의 동생 탁발사충拓拔思忠의 자손으로 용감하고 지략이 뛰어났으며 기사騎射에 능했다. 송에 대항하여 독립을 유지하고 서하 건국의 기초를 열어 태조로 추칭追稱되었다.

이계천은 탕구트인을 모아 송군과 싸우는 동시에, 송의 강적인 거란의 원조를 받기 위해 거란에 항복하고는 거란의 의성공주義成公主를 비로 맞아들이고 하국왕에 봉해졌다. 그리고 거란의 후원을 받아 세력을 강화하니, 탕구트의 많은 부족들이 그에게 호응하였다.

송은 재상인 조보趙普의 건의에 따라 이계봉을 정난군절도사로 삼고, 그에게 조보충趙保忠이라는 이름을 주어 하주로 돌아가 탕구트의 여러 부족을 진무하게 했다.

그런데 이계봉은 겉으로는 이계천과 싸우면서 몰래 서로 연락을 취하며 이계천의 권유를 받아 거란에 항복하고 그 신하가 되어 서평왕西平王에 봉해졌다. 송은 이계봉을 붙잡아 수도로 송환하고 하주성을 파괴하여 방기했다. 하주성은 북위北魏 도무제道武帝 말기에 오르도스 지방에 할거하던 하夏의 혁련발발赫連勃勃이 흙을 구워 쌓은 통만성統萬城으로, 오르도스에서 제일 견고한 성곽이었다. 이러한 성을 포기했다는 것은 오르도스 지방에 대한 지배를 단념하였다는 것을 의미한다.

오르도스를 석권한 이계천은 이제 그 공격의 칼날을 서방의 영주靈州로 들이댔다. 영주는 송의 군마를 보급하는 중요 기지이자 서북변의 최전선 요지로서 전력을 기울여 방위했으나 결국 1002년(송 함평咸平 5) 이계천에게 무너졌다. 이계천은 이곳으로 수도를 옮기고 서평부西平府라고 개명했다.

이씨가 영주를 점령함으로써 서진할 수 있는 길이 열렸다. 수도를 옮긴 것은 전진할 방향을 나타내는 것이었다. 이미 하주·수주·은주·유주·정주靜州 등 5주의 땅을 차지한 이계천은 영주靈州·염주鹽州 지방의 염지鹽池에서 산출되는 청백염青白鹽의 이익을 장악하고, 그 주력을 서방 하서河西의 티베트·위구르回鶻로 돌렸다.[22)]

하서는 동서교통의 요지였다. 당시 하서의 동쪽 양주凉州(감숙성 무위현武威縣) 지방에는 티베트의 대추장(육곡대수령六谷大首領) 반라지潘羅支가 있었고, 서쪽 감주甘州(감숙성 장액현張掖縣)에는 위구르의 가한可汗이 있어, 하서 중부지역을 지배하고 있었다. 송은 반라지와 결탁하여 이계천의 서진을 막고, 또 이곳에서 군마를 얻으려고 했다.

1003년, 이계천은 양주를 급습하여 함락시켰지만 다시 일어난 반라지에게 패하고 화살을 맞아 퇴군하다 영주 경계의 사막에서 죽었다. 당시 나이 42세였다.

반라지는 이 기회를 틈타, 송군과 호응하여 자신의 부족과 위구르 병사를 이끌고 탕구트의 본거지를 치려고 했다. 그러나 이계천 무리의 부족에게 역습을 당하여 전사했다. 육곡의 여러 추장들이 논의하여

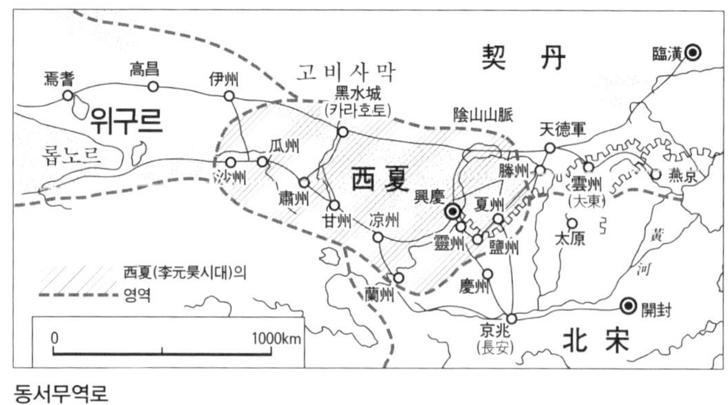

동서무역로

반라지의 동생 시탁독厮鐸督을 육곡대수령으로 세웠으나 다시는 예전의 위세를 되찾지 못했다.

이덕명李德明과 청백염과 말

이계천의 뒤는 그의 아들 이덕명이 계승했다. 이계천 시대에 송과 벌인 공방전으로 부족 내부는 지쳐 있었다. 이덕명은 송과 화평을 실현하려고 하였고, 1006년 송은 이를 받아들여 이덕명을 정난군절도사 서평왕西平王에 봉하면서 송과 이씨 사이의 전투는 일단 수습되었다.

그 2년 전인 1004년에는 송과 거란 사이에 전연의 맹이 체결되어 오랫동안 지속되었던 양국의 교전이 일단락되어 동아시아에는 화평의 기운이 흐르고 있었다. 거란을 부모 나라로 섬기는 이씨도 이 분위기를 타서 송과의 화친에 들어간 것으로 보인다. 이덕명은 이보다 앞서 거란으로부터 서평왕에 봉해져 있었으므로 송·요라는 두 대국에게 양속兩屬하는 관계로 화친을 맺어 양국과의 무역을 통해 이익을 얻고, 국력의 충실을 꾀하려고 하였다.

이덕명의 병력은 서방 하서河西의 땅으로 향했다. 당시 하서 양주凉州

에는 시탁독을 중심으로 한 티베트족 세력이 있었고, 서쪽 감주甘州에는 가한 아래 위구르족 세력이 결집해 있었다. 나아가 서방의 사주沙州·과주瓜州에는 한족 출신인 귀의군歸義軍절도사 조曹씨가 자리잡고 있었다. 양주 티베트와 감주 위구르는 이씨의 오랜 적이었다.

이덕명은 자주 이들과 싸워 먼저 양주를 빼앗았지만, 감주 위구르에게 기습을 당하여 양주를 빼앗겼다(1016). 이후 감주 위구르 가한과 교전을 되풀이했는데, 1028년 이덕명의 아들 이원호가 단독으로 감주를 습격하여 양주를 탈취했다.

결국 이원호 시대에 하서 전 지역을 영유하는 데 성공하였는데, 하서에 대한 지배는 동서교통의 요충을 장악하기 위한 것이었다.

하서의 큰길은 이씨의 근거지인 하주로 통하고, 하주는 동으로는 거란에 이르고, 남하하면 송의 섬서·하동 방면에 이르는 대상로隊商路의 요충이었다. 이씨는 내륙 동서무역의 이익을 장악함으로써 국력의 충실을 노렸던 것이다.

염지묘鹽池廟

이씨의 대송무역에서 중요한 상품으로 청백염이 있었다. 청백염은 염주鹽州(영하寧夏 회족자치구回族自治區 염지현鹽池縣)의 여러 염지鹽池에서 나는 양질의 소금으로, 색깔 때문에 청백염이라고 불렸으며 맛이 좋고 가격이 저렴했다. 탕구트는 이 청백염을 섬서의 곡물과 교환하여 유리한 무역을 행하고 있었다.

그러나 이것은 송의 염법鹽法(소금 전매제도)[23]을 어지럽혔다. 송은 해주解州(산서성 운성현運城縣)의 염지에서 나는 소금을 섬서에 공급하고 이를 중요한 재정 수입원으로 삼고 있었다. 따라서 탕구트에 의한 청백염의 유입은 송의 재정 확보를 방해하였기 때문에 이를 금지하였다. 이덕명은 자주 청백염의 수출을 요청했으나, 송은 끝내 허락하지 않았다. 그러나 밀무역에 의한 청백염의 유입을 근절시킬 수는 없었다.

또 양주 지방은 하서의 목덜미를 누르는 동서 교통로의 요충임과 동시에 황수湟水(황하 지류) 유역의 강인羌人(티베트)을 제압하는 군사적 요지이기도 했다. 이곳은 물과 풀이 풍부한 농업과 목축의 적격지로, 예로부터 "양주의 목축은 천하 제일이다"라고 했고, 양마良馬의 산지로서 유명했다. 송군에게는 전투력을 충실화하기 위한 필수적인 군마의 공급지였고, 말은 이 땅 위구르의 유리한 대송무역품이었다.

그런데 이 땅을 이씨가 손에 넣어 송에 대한 군사적 요충을 확보하면서 무역 이익을 장악한 것이다.

이원호李元昊의 서하 건국

1031년, 이덕명이 죽고 태자 이원호가 뒤를 이었다. 당시 나이 29세였다. 같은 해 거란에서도 성종聖宗이 죽고 흥종興宗이 즉위하였는데 흥평공주興平公主를 이원호의 비로 시집보냈다.

서하수령인西夏首領印 '수령首領'이라는 두 글자가 전서체로 각인되어 있다.

이원호는 서하 건국의 영주다. 『송사宋史』 하국전夏國傳[24]에 보면, 그의 사람됨을 "굳세고 뛰어난 지략이 많았다"라고 평하고 있다. 그는 송에 대한 굴종을 떳떳치 못하다고 여겨 일찍부터 신하로서 송을 섬기는 것에 반대했다. 부친인 이덕명은 이원호를 타이르며, "우리나라는 지금 전투로 지쳐 있다. 우리 민족이 30년에 걸쳐 비단옷을 입고 살 수 있었던 것은 송의 은혜 덕분이다. 이를 등져서는 안 된다"고 했다. 이에 대해 이원호는 "가죽옷과 털옷을 입고 목축을 본업으로 삼는 것이 우리의 본래 모습입니다. 사람으로 태어나 왕패王覇가 되는 것이 영웅이지, 비단옷 따위는 전혀 문제가 되지 않습니다"라고 대답하여 끝까지 굴복하지 않았다고 전해진다.25)

서하왕 출행도 왕은 높은 관을 쓰고 용포를 입고 있다. 돈황 막고굴 벽화

앞서 말했듯이 이씨는 송·요 두 나라를 신하로서 섬기는 양속兩屬 상태였다. 그러나 이는 무역의 이익을 노린 명목상의 화평일 뿐, 실상은 독립정권으로서 국내에서 황제를 칭하였다. 그리고 이원호는 신복臣服·번신藩臣이라는 명분을 버리고 명실공히 독립국가로서 송과 대등한 입장에 서려고 했다. 이덕명의 30년에 가까운 대송 화평을 통해 축적된 국력이 그 기초가 되었다.

우선 국가체제를 정비해야 했다. 이원호는 이덕명 때 수도로 정한 흥주興州를 승격시켜 흥경부興慶府라 하고 궁전을 조영했다. 중국을 모방해서 관제를 정비하였으며, 복식服式·조의朝儀·예악禮樂을 제정하여 황제의 위엄을 더하였다. 1034년, 연호를 제정해 개운開運(이어 광운廣運으로 고침)이라 하고, 병제를 정하여 군대 편성체제를 정리하여 좌상左廂·우상右

廂·12감군監軍으로 하였다.

탕구트족은 부민部民개병제였다. 전쟁이 일어나면 15~60세의 남자가 모두 동원되었다. 이원호는 정군正軍 1명과 부담負擔 1명을 한 세트로 하여 일초一抄라고 이름붙이고 종군시켰다. 부담은 운수·잡역을 담당하고, 강건한 자는 정군이 되어 말과 낙타 각 한 마리씩을 받았다.

여러 군의 병사 수는 모두 50여만 명으로, 동방의 거란에 대비하여 7만, 송에 대비하여 10만, 감주로甘州路에 주둔하면서 티베트와 위구르에 대비하여 3만, 가장 서쪽인 과주 방면에 5만을 배치했다. 중앙인 흥경부에 7만, 하란산賀蘭山에 5만을 두어 수비를 강화하고, 그 밖에 포로들로 편성한 금생군擒生軍 10만이 있었다. 한인으로서 종군하는 자도 많았는데, 용감하고 강건한 자는 전군前軍으로 삼고, 허약하고 겁이 많거나 특수 기술이 없는 자는 농경에 종사시켰다. 농경은 주로 감주·양주의 오아시스 지방이나 흥경 부근의 관개농지에서 이루어졌다.

선풍포旋風砲라는 부대도 있었다. 선풍포는 낙타 안장에 장착시켜 거대한 돌을 발사하는 무기의 일종이다. 그 포수를 발희사潑喜徙라 했는데, 병력은 200명이었고, 탕구트 병사의 장기인 말타기 및 활쏘기와 함께 전장에서 위력을 발휘했다.

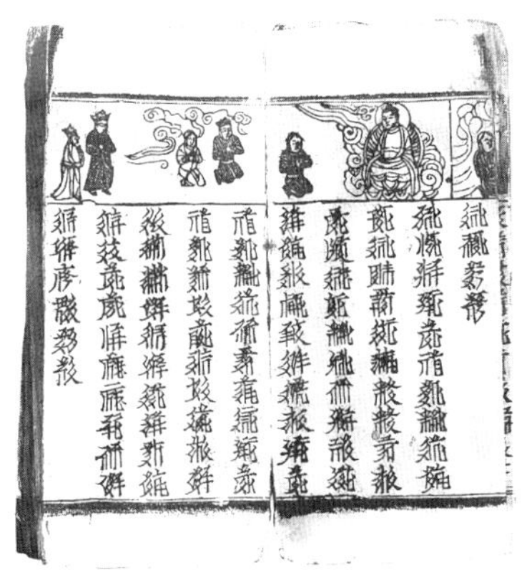

서하문자로 된 『묘법연화경』 돈황 막고굴 출토

또 이원호 때 문자가 창제되었다. 문자의 창제에는 이원호가 직접 관여하였는데, 『송사』 하국전에는 이원호가 제정하였다고 되어 있다.

당시 거란도 독자적인 문자를 가지고 있었다. 이원호는 문화적으로도 송과 거란에 대항하려고 한 것에 틀림없다. 탕구트 문자 즉 번자蕃字(서하문자)를 나랏글로 삼고, 국내의 관용 문서에 모두 이 글자를 쓰게 하였으며 중국의 유학경전을 번역하여 번학蕃學을 열고 자제들을 가르쳤다. 한자원漢字院·번자원蕃字院을 두었는데, 한자원은 송과 주고받는 문서를 담당하는 곳으로 한자를 사용하고 번자를 곁들여 썼다. 번자원은 티베트, 위구르 등과의 사이에 오간 문서를 취급하였는데 번자를 사용하고 티베트와 위구르 등의 문자를 곁들였다. 이 한자원과 번자원은 중국의 한림원翰林院에 해당한다.

이처럼 국가체제를 정비하면서 아울러 하서 방면으로도 계속 진출하였다. 즉 1036년(서하 대경大慶 원, 송 경우景祐 3)에는 과주·사주를 공략하여 하서 회랑回廊을 전부 장악하였고, 나아가 기련祁連산맥을 넘어 황수湟水 유역의 티베트족靑唐羌을 압박하는 상황을 연출하였다. 하서 전역을 제압한 이원호는 이제 배후에 대한 걱정 없이 송과 대결을 펼칠 수 있게 되었다.

1038년, 이원호는 황제를 칭하고 국호를 대하大夏, 연호를 제정하여 천수예법연조天授禮法延祚라 하고 조부 이계천을 태조, 아버지 이덕명을 태종으로 추증했다. 그리고 다음 해 정월, 송으로 사신을 파견하여 이 사실을 알렸다.

서하왕릉 동방의 피라미드라고 불릴 정도로 웅장한 규모를 자랑한다.

대하라는 명칭은 직접적으로는 이씨의 발원지인 하주에서 유래하는데, 이미 이계천 때부터 거란에게서 하국왕으로 책봉받고 있었다. 그런데 중국에는 고대에 하왕조가 있었고, 하夏는 원래 중국의 아칭으로 쓰였다. 따라서 송으로서는 변방의 오랑캐('소융小戎')인 탕구트가 하를 칭하는 것은 심히 분수에 넘치는 일이라고 생각할 수밖에 없었다. 송은 이들이 서쪽에 위치한다고 하여 서하라고 불렀다.

송·하의 공방과 경력慶曆의 화약和約

송은 이원호의 관작을 박탈하고 국경무역을 금지했다. 이원호는 "짐이 친히 위수渭水에 임하여, 즉각 장안에 웅거하겠다"며 큰소리치고, 서하군은 송의 국경으로 쇄도했다. 송은 하송夏竦을 섬서경략안무초토사陝西經略安撫招討使로 삼고, 한기韓琦·범중엄을 부사로 삼아 침입을 막는 한편, 티베트 청당강青唐羌의 우두머리 곡시라唃厮囉와 연계하여 양주 방면으로 진출하여 서하의 배후를 친다는 계획을 세웠다.

황하黃河 상류에 황하湟河라고 하는 지류가 있고, 그 유역을 중심으로 하여 청해青海(코코노르)의 동방지역에서 황하 본류·조하洮河 유역의 감숙성 지방에 걸쳐 티베트족이 살고 있었다. 그들은 당나라 때의 토번 찬보贊普의 후예인 기남릉온전포欺南陵溫籛逋 아래로 집결하여 탕구트의 압력에 대항하고자 했다. 전포籛逋는 찬보贊普를 잘못 표기한 것이다. 당시 사람들은 그를 곡시라唃厮囉라고 불렀는데, 부처의 아들이라는 뜻이다. 곡시라의 근거지가 청당(청해성青海省 서령西寧)에 있었기 때문에 이 티베트족을 청당강青唐羌이라고 부른다.

양주涼州 방면으로 진출한 티베트는 서하에게 패하여 남쪽으로 물러나고, 마찬가지로 이원호에게 쫓긴 위구르 군사와 함께 곡시라 아래로 들어가 있었다. 청당에는 서방의 고창高昌 상인이 와서 무역에 종사하여 곡시라는 동서무역의 이익으로 부강해졌다. 이원호와 곡시라의 전투는 서로 승패를 주고받으며 쉽게 끝나지 않았다. 그러나 이원호가 난주 남방으로 진출하여 송과 티베트 간의 연락로를 성공적으로 차단하고 위협하였다. 거기에 곡시라의 통일세력은 여러 세력으로 분립되어 약화될 결함도 갖고 있어 곡시라에 걸었던 송의 희망은 헛된 바람으로 끝났다.

서하의 침입을 받은 송은 자주 패배했다. 이원호가 큰소리친 장안(섬서성 서안시西安市) 점령도 반드시 꿈만은 아니었다. 송은 급히 동관潼關에 성을 쌓는다, 수비를 견고히 한다고 하면서 허둥댔다. 송군이 약체라는 사실이 폭로되었고, 위주渭州 호수천好水川에서 임복任福이 대패하고, 정천채定川砦에서 갈회민葛懷敏이 전몰하는 등 큰 타격을 입었다.

송은 섬서로를 4분하여 부연鄜延·환경環慶·경원涇原·진봉秦鳳의 4로로 나누고 지연주知延州 방적龐籍, 지경주知慶州 범중엄范仲淹, 지위주知渭州 왕연王沿, 지진주知秦州 한기韓琦를 각 로의 총지휘관에 임명하여 방비를 굳혔다. 특히 범중엄과 한기는 유효 적절한 방어 조치를 취하고 대서하 전쟁의 중추로 활동하면서 침입을 저지하는 데 크게 공헌하였다.

범중엄范仲淹

그러나 송의 군대는 허약했다. 이를 보완하려면 병사의 숫자를 늘리는 수밖에 없었다. 그 결과 서북변에 집중된 송의 병사는 그 수가 50만을 넘었고, 이 대군을 부양할 군비는 막대한 액수로 불어나 국가재정을 압박했다. 섬서의 백성은 이 전쟁의 괴로움을 견딜 수 없게 되었다.

한편, 서하도 역시 힘들어졌다. 국지전에서는 대부분 승리하였지만 즉전즉결로 모든 국면에서 승리를 거둔다는 것은 이미 기대할 수 없게 되었기 때문이다. 원래 물적·인적 자원이 부족했던 서하로서는 장기전에 따른 소모를 견뎌낼 수 없었다.

이러한 송과 서하 사이에 화평이 실현된 직접적인 계기는 송·거란

관계의 추이였다.[26] 거란은 송이 서하와의 전투에 국력을 쏟고 있는 것을 틈타, 송에게 관남 10현의 땅을 요구하여 결국 세폐을 증액시키는 이익을 보며 화친을 회복했다.

이러한 행보는 서하에게 바람직하지 않았다. 거란이 우호국인 서하의 혈전을 이용하여 혼자 이익을 보았기 때문이다. 그러나 송·요 사이에 화평이 실현된 상황에서 서하 역시 국내상황에 비추어 송과의 화평을 고려하지 않을 수 없었다. 화평은 말할 것도 없이 송으로서도 바라던 바여서 화평 교섭이 진행되었다. 이 교섭에서의 걸림돌은 서하가 대등외교를 기대한 데 비해 송은 서하를 신하로 보려고 한 점이었다.

1044년(송 경력慶曆 4, 서하 천수예법연조天授禮法延祚 7) 이원호가 송에 신하의 예를 취하여 하국주夏國主로 책명을 받고 국경을 획정하였으며, 매년 송으로부터 세폐로서 비단 13만 필, 은 5만 냥, 차[27] 2만 근을 받고 나아가 매년 다음과 같은 재물을 얻게 되었다(총계 은 등 7만 2천 냥, 비단 등 15만 3천 필, 차 3만 근).

진봉건원절회사進奉乾元節回賜 (송 황제의 탄생일에 하국주가 바치는 진봉進奉에 대한 반례返禮의 사물賜物)

: 은 1만 냥, 비단 1만 필, 차 5천 근

하정공헌회사賀正貢獻回賜(설날을 축하하는 공헌에 대한 회사)

: 은 5천 냥, 비단 5천 필, 차 5천 근

중동사시복仲冬賜時服(동복을 받은 것)

: 은 5천 냥, 비단 5천 필

사신생일예물賜臣生日禮物(하국주의 탄생 축하)

: 은기 2천 냥, 세의착 1천 필, 잡백 2천 필

또한 국경무역을 부활시켜 보안군保安軍(섬서성 보안현保安縣)과 진융군鎭戎軍(섬서성 고원현固原縣) 안평채安平砦의 두 곳에 각장榷場(나라가 관리하는 국경 무역장)[28]을 설치하였다.

서하에게 주는 거액의 세폐는 요에게 주는 세폐와 함께 송의 국가재정에 부담을 주었지만, 이보다 더 크게 압박을 준 것은 서하에 대한 군비의 지출이었다. 경력 연간의 화평은 실현되었지만, 서하와 송 사이의 관계는 이런저런 이유로 안정이 되지 않아 국경에서 국지전이 되풀이되었다. 이에 송은 섬서 방면에 대군을 배치해야 했고 따라서 이 대군을 부양하기 위한 비용은 줄어들지 않았던 것이다.[29]

북송과 서하의 관계 추이

서하에서는 1048년(송 경력 8, 서하 천수예법연조 11) 이원호가 죽고 그의 아들 이양조李諒祚(재위 1048~1067)가 즉위했다. 당시 청당의 티베트는 우두머리인 곡시라가 죽은 후 여러 아들들이 분립하여 분열 상태였다. 이를 틈타 서하가 청해 방면으로 세력을 뻗쳤다. 송에서는 신종이 즉위하여 왕안석이 신법을 실시하고 대외적으로 적극책을 취했다. 왕소王韶는 대책을 바치며 “서하를 취하려면 우선 하황河湟을 회복해야 합니다. 서하가 청당을 빼앗게 되면 그 위험이 파촉巴蜀(사천)에까지 미칠 것입니다. 지금 티베트가 분열되어 있는 틈을 노려 이곳을 병합해서 영유해야 합니다”라고 주장했다. 왕안석이 이 주장에 찬성하여 왕소에게 티베트 정복에 나서게 했다(1072년). 왕소는 서진하여 황하 본류에 이르는 지역의 티베트인을 치고 이곳에 희하로熙河路를 두었다.

1081년(송 원풍 4, 서하 대안大安 6)에는 서하의 왕 이병상李秉常(이양조의 아들)이 외척인 양梁씨에게 정권을 빼앗기고 국내가 어지러워졌다. 이를 틈타

【서하 계보도】

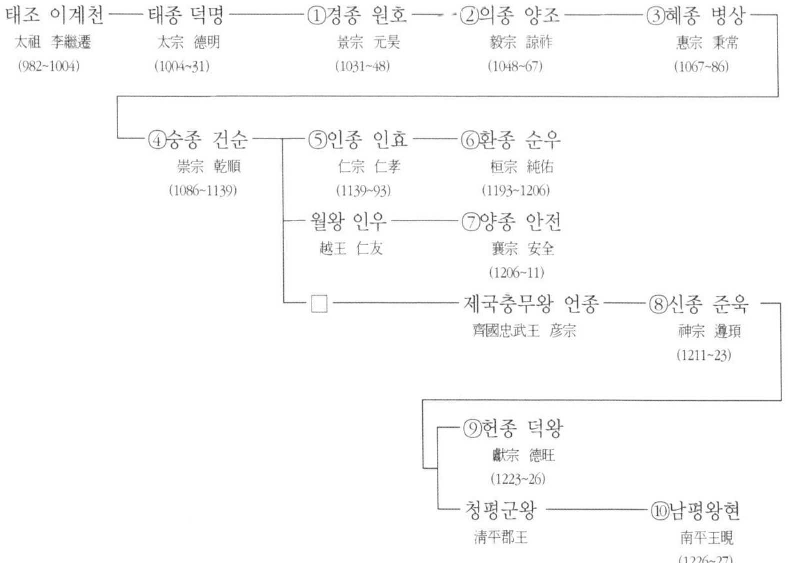

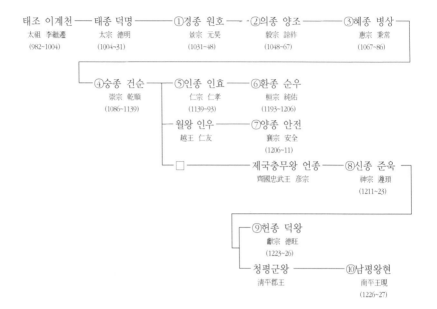

왕안석이 이헌李憲에게 대군을 주어 길을 나누어 서하로 진격하게 하여 여러 해에 걸친 원한을 풀고자 했다. 하지만 각 방면 모두 보람도 없이 패퇴하여 신법정치의 대외적극책은 큰 좌절을 맛보았다.30)

희하熙河 진출은 신법파의 대외정책에 의거한 것이었으므로, 구법파가 정국을 장악하자 희하로는 방기되었다. 멀리 험준한 산야를 끼고 가로막혀 있는 희하로를 유지하는 일은 각지에서 봉기하는 티베트인의 반항에 맞닥뜨려 곤란해졌다. 그 후 신법정치가 부활하면서 하황 진출이 재개되었다. 즉 원우 연간에 장돈章惇이 정권을 잡고 왕섬王贍을 이용하여 희하를 회복하고, 황하湟河 유역인 청당성에 이르러 주현을 설치하였으나 중앙의 정국 전환과 함께 포기하였다. 이어 숭녕 연간 채경이 재상이 되자 왕후王厚를 세 번째로 서진시켜 곡시라의 옛 땅에 모두 주현을 설치하기에 이르렀다. 그러나 티베트인이 서하와 결탁해서 반항하였으므로 장차 앞길은 험난할 것으로 예상되었다.

남송과 서하

동아시아의 국제정세는 크게 달라지고 있었다. 송과 결탁한 금의 군대가 요의 수도를 공격하자, 요 천조제天祚帝가 서쪽으로 도망하여 대대로 친밀한 관계였던 서하에게 의지하려고 했다.

천조제는 일족의 딸을 서하의 왕 이건순李乾順에게 시집보내 사돈 관계를 맺었다. 천조제는 서하에게 원조를 받아 금에 대항하고, 이 방법이 실패하게 되면 서하로 도망칠 생각이었을 것이다. 그런데 금의 종망宗望이 사신을 서하로 보내 화호和好를 설득하여 천조제에 대한 원조를 단념시켰다.

1124년 서하는 금에 서표誓表를 헌상하고 종래 요를 섬긴 것과 같이 신하의 예로써 금을 섬겨 스스로 번을 칭하게 되었고, 할지를 청하여 하채下寨 이북·음산陰山 이남·을실야랄부乙室耶剌部·토록낙吐祿濼 이서의 땅을 넘겨받았다. 더욱이 다음 해 송·금 전투를 틈타 천덕天德·운내雲內·금숙金肅·하청河淸의 4군과 무주武州 등 하동河東 8관館의 땅을 취했다. 이어 1136년에는 황하湟河 유역으로 진출하여 낙주樂州(청해성 연백현碾伯縣)·서령주西寧州·적석주積石州를 취하고 금으로부터 허락도 받았다. 이것이 서하의 최대판도일 것이다(76쪽의 <서하 영역도> 참조).

남송시대가 되자 송은 서하와는 직접 경계를 맞대지 않게 되고 양국 관계도 소원해지는데, 여기에서 서하가 멸망할 때까지의 남송과 서하와의 관계를 살펴보자. 1144년(소흥 14), 서하의 왕 이인효李仁孝가 비밀리에 송으로 사신을 보낸 적이 있었다. 12세기 중엽(소흥紹興 말) 섬서 방면에서 다소의 접촉이 있었고 1163년에는 송의 황제가 서하로 국서를 보냈다. 이 일련의 사건들은 모두 송의 대금전쟁과 얽혀 생긴 일일 것이다. 송과 서하는 청해하황青海河湟을 통하여 교통하였는데, 금은 이를 경계하였다.

13세기가 되자 몽골의 칭기스칸이 연달아 금을 공격했다. 1214년 서하의 왕 이준욱李遵頊이 송의 사천으로 밀서를 보내 금을 협공하자고 제의했으나 송이 답하지 않았다.

서하는 금과 전투를 벌이며 섬서로 침입하였고, 1219년에는 송의 사천으로 사신을 보내 협공을 요청했다. 이주안무사利州按撫使 정육丁焴이 이를 허락했다. 1222년, 사천안무사 안병安丙이 편지를 보내 서하와 결탁해서 금을 공격하자고 제의하여 양국의 군대는 공주鞏州(감숙성 농서현隴西縣)에서 만나 공동작전을 폈다.

금·하의 교전은 1124년까지 계속되었다. 이 해 서하의 왕 이덕왕李德旺이 금에게 화의를 제의하여, 종래의 군신관계 대신 형제의 나라로서 서하는 아우를 칭하고 각각 자국의 연호를 사용하기로 했다. 이보다 앞서 송·금 사이에 화친관계가 회복되고 서하가 몽골의 중압에 시달리게 되어 이 같은 국면이 연출된 것으로 보인다. 그러나 몽골 세력이 점차 강해지면서 서하를 억눌러 1227년 서하의 마지막 왕 이현李晛이 몽골군에게 항복하니, 서하는 이원호가 1038년에 황제를 칭한 이래 10황제 190년으로 멸망했다.

제3장
관호형세호官戶形勢戶의 토지소유와 화폐경제·재정의 확대

제3장의 내용

송대는 앞에서 말했듯이 군사력이 약해 대외적으로는 북방의 요·서하·금에게 압박을 받고 세력을 크게 떨치지 못했다.[1] 하지만 국내적으로는 태조 시대(960~978) 이래의 문치정책으로 비교적 평화가 유지되면서 농업과 수공업이 크게 발달하여, 농촌에서는 관료·지주가 권세를 떨치고 도시에서는 상인 세력이 커져 갔다.

당조 중기 이후 균전제均田制가 붕괴하자 균전농민들 사이에 계층분화가 일어나 어떤 자는 토지를 사 모아서[2] 호족이 되고, 어떤 자는 재산을 잃고 호족의 소작인인 전호佃戶가 되었다. 호족들은 당말·오대의 무인정치 아래에서 절도사·자사의 아부衙府에 투탁投託하여 여러 업무를 맡아봄으로써 주·현의 역을 피하고, 전곡錢穀을 절도사에 바쳐 군장軍將·진장鎭將이 되어 세력을 축적했다. 이와 같은 지방의 호족·지주층, 즉 형세호形勢戶들은 송대에 접어들자 대부분 문관의 등용시험인 과거에 합격하여 정계·관계로 진출하여 관료가 되었다. 이처럼, 형세호로서 그 자제가 관료가 된 집을 관호官戶라고 한다.

송대의 석용石俑 하남성 방성현方城縣 출토

이렇게 해서 관호·형세호는 북송대 초부터 이미 대토지[3])를 소유하고 있었는데, 태조·태종 시대(976~997) 이후에도 관인에게 부여된 면역免役과 각종 부가세 면제 같은 특권을 이용한 황무지의 개간, 천자의 사전賜田, 농민에 대한 고리대적 수탈, 전매典賣,[4]) 희사喜捨 등을 통해 점차 토지소유를 발전시켰다. 이 때문에 인종 시대(1022~1063) 초에 관호의 토지소유를 제한하는 한전법限田法을 실시하였지만 효과가 없어 곧 폐지하였다. 신종 시대(1067~1085)가 되자 왕안석이 신법의 일환으로 면역법免役法을 시행하여 관호에게 조역전助役錢을 내게 하였고, 철종 시대(1085~1100)에는 관호 소유지의 요역 면제 한도를 정한 한전법을 시행하였다.[5]) 다음 휘종 시대(1100~1125)에는 한전법을 더욱 정비한 한전면역법限田免役法을 시행했다. 이 법은 남송시대에 한층 강화되었지만, 애초에 호족 출신 관료가 스스로 자신의 목을 조르는 정책을 제대로 시행할 리 없었으니 대토지 소유는 더욱 발달했다.

관호·형세호는 농촌에서 장원을 경영하고, 장원에는 관리인을 두었다. 경작에는 전호佃戶·노복奴僕이나 혹은 고용인을 사용하였는데,[6]) 특히 전호와 노복이 주체가 되었다. 전호는 주인집에 무거운 조租를 빼앗기고 식료食料·종자·돈을 고리로 빌려 경제적으로 주인집에 의존하였으며, 주인집과는 상하관계, 즉 봉건적 종속관계를 맺고 있었다고 한다. 법률적으로도[7]) 전호가 지주에게 죄를 질 경우 북송 중기 때는 보통 사람들보다 1등급, 남송 때는 2등급 더 무겁게 처벌받았고, 반대로 지주가 전호에게 죄를 범했을 때는 가벼운 처벌을 받았다. 전호는 이전의 자유도 없는 예가 많았고 '수전전객隨田佃客'이라 하여 전토가 매매될 때 토지와 함께 팔려가는 예도 있었다. 게다가 이 전호 계층은 시간이 흐르면서 그 수가 더욱 늘어갔다.

송대의 농촌에는 자영농민이 많았는데, 자산의 등급으로 보아 하등下等호가 많았고, 조세와 역의 불공평, 관호형세호[8]의 고리대적인 수탈로 인해 가난해져 전호로 전락하는 자도 많았다.

요컨대, 관호형세호는 장원을 소유하고 농노적인 전호의 경작에 바탕하고 있었다. 즉 그들의 정치적·경제적·사회적 지위는 장원과 거기에 나타나 있는 봉건적인 지배·종속관계인 지주=전호관계를 기반으로 해서 성립되었던 것이다. 이리하여 그들은 관료로서 정치를 움직이고 지방에서는 호족으로서 향리를 지도하여 지배계급으로 활동하였다. 더욱이 주목해야 할 점은 여기서 기술한 지주=전호관계가 이후 원·명·청대를 통하여 전호의 지위 상승과 함께 그 성격이 변화하면서도 사회적으로는 중요한 생산관계로서 지속되었다는 사실인데, 이것이 송대에 성립한 의의는 실로 크다 하겠다.

또한 송대에는 화폐로서 동전銅錢·철전鐵錢과 지폐紙幣가 유통되었다.[9] 동전은 태조 때 송원통보宋元通寶가 주조된 것을 비롯하여 태종 태평흥국 연간에 태평통보太平通寶가 주조된 이후 연호가 바뀔 때마다 그 연호를 딴 통보·원보元寶가 만들어졌다. 동전은 각 로에서 통용되었는데, 여러 가지 사정으로 북송에서는 사천[10]·섬서·하동 등의 로에서 철전이 사용되었다. 북송에서는 동전의 연간 주조액이 화폐경제[11]의 발달을 반영하면서 급속히 증대하여 신종 때는 500만 관을 넘어섰다. 그러나 동전 부족으로 인한 이른바 '전황錢荒'[12]은 피할 수 없었다. 동전 주조액은 그 후 감소하여 남송에서는 연액 10만 관 정도였다. 부족한 동전은 지폐를 발행해서 보충하였다. 북송 인종 시대에 사천에서 처음 출현한 교자交子는 중국에서 가장 오래된 지폐다. 상인조합의 약속어음에서 출발하여 관영화되고, 어음의 성격을 탈피하여 지폐가 되었다. 지폐는 남발로 인해 가치가 폭락하자 그 대신 전인錢引이 발행되었다.

또한 송대에는 각종 어음이 유통되었다. 송금어음인 편전便錢, 약속어음인 교인交引 등이 그것인데, 신종 때 시작된 견전공거見錢公據, 북송 말에 시작된 견전관자見錢關子는 남송에서 지폐로 유통되었다. 이것은 송대의 상업 발달[13]을 잘 보여준다.

송대의 조세는 공전公田의 조租와, 민전民田의 양세兩稅·옥세屋稅·지세地稅·인두세人頭稅·양세의 부가세 등으로 구성되는데, 가장 주요한 재원은 양세[14]였다. 그 밖에 인민에게서 쌀·밀·비단·마직물을 사들이는 화적和糴과 화매주견포和買紬絹布[15]가 있는데, 나중에는 이것을 강제로 시가보다 싸게 사들이면서 조세 같은 성격을 띠게 되었다.

주목해야 할 것은 상업의 발달과 함께 상세商稅 수입이 증가하여 중요한 재원이 되었고, 소금[16]·술·차[17]의 전매이익도 정부의 막대한 수입원이 되었다는 점이다. 송 초 이래 국내산업의 발달, 상품유통·화폐경제의 발전에 따라 진종(997~1022)·인종 이후 국가 재정수입은 해마다 늘어나고 국고에는 막대한 잉여가 쌓였다. 한편, 재정지출 부문에서는 송나라 군대의 허약성을 병사 수의 증가로 보충하려 한 데서 나온 군사비의 급증, 문치정치에 따른 용관冗官의 증대, 요와 서하에 대한 세폐 지출 등으로 크게 팽창하여 결국 세출이 세입을 웃돌게 되었다.

이리하여 인종 말부터 영종대(1063~1067)에 걸쳐 재정은 적자로 돌아서고, 이는 중소 농민과 중소 상인을 보호할 필요성과 맞물려 신종 때 왕안석의 신법이 시행되었다.[18]

수확을 감독하는 형세호 전호佃戶의 수확 작업을 형세호가 지켜보고 있다.

1) 관호형세호의 대토지소유

관호형세호의 발생

당 중엽 이후 균전제가 무너지면서 균전 농민(백성이라고 했다)이 해체되고 이들 가운데 토지(장원)를 소유하고 호족이 된 자가 나타났다. 동시에 토지를 잃고 전호가 되는 자도 많아졌다. 당시 이들 호족은 호호豪戶·유력호有力戶·역급호力及戶·역급대호力及大戶·부호富戶 등으로 불렸다. 821년(당 목종穆宗 장경長慶 원) 무렵 경조부 역양현櫟陽縣(섬서성 임동현臨潼縣 북쪽)에서는 비옥한 토지와 척박한 토지의 비율이 반반 정도였는데, 호호(부유한 집)와 빈농을 종합해서 삼분하여 계산하면 호호가 3분의 2를 차지하였다.(沈亞之, 『沈下賢集』 卷6, 櫟陽兵法尉廳記)

931년(오대 후당 장흥 2)에는 여러 도의 향촌 유력인호有力人戶(자산이 있는 인호)를 촌장으로 임명하고, 촌민과 의논하여 유력인호의 여분의 땅[여지餘地 : 토지대장에 기재되지 않은 토지]을 조사해서 세금을 납부하게 하여 빈민(가

난하여 등급이 낮은 호) 토지의 모자란 조세를 보충하였다. 또 949년(후한 건우 2)에는 신하가 "여러 도道 주부州府의 역급인호力及人戶가 널리 전원田園을 두고 경가耕稼에는 힘쓰지 않고 이익을 보며, 말유末游(상업)[19]를 일삼고 있으니, 내경전代耕錢을 납부토록 하여 농무農務를 독려합시다"라고 청했다. 이러한 예들은 당시 호호·유력호·역급호가 전원(장원)을 많이 소유하고 있으면서 직접 경작을 하지 않고 소유한 전원을 전호에게 경작시키고 있던 상황을 보여준다.

입창入倉 **그림** 해가 저물면 곡식을 창고에 들인다.

또 당말오대에는 이들 호족이 대부분 절도사와 주의 자사 등 무인에게 투명投名, 즉 투탁하여 그 아래에서 여러 가지 업무를 담당했다. 이 때문에 등급이 낮은 빈곤한 백성이 주현의 여러 부역을 떠맡아 시달리고 있었다. 예를 들면 후당 말제의 치세 때 신하가 청하기를, "주현의 향촌 유력호가 아부衙府(절도사·자사의 관청)에 투명하여 업무를 보고, 차역差役은 오로지 등급이 낮은 빈곤한 호에게만 돌아가니, 주현의 사무를 맡아볼 인원을 정하여 그 나머지는 전리田里로 돌려보냅시다"라고 말했다.

948년(후한 건우 원)에는 주현의 호 가운데에서 차역으로 징발할 자를 결정하여, 역급대호가 여러 곳에 투탁하여 영점影占하는 일을 금했다. 영점이란 영비影庇라고도 하는데, 권세 있는 관리가 호를 몰래 받아들여 그에게 사무를 맡아보도록 하는 것을 말한다. 이것들은 향촌의 호족이 절도사와 자사 등의 아부에 투탁하여 그 사무, 즉 앞서 서술한 아전衙前·인리人吏와 후술할 승부承符·산종관散從官 등이 되었다는 것을 보여준다. (제4장 참조)

또 오대에는 호족이 절도사에게 금전과 좁쌀[속粟]·꼴[추芻] 등을 바치고 군장이나 진장에 임명된 자도 있었다. 강남과 촉의 각 나라에서는 호민이 무력을 갖춰 유력 무장이 된 자도 많았다.

더욱이 오대의 호민 가운데에는 유자儒者가 되어 절도사 이하 무인의 막료로서 중앙의 문관이 되는 자도 있었다. 후한대에 어사대御史臺 전중시어사殿中侍御史까지 된 장찬張燦이란 인물은 원래 농부였는데 30세에 처음 경서를 배우겠다고 결심하고 유자를 그의 장원으로 초청하여 그를 스승으로 삼고 공부하여, 강주絳州(산서성 신강현新絳縣)방어판관防禦判官·소의昭義(산서성 노주潞州)절도판관에 오르고 위에서 언급한 관직에까지 올랐다가 옥천玉泉(산서성 여성현黎城縣) 장원에서 죽었다.

앞에서 서술한 하동절도사 이존욱李存勗(후당 장종莊宗)의 장서기掌書記를 지낸 풍도馮道[20] 역시 영주瀛州 경성景城(하북성 헌현獻縣)의 농민 출신인데 유자가 되어 장종을 섬기고, 장종이 즉위한 후에는 한림학사가 되었다. 그 후 동중서문하평장사에 임명되었고, 후진·후한을 거쳐 후주 세종 초까지 재상 직을 역임하였다. 그도 영주 경성과 하남부 낙양현에 장원을 소유하고 있었다.

송대의 관호형세호와 토지소유의 진전

이들 관료는 호족 출신으로서 관료가 된 후에도 계속 장원을 확대하였다. 이들은 송대 관호형세호의 선구가 되었으며 송대의 관료는 이 계보와 연결된다.

당말오대에 각지에서 새로이 일어난 호족은, 송이 중국을 통일하여 무인체제를 폐지하고 문관정치를 행하자, 앞서 말했듯이 대부분 과거에 급제하여 관료가 되었다. 또 송 초에는 후술하듯이 차역差役[21] 관련 법을 마련하여 주현 및 로路의 감사監司 직역職役과 향촌의 직역을 규정했다. 이러한 여러 역에는 주로 향촌의 상등호(자산을 기준으로 5등으로 호를 나누고 그 중 1·2등호)가 충당되었기 때문에 신흥호족이 이 직역들(제4장 참조)을 맡았다. 송에서는 이들 호족을 형세호라고 불렀다. 형세호라는 말은 당·오대에도 보이는 것으로 권세 있는 집을 가리켰지만, 송에서는 넓은 의미에서 향촌의 호족을 의미했다.

형세호가 관직에 오르게 되면 품관品官의 가家, 일반적으로 관호라고 했다. 관호에는 과거 급제자, 조부·부친의 음서에 의해 관료가 된 자[임자任子],[22] 서리(관청 서기) 출신자와 무장, 나아가 종실(황족)[23]과 내명부內命婦(궁중 여관女官)의 친족으로 관직을 받은 자, 또는 진납進納(매관)이나 군공을 세우거나 도둑을 잡아서 무관이 된 자, 의관醫官 등이 있었다. 이 가운데 과거, 특히 진사과 급제자가 가장 중시되었고, 서리 출신과 무장은 그다지 중요시되지 않았다. 또 종실과 내명부의 친족 이하의 관은 관호의 면역 특권에도 제한을 받았는데, 대부분은 앞서 말한 조관朝官(황제를 알현할 자격이 있는 자, 상참관上參官)이 되고서야 비로소 허가받았다.

따라서 형세호 중에서도 과거 등제자는 중시되었지만, 주현의 직역에 오랫동안 근무하여 서리[24]가 된 경우 등은 경시되었다. 이에 형세호는 자제를 공부시켜 과거에 합격해서 관호가 될 수 있도록 온갖 노력을 기울였다. 과거에 급제만 하면 그 집은 관호로서 면역 등의 특권을 부여받았고, 형세호는 이 특권을 얻고자 했던 것이다.

송대의 과거는 빈부에 관계없이 문호가 개방되어 있었기 때문에 누구나 진사과와 제과에 응시할 수 있었다. 하지만 실제로 빈곤층 자제는 과거에 급제하기 어려웠고, 대부분 호족, 즉 형세호의 자제가 합격했다. 과거는 경쟁이 매우 치열하여, 특별 교사를 고용하거나 어떤 경우에는 몇년씩 수험준비를 해야 하고 나아가 여비 등의 비용도 많이 들어서 경제적으로 상당한 여유가 없으면 목적을 이룰 수 없었기 때문이다.

이렇게 해서 송대에 형세호는 많은 경우 관호가 되었고 이 때문에 형세호와 관호는 '형세관호形勢官戶'·'관호형세호官戶形勢戶'라든가 '품관형세品官形勢의 가' 등으로 이름을 나란히 붙여서 불렀다. 특히 남송에서는 형세호가 진납을 통해 거의 모두 관호가 되었기 때문에 관호형세호는 일체화되어 있었다. 송대의 대토지소유는 이들 관호형세호의 토지소유가 발전한 것이었다.

오대 때 호족이 처음 유자가 되고 문관이 되었던 것처럼, 송대에는 종래 벼슬한 적이 없었던 형세호가 과거에 합격하여 관호가 되는 경우가 대단히 많았다. 물론 이들 형세호는 지방호족으로서 많은 토지를 소유하고 있었다. 이 같은 경우는 화북 관료도 그러했지만 강남과 사천 관료들에게서 특히 많았다.

호족 출신의 고급관료

이러한 예들을 살펴보면, 우선 북방의 경우 산동의 제주齊州 거야鉅野(산동성 거야현) 출신으로 진사[25]에 급제하여 인종 때 지제고知制誥가 된 왕우이王禹偁는 '대대로 농부였다'고 전해진다. 또 송주宋州 우성虞城(하남성 우성현)의 왕독王瀆은 오대 때 조부가 많은 돈을 들여 예를 배워 주의 관이 되어 비로소 사족士族이 되었다. 왕독은 진사에 급제하여 봉상奉常(태상太常)박사가 되었고, 그 아들 왕요신王堯臣은 인종 때 집정까지 되었

장원(수석) 합격을 꿈꾸는 과거 수험생

다. 또 양양襄陽(호북성 양양현) 사람인 양천梁蒨은 1027년(천성 5) 진사가 되어 병부원외랑직사관兵部員外郎直史館에 이르렀는데, 증조부가 "돈이 많아 향리의 우두머리였던" 대토지를 소유한 호족이었고 조부 대에 이르러 비로소 관리가 되었다. 북송이 멸망했을 때 금에 의해 옹립되어 제국齊國을 세운 유예劉豫도 부성阜城(하북성 하간현 河間縣) 사람으로 '대대로 농사를 짓고' 살다가, 그의 대에 와서 처음 진사가 되었고 휘종 때 전중시어사·하북서로제형殿中侍御史·河北西路提刑이 되었다.

강남과 사천의 경우, 우선 1030년(인종 천성 8)에 진사가 되고 마침내 재상에 오른 유항劉沆은 강서의 길주吉州 영신永新(강서성 영신현) 사람으로 그의 아버지 유후劉煦는 "돈으로는 마을에서 손에 꼽히고 손님 접대를 좋아하는" 호족이었다. 또 진사에 급제하여 인종 때 집정이 된 사천 미산眉山(사천성 미산시) 사람인 손변孫抃의 경우, 6세조인 손장유孫長孺가 장서藏書[26]를 좋아하여 서루書樓를 만들었지만, 그 후 대대로 토지로써 업業을 삼았다고 한다.[27] 이 서루는 계속 장서가 늘어나 남송대에 사천의 저명한 서루가 되었다.

또한 호남의 담주潭州 상음湘陰(호남성 상음현) 사람 팽조彭慥는 1049년(인종 황우 원) 진사로 태상박사太常博士가 되었는데, 그의 조부와 부친이 모두 재산을 가벼이 여기고 베푸는 것을 즐겨 향리의 신망을 모았다. 더욱이

1103년(휘종 숭녕 2) 진사인 왕조汪藻의 집은 오대 송 초부터 휘주徽州 무원현婺源縣(강서성 무원현)에 거주하며 수대에 걸쳐 거부를 축적하고 자제를 공부시켜 자손 가운데 진사에 합격해서 고관이 된 자가 많아 강서의 명족[저성著姓]이 되었다. 즉 증조부 왕진汪震이 1019년(진종 천희 3)에 진사에 급제한 이래 조부 왕종안汪宗顔, 부친 왕곡汪穀, 아들 왕조까지 4대가 진사가 되어 각각 사봉랑중司封郎中·도관원외랑都官員外郎·봉의랑奉議郎·한림학사翰林學士가 되었다. 오대 송 초에 강남 호족들 가운데에는 이 무원의 왕씨처럼 동복僮僕(노복)에게 토지를 경작시켜 재산을 모으고, 자제들에게는 시서를 가르쳐 진사에 급제시켜 현관에 오르게 하여 향리의 명족이 되는 자가 많았다.(汪藻 『浮溪集』 卷19, 爲德興汪氏種德堂作記)

또 양절兩浙의 상주常州 의흥宜興(강소성 의흥현) 사람인 소령邵靈은 집에 수천 석의 곡식을 쌓아두고 진종 함평 연간(998~1003)의 대기근 때 많은 사람들을 구제했는데, 그의 아들 소양邵粱과 손자 소강邵剛도 진사과에 급제했다고 한다.

후술하듯이 북송 말 산동 기주沂州(산동성 임기현臨沂縣)의 지주知州(장관)가 되어 『수호전』에 등장하는 송강宋江의 진격을 저지하였던 장원蔣圓의 집도 상주常州의 우족右族(호족)이었다. 장원의 증조·조·부까지 3대는 벼슬하지 않았으나 그가 1091년(철종 원우 6)에 처음 진사에 합격하고 남송 초 비각수찬秘閣修撰이 되었다. 이러한 예들은 너무 많아 일일이 다 열거할 수 없을 정도이다.

남송 진사과 합격자의 계보

남송 초인 1148년(고종 소흥 18)에 진사과에 합격한 자를 모두 기록한 『동년소록同年小錄』이라고 하는 책이 있다. 남송의 대유학자인 주희朱熹

의 이름도 등장하는 이 책에는 진사 합격자 330명의 출신지와 증조·조·부 3대의 이름 및 그들의 벼슬 여부, 벼슬의 관명 등이 기재되어 있다.

330명의 출신지 로와 증조·조·부의 3대 동안 벼슬을 한 적이 없는 자를 분류해 보면 다음 <표 6>과 같다.

〈표 6〉 진사합격자와 3대가 벼슬하지 않은 수

로명(路名)	진사(進士) 수	3대가 벼슬하지 않은 수
양절	90	41
강동서	53	33
복건	66	41
촉(사천)	68	27
그 밖의 로	11	6
화북 여러 로	26	5
종실	16	
계	330	153

이에 의하면, 강남과 사천 출신의 진사 합격자 중 약 반수는 그 증조·조·부가 벼슬을 한 적이 없었다. 3대에 걸쳐 계속 벼슬을 한 예를 보면, 범중교范仲較는 사천 성도부 화양華陽의 명가 출신으로 증조부인 범백록范百祿은 진사에 등제하여 영종 시대(1063~1067)부터 철종 시대(1085~1100)에 걸쳐 벼슬하여 자정전학사資政殿學士가 되었고, 조부인 범조덕范祖德은 조봉랑朝奉郎, 부친인 범악范渥은 수령부통판遂寧府通判을 지냈다. 그렇다면 앞서 언급한 증조·조·부 3대가 벼슬을 하지 못한 집은 적어도 북송 영종 시대 이후 벼슬한 적이 없는 호족, 즉 형세호이며, 이 해에 비로소 자손이 진사에 합격하여 관호가 된 사람들로 생각된다.

이처럼 남송 초기에도 지방 호족으로서 처음으로 그 자제가 진사에 합격한 자가 많았다.[28] 특히 남송 초기에는 진사로서 수천 석에서 수만 석의 미곡을 내어 기민을 구제한 자가 많이 보인다. 이것은 진사 집안이 많은 토지를 소유하고 수천 석에서 수만 석의 쌀을 저장해 두었다는 사실을 보여준다.

더욱이 북송 말부터 남송 초에 걸쳐 호족과 부상富商 중에서도 진납進

納, 즉 매관을 통해 관호가 되어 면역 특권을 받는 자가 많아졌다. 이와 같은 지방 호족, 즉 형세호는 원래 토지소유를 기초로 하여 각 지방에서 세력을 가지고 있었지만, 관호가 되면서 그 토지소유를 더욱 발전시켰다.

2) 관호형세호의 특권과 한전법·한전면역법

"천하의 경작지 중 절반을 차지하다"

북송 초기부터 관호형세호는 대토지를 소유하고 있었다. 이에 대해 살펴보면, 1022년(인종 건흥 원) 관호형세호를 대상으로 한 한전법이 시행되었는데, 당시 신하의 상주에도 "천하의 경작지의 절반을 형세호가 차지하고 있다"고 하고 있듯이 형세호는 많은 경작지를 소유하고 있었다. 예를 들면 이 무렵 우사간右司諫 여경초呂景初는 하북로를 살펴 돌아보고 조정에 돌아와, 비부원외랑比部員外郎인 정평鄭平이 진정眞定(하북성 정정현正定縣)에 호적을 두고, 땅을 7백여 경(1경=5.66헥타르=17,121평)이나 소유하고 있으면서도 역을 피하고 있으니 역을 균등히 부담시켜야 한다고 요구했다. 이 때문에 실시된 것이 한전법이다.

마찬가지로 인종 때 경조부(섬서성 서안시) 왕위王緯의 집은 대대로 그 땅에 살면서 선전善田(비옥한 논) 수백 경을 소유하고 있었다. 같은 인종 때의 사람 구양수가 당시 겸병가(호족)의 폐해를 논한 것에 따르면, 논 100경을 소유한 1호의 경우 소작인[객客(佃客)]을 수십 가家씩 거느렸는데, 그 가운데에 일소[경우耕牛][29]의 유무라는 차이는 있다고 해도 주인집과 수확을 나누는 소작인은 10여 호뿐이고 나머지 소작인은 모두 산조産租(집·경작지 등 일체의 임차료)를 내고 더부살이하는[교거僑居(寄留)] 사람들이었

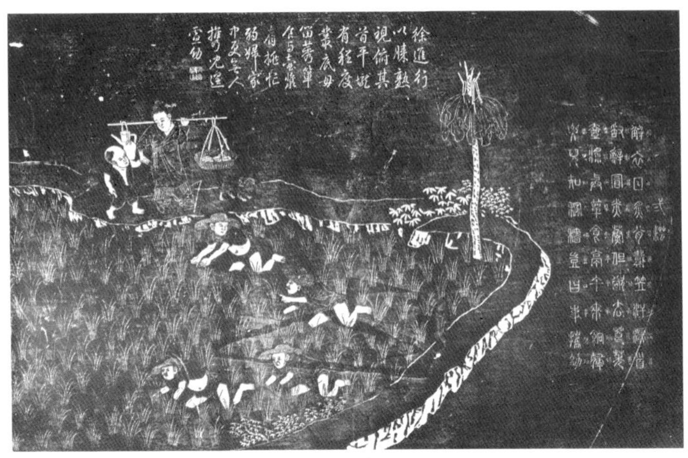

모내기

다. 더부살이하는 소작인은 대부분 주인집에 빚을 져서[거채擧債(出擧=이자를 내는 빚)] 1년당 본전의 2~3배씩을 이자로 빼앗기며 시달리고 있었다.(『歐陽文忠公集』, 外集, 卷9, 時論·原弊)

이러한 관호형세호의 대토지 소유는 인종대 이후에도 변함이 없었다. 이에 1091년(철종 원우 6), 관호로서 조역전助役錢(민호의 면역전의 절반)을 납부하고 있는 자는 50경까지만 이를 허락하고, 50경 이상의 경작지에 대해서는 모두 역전을 납부하게 했다. 그 후 1112년(휘종 정화 2)에는 후술하듯이 한전면역법을 실시하여 품관을 가진 집안의 향촌 전산田産에 대해서는 차과差科를 면제하되, 이 면제를 1품 100경 이하 9품 10경까지로 한정하고 그 이상은 민호와 마찬가지로 이를 부담하게 했다.(제5장 참조)

따라서 이 당시에 관호는 많은 경작지를 소유하고 있었던 것이다. 그 중에서도 휘종의 총애를 받았던 소주 사람 주면朱勔은 소유하고 있는 경작지가 30만 무(3천 경)였는데, 1년 수입이 10여만 석이고 저택과 장원[명원名園]이 소주의 절반을 차지하였다고 한다. 남송이 되자 관료와 무장의 대토지 소유는 한층 증대되었다.

면역 특권과 전호로 몰락하는 농민

관호는 여러 가지 이유로 호적상 일반 민호와 구별되었다. 그 주된 이유는 관호가 여러 가지 특권, 특히 면역 특권을 갖고 있었기 때문이다. 또 관호를 포함하여 형세호도 조세 납입에서 일반 민호와 구별되었다. 호족인 형세호는 대부분 자신의 힘을 믿고 조세의 납입 기한을 어겼다.

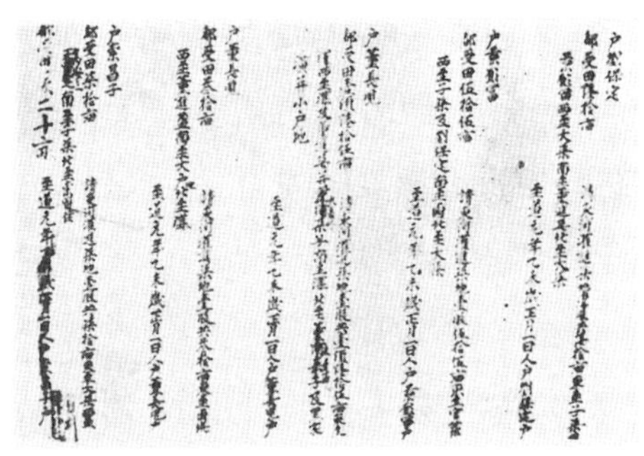

송대 돈황敦煌의 호적 송 지도 원년(995)의 돈황 호적. 당唐의 호적과는 다르게 호주戶主의 이름만을 표시하며, 가족 이름을 밝히지 않은 채 그 수전受田액을 기입하였다.

그래서 971년(태조 개보 4), 사천의 낭주閬州통판인 노충路沖이 "우리 주에서는 직역호職役戶(주현·향촌의 직역을 맡아보는 상등호)가 형세를 믿고 조세 기한을 위반하니 따로 장부를 만들어 통판에게 그 감독을 맡겼습니다"라고 상주하니, 여러 주에도 명령을 내려 '형세판부形勢版簿'를 두고 통판에게 형세호의 납세를 감독하게 했다. 그리하여 현에서는 납세 장부에 형세호를 붉은색으로 표기하여 일반 민호와 구별했다. 형세호가 조세를 납부하지 않을 경우의 독촉에 대해서도 특별 규정을 두었는데, 단 관호에 대해서는 그 관리인[간인幹人]을 추궁하는 것으로 그쳤다.

관호는 호적에 관료가 된 자의 관명을 기술하고, 사후에도 생전의 관명을 기재해 두어 그 자손까지 관호의 면역 특권을 누렸다. 따라서 앞에서 언급한 『동년소록』에 따르면, 관호는 일족 가운데 관직에 오른

자로 호를 세우고 그 중에서도 고위고관에 오른 자를 세우는 것이 보통이었다. 당시 관호의 면역 특권이 관품의 높낮이에 따라 제한을 받았기 때문이다. 그 후, 남송에서는 관호의 면역 특권을 한층 축소시키고, 특히 자손에 대해서는 제한을 가했다.

송 초 이래 관호형세호는 황무지 개간, 고리대, 경작지 전매典買(저당·매매) 등을 통해 토지를 겸병하였는데, 관호는 면역 특권을 이용하여 토지소유를 더욱 확대했다. 이 무렵 농민은 할당받은 직역이 무겁고 힘들어 파산하는 경우가 많았으므로 농민은 직역을 피하려 했다.(다음 장 참조)

즉 그들은 역을 피하기 위해 거짓으로 도망쳤다고 한 후 관호의 전호가 되어 자신의 경작지를 경작하거나 혹은 임시로 자신의 경작지를 관호에게 전매典賣하는 방식을 취했다. 관호 측도 경작지를 좀 많이 소유한 호를 마음대로 차지[영점影占]하고 명목상의 전호로 삼았다. 이 때문에 관호형세호의 경작지가 증가하여 앞서 말했듯이 천하의 경작지의 절반을 관호형세호가 차지하고 있다는 말까지 나오게 되었다.

그래서 1022년(인종 건흥 원) 12월, 명목상 관호의 전호가 되어 자신의 경작지를 경작하거나 임시로 자신의 경작지를 관호에게 전매하는 방식으로 역을 피하는 자에게 기한을 정해 자수하게 하고, 동시에 관호의 장전은 30경, 아전장리의 장전은 15경으로 제한하고, 경작지는 단지 하나의 주 안에서만 전매하게 하고 위반하면 처벌하도록 했다. 그러나 경작지를 하나의 주로만 한정하자 관호 등이 무덤으로 쓸 땅을 구하기 어려워져 1029년(천성 7) 다른 주에도 묘지 5경을 두는 것은 허가했다. 이것이 이른바 한전법이다.

특권대책으로서의 한전법과 한전면역법

한전법은 관호의 토지소유를 제한하여 일반농민의 토지가 관호에게 넘어가는 일을 막고 동시에 차역을 부담할 호를 확보하기 위한 것이었다. 그러나 관호가 한전법에 강력히 반대했기 때문에 곧 중지되었다. 관호는 그 후에도 면역 특권을 통해 많은 경작지를 획득하였는데, 1067년(신종 치평 4)에 삼사사 한강韓絳이 상주하기를, 농민이 역을 피하기 위해 "경작지를 관호에게 팔아, 그 경작지는 역을 면제받는 집(관호)에 속하고 역은 다른 상등호에게 더해지는 것"에 대해 논했다. 이리하여 1071년(희령 4) 왕안석의 면역법이 시행되게 된다.(다음 장 참조)

왕안석의 면역법에서는 관호도 역전役錢을 내야 했는데, 그 액수는 민호 면역전의 절반으로서 조역전助役錢이라고 했다.(다음 장 참조) 신종이 죽고 철종이 즉위하자 선인태황태후 고씨가 섭정을 하면서 면역법은 폐지되었지만 관호의 조역전은 계속 징수하였다. 1091년(원우 6)에는 앞서 말했듯이 관호에게서 전지 50경까지 조역전을 징수하고, 50경이 넘는 부분에 대해서는 전액을 징수하였다. 철종이 친정을 하게 되면서 면역법이 부활했고 휘종대에도 이 법이 행해졌다. 그러나 앞서 말했듯이 1112년(정화 2)에는 관호의 한전면역법이 시행되어 관호의 경작지를 1품 100경 이하 9품 10경으로 한정하여 과역科役(역役과 과배科配)을 면제하고, 그 이상에 대해서는 일반 민호와 같은 과역을 부과했다. 그러나 이것도 관호에게는 큰 특권이었다.

이상과 같이 관호는 면역 특권을 부여받았고, 이 밖에 휘종대에는 한전의 액수 내에서 부역夫役(잡요雜徭)을 면제받고, 거기에 지이支移[30]와 절변折變[31]도 면제받았다. 지이와 절변은 송대의 농민을 괴롭힌 것이었는데 관호는 이것을 면제받았던 것이다.

더욱이 관호는 양세兩稅[32] 가운데 미곡에 부가되는 가모미加耗米도 면제받았다. 또한 관호는 거주하는 곳의 장원 사옥[장사莊舍]과 작은 집채[옥우屋宇]의 등급을 높여서 집세[옥세屋稅]의 증징增徵도 면제받았다. 한편 관호의 조세는 면제받지 않았지만 황제에게 하사받은 경작지는 면제의 대상이었다. 따라서 북송에서는 관호가 많은 토지를 소유하고서도 일반 민호에 비해 그 부담은 대단히 가벼웠다.

3) 관호형세호의 장원제

장원의 형성과 그 관리

앞에서 말했듯이 북송의 관호형세호,[33] 특히 관호는 면역 등의 특권을 이용하여 토지소유를 발전시켰고 이들 토지는 다수의 장원을 형성하여 장원으로 경영되었다. 여기서는 주로 북송 관호형세호의 장원제에 대해 기술하겠다.

당시 장원의 이름은 소유자의 성이나 소재지 이름을 딴 것이 많았고, 주인집의 관직이나 동서남북의 방향을 붙인 것도 있었다. 이들 장원에는 토지가 한곳으로 집중되어 일원화된 경우와 분산되어 있는 경우가 있었는데, 북송에서는 일원화된 것이 많았다. 넓이는 수십경에서 수경에 이르는 것이 많았다. 그리고 앞서 말했듯이 천자가 내려준 사전賜田, 황지를 개간한 것, 신전을 개발한 것(다음 장 참조), 고리대로 빼앗은 것(다음 장 참조), 전매한 것, 희사받은 것 등으로 이루어져 있었다.

장원은 주인집이 관리하는 경우도 있었으나 일반적으로 관장管莊·감장監莊·구당인勾當人, 남송에서는 간인幹人·간복幹僕 등으로 부르는 관리인이 지배하고 있었다. 이들 관리인은 주인집에서 임명하였다. 그런데

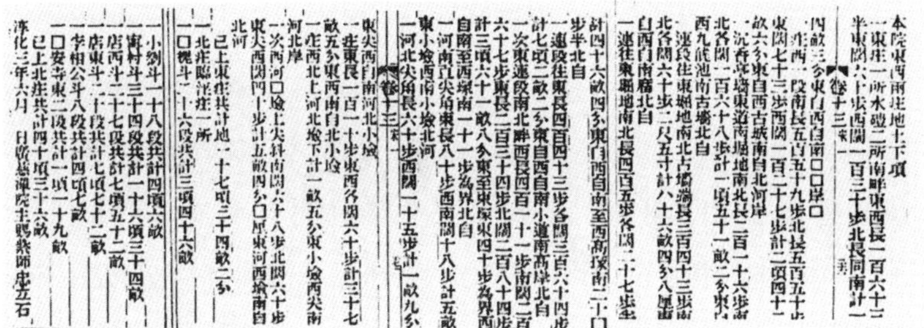

분산장원分散莊園**과 집중농원**集中農園 순화 3년(992)의 광자선원廣慈禪院에 속한 경조부(지금의 서안시) 만년현萬年縣의 동장東莊과 경양현涇陽縣 북장北莊의 내용을 보여주는데, 동장은 토지가 집중되어 있는 반면 북장은 토지가 분산되어 있다.

신종 때 왕안석에 의해 보갑법이 실시되면서 이것이 향촌제로 되고, 따로 징세를 위해 갑두甲頭(최세갑두催稅甲頭)법이 실시되면서 이 갑두법이 대부분의 장원에 적용되었다. 갑두법이란 납세자를 일정한 호수(20~30호)로 조직하고 서로 번갈아가며 갑두 또는 갑수甲首가 되어 징세하는 것이었다.(다음 장 참조)

이 법이 장원에서 시행되자 전호가 갑두 또는 갑수를 맡고, 이 갑두가 장원 내 전호의 소작료租를 징수하여 관리인에게 납부하게 되었다. 이렇게 해서 장원은 대부분 관리인과 갑두에 의해 관리되었다.

관리인은 전호의 소작료를 거두어 정부에 세를 내고 난 나머지를 장원에 저장하거나 주인집으로 수레나 배로 운송했다. 그들은 보수로 주인에게 일정한 급료를 받거나, 혹은 전호에게 거둔 소작미[조미租米]에서 성과에 따라 일정 비율을 지급받았다. 갑두 또는 갑수는 전호의 소작미를 재촉하여 징수하는 기간만 식량을 받았다.

장원의 경작과 전호, 노복의 신분

당시의 장원은 수애水磑(곡식을 가루로 빻는 수차)와, 여犁(쟁기)·파耙(써레)·초耖

(써레)·녹독碌碡(혼축混軸, 고무래)·용골차(담수차) 등의 농구, 또는 거승車乘, 선척船隻 등을 갖추고 있는 경우도 많았다. 장원은 앞서 말했듯이 전호나 동복僮僕(노복), 혹은 고용인(객작아客作兒라고도 함)이 경작하였다. 이들 중 주를 이룬 것은 전호와 노복으로서, 대부분 장원 안에 거주하면서 위의 용구들을 사용하였다. 그러나 이들 가운데는 독립해서 살고 있는 자도 있었다.

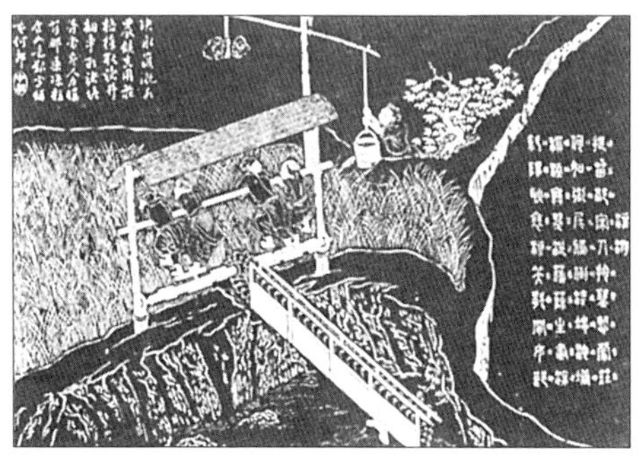

관개하는 용골차龍骨車[답수차]**와 길고**桔槔[방아두레박]

전호佃戶[34]는 송의 사료에는 전객佃客·장객莊客·부객浮客·객호客戶·지객地客·조호租戶 등의 이름으로 등장한다. 전호에는 여러 경우가 있었는데, 일반적으로는 무거운 조와 주인집에 대한 잡역을 부담하고, 앞서 말했듯이 주인집에 고리대를 지고 있어 비참한 생활을 영위하였다. 조에는 수확을 일정 비율로 나누는 분익조分益租, 매년 정해진 액수를 납입하는 정액조定額租, 여기에다 돈으로 납부하는 금납金納도 있었다. 논에는 분익조·정액조가 모두 있었고, 뽕밭과 택지·산지에는 금납도 있었다.

분익조는 주인집이 수확의 5~6할을 가져갔다. 이 경우 전호가 주인집의 일소[경우耕牛]를 빌려쓰면 그 값은 수확의 1할로 정해져 있었다. 따라서 전호가 일소를 소유하고 있다면 그만큼 조는 줄어들게 된다. 정액조도 이 분익조의 비율을 기초로 하여 정해졌다. 단지 이 경우에는 조두租斗, 즉 조를 납부하는 두량斗量의 크기가 문제였다. 당시 한 말들이 말은 100홉으로 정해져 있지 않았고, 지방에 따라 그 크기도 달랐다.

그래서 조계租契(조의 계약서)에는 말의 크기가 정해져 있었는데 180~60홉까지 있었다. 소주 등에서는 130홉들이 말이 사용되었다.

쟁기질로 땅을 고르는 모습

전호는 가옥과 일소를 소유한 자가 적었고, 대개는 경작지뿐 아니라 가옥·일소·농구까지 주인집에게 빌렸다. 따라서 그들은 경작지의 조뿐만 아니라 가옥·일소 등의 임차료까지 내야 했다. 전호에게 부과된 조가 무거웠기 때문에, 식량 부족이나 임시 급용 등의 이유로 앞서 말했듯이 주인집에서 식량·종자나 돈을 고리로 빌리고 수확한 후 이것을 갚고, 다음 해 봄에 또다시 돈이나 곡식을 빌리는 일을 되풀이하면서 주인집에 경제적으로 의존하였다.(다음 장 참조) 그래서 전호를 주인집의 노예로 간주하고, 법률적으로도 노예까지는 아니라 해도 주종관계(노주奴主의 분分)를 맺고 있다고 여겼다.

예를 들면 북송 중엽에는 전호가 주인집에 죄를 범할 경우 일반인들 간의 죄보다 1등급 무겁게 처벌받았고, 반대로 주인집이 전호에게 죄를 범할 경우 일반인들 간보다 1등급 가벼운 처벌을 받았다. 남송 초에는 전호의 주인집에 대한 범죄가 2등급 무거워졌고, 주인집의 전호에 대한 범죄는 2등급 가벼워졌다. 즉 주인집이 전호를 때려 죽였을 경우에도 주인집의 죄는 일반인보다 2등급이나 가벼워 쉽게 석방될 수 있었다.

또한 전호에게는 이전의 자유도 없었다는 예가 많이 발견된다. 전호가 경작하던 경작지가 전매될 경우, 전호는 그 경작지와 함께 전매한 주인에게로 넘겨져 그 토지에서 마음대로 이전할 수가 없었다. 이것을 '수전전객隨田佃客'[35]이라고 했다. 이것은 남송 초에 금지되었으나 이후에도 여전히 계속되었다. 남송에서도 전호가 도망가면 주인집이 이를 관에 고발하여 원래의 장소로 되돌아오게 할 수 있었다.[36] 그 밖에 전호가 조를 납부하지 않을 때는 주인집이 전호를 집안에 감금하고 그를 채찍질하여 조를 독촉했다.

노복도 앞서 말했듯이 토지를 경작하였으나 그 가운데에는 전복佃僕이라고 하여 주인집에서 독립하여 거주하며 주인집에 조를 납부하여 전호와 유사한 자도 있었고, 원래 노복이었다가 나중에 전호가 되는 자도 있었다.[37]

4) 화폐경제의 발달

동전·철전

907년(천우 4), 당 애종哀宗은 황제 자리를 변주汴州·활주滑州의 절도사 주전충朱全忠에게 빼앗겼다. 당의 멸망과 함께 통일된 화폐제도는 붕괴되고 중원의 다섯 왕조와 각지의 군웅이 각각 독자적으로 화폐를 주조했다. 후진은 천복 연간에 천복원보天福元寶를 만들고, 다시 천한원보天漢元寶를 주조했으며, 후주는 주원통보周元通寶, 남당은 당국통보唐國通寶·영통천보永通泉寶 등을 주조했다.[38]

송 태조는 즉위 초 송원통보宋元通寶를 주조하고, 그 질과 양을 개원통보開元通寶와 동일하게 했다. 오대부터 송 초에 이르기까지 연호를 사용한 것은 천복통보天福通寶뿐이고 다른 것은 연호를 새기지 않았다. 하지만 태종은 태평흥국 연간에 태평통보太平通寶를 주조하고, 순화로 개원하고는 순화원보淳化元寶를 만들었는데 태종이 글자를 친히 진서체眞書體·행서체行書體·초서체草書體로 썼다. 이후 개원할 때마다 그 연호의 이름을 딴 통보, 혹은 원보라고 칭하는 돈을 개주改鑄하게 되었다.

순화원보淳化元寶 왼쪽으로부터 진서체, 행서체, 초서체

북송의 동전과 철전

그런데 오대 때 화폐제도가 통일되지 못했던 것은 지방에 따라 다른 화폐가 주조·사용되었을 뿐 아니라 동과 철이라는 두 종류로 돈이 만들어졌던 데도 이유가 있다.

남당의 당국통보에는 동전과 철전이 있었는데, 동전 4개에 철전 6개를 가지고 10전이라고 했다고 한다. 남당뿐 아니라 초楚·민閩·촉蜀에서도 동전과 철전이 함께 쓰였다. 또 오대에는 통화를 사사로이 주조하는 행위가 성행하고, 질과 양이 규정에 미치지 못하는 경소악전輕小惡錢이나 철납전鐵鑞錢 같은 조악한 전이 많이 유통되어 정부를 곤란하게 했다. 그래서 송조에서는 건국 초부터 악화 금지령을 내리고, 동전의 국외유출을 금지하여 화폐제도를 통일하고자 했다. 그러나 여러 가지 이유로 동전만을 정규화폐로 삼는 화폐제도를 전국적으로 시행하지는 못했다.

국초, 강남에서는 철전을 점차 소멸시키고[39] 동전만 유통시키는 정책을 취했다. 남당을 멸망시킨 975년(개보 8) 송조는 "강남의 돈은 강북에 이를 수 없다"고 하여 동전 유출을 막았고, 977년(태평흥국 2)에는 남당의 철전을 사용하는 것을 금하고 철전은 농기구로 만들어 강남에 귀착한 강북 유민들에게 주었다. 또 여러 주에 저장되어 있던 동전으로 금백경화金帛輕貨를 사들여 이를 통화에서 배제하고, 민간의 동 채굴을 모두 금지시키고는 새로운 동전을 주조했다. 이리하여 강남의 동전 유통책이 성공하자 이 해에 동전도강금지銅錢渡江禁止를 해제했다. 이렇게 하여 동전은 사천을 제외한 전 중국에서 유통되었다.

그런데 송원통보 이후 연호가 바뀔 때마다 동전에 새 연호를 새겨넣고, 표면에 새겨넣은 글자는 각각 달랐으나 재질은 송원통보를 표준으로 삼았다. 그래서 송 일대를 통해 이 동전은 소평전小平錢이라 하여 가장 중시되었다. 그러나 자세히 보면 차이가 있었다. 북송전은 송통전宋通錢·태평전太平錢·함평전咸平錢·경우전景祐錢의 네 종류로 분류되었고, 770개의 분량은 각각 73·72·80·77냥兩이었다.

더군다나 1041년에 경력중보慶曆重寶라고 하는 대전大錢을 주조하였는데, 이 대전 1개가 소평전 10개에 해당하였기 때문에 명목가치에 대한 실질가치가 너무 작아 사사로이 주조가 활발히 행해지고 경제는 혼란에 빠졌다. 이에 나중에는 이것을 당삼當三, 즉 소평전 3개에 해당하는 것으로 정하고, 1059년(가우 4)에는 당이當二, 즉 2개에 해당하는 것으로 정했다.

희령중보熙寧重寶

당이전은 실질가치와 명목가치의 균형이 맞아 민간의 평판도 좋았기 때문에 이는 새로운 형식으로 1071년(희령 4) 이후 희령중보熙寧重寶라는 이름으로 활발히 주조되어 소평전과 함께 돈의 주요 형식이 되었다. 당이전은 절이전折二錢이라고 불린다. 북송 말 휘종 시대에는 재정적 곤란을 극복하기 위해 또다시 절십대전折十大錢이나 흑석黑錫 백석白錫이 많이 섞인 협석전夾錫錢 같은 악화를 남발했는데, 물가40)가 폭등하여 경제를 혼란케 하였기 때문에 오래지 않아 중지되었다.

주조액

송대에도 화폐의 주조권은 국가에게 있었고, 민간의 사사로운 주조는 엄히 금지되었다. 정부는 주전의 원료가 되는 동·철·납·주석의 공급과 완성된 동전의 수송 편의를 고려하여 각지에 전감錢監을 두어 주조하였으며, 관인을 파견해서 이를 감독하였다.

북송시대의 동전 주조액을 개관하면, 국초인 지도 연간(995년 무렵)에 약 80만 관이었고, 이후 1000년(함평 3)에 125만 관, 1007년(경덕 말)에 183만 관, 1015년(대중상부 8)에 125만 관으로 증감은 있으나 전체적으로 증가하는 경향을 보였고, 왕안석의 신법이 실시된 1080년(원풍 3)에는 506만 관에 이르렀다. 그 후 주조량이 점차 감소하여 북송 말인 1120년(선화 2)에는 약 300만 관으로 줄었는데, 그래도 지도 연간과 비교해 보면 약 4배에 달하였다.

주조액의 점진적인 증가는 북송의 경제발전을 여실히 보여주는 것으로, 원풍 3년의 최고 수치는 신법당의 적극적인 정책을 나타내 준다. 북송 말기에 주조액이 차차 줄어들었던 것은 동전 대신에 은과 그 밖의 다른 것이 통화의 주체가 되고 있었기 때문이다.

이처럼 송조가 지배하는 대부분의 지역에서는 동전이 유통되었지만, 사천에서는 철전鐵錢 유통책을 취했다. 사천은 오대 때 이 지방에 할거한 지방정권인 후촉後蜀의 옛 제도를 계승하여 국초 이래 계속 철전을 주조하였는데, 송조는 후촉을 평정한 후에도 이 지방에서 철전을 통용시켰다. 개보 연간에는 아주雅州의 백장현百丈縣(사천성 명산현名山縣)에 감監을 두어 철전을 주조하게 하고 동전의 사천 유입을 금지했다.

이 금령은 979년(태평흥국 4)에 해제되지만 그때는 이미 동전이 적었다. 게다가 조세를 낼 때에는 철전 10개를 동전 1개로 계산하여 동전을 납부하게 하였으므로 사천에서 동전이 점점 부족해져 동전은 등귀하고 철전은 더욱 하락했다. 당시, 섬서 상인들이 이익을 노리고 동전을 사천으로 가져와 철전 14개를 동전 1개의 비율로 거래했다. 게다가 다음 해 조세를 거두면서 그 10분의 2를 동전으로 정했기 때문에 철전의 가치는 더 떨어지고 물가는 상승했다. 이리하여 사천에서는 동전을 구하기가 점점 더 어려워졌다.

사천은 원래 동이 별로 생산되지 않고 철의 생산액은 상당히 많아서, 공주邛州(사천성 공래현)에 혜민감惠民監, 가주嘉州(사천성 낙산현)에 풍원감豊遠監, 익주益州(사천성 성도시)에 제중감濟衆監의 세 철전감鐵錢監을 두었고, 한때 아주雅州에도 철전감을 두어 철전 주조액이 적지 않았다. 한편 사천 4로는 변경지역이어서 동전이 만족蠻族에게 흘러나갈 우려가 있었다. 이런 여러 가지 사정 때문에 사천이 철전 사용구역으로 정해졌던 것이다.

사천의 철전 주조액은 태평흥국 연간에 50만 관이었다가 점차 줄어들어 황우 연간(1050년 무렵)에 27만 관, 1077년(희령 말년 무렵)에 23만 6천 관, 1080년(원풍 3)에 14만 관이었다. 사천에서는 소평철전小平鐵錢 외에 1005년(경덕 2)부터 1073년(희령 6)까지 당십대전當十大錢이 주조되었는데, 나중에는 질량이 과도하게 커지는 바람에 민간에서 철전을 함부로 녹이는 일이 끊이지 않았다. 1014년(대중상부 7) 이후에는 반감하여 12근 10냥으로 하였다. 대철전의 주조가 중지되고 나서부터는 절이철전折二鐵錢이 이것을 대신하였다.

철전의 부진과 동전의 성행

하동로와 섬서로는 동전과 철전이 함께 사용되는 구역이었다. 하동로에서는 철전 주조가 1041년(경력 원)에 시작되어 1048년(경력 8)까지 계속되었다. 즉 서하와의 교전으로 인해 팽창된 지출을 보충하고 전쟁경기 때문에 격화된 통화부족을 완화시키기 위해, 액면가치는 10배지만 실질가치는 소평철전의 2배밖에 안 되는 당십대철전을 주조하여 막대한 이익을 올렸다. 하지만 이는 물가의 등귀와 사주전私鑄錢[41]의 성행을 불러왔기 때문에 곧 발행이 중지되었다.

동전銅錢의 사용 오른쪽 남자가 어깨에 걸친 것이 끈으로 묶은 동전이다. 백사송묘白沙宋墓 벽화

더군다나 이때 섬서로에서도 당십대동전當十大銅錢을 주조하여 동남의 전감錢監에서 대소의 동철전을 보내왔는데, 이것들은 섬서로와 하동로에 한해 사용이 허가되었다. 섬서로에서 철전이 주조된 것은 희령 7~8년 무렵부터로, 소평전·절이전을 주조하고, 세액은 75만 관이었다. 하지만 이렇게 많은 액수가 주조된 것은 1085년(원풍 말)까지의 일이고, 그 이후에는 대략 수십만 관이 주조되었다.

요컨대 철전의 주조는 사회가 철전을 필요로 해서가 아니라, 재정위기를 극복하거나 동전 부족을 완화시킬 목적으로 행해졌던 것이다. 철전은 가치도 낮고, 무거워서 운반에도 불편했기 때문에 유통이 잘

도시에서의 유통 두 명의 남자가 가게에서 끈으로 묶은 동전을 운반하여 손수레에 실으려고 하고 있다. 「청명상하도」 중

되지 않았다. 철전의 주조액이 시작 무렵에 가장 많고, 이후 점차 감소한 것은 이러한 이유에서였다.

그래서 사천에서는 교자交子라고 불리는 민간 금융기관에서 발행한 어음이 발달하여 통화의 불편함을 호전시키고 있었다. 교자 발행권은 이윽고 국가의 손으로 넘어가 지폐로 발전하였다. 섬서·하동에서는 염초鹽鈔·전초錢鈔·전인錢引 등의 어음이 발행되어 지폐처럼 사용되었다.

이에 반하여 동전의 유통은 매우 양호했다. 동전 주조액이 두드러지게 증가한 것은 북송 정부가 동전의 수요에 대응하여 보여준 노력의 표출이었다.

송대 화폐의 특징적인 현상으로서 전황錢荒(동전의 부족, 돈 기근)이 있다. 전황의 원인은 상업이 현저하게 발전하여 유통액이 크게 늘고 외국무역이 성행하면서 동전의 국외유출이 증가한 데 있었다. 거기에다 동전을 녹여서 불상이나 동기를 만들기도 하고 동전 가치가 등귀하자 부호들이 이것을 쌓아두게 된 것도 이 같은 상황을 조장했다. 전황은 지리적으로는 물산이 풍부하고 부유한 상인이 많은 동남의 여러 로와, 소비경제가 발달한 변경汴京 부근이 심했고, 시대적으로는 주조액이 가장 많았던 희령·원풍 시대가 심했다.

전황에 대처하기 위해 정부는 동금銅禁을 시행했다. 동전의 부족을 근본적으로 해결하려면 주조鑄造[42]를 늘려야 하는데, 동의 생산량이 적어 생각대로 되지 않았다. 그래서 정부는 동석銅錫 등의 증산을 장려하고 더불어 (1) 민간의 동 생산과 수입동은 물론, 불교용구 등 예외적인 경우를 제외한 모든 동기銅器·동재銅材의 사유를 금하고, 동기의 자의적인 주조를 금지한다, (2) 동기·동재의 매매를 금지한다, (3) 동기·동재를 국외와 국내의 지정지역으로 반출하는 일을 금지한다는 정책을 써서 동의 생산을 독점하고 이를 주조원료로 집중시키려고 했다. 그리고 동금과 함께 위의 내용과 거의 같은 석금錫禁을 시행했다.

전금錢禁과 성맥省陌

또한 남송에서는 부호가 동전을 몰래 쌓아두는 퇴장退藏을 단속하기 위해 축전蓄錢 금지령을 내렸다. 또 동금과 표리일체를 이루는 정책으로서 전금錢禁이 있었다. 이는 동전을 녹이는 행위와 국외 반출 등을 엄금한 것이다.

우선, 생활 향상에 따라 동기에 대한 수요가 증가하여 밀매를 통한 이익이 증대했고, 동금이 시행된 이후 동전을 녹여 동기를 만드는 일이 활발하게 이루어져 이것을 엄금하고 그 위반자를 처벌했다. 이어 전황의 원인으로서, 사사로이 동전을 녹이는 행위 이상으로 문제가 된 것이 국경 밖으로의 유출이었다. 송의 동전은 동쪽으로는 고려[43]·일본, 북으로는 거란·서하·금, 남쪽으로는 동남아시아 일대의 자바·수마트라·말레이반도 등, 서쪽으로는 페르시아 등 서아시아 여러 나라로부터 아프리카 동부해안의 소말리아·잔지바르까지 퍼졌다.

그래서 정부는 동전의 국외 반출을 엄금하고 동시에 그 위반자를 엄히 처벌했다. 그러나 동전의 유출은 막대한 이익을 가져왔기 때문에 유출을 막을 수는 없었다. 왕안석 시대에는 동금·전금을 해제하였는데, 그 때문에 동전 주조액이 북송조에서 최고치를 기록했음에도 불구하고 전황은 오히려 격화되었다. 이렇게 보면 동금·전금 조치는 철저하게는 시행되지 못했다 하더라도 일정한 효과는 있었음을 알 수 있다.

정부는, 전황에 대처하여 성맥省陌을 시행했다. 성맥이란 점맥墊陌·제맥除陌·단전短錢과 같은 뜻으로, 100문이 안 되는 돈을 100문이라고 간주하는 것을 말한다. 이에 비해 실제의 100문을 100문으로 사용하는 것을 족전足錢이라고 부른다. 성맥은 당 헌종 무렵(810년)에 시작되어 송대에도 계속 행해졌는데, 송 초에는 77문을 맥으로 정하였으나 곧 지켜지지 않았고, 북송 말에는 72문을 맥으로 했다. 남송시대에는 성맥이 점점 더 심해져 상업의 종류에 따라서는 56문맥까지 되었다.

금은의 유통

금은의 유통도 송대에 들어와 크게 발달했다. 당대부터 활발해진 금金의 유통은 송대에 더욱 발달하고 공적으로는 부세의 절납折納·전매·상공·진헌進獻·군비·지폐의 회수 등에 사용되었다. 그러나 전체적으로 보면 유통은 상류층에 한정되고 수량도 적었다. 이에 비해 은銀은 공사公私에 걸쳐 금보다 활발히 사용되었고 서민들 사이에서도 크게 유통되었다.

정부의 은 수입은 997년(지도 3)에 62만여 냥이었는데, 1021년(천희 5)에 88만여 냥으로 늘더니 1076년(희령 9)에는 약 3백만 냥에 달했으며, 북송 말기에는 1,800만 냥이었다. 이처럼 은 수입이 매년 증가를 보인 것은 북송 말기에 동전 주조액이 조금씩 줄어들면서 주된 화폐로서의 지위가 흔들렸던 것과는 완전히 반대되는 현상으로, 동전 대신 은의 유통이 발달하였음을 보여준다.

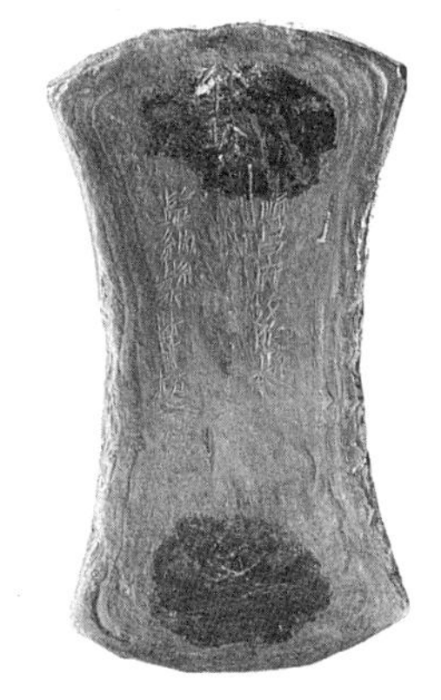

세은정稅銀鋌 송대 순창부順昌府 여음현汝陰縣 출토

은은 세과歲課로서 약 30만 냥이 정부로 납입되었는데, 정부는 세과 외에 여러 가지 방법으로 은 수입을 올리고 있었다. 즉 전매품인 술의 이익을 은으로 받고, 또 같은 전매품인 차茶[44]·소금·향약香藥의 판매허가증을 내주는 대신 금과 비단 등과 함께 은을 경사(수도) 각화무榷貨務에 내게 하고, 복건·광동·광서의 각 로에서는 신정전身丁錢을 동전 대신 은으로 받았다.

세출歲出 면에서, 은의 경상지출은 1004년(경덕 원)에 거란과 전연의 맹을 체결하여 세폐로서 은 10만 냥과 비단 20만 필을 보내게 된 이후로 보인다. 거란에게 준 세폐는 그 후 각 10만씩 증가하여 은 20만 냥, 비단 30만 필이 되었고, 거기에 1044년(경력 4)에는 서하에도 은 5만 냥, 비단 13만 필, 차 2만 근을 보내게 되어 은의 경상지출은 25만 냥에 이르렀다. 임시지출로는 군사비로 지출되는 것이 있었다.

이 같은 은의 유통은 송의 경제생활의 발전을 나타내지만, 사적으로 은은 관료와 특히 상인들이 활발히 사용하여 상인과 정부 사이에 유통되었기 때문에 농촌에는 별 관련이 없었다.

은은 남송 시대에 들어와서도 상업이 한층 발전하면서 그에 따라 가치가 높은 화폐에 대한 필요성이 생기게 되고 아울러 회자會子를 원활히 유통시키기 위해 화폐처럼 활발하게 사용되었다.

5) 지폐의 발생과 변천

중국의 가장 오래된 지폐, 교자交子와 전인錢引

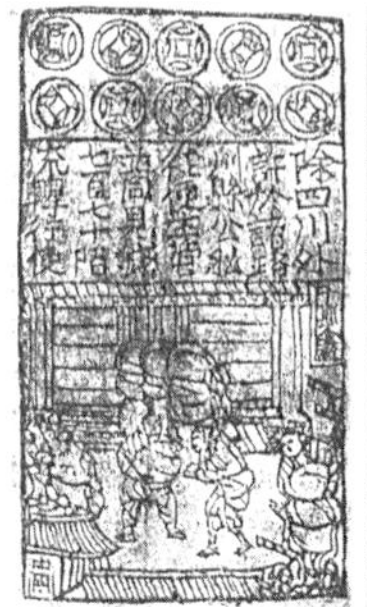

북송의 교자와 동판

교자는 중국에서 가장 오래된 지폐로, 북송시대에 사천에서 시작되었다. 이미 당 말에 기부포寄附鋪(궤방櫃坊)라고 하는 금융업자가 등장하여 동전·금은·포견布絹을 담보로 잡고 어음을 발행하였는데, 이 어음이 돈이나 그 밖의 다른 현물처럼 거래의 지불에 쓰이면서 시장에서 유통되었다. 송대가 되면 기부포는 주현의 도시로 보급되고 회자·교자·관자關子 등으로 불리는 어음이 발행되었다.

교자는 사천지방의 어음을 말하며, 이를 발행하는 금융업자는 교자포交子鋪나 교자호交子戶로 불렸다. 사천 성도부에서는 부호 16호가 관으로부터 성도부의 교자 발행 독점권을 획득하고 조합을 만들어 신용의 강화를 꾀했다. 이로 인해 성도부의 교자[45]는 사천의 다른 주현의 교자를 압도하며 이 지방에서 유통되었다.

교자포는 교자를 발행하여 자금을 획득하고 이것을 유리한 사업에 투자하여 거액의 이익을 올렸다. 그러나 이윽고 자금이 줄어들고 지급불능 현상이 나타나 부채를 갚을 수 없게 되면서 사천의 경제를 혼란에 빠뜨렸다. 이에 일찍부터 교자의 발행 이익에 관심을 갖고 있던 송 정부가 이 혼란을 핑계 삼아 1023년(천성 원), 익주교자무益州交子務를 설치하여 관영교자를 발행하고는 민간의 교자를 모두 폐지했다.

교자에는 민영시대부터 계분界分 즉 태환 유효기간이 있어서, 처음에는 3년 1계, 나중에는 2년 1계가 되었다. 요컨대 기한이 끝나기 전에 새로운 교자나 돈으로 바꾸어야 했다. 처음 교자무에서는 돈을 가져온 사람에게 수수료를 받고 교자를 발행했다. 그런데 서하의 이원호가 섬서로 대거 침공하여 군사비가 증가하자 송 정부는 교자를 발행하여 재정을 보충하려고 했다. 이에 본전, 즉 태환준비금 36만 민을 마련하고 발행한도를 125만 민으로 정하여 액면단위를 설정하고 법정 유통력을 부과하여 지폐로 삼았다. 이렇게 해서 교자는 어음이 아닌 화폐로서 유통되기에 이른다.

교자를 인쇄 제작하는 모습

사천에서 교자가 발달하게 된 것은, 이곳이 대토지 소유가 발전하고 차의 재배와 거래가 활발하여 통화에 대한 수요가 높았음에도 불구하고 철전 사용구역이었기 때문이다. 철전은 무거운데다가 가치가 낮고 운반에 불편했다. 처음에는 관영 교자에 대한 신용이 상당히 두텁고 수요액도 해마다 증가했기 때문에 1072년(신종 희령 5)에는 발행한도를 종래의 두 배로 증가시켰다.

그런데 1093년(철종 원우 8) 이후 재정 곤란을 타개하기 위해 교자를 남발하면서 가치가 하락하고, 1106년(휘종 숭녕 5) 무렵에는 총 발행액이 2,600만 민에 달했다. 교자의 남발과 동시에 태환이 정지되자 가치는 폭락하여 액면 1관의 교자가 겨우 수십 문밖에 안 되어 유통이 되지 않았다. 그래서 다음 해인 1107년(대관 원), 교자를 전인錢引으로 바꾸었다.

전인은 견전교인見錢交引의 약칭으로 섬서지방에서 유통되던 어음이었다. 이것이 교자를 대신하여 사천에서 유통되면서 이후 전인은 본래의 성질을 완전히 잃고 사실상 교자를 연장한 것이 되었다. 사천의 전인이 원래 가격으로 회복된 것은 1113년(정화 3) 이후고, 남송시대에도 널리 사용되었다.

6) 어음의 발달

송금送金어음과 약속어음

송대에는 건국 초부터 송금어음 제도가 있었다. 즉 태조 때 당 왕조의 비전飛錢을 모방해서 상인들에게 돈을 수도에 납입케 하여 권券(송금어음)을 발행하고 이것을 각 주에서 현금과 교환했다. 처음에는 돈을 좌장고左藏庫에 넣고 그곳에서 입금찰入金札을 내주고, 삼사에 입금찰을 납입시켜 권을 발행했다. 790년(개보 3), 편전무便錢務를 두어 이곳에 입금찰을 납입케 하고 그 입금액에 따라 할증금을 붙여 권을 발행했다. 이것이 여러 자료에서 나오는 편전便錢이다.

이러한 송금어음 제도는 수도와 지방의 여러 주뿐만 아니라 지방과 지방 사이, 변경의 여러 주군과 수도, 혹은 남방 여러 주군과의 사이에서도 널리 시행되었다. 한편 민간에서도 송금어음이 발행되어 이를 '사하편환私下便換', '사하편전私下便錢'이라 불렀는데, 아마 국초부터 존재했을 것으로 생각된다. 정부는 관영 어음이 민간으로 흡수될 것을 우려하여 건국 후 30년인 997년(지도 3)에 이를 금지시켰다.

또 앞에서 말했듯이 어음발행인이 스스로 일정 기한 안에 일정 금액을 지불하겠다고 약속하는 약속어음이 있었다. 북송은 100만 군대를 요와 서하의 두 경계에 배치하고 그 군량과 말먹이를 조달하기 위해 985년(옹희 2) 변경 3로에 조[속粟] 등을 납부케 하고 어음을 주어 수도에서 현금과 그 밖의 것을 지불받게 했다. 편적양초교인便糴糧草交引은 교인을 수도로 가지고 돌아가 경사 각화무에서 현금을 지불받게 하는 것으로 하북로에서 행해졌는데, 섬서·하동 2로에서도 한때 실시되었다. 박적양초교인博糴糧草交引은 교인에 대한 지불을 은·비단·향약·차교인·염교인으로 한 것이었는데, 관리의 부정 때문에 상인이 피해를 입자 점차 시행되지 않게 되었다. 견전교인見錢交引은 북변 3로가 필요로 하는 돈을 상인에게 납입케 하고, 그것으로 군량·말먹이를 사들이는 화적법和糴法을 행할 때 발행한 어음으로서, 경사 각화무에서 현금으로 바꿀 수 있었다.

견전교인은 정부가 지불을 보증한 것이라 신용이 있었고 발행액도 연간 수백만 관에 달했다. 이윽고 여러 종류의 정액 어음이 발행되었으며 정부도 이것을 지폐처럼 지불에 사용했다. 줄여서 전인이라 불렀으며, 앞에서 언급했듯이 사천의 전인은 섬서에서 들어와 교자를 대신하게 되었다. 또 정부는 신종 원풍 연간에 견전공거見錢公據를, 북송 말에는 견전관자見錢關子를 중앙에서 인쇄하여 변경지대의 3로로 운반하였다. 이를 통해 변경지대가 현금을 획득할 수 있었다. 이 두 종류의 어음은 남송이 되자 지폐로서 유통되었다.

각종 유가증권류

그런데 앞에서 말했듯이, 정부의 명령으로 민간에서 물자를 사들인[박적博糴] 상인들이 수도에서 지불받은 것은 차교인·염교인·향약교인·반교인礬交引 같은 각종 유가증권이었다. 이것들은 989년(단공 2) 수도 충실책으로서 개봉開封46)에 절중창折中倉을 두고, 상인들에게 금은, 포백, 돈, 곡물 등을 납입하게 했을 때도 그 대가로 지불한 것이었다. 이 중 유통력과 발행고가 가장 컸던 것이 염교인(염인鹽引·염초鹽鈔)이다.

해주解州 염지鹽池

소금은 전매품으로, 상인이 이것을 판매하려면 우선 돈이나 은으로 염인을 구매한 후 소금 산지로 가서 그 염인을 현물과 바꾸어야 했다. 해염초解鹽鈔는 섬서 해주解州(산서성 해현解縣)의 소금을 대상으로 발행된 염초로서, 섬서의 9개 절박무折博務에서 발행하였고 해주의 제치해염사制置解鹽司에서 소금과 바꾸었다. 수도의 도염원都鹽院에서는 염초를 견전見錢과 태환해주고 그것을 다시 팔았기 때문에 상인들은 수도에서도 해염초를 입수할 수 있었다. 또 민간의 금융업자인 교인포交引鋪도 염초를 매매했다. 해염초는 북송의 멸망과 함께 해주의 염지를 금국에게 빼앗기게 되면서 소멸했다.

말염초末鹽鈔는 동남에서 생산되는 말염末鹽을 대상으로 발행된 것으로, 수도의 각화무에서 발매되었다. 남방 상인은 수도로 와서 북방 상인과 거래를 하고 거기에서 얻은 돈으로 말염초를 산 후, 동남으로 돌아가 소금상인에게 이를 팔아 현물과 바꾸었다. 이처럼 말염초는 남방 상인들 사이에서 활발히 이용되었다.

차인은 수도의 각화무에서 판매되었고, 강릉부江陵府(호북성 강릉현), 진주眞州(강소성 의징현儀徵縣) 등 6개 소의 각화무에서 현물과 교환되었다. 송대에는 차 마시는 풍습이 널리 퍼져서 그 이익이 컸고, 차인도 염초와 마찬가지로 북송사회에서 유통되었다. 차와 향약, 명반明礬도 모두 정부의 전매품이었다.

7) 재정의 확대

풍부한 세수

송 초의 세제稅制는 『송사』 식화지 부세賦稅조에 따르면, 공전公田의 부賦, 민전民田의 부, 성곽城郭의 부, 정구丁口의 부, 잡변雜變의 부 등 다섯 가지다. 공전의 부는 국유지인 관장官莊·둔전屯田·영전營田을 인민과 병사에게 경작시켜 조(소작료)를 징수하는 것이고, 민전의 부는 민유지에서 여름과 가을 두 차례에 걸쳐 징수하는 양세[47]를 가리키며, 성곽의 부는 도시의 가옥과 택지에서 징수하는 옥세·지세를 말한다. 정구의 부는 인두세로서 남자 20~60세의 인정人丁에게서 징수하였는데, 주로 화중·화남에서 행해지고 신정전身丁錢[48]·신정미身丁米라고 했다. 잡변의 부는 앞서 기술한 오대의 연징沿徵, 즉 양세의 부가세를 대부분 답습한 것으로 송에서는 연납沿納 또는 잡전이라고 불렀다.

이 가운데 가장 중요한 재원이 양세인데, 당 덕종 780년(건중 원)부터 실시되었으며 그 후 그 내용에 변화가 있었다. 송대에는 토지 1무畝마다 하세夏稅는 돈으로, 추세秋稅는 곡물로 납부하게 했다. 양세의 세율은 화북과 화중이 서로 다르고, 게다가 각 지방마다 달랐기 때문에 일괄해서 말할 수는 없지만 평균해서 하세는 1무당 전 10문, 추세는 1무당 조 또는 쌀 1두 정도였다. 단, 하세는 돈을 기준으로 하였지만 실제로는 여름철에 나는 견絹, 사면絲綿, 마포麻布나 밀로 환산해서 납부했다.

게다가 송 초에는 이 밖에 인민에게서 쌀, 밀 등의 곡물을 사들이는 화적和糴과 비단·명주비단·삼베 등을 사들이는 화매주견포和買紬絹布가 있었다. 이것들은 주로 군대 식량에 충당하고 군복으로 지급하기 위한 것이었다. 화적과 화매주견포는 송 초에는 시가보다 조금 높은 가격에 사들였으나 나중에는 시가가 올랐음에도 불구하고 원래의 매상 가격밖에 지급하지 않았고 더욱이 이 미곡과 주견포를 백성에게 강제로 배당하여 징수했다. 요컨대 이것들은 점차 조세의 성격을 띠게 되었다. 그리고 이 화적과 화매주견포의 액수는 대단히 커서 지방에 따라서는 양세보다 액수가 큰 곳도 있어 백성을 괴롭혔다.

여기에다 송에서는 상업이 발달하여 후술하듯이 상세 수입이 해마다 증가하여 중요 재원이 되었다. 또한 술·소금·차 등은 전매되었기 때문에 이들 수입도 컸으며, 특히 술·소금의 전매이익[주과酒課·염과鹽課]은 막대하였다.

송 태조는 앞서 말한 바와 같이 절도사의 재정권을 빼앗고 여러 주에서 거둔 양세와 소금·술의 과리課利는 주에서 필요로 하는 경비를 뺀 그 나머지를 모두 중앙으로 올려보내게 하여 종래처럼 유사留使나 유주留州라 칭하여 각 주에서 많이 점류占留하는 일이 없게 하였다. 이렇게 하여 상공되는 화폐와 물품에 대해서는, 1008년(진종 대중상부 원)까지는 정해진 액수는 없었지만 처음에는 어떤 문제도 생기지 않았다. 이는 송 초 이래 국내 산업이 발달하고 상품 유통도 활발하여 정부의 재정수입이 증가하고 국고에 막대한 잉여가 생겼기 때문이다. 중앙정부의 잉여를 저장해 둔 내장고內藏庫에 축적된 양이 얼마나 되는지는 극비사항이었기 때문에 자세히 알 수 없지만, 지방 부주府州의 잔여 화폐와 물품을 나타내는 '응재應在'의 액이 1005년(진종 경덕 2)에 금은·견·전·양糧·초草·잡물을 합쳐 7천 148만 관석필냥속貫石匹兩束에 달했고, 2대 후인 1065년(영종 치평 2)에는 1억 6천 29여 관석필냥속에 달했다고 한다.

이런 풍부한 재정을 기반으로 진종은 도교를 숭상하여 태산泰山에 봉선封禪하고 산서 분음汾陰에 지신地神을 제사지냈으며, 천서天書를 제사하기 위해 궁중에 옥청소응궁玉淸昭應宮을 세우는 등, 막대한 국가재정을 소비하였다. 다음 인종 치세 때도 평화를 누리며 42년에 이르는 긴 치세의 중기에는 위로는 어진 임금이 있고 명신으로 한기·범중엄·부필富弼·구양수·사마광 등 이름난 선비에 호원胡瑗[49]·손복孫復·석개石介·주돈이周敦頤·소옹邵雍[50]·장재張載[51] 같은 문호에다가, 구양수·증공曾鞏·소순蘇洵·매요신梅堯臣 등의 인재가 배출되어, 북송의 전성기라 불리는 이른바 '경력慶曆의 치治'를 구가할 수 있었다.

태산

적자재정으로의 전락

그러나 북송은 인종대를 극성기로 하여 점차 쇠퇴의 기미를 보였다. 군사력의 약화에 따른 대외정책의 부진, 용병·용관의 증대에 의한 국가재정의 궁핍 등 대내외적으로 모두 여러 결함들이 나타났다. 이에 따라 정치, 사회, 경제, 군사 등에도 큰 개혁이 요구되었다. 송의 국력이 발전에서 정체·퇴조로 향하고 있음을 단적으로 보여주는 것이 국가재정의 핍박이었다. 송 초 이래 그토록 풍부했던 재정은 인종 중기부터 세출액이 늘어나 말년에는 잉여가 없어지고 영종조에는 적자를 기록하였다. 이것을 표시하면 다음 <표 7>과 같다.

〈표 7〉 송대 국가재정의 추이

	세입(匹貫石兩)	세출(匹貫石兩)
1021년(천희 말)	150,850,100	126,775,200
1048년(경력 8)	103,596,400	89,383,700
1049년(황우 원)	126,251,964	126,251,964
1065년(치평 2)	116,138,405	131,864,452

〈표 8〉 세입 속의 상세·주과·염세과의 증수

(단위는 만관)

	상세	주과	염세과	합계
1005년 무렵(경덕 연간)	450	428	355	1,233
1045년(경력 5)	1,975	1,710	715	4,400

* 張方平, 『樂全集』 卷24, 論國計事.

이 숫자는 필관석냥匹貫石兩을 합쳐서 단위로 한 것으로 비단·돈·곡물·금은과 섬유류 등을 합한 수치인데, 세입의 경우 특히 화폐수입의 증가가 두드러졌다. 이는 북송에서 화폐경제가 발달하고 상품유통이 활발해졌기 때문이다. 신종이 즉위한 해인 1067년(치평 4) 윤4월에 삼사사 장방평張方平의 상주를 보면, 이 화폐수입 중에서도 특히 많은 액수를 차지한 상세와 주과·염세과의 증수에 대해 기술하고 있는데, 이를 표시하면 <표 8>과 같다.

이들 표에 의하면 진종 천희 말년에는 세입이 세출보다 약 2,407만 필관석냥을 초과하였는데, 인종 경력 8년에는 초과액이 약 1,421만 필관석냥이었다. 그리고 황우 원년, 세입·세출이 같은 액수를 기록하더니 영종 치평 2년에는 거꾸로 세출이 세입을 초과하여 약 1,502만의 적자를 냈다.

또한 세입 중에서는 화폐 수입의 증가가 특히 현저했는데, 진종 경덕 연간에 상세·주과·염세과의 합계 1,233만 관이 인종 경력 5년에는 4,400만 관으로 약 3배 반이나 증가했다. 이 증가는 영종 치평 연간까지도 계속되었다. 그런데 영종조에는 앞서 말했듯이 국가재정이 적자로 돌아서서 이 재정 불균형의 시정이 중요한 문제가 되었다. 이것이

다음 장의 왕안석의 신법으로 이어진다.

앞서 기술했듯이 세출 증가율이 세입 증가율을 웃돌았는데, 결국 적자를 기록한 최대 원인은 이미 언급한 1038년(인종 보원寶元 원)[52]에서 1044년(경력 4)까지 서하와 치른 교전에 들어간 군사비의 급증이었다. 앞서 기술한 1067년(신종 치평 4) 윤4월 삼사사 장방평의 상주에 의하면, 1045년(경력 5)에 금군禁軍의 수가 대서하 전쟁 이전인 1034년 무렵(경우) 이전과 비교하면 860여 지휘·40만 명이 늘었고, 세비는 2천만 민(1인당 50민)이 늘었다.

앞에서도 언급했듯이 송에는 금군禁軍과 상군廂軍이 있었는데, 송 초 이래 그 수가 상당히 증가하였다. 즉 금군은 태조 개보 연간(970년 무렵)에 19만 3천 명, 태종 지도 연간(995년 무렵)에 35만 8천 명, 진종 천희 연간(1020년 무렵)에는 43만 2천 명이 되었다. 인종 경력 연간(1045년 무렵)에는 대서하 전쟁으로 인해 약 40만이 늘어나 82만 6천 명에 달했다. 또 상군도 국초에는 18만 5천 명이었는데 태종조에 30만 8천, 진종조에 48만 명, 인종조에 43만 3천 명이 되었다.

〈표 9〉 북송에서 금군禁軍·상군廂軍 수의 추이

	태조 (970년 무렵)	태종 (995년 무렵)	진종 (1020년 무렵)	인종 (1045년 무렵)
금군禁軍	193,000	358,000	432,000	826,000
상군廂軍	185,000	308,000	480,000	433,000

이러한 금군과 상군에는 노약한 병사들도 많았는데, 송조는 그 인원을 삭감하지 않았다. 그로 인한 병사 수의 증가는 군사 양성비를 크게 팽창시켰다. 당시의 금군은 급여가 매우 양호하여 영종 치평 2년에는 금군 병사 1인당 50민(관)이 필요했고, 잡역병인 상군은 대우가 금군보다는 낮았지만 그래도 1인당 30민이 필요했다고 한다. 치평 연간에 금군이 66만 3천 명, 상군이 약 50만 명이었으므로 이들 군사의 양성비

로 들어가는 것이 약 5천만 관이나 되었다. 이 밖에도 군 장비의 경비도 증대했기 때문에 이것까지 합치면 당시 군비는 재정지출의 약 8할이나 차지하였다고 한다.

군비 외에 재정지출을 팽창시킨 것은 관리의 증원, 특히 많은 용관이었다. 송 초 이래 관료기구가 정비되면서 관료의 수가 크게 증가했다. 이들 관료는 주로 과거급제자가 임명되었는데, 송에서는 그 아버지와 할아버지가 벼슬을 했을 경우 그 은음恩蔭(임자任子)을 인정받았고 그것이 확대되어 임관자가 대량으로 배출되면서 용관이 많아졌다.

게다가 송에서는 관료의 급여가 특히 높았고, 통상적인 급여 외에 특별 은상[53]이 있어 대신과 공신의 죽음·전출·특별 훈공에 대해서도 많은 액수의 은상이 내려졌다. 특히 1036년(인종 경우 3)에는 종래 관직에서 은퇴한 자에게 봉급의 반액을 주던 법을 개정하여 문무 현관에게는 서경西京(낙양洛陽)과 남경南京(송주宋州)의 분사관分司官의 예에 따라 전액을 주는 것으로 바꾸었다. 이들 관리의 증원·용관·높은 봉급이 군비 다음가는 큰 재정지출이었다.

이것들 외에도 요와 서하에게 보내는 세폐가 있었는데, 그 액수는 북송의 재정규모에서 보면 그다지 큰 액수라고는 할 수 없다.

이상과 같이 송 초 이래 국가재정은 점점 더 확대되고 방대해졌는데, 인종조 말기부터 영종조에 걸쳐 적자재정으로 전락한 것은 주로 군비의 팽창과 용관 때문이었다. 말할 것도 없이 이러한 재정의 불균형은 시정되어야 했다. 나아가 이 무렵에는 앞서 말한 관호형세호의 토지겸병과 대상인의 세력도 억제할 필요가 있었다. 이리하여 신종조에 들어서서 왕안석의 신법이 실시되었던 것이다.[54]

제4장

왕안석의 신법－신종조의 정치재정 개혁

제4장의 내용

이 장에서는 유명한 왕안석의 신법에 대해 상세히 서술한다. 신법을 시행하게 된 경위에 대해서는 이미 언급하였는데, 북송의 제6대 황제 신종은 즉위 후 곧 인종조 이래의 명신 왕안석을 등용하여 신법을 시행했다. 이는 그동안의 국가재정 위기를 해소하고, 관호·형세호의 수탈을 억눌러 농민을 보호하고, 농업 발전을 꾀함과 동시에 대상인의 이익을 제압하여 그 이익을 관으로 돌리고, 보갑保甲을 결성하여 향촌의 치안을 유지하고, 아울러 국방강화의 밑천으로 삼기 위해서였다.[1)]

왕안석은 우선 청묘법青苗法을 시행하여 농민과 전호에게 낮은 이자로 청묘전을 빌려주어 단경기端境期(보릿고개) 농민의 어려움을 구제하고 호민의 고리대적 수탈을 방지하였다. 다음으로 면역법免役法[2)]을 실시하여 아전衙前 등 차역의 무거운 부담 때문에 농민이 파산하는 것을 막기 위해 면역전을 징수하여 차역을 담당할 자를 모집하고, 관호·형세호 등으로부터도 조역전을 징수하여 겸병을 억제하고자 했다. 또 보갑법保甲法을 시행하여 농촌에서 보갑을 조직하고 도적을 잡아 농촌의 치안

왕안석의 글씨 『능엄경楞嚴經』

을 유지하고, 개봉부계와 하북·하동·섬서의 여러 로에서는 보갑에게 교련敎練을 실시하여 향병으로 활용했다. 나아가 보마법保馬法을 실시하여 개봉부계와 섬서의 보갑·의용義勇에게 말을 사육케 하여 이를 군마로 이용했다.

조세 불평등에 대해서는 방전균세법方田均稅法을 시행하여 토지를 측량하고 그 비옥도에 따라 5등(후에 10등)으로 나누어 과세함으로써 부담의 불균형을 시정하고자 했다. 이것은 개봉부계를 비롯하여 경동서로, 하북서로 등 화북 여러 곳에서 시행되었는데, 구법당 지주들의 은전隱田이 다량 발견되어 재정을 윤택하게 했다. 또 농전수리법農田水利法으로 강남에서 위전圍田과 우전圩田 등의 수리전을 대규모로 개발하고 제방을 축조하여 농업생산의 증대를 꾀했다. 북방에서는 개봉부와 경동·하북·하동의 여러 로에서 일종의 객토법인 어전법淤田法을 시행하여 많은 척박한 땅을 옥토로 바꾸었다. 균수법均輸法은 대상인이 상품값을 조작해서 이익을 챙기는 일을 막고, 운수비를 줄여 물가를 조절하는 것이었다. 왕안석은 또 같은 목적으로 시역법市易法을 실시하였는데 이 법에서는 상인에게 낮은 이자로 자금을 빌려주는 방법이 전국적으로 성행하였다.

신법의 시행과 함께 사농시司農寺가 관할하고 재상이 장악하는 국가재정이 많아져, 재정에서 삼사가 점하던 지위는 크게 저하되었다. 이에 삼사와 사농시의 재정 통합을 꾀하고, 원풍 관제개혁에 따라 삼사의 재정은 호부좌조戶部左曹가 맡고, 사농시의 재정은 호부우조가 맡게 하였다. 이는 원풍 관제개혁의 요점이자 또 신법의 총결산이기도 했다.

이 같은 신법의 정책은 모두 당대의 악습을 예리하게 지적한 것이었고, 그만큼 이 정책으로 이익을 상실하게 된 관호·형세호·호상·황족의 반대는 대단하였다. 나중에도 기술하겠지만 신종 사후, 북송시대 동안 신법당은 구법당과 다섯 차례에 걸쳐 정권을 교체하였고, 그에 따라 정부 정책도 자주 변경되었다. 그런데 이 두 파는 점차 정책 못지 않게 서로 상대방을 배척하고 복수하는 일에 열중하게 되었다.

휘종조에서 오랫동안 재상직을 맡았던 채경은 정치적 신념이 없는 기회주의자로, 휘종에게 유희와 오락을 권하고 교묘히 그 뜻에 영합하여 권세를 누렸다. 그리고 신법정책을 악용하여 가렴주구를 일삼아 천하의 원성을 사서 결국 북송을 멸망시킨 장본인이 되었다. 그런데 채경이 신법당이다 보니 북송을 멸망시킨 것은 신법당이 되었고, 남송이 되자 정권은 구법당이 장악하였다. 이렇게 되자 신법의 창시자인 왕안석에 대한 평가가 좋을 리 없었다. 남송시대에 구법당이 쓴 『신종실록神宗實錄』과 『사조국사四朝國史』를 기초로 해서 원말에 편찬된 정사인 『송사』의 「왕안석전」도 결코 그를 호의적으로 기록하지 않았다. 남송의 대유학자 주희 등도 왕안석을 비난하였다. 한 사람의 인간이 일군 업적이 그 시대에는 말할 것도 없고 후세에 정당하게 평가되기란 상당히 어렵다. 왕안석은 그 전형이라고 할 수 있겠다.

남송은 구법당 천하였지만 그들의 시책에는 신법당의 정책을 계승한 것이 많다. 예를 들면 경계법經界法[3]은 토지를 측량하거나 신고를 받아 농민의 역과 세 부담의 균형을 기한 것으로 고종 때 거의 전국에 걸쳐 시행되었는데, 이는 신법인 방전균세법의 계통을 이은 것이었다. 면역법에 의해 면역전을 징수하는 것도 남송에서 그대로 행해졌다. 또 보갑법은 역법役法으로 바꾸기도 했는데, 그 대신 보갑법의 본래

목적을 위해 보오법保五法을 실시하였다. 또 수리전도 활발하게 개발되었다. 이것을 보더라도 왕안석의 신법이 얼마나 시의時宜에 적절한 것이었는지 알 수 있다. 실로 왕안석은 시대를 앞서간 인물로서, 헛되이 옛 것을 숭상하여 현재를 속이는 허황된 유가사상을 가진 이가 아니었다. 그는 시세의 움직임을 잘 꿰뚫어보고 그 구제를 기도한 현실주의자이자 더욱이 원대한 이상가이기도 했다.[4]

1) 왕안석의 등장

왕안석의 생애

왕안석王安石

앞서 말했듯이 송 초 이래, 사회경제가 크게 발달하고 송의 재정도 크게 팽창했지만, 국가재정 수지는 적자였다. 이에 신종조(1067~1085)가 되자 정치·사회경제·재정의 각 방면에 걸쳐 대대적인 개혁을 실시하였다. 이것이 소위 왕안석의 신법인데, 이 법에 정면으로 반대하는 북방 지주 출신의 노정객老政客과 대유大儒를 중심으로 한 기성계급의 현상유지파인 구법당과의 사이에 격렬한 논쟁이 벌어졌다.

왕안석은 무주撫州[5] 임천臨川(강서성 임천현) 사람으로 자를 개보介甫라고 하고, 호는 반산半山이다. 1042년(인종 경력 1) 과거에 급제하여 양주揚州의 막직관인 첨서회남절도판관簽書淮南節度判官을 제수받고,[6] 지은현知鄞縣(절강성 영파시寧波市)을 거쳐, 1051년(황우 3)에 서주舒州(안휘성 회령현懷寧縣) 통판이 되었다. 1054년(지화 원) 집현교리集賢校理에 임명되었으나 부임하지 않고 구양수의 추천으로 군목판관群牧判官이 되었고, 지상주知常州 제점강동형옥提點江東刑獄을 거쳐 삼사탁지판관三司度支判官이 되었다. 1060년(가우 5), 유명한 「만언서萬言書」7)를 바쳐 천하의 폐정을 거론하며, 선왕의 정치를 본받아 변혁을 행하고 인재를 양성하여 이재理財의 도를 강구할 것을 밝혔다. 이렇게 하여 다음 해 6년에 지제고가 되었으나 8년에 어머니의 죽음으로 관직에서 물러나 귀향하였으며, 새로 즉위한 영종 때에는 부름을 받고도 받들지 않았다.

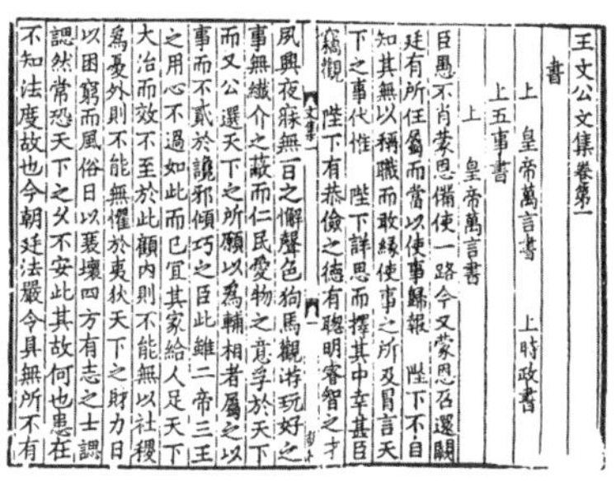
王文公文集卷第一
書
上皇帝萬言書　上時政書
上五事書
上皇帝萬言書
臣愚不肖蒙恩備使一路今又蒙恩召還闕
廷有所任屬而當以使事歸報　陛下不自
知其無以稱職而敢緣使事之所及冒言天
下之事伏惟　陛下詳思而擇其中幸甚臣
竊觀　陛下有恭儉之德有聰明睿智之才
夙興夜寐無一日之懈聲色狗馬觀遊玩好之
事無纖介之蔽而仁民愛物之意孚於天下
而又公選天下之所願以為輔相者屬之以
事而不貳於讒邪傾巧之臣此雖二帝三王
之用心不過如此而已宜其家給人足天下
大治而效不至於此顧內則不能無以社稷
為憂外則不能無懼於夷狄天下之財力日
以困窮而風俗日以衰壞四方有志之士諰
諰然常恐天下之久不安此其故何也患在
不知法度故也今朝廷法嚴令具無所不有

왕안석의 「만언서」

19세 때 아버지를 여읜 왕안석은 집은 빈한하고 부양해야 할 동생들은 많아 일찌감치 사회악에 눈을 떴다.8) 오랫동안 지방관을 역임한 것도 가족9)을 부양하기 위해 수입이 많은 관직을 희망했기 때문이라고 한다. 이러한 사정으로 왕안석은 지방 실정에 밝았으며, 송조의 오랜 폐정을 절감하고 있었다.

1067년(치평 4) 정월, 영종이 죽고 이제 겨우 열아홉 살의 신종이 즉위하였다. 젊고 기운 넘치는 이 새 황제는, 영종이 희망했지만 이루지 못한 개혁을 단행하여 여러 해 동안 묵은 폐단을 한꺼번에 제거하려고 했다. 그런데, 당시 조정 중신들 가운데에는 함께 큰일을 도모할 만한 충분한 기개와 식견을 갖춘 인물을 찾기 어려웠다. 신종은 영왕穎王이었을 적부터 왕안석이 인물이라는 이야기를 들어 즉위하자 그를 강녕부江寧府(남경) 지사로 임명하고 곧 중앙으로 불러들여 한림학사겸시강翰林學士兼侍講으로 삼아 정견을 듣고는 점점 그의 의견에 공감하였다. 그리

신종神宗

고 1069년(희령 2) 왕안석을 참지정사參知政事에 임명하고 신법을 입안케 했다. 이렇게 하여 영명한 신종과 명민하고 의지 굳센 대정치가 왕안석이 손을 잡고 난국 타개에 매진하였다. 왕안석은 조정 중신들의 반대를 예측하여 희령 2년 정책을 심의하고 입안하는 기관인 천자 직속의 제치삼사조례사制置三司條例司를 설치하고, 중서문하성에서는 왕안석, 추밀원에서는 그 장관인 진승지陳升之가 나와 신법의 심의·실시를 맡기로 하였다. 그런데 다음 해인 희령 3년이 되자 왕안석이 동중서문하평장정사同中書門下平章政事로 승진하여 내각의 최고책임자가 되었기 때문에, 수구파인 사마광의 강력한 반대도 있고 해서 제치삼사조례사는 폐지했다.[10]

남경 반산정半山亭 왕안석은 재상을 사직한 후 여기에서 살았다.

이렇게 하여 신법이 하나하나 실시되었는데, 이 모두가 실로 시의에 적절한 것이었다. 그런 만큼 신법 때문에 이익을 제한받게 된 관호·형세호와 호상·고리대업자의 반대는 매우 격렬했다. 왕안석은 굳은 신념으로 망설이는 신종을 격려하며 신법을 추진했다. 1074년(희령 7) 일단 하야했다가 다음 해 다시 조정에 복귀한 왕안석은 이후 2년 동안 신법 시행에 진력을 다했다. 그러나 신종이 왕안석의 행동에 염증을 내자 희령 9년, 사직하고 강녕江寧에서 여생을 보냈다. 신종 사후, 왕안석은 신법의 폐지 소식에 시세를 한탄하며 죽었다. 탁월한 재주를 가진 신진 관료로 장래가 촉망되던 사랑하는 아들 왕방王雱의 죽음도 그에게 큰 타격이 되었다.

왕안석의 의도

종래 왕안석의 신법에 대해서는 부국강병책이며 『주례』를 인용하여 거기에 권위를 부여한 것이라고 보았다. 신법은 인종조 이후의 국가재정 적자를 해소하고 강력한 민병제도를 창설하려 한 것으로, 이 시도에 권위를 덧붙이기 위해 유가의 시조인 공자가 이상적인 인물로 묘사한 주공周公 단旦이 만들었다고 전하는 서주 제도를 상술한 『주례』를 인용하였다는 점은 인정될 수 있을 것이다. 중국인은 이상 시대를 옛날에서 구하기 때문이다.

그러나 그것만으로는 설명이 불충분하다. 필자는 겸병(여기에서는 호민과 상인을 가리킨다)을 억눌러 농민을 보호하고, 농업을 장려하는 중국의 전통적인 억상중농抑商重農 정책도 가미되었다고 생각한다.

즉 청묘법·면역법·방전균세법 등은 모두 겸병을 억제하고 농민생활을 안정시키기 위한 것이고, 농전수리법과 어전법은 농업생산의 증대를 꾀한 것이다. 또 보갑법은 강병책이기는 하지만, 한편으로는 농촌의 치안유지를 도모하고 동시에 새로운 농촌질서를 세우려고 한 것이다. 이것들은 모두 중농정책이라고 보아도 될 것이다. 또 균수법과 시역법은 대상인을 억누르고, 그들이 취한 이익을 관으로 흡수하고자 한 것이다. 보마법은 강병책이라고 할 수 있을 것이다.[11)]

또 신종은 앞서 말했듯이 원풍 관제개혁을 시행했는데(제1장 참조)

이것은 주로 신법의 실시에 따른 재정개혁의 결과로 보인다. 즉 신법이 시행됨으로써 새로이 사농시의 재정이 가능해져 국가재정은 종래의 삼사와 사농시로 이분되었다. 이를 통합하기 위해 삼사가 폐지되었고, 그 결과 이것을 중심으로 당 육전六典(당나라 제도를 기록한 기본문헌)으로 복귀하는 관제개혁이 실시되었던 것이다.(제1장 참조)

2) 청묘법의 기원

섬서의 청묘전青苗錢

앞서 말했듯이 당말부터 오대에 걸쳐 농민들은 보릿고개 때 비단과 곡물을 호민豪民에게 미리 팔아서 돈을 빌리고, 비단과 곡물이 생겼을 때 이것을 갚았다. 이 호민이 하는 역할을 관에서도 하고 있었다. 송초에 섬서로에서는 관이 청묘전의 법을 시행하였는데 1027년(천성 5)에 이를 중지하였다. 그 후 1048년(경력 8)에 섬서 전운사 부영傅永이 청묘전의 법을 시행했다. 그 해 봄 섬서에서 기근[12]이 들어 농민들이 종자와 식량이 없어 괴로워하고 있었는데 상인들이 곡물을 팔지 않아 곡가가 뛰자, 호민이 농민에게 미리 돈을 빌려주고 높은 이자를 챙겼다. 이에 부영이 돈 280만 관을 내어 농민들에게 미리 빌려주고 수확 후 밀로 갚도록 하여, 가벼운 이자를 취하고 밀 40만 석을 얻어 군량에 충당했다.

부영에 이어 섬서 전운사가 된 이참李參이 이 법을 답습하였고, 이것이 왕안석의 청묘법의 기초가 되었다. 마침 이 무렵 왕안석도 앞서 말한 명주明州 은현鄞縣(절강성 영파시)[13]에서 농민에게 미곡을 빌려주어 이자를 내게 하고, 미곡을 수확하면 빌린 것을 갚게 하는 방법을 시행했다.[14] 이 방법은 왕안석의 청묘법에도 수용되어, 청묘법에서는 원칙적으로 청묘전을 대출하였는데, 청묘곡을 빌리려 하는 자에게는 이를 허락했다.

이처럼 관이 곡물을 수확하기 전에 돈을 미리 빌려주는 방식은 앞서 말한 화적에서도 이미 시행되었다. 즉 하동로의 화적은 태종조부터 시작되었는데, 변경에 주둔한 병사의 식량과 말먹이를 조달하기 위해 쌀·조·콩과 풀을 수확하기 전에 돈을 지급하여 사들이고 있었다. 그러나 여기서는 처음에 관이 매입할 때 시가보다 높이 쳐주어 우대하였는데, 나중에는 매입 가격보다 시가가 높은데도 원 가격을 그대로 두어, 결국 매입 가격을 반 이하로 떨어뜨리고 이를 농민에게 강제적으로 할당함으로써 농민을 괴롭혔다. 왕안석의 청묘법에서는 이 같은 방식을 전혀 채용하지 않고 곡물의 중가(평균가격)로 미리 빌려주게 하였으며 강제로 농민에게 대여하는 일을 금지했다.

또 1033년(명도 2), 범중엄이 회남에서 화적을 했을 때도 농민에게 곡가[15]를 가불해 주었다. 당시 이곳에서는 농민이 판매하려고 내놓은 곡물을 상인이 고의로 싼값에 사들이는 바람에 관의 화적이 이루어지지 않았고, 상인들은 곡물 값을 올려서 팔았기 때문에, 관에서는 비싼 값에 화적을 하게 되어 관전官錢의 손실이 컸다. 이에 범중엄은 농민을 보갑(후술)으로 편성하고 시가로 돈을 미리 빌려주어 곡물을 사들여, 관이 이것을 높은 가격에 수매하여 결손이 나는 것을 막았다.

이 방법은 1051년(황우 3), 맹주孟州 하양현河陽縣(하남성 맹현孟縣)의 지현知縣 진양陳襄도 시행하려고 했다. 당시 하양현에서는 가뭄 때문에 중소농민들이 식량을 구하지 못해 애를 먹게 되어 호민과 상인(겸병가)들에게 돈을 가불했는데, 호민과 상인들은 밀의 수확기 가격 1두 60문에 대해 약 1두 30문으로 가불해 주었다. 관에서는 이들 밀을 호민과 상인으로부터 1두 90문에서 120문으로 화적했다. 따라서 밀의 청묘전을 가불한 농민은 1두당 30문을 이자로 빼앗겼고, 관은 수확 때의 시가보다 30문에서 60문씩 높은 가격으로 화적하였다.

이처럼 호민과 상인은 밀 1두당 60~90문씩 이익을 보고 있었다. 그래서 진양은 밀 1두당 60문으로 농민에게 가불을 해주고 10호를 1보로 삼아 보갑을 편성하여, 상등호를 갑두甲頭(보갑의 우두머리)로 삼아 이를 보증케 하고 청묘전을 빌려주어 하세와 함께 밀을 납부하도록 했다.

화적和糴의 가불제와 상평창·광혜창廣惠倉 제도

이상과 같이 범중엄과 진양이 시행한 화적은 농민에게 돈을 가불해주는 것인데, 이때 곡물의 시가를 지급하였기 때문에 이자를 취하지는 않았다. 그러나 관으로서는 종래의 화적으로 인한 관전의 결손을 피할 수 있었으므로 결국 이익이었다. 여기에서 곡가를 가불해주면서 이자를 취하지 않은 점은, 섬서의 청묘전과 왕안석의 청묘법이 곡가를 시가보다 다소 낮추어 가불해주고 낮은 이자를 받은 방식과는 차이가 난다. 이 때문에 나중에 진양은 왕안석의 청묘법에 크게 반대하게 된다.

그러나 그 밖의 부분에서는 진양의 화적법은 왕안석의 청묘법과 완전히 같았다. 더욱이 왕안석의 청묘법은 화적처럼 청묘전을 가불해준 후 곡물로 납부하게 하여, 당연히 호민과 상인의 중간이익을 억제하고 관전의 결손을 없애는 것이었다. 하지만 후술하듯이 나중에 가면 청묘전을 빌려주고 2할 이자를 받는 것이 주된 목적이 되면서, 돈을 가불해주고 곡물을 취하는 것은 별로 중요하지 않게 되었다.

또한 이 무렵, 소철蘇轍은 부자가 농민들에게 고리로 돈을 가불해주고 있으니, 『주례』의 천부泉府·대민貸民 조항을 인용하여, 관이 봄에 백성에게 돈을 가불해주고 비단으로 받고, 여름에는 돈을 가불해주고 곡물을 취하여 낮은 이자를 받자고 주장하였다. 이 가운데 봄에 돈을 가불해 주고 여름에 비단을 취한다는 말은 앞서 말한 예매견預買絹에 의한 것이지만, 봄과 여름에 청묘전을 가불해주는 것과 『주례』의 천부·대민 조항에 의거하여 관이 저리로 백성에게 돈을 빌려준다는 점은 왕안석의 청묘법과 동일하다.

송대의 창고

또 왕안석의 청묘법은 각 로의 상평창常平倉과 광혜창廣惠倉의 전곡을 사용하여 농민에게 청묘전을 빌려주었다. 상평창은 992년(태종 순화 3) 이후 각 로에 설치되어 여름과 가을 곡가가 낮을 때 시가보다 다소 높게 사들이고[적糴], 곡가가 높아졌을 때 시가보다 다소 싸게 팔아[조糶], 곡가의 높낮이를 조절하는 기관이었다. 단 상평창미를 팔 때는 원래의 본전[적가糴價]을 손해보는 일이 없도록 했다. 그러다 보니 그 전에 미곡을 비싸게 사들였다면 이를 팔지 못하는 경우도 많았다.

상평창의 미곡은 빈민을 구제하고 기근에는 기민饑民을 구제했다. 광혜창은 호절戶絶(자손이 끊긴 호)[16]의 토지를 기반으로 삼아 소작을 주어 거기에서 난 수입으로 성내의 노인이나 어린이 등, 생활이 어려운 사람을 구제하는 기관이었다.[17] 이 상평창과 광혜창은 중앙에서는 사농시, 로에서는 제형사提刑司가 관할했다. 그래서 왕안석이 청묘법을 시행했을 때도 중앙에서는 사농시가 이를 관할하였다. 다만 로에서는 새로이 제거상평사提擧常平司가 설치되어 이를 관할하였다.

이상과 같이 왕안석의 청묘법은 섬서의 청묘전을 기초로 하였는데, 화적 가운데 가불제를 참고하고, 상평창과 광혜창 제도도 고려하여 입안한 것이다.

3) 청묘법의 시행

고리대 호민·상인에 대한 대책

지주의 생활 백사송묘白沙宋墓의 벽화

왕안석은 정권을 장악하기 전부터 호민과 상인을 억제할 생각을 갖고 있었다. 송 초 이래 호민豪民은 고리대를 통해 농민과 전호를 괴롭히고 있었다. 호민의 고리대에는 세 가지가 있었는데, 돈을 가불해주고 미곡이나 명주실 비단으로 갚게 하는 '거방擧放', 돈을 빌려주고 본전과 이자를 돈으로 갚게 하는 '과전課錢', 좁쌀·밀을 빌려주고 현물이자를 붙여서 좁쌀·밀을 갚게 하는 '속맥출거粟麥出擧'도 있었다. 송에서는 이에 대해, 이자에 제한을 가하여 1년에 본전의 1배(배칭倍稱의 식息)까지로 하고, 이자를 본전에 넣는 방식 즉 복리를 취하는 것을 금하면서 이것 때문에 토지와 가축을 빼앗는 일을 금하고, 이런 이자부 채권에 대해서는 관에 소송을 해도 수리하지 않았다.

그러나 실제로 호민은 거방과 과전·속맥출거 등으로 1년간 두세 배에 이르는 이자를 취하여 농민의 토지를 빼앗다시피 하고 있었다. 전호에게도 마찬가지로 1년간 두세 배씩 이자를 취하여 그들을 괴롭혔다. 그래서 왕안석은 호민의 고리대를 억제하기 위해 앞에서 언급한 섬서 청묘전과 화적의 가불제 등을 참고하여 청묘법을 입안하였던 것이다. 즉 섬서 청묘전은 호민의 고리대를 억제하고 농민에게 저리로 가불해주는 것이었고, 하동의 화적처럼 강제적으로 이것을 할당하는 것도 아니었다. 또한 범중엄과 진양의 화적처럼 관이 이자를 취하지 않는 것도 아니었기 때문에 왕안석이 이것을 청묘법의 원형으로 채용하였던 것이다. 이리하여 왕안석은 청묘법으로 농민과 전호에게 3푼(3할) 또는 2푼(2할)의 저리로 자금을 빌려주어 그들의 생활을 안정시키고자 했다.

1069년(희령 2)에 시행된 청묘법은 왕안석의 신법 가운데에서도 가장 먼저 실시되었고, 그만큼 신법당과 구법당 사이에는 격렬한 논쟁이 벌어졌다. 이에 우선 청묘법이 창설된 무렵의 주된 실시조항을 들어보면 다음과 같다.

주요 실시 조항

① 이 무렵 여러 로의 상평창·광혜창은 많은 액수의 전곡錢穀을 쌓아두고도 이것을 내고 거두는 방법이 적당치 않아 기근 때 기민을 구제하지 못하고 성창省倉(관리의 봉급을 지출하는 창고)의 전곡을 내어 구제하고 있었다. 그래서 이 상평창과 광혜창(도시의 노인[18]과 어린이에게 지급한 나머지)의 전곡을 내는데, 미곡은 전운사가 관할하는 세전稅錢과 바꾸어 그 돈을 청묘전으로서 지출한다.

② 이들 청묘전은 섬서 청묘전의 법에 따라 정월[하료夏料]과 5월[추료秋料] 두 번으로 나누어 빌려주고, 하세와 추세를 납입할 때 함께 납부하게 한다. 그 청묘전은 밀·좁쌀·쌀 등을 수확했을 때의 1두 시가의 중가中價(평균가격)로 미리 지급하고, 곡물을 수확했을 때 그에 상당하는 수량의 곡물을 납부하게 한다. 단지 농민이 청묘전 대신 곡물을 지급받고자 하면 곡물을 주는데, 이때의 곡물은 시가로 환산해서 청묘전의 액수로 한다. 또 농민이 청묘전을 빌리고, 곡물을 납부할 때 곡가가 등귀했을

경우에는 곡물 대신 돈으로 납부하는 것을 허용한다. 이 경우 곡물값이 아무리 등귀하더라도 청묘전의 단 3푼(3할)만을 더해서 납부케 한다. 이것이 청묘전의 3할 이자다.

③ 작물이 재해[19]를 입은 것이 5할 이상일 때는 청묘전 납입을 다음 여름 또는 가을까지로 연기한다.

④ 청묘전은 농촌 호의 자산에 따라 제1등호에게는 15관까지 빌려주고, 제2등호에게는 10관, 제3등호에게는 6관, 제4등호에는 3관, 제5등호와 객호에게는 1관 500문(1관문이라고도 되어 있다)까지 빌려준다. 이때 10호 이상을 1보로 삼아 보갑을 편성하게 하고, 3등 이상의 호를 갑두로 삼아 이를 보증하게 한다. 이 가운데 객호(주로 전호)에 대해서는 주호(지주)에게 보증하게 한다. 농촌 호에 청묘전을 지급하고도 아직 여유가 있으면 방곽호坊郭戶(도시의 호)[20]로서 자산이 있고 저당[21]이 있는 자에게도 빌려준다.

⑤ 청묘전을 농민에게 강제로 빌리게 하지 않는다.

⑥ 청묘법은 호민과 상인이 보릿고개에 농민과 전호에게 전곡을 가불해주고 고리를 취하는 것을 억제하기 위한 것이다. 이 청묘법으로 얻은 전곡은 농전수리農田水利에도 사용한다. 이것은 백성을 위해 실시하는 것으로 국가가 그 수입으로 이익을 보는 것은 아니다.

⑦ 옛 제도에서는 상평창·광혜창이 로의 제형사提刑司에 속하였으나, 청묘법을 실시하기 위해 각 로에 제거상평광혜창관提擧常平廣惠倉官을 파견한다. 즉 로에 제거상평사를 상설한다.

청묘법은 위의 조항들에 따라 하북로부터 실시되었는데, 구법당의 한기·사마광·구양수·소식 등 많은 사람들이 이에 반대하여 격렬한 논쟁이 벌어졌고, 이 때문에 위의 조항들도 상당히 수정되었다.

실시를 둘러싼 논쟁과 수정

구법당 사람들이 청묘법에 반대한 주된 이유는 대개 네 가지 정도다. ① 청묘법은 정부가 민간의 거방과 과전을 행하는 것으로, 정부가 직접 대출을 해주고 받는 3푼의 이자는 무겁다. ② 겸병을 억제하고 빈민을 구제한다고 하면서 호민과 상인인 제3등호 이상의 호나, 방곽의 자산 있는 자들에게까지 청묘전을 빌려주는 것은 그냥 관이 이윤을 취하려고 하는 것이라고 할 수 있다. ③ 청묘전을 빌려주고 곡물로 받는다고 하면서 청묘전에 3푼의 이자를 붙여 돈을 받는 것은 농민을 괴롭히는 일이다. ④ 상평창의 전곡을 청묘전으로 지출하게 되면, 상평창이 곡물을 사고팔아 곡가를 조절할 수 없게 된다는 것 등이었다.

왕안석은 이에 대해 『주례』 천부의 대민貸民 조항을 인용하여 『주례』에서도 백성에게 돈을 빌려주고 "국복國服[22]으로 이자를 취한다"고 하며 이자를 붙여 빌려주고 그 이자도 2푼 5리까지 취하였다고 하였다. 그리고 청묘법에서의 이자 3푼은 하북로에서 그런 것이고 그 밖의 경서·섬서로에서는 2푼에 지나지 않는다고 했다가 마침내 청묘전 이자를 3푼에서 2푼으로 내렸다. 또 청묘전을 방곽호에게 빌려주는 것에 대해서도 왕안석은 상평창의 전곡을 농민에게 빌려주고 여유가 있으면 방곽호의 결핍도 구제해야 한다고 하면서, 『주례』 천부의 대민 법에도 도읍都邑(방곽)과 비야鄙野(농촌)에 제한을 두지 않고 있으며 이 점에서는 청묘법도 섬서 청묘전 조항을 채택하지 않은 것이라고 말했다.

이에 대해 한기는 『주례』 천부 대민 조항의 "국복으로 이자를 취한다"라는 구절에 대한 왕안석의 해석에 반론을 가했다. 즉 "『주례』의 이 조항에 대한 정현鄭玄의 주석을 보면, 국복國服 즉 '국복사國服事의 세'는 도읍으로부터의 거리에 따라 연 5리에서 2푼으로 무거워지고, 단지

한기韓琦

칠림漆林만이 2푼 5리라고 되어 있는데, 이것이 백성에게 빌려주었을 때의 이자율이 된다. 그런데 청묘법에서는 청묘전을 봄·여름에 빌려주고 각각 2푼의 이자를 취하기 때문에 도읍에서 얼마나 떨어져 있는가와는 상관 없이 1년에 4푼 이자를 취하는 것이니 『주례』의 대민 법보다 무거워졌다"고 말했다.

청묘법에서 봄·여름 두 차례에 걸쳐 청묘전을 빌려주는 것에 대해서는 구양수도 반대하였는데, "봄에 청묘전을 빌려주는 것은 보릿고개 때 농민의 결핍을 구제하기 위해서이지만, 여름에 청묘전을 빌려주는 것은 밀이 익고 누에가 자랐을 때라 농민이 결핍하지 않으니, 이는 이자를 취하기 위한 것이라 할 수 있다"고 말했다. 이로 인해 1074년(희령 7)부터 청묘전은 봄에 한 번만(육전陸田이나 밭은 2월, 논은 3월) 빌려주게 되었다(단 급할 경우에는 이 밖에도 빌려주었다).

또 한기는 "청묘법에서 돈을 빌려주고 곡물을 납부시키면서 청묘전에 2푼 이자를 붙여 돈으로 납부하는 것을 허가한 것은, 장차 단지 백성에게 본전과 이자돈을 납부케 하고 곡물은 납부하지 않게 하기 위해서가 아닌가?"라고 했다. 사마광도 "청묘전을 빌려주고 본전과 이자를 돈으로 납부하게 하니, 농민은 풍년에 곡물을 싸게 팔아 돈을 납부하고, 흉년에는 팔 곡물이 없어 경작지·가옥·일소 등을 팔아 돈을 마련하여 이를 납부하게 된다"고 말했다. 그러나 이러한 사항들은 개정되지 않고, 청묘전은 대부분 본전에 2푼 이자를 붙여 납부하게 했다.

또 사마광은 청묘전 대신 곡물을 빌려주었을 때, 그 곡물을 시가로 환산하여 청묘전의 액수로 하는 데 반대하고, 청묘곡일 경우에도 2푼의 곡물을 더하여 반납하게 할 것을 주장했다. 이 주장은 수용되어 그대로 행해졌다. 따라서 희령 7년에는 청묘전이건 청묘곡이건 모두 이자 2푼을 붙여서 상환하게 하였다. 이는 청묘법에서 돈을 빌려주고 납부는 곡식으로 하게 한다는 원칙을 무너뜨린 것이었다.

게다가 사마광과 소식 등은 "상평창은 곡가가 쌀 때 높은 가격에 곡식을 사들이고 곡가가 올랐을 때 곡식을 싸게 팔아 곡가를 안정시켜 관·민 모두 그 혜택을 보는데, 이 전곡을 청묘전으로 지출해 버리면 상평법이 무너져 풍년에 곡물을 사들일 수가 없어 흉년에 기민을 구제할 수 없게 된다. 즉 상평법과 청묘법은 양립할 수 없다"고 말했다. 이에 신종은 두 법을 양립시키고자 희령 7년 상평창의 전곡은 재해가 일어났을 때 기민을 구제[23]해야 하는 것이므로 그 절반만 청묘전으로 빌려주게 하고, 나머지 반은 상평의 옛법에 따라 저장해 두게 하고, 농전수리(후술)의 공사와 성채 수축에도 이를 지출했다.

이상과 같이 청묘법은 구법당의 의견도 일정하게 수용하여 수정되었다. 이 청묘법에 의한 정부 수입은 거액에 달했고, 이는 군비와 로의 전운사 비용으로도 사용되었다.

4) 면역법 이전–송 초기의 차역법

송 초 역의 특징

왕안석의 면역법免役法(모역법募役法)[24]은 송 초 이래의 차역법差役法을 개정한 것이다. 차역법은 많은 부분에서 오대의 역을 계승하였다. 이들 송 초의 역은 당대唐代 균전제 하의 역역力役에 대해 직역職役으로 불린다. 즉 균전제 하에서 조용조의 용庸은 역역, 즉 육체노동에 종사하는 것이었는데, 송 초의 역役은 대부분 직무, 특히 주현과 향촌의 각종 직무에 종사하는 것이었다. 따라서 이 직역은 송대의 주현제 운영에서 중요한 의미를 갖고 있었다.

또 당대의 용庸은 모든 호戶의 정丁에게 부과되었는데, 송대의 직역은 나중에 언급하듯이 호의 자산의 많고 적음에 따라 자산이 많은 자에게 부과되고, 적은 자에게는 부과되지 않았다. 이 점에서 송대의 차역은 이전 시대의 역과 달랐다.

송 초기의 차역에는 주의 역, 현의 역, 주·현에 공통되는 역, 향촌의 역 등 네 종류가 있었다. 주의 역에는 ① 아전 ② 공목관孔目官 계통의 인리人吏 ③ 승부承符·산종관散從官·인력人力 ④ 원우후院虞候·옥자獄子 등이 있고, 현의 역에는 ① 압록押錄 ② 수력手力 ③ 궁수弓手 등이 있었고, 주·현에 공통되는 역에는 ① 두자斗子·간자揀子·칭자秤子·고자庫子·도자掐子 ② 난두攔頭가 있었다. 또 향촌의 역에는 ① 이정里正·향서수鄉書手 ② 기장耆長·장정壯丁 ③ 호장戶長의 역이 있었다.

이상의 역 가운데 주의 공목관 계통 인리와 현의 압록 등은 같은 인리이고, 주의 승부·산종관·인력과 현의 수력도 같은 계통이며, 주의 원우후·옥자와 현의 궁수도 같은 성격이었다. 또 향촌의 역은 다음에 언급할 보갑법과 밀접하게 관련되어 있다.

앞서 말한 바와 같이 이들 역은 자산의 많고 적음에 따라 부과되었다. 송대에 자산[25]은 '물력物力' 또는 '가업전家業錢'이라 불리고 전지·가옥·창고·도구 등을 평가하여 몇 관 몇백 문이라는 식으로 표시되었다. 상인 등은 '영운전營運錢'이라 하여 상업상의 이익을 평가하여 물력으로 계산해 넣는 경우도 있었다. 이들의 자산은 5등급으로 나누어 '5등정산부五等丁産簿'라고 하는 장부에 기입하였다. 역은 이들 가운데 주로 제1·

2·3등의 호로서 20~60세까지의 정丁이 둘 이상 있는 호에 부과되었으며, 가벼운 역은 제4·5등호에 부과되는 것도 있었다.[26)]

또한 송 초에는, 관호官戶·방곽호坊郭戶(성내의 호)·사관寺觀(사원寺院이나 도관道觀)과 단정單丁(정이 한 사람인 호)·미성정未成丁(아직 정이 되지 않은 호)·여호女戶[27)]는 역을 면제받았다.

주州의 아전衙前

송 초의 아전은 오대의 아전을 계승한 것으로, 주의 창고를 관리하고 수운 또는 육운으로 조세를 중앙으로 수송하고, 주의 손님을 접대하고 나아가 주무酒務(술을 만드는 곳)를 경영하고 관역館驛을 담당했다.

아전衙前에는 장리將吏·이정里正·압록押錄·투명投名(장명長名이라고도 함) 아전 등이 있었다. 장리아전은 앞서 말한 오대의 아전을 직접 계승한 것으로, 나중에 장명아전이 대신하였다. 이정아전은 향촌의 이정(다음 절 참조) 역을 마친 자를 차출하여 보임한 역이었다. 이정아전은 향촌의 제1등호가 맡았는데, 제1등호로 부족하면 제2등호에게도 돌아갔으며 가업이 200관 이상인 자를 차출하였다. 아전은 주의 전곡錢穀을 취급하는데 결손이 생길 경우 이를 배상하도록 하기 위해서였다. 이정아전의 기한은 2년이었는데, 역이 너무 무겁고 힘들어 향촌의 호는 대부분이 때문에 파산하게 되었다. 압록아전은 현의 압록(후술)에서 충당한 것으로 기한은 3년이었다. 투명아전 또는 장명아전은 아전이 되고 싶어하는 자를 모집하거나, 혹은 이정아전과 압록아전 가운데 기한이 끝난 후에도 계속 아전이 되고 싶은 자들 가운데에서 충당했다.

또 주의 아전에는 이 세 아전 외에 객사客司(객장客將)·통인관通引官이 있었다. 오대 때는 아전과 객사·통인관이 달랐던 것 같으나 송에서는 객사·통인관이 아전에 포함되어 있었다. 이 객사·통인관은 자손이 세습했다.

이 아전들 중에서 이정아전의 괴로움이 가장 컸다. 이정아전이 향촌의 호였고, 직무에 익숙하지 못해 많은 경비를 필요로 했기 때문이기도 했다. 예를 들면 아전이 관리하는 주의 창고 물건이 없어지거나, 혹은 조세의 곡물·비단·돈을 수도로 수송할 때 물품들이 결손되거나 하면 그것들을 배상해야 했다. 또 아전은 주의 손님을 접대하기 위해 설치된 공사고公使庫를 관리했는데, 연회의 재료나 시설이 모자라면 그것을 채워넣어야 했고, 주무를 경영하면서 술을 만드는 데 자재가 부족하면 그것도 채워넣어야 했다. 이러다 보니 이정아전의 역으로 인해 파산하는 자가 많아 아전 중에서도 '무겁고 괴로운 역[중난지역重難之役]'으로 불렸다. 이에 비해 쉬운 '여유 있고 가벼운 역[우경지역優輕之役]'도 있었지만 이정아전은 반드시 '무겁고 괴로운 역'을 져야 했다.

원래 관은 아전의 역에 대해 분수分數로 그 비용을 지급하였다. 예를 들면, 하북의 경우, 어하御河(대운하의 황하 이북지역)를 지나 수도로 곡물을 수송하는 배에는 비용으로 60분分을 지급하였다. 1분은 5관문이었다. 보통 어하의 흐름이 잔잔하면 수송이 '여유롭고 가벼운 역'이 되었지만, 강의 흐름이 위험하면 '무겁고 힘든 역'이 되었다. 따라서 여유로울 때야 관에서 지급해준 분수로도 비용이 충분했지만 힘들 경우에는 일반적으로 비용이 부족했다. 특히 이정아전 같은 향촌 호는 일에 익숙하지 않아 '무겁고 힘든 역'의 경우 관에서 주는 1분에 대해 2분 내지 3분, 즉 2~3배의 비용이 들었다. 따라서 이들 수도에 공급하는 곡물·비단·돈 등의 수송선과, 앞서 말한 공사고 관리, 주무 경영 등 '무겁고 힘든 역'을 담당한 이정아전은 대부분 파산하게 되었다.

이에 1055년(인종 지화 2) 이정아전이 폐지되고 향호아전으로 개정되었다. 이정은 향마다 한 명씩 배정되었는데 규모가 작은 향일 경우 1등호라 해도 자산이 그리 많지 않은 자도 있었고, 이들을 이정아전으로 삼으면 역을 못 견디고 파산하는 자가 많았기 때문이다. 이에 1현의 각 향들을 통합해서 1등호 중에서도 자산이 가장 많은 자들을 골라 아전 역에 충당시켰다. 이것이 향호아전으로, 임기는 2년이었다. 그러나 향호아전도 역시 '무겁고 힘든 역'을 힘겨워했다. 예를 들면 섬서 봉상부鳳翔府에서는 향호아전의 '무겁고 힘든 역'에 1분 10관을 지급하였는데, 실제로 1분이 15~16관에서 20관, 나아가 그 이상의 비용이 들어갔다. 그 때문에 제1등호가 많이 파산하게 되고 그 바람에 중등호까지 여기에 충당하게 되었다.

물자를 수송하는 배 「설제강행雪霽江行」, 10세기

고역苦役인 향호아전과 투명아전·장명아전

이처럼 왕안석이 면역법을 실시할 무렵 향촌의 호는 향호아전에 지명될 것을 매우 두려워하여 호의 등급이 올라가지 않도록 농경에 힘쓰지 않고, 곡물이나 비단을 축적하지 않고, 소유토지를 늘리지 않았으며, 가옥도 수리하지 않았다. 심지어 산동에서는 향호아전이 되지 않기 위해 부친과 자식의 2정밖에 없는 집에서 부친이 자살하여 자식 한

명만 남는 단정호도 나타났다. 또 강남에서는 조부모와 부모가 살아 있을 경우 자손은 자산을 분할할 수 없으므로, 조부와 부친이 죽으면 조모와 모친을 시집보내고 자산을 분할해서 1등호의 등급을 내리는 자까지 생겨났다. 또 관료에게 면역 특권이 있다는 점을 노려 1등호가 관료에게 자기 자산을 팔고 자신의 등급을 내림으로써 아전의 역을 피하려는 자도 많았다.

이 때문에 향촌에서는 아전의 역을 담당할 자가 점점 줄어들어, 남은 호에게 아전의 역이 빈번하게 돌아오니 역은 더욱 더 무거워지게 되었다. 왕안석이 차역법을 개정해서 면역법으로 하려 했던 것은 주로 이 향호아전의 고역을 바꾸기 위해서였다.

앞서 말했듯이 이정아전은 고역이었으므로, 송 초 이래 아전을 모집하는, 즉 투명아전도 행해졌다. 특히 1019년(진종 천희 3)에 강남에서 아전을 모집하였고, 그 후 화북에서도 아전을 모집하였다. 또 역을 마친 이정아전이 계속 아전이 되고자 할 경우 이를 허가해주었다. 이것이 장명아전이다. 그리고 이들은 장리아전처럼 아직衙職(압아押衙에서 승진하여 좌우도압아左右都押衙·도지병마사都知兵馬使에 이른 자)으로 옮겨가 결국에는 관에 임용되었다.

위에서 본 것처럼 이정아전과 향호아전이 고역이었음에도 투명아전과 장명아전이 있었던 것은 이들 아전이 직무에 익숙해지면 아전의 분수를 가지고 별로 결손이 나지 않았기 때문이다. 또한 이들은 다른 직역을 면제받고, 나아가 주점[방장坊場]이나 나루터[하도河渡]에서 올리는 이익을 청부하여 큰 이익을 보았다. 이 때문에 투명아전과 장명아전은 각지에서 점점 늘어나게 되어 면역법이 시행될 무렵에는 성도로成都路의 경우 장명아전만으로 채워졌고, 회남·양절로에서는 그 태반(3분의 2)을 차지하였으며 다른 곳에서도 절반이나 되었다고 한다.

그러나 복건로 복주에서는 향호아전 72명, 압록아전 55명, 장명아전 60명, 객사·통인관 57명으로 합계 244명이었으므로 장명아전이 세 아전 중 3분의 1이 조금 못 되었다. 한편 압록아전은 현의 압록, 즉 현의 서기로서 아전에 충당된 자인데 이는 별 문제가 되지 않았다. 아마 이 아전도 관청 직무에 익숙해져 있어 그다지 고역이 아니었을 것이다.

주현州縣의 인리

주의 인리는 도공목관都孔目官·공목관孔目官·구압관勾押官·개절관開折官·양료관糧料官·압사관押司官 등의 직급과 전행前行·후행後行의 수분手分이나 첩사貼司 등을 말한다. 인리는 주의 여러 조曹 및 여러 사司의 전곡과 조세·옥송獄訟[28] 등의 문서를 담당하고 그 계산을 맡아보았다. 이들은 그 자식이 뒤를 이어받게 되어 있었고, 결원이 생길 경우 모집하여 투명投名 인리를 두었다. 또 주의 속현의 인리를 파견하여 이에 충당하고 2년이 되면 교체시켰다. 투명이 부족하면 중등호(2·3등호)에서 뽑아 이 역에 충당시키고, 이것도 2년이 되면 교체했다.

그러나 강남과 사천에서는 주의 인리가 거의 투명 인리였다. 하북·하동·섬서 등 화북의 여러 로에서는 백성이 글씨 쓰기와 계산에 어두웠기 때문에 투명이 별로 없고 향촌의 호가 충당되었다. 이들 투명 인리도 연한에 입각하여 직급(압사관에서 승진하여 도공목관에 이른다)이 옮겨졌으며 결국에는 관에 임용되었다.

현의 인리에는 압록·수분·첩사가 있었다. 현의 압록 이하의 인리도 주의 인리와 마찬가지로 서기나 계산 일을 맡아보았고, 조세 징수나 옥송獄訟[29] 업무도 담당했다. 압록은 처음에 상등호로서 이도吏道에 능통한 자를 충당하였는데, 나중에는 투명으로 했다. 투명이 부족하면 향촌의 자산 있는 호로 충당시키고 3년이 되면 교체시켰다.

이들 압록은 앞서 언급했듯이 주의 아전이 부족하면 압록아전에 충당되었다. 수분手分도 투명이었으나 화북에서는 주로 차역이었다.

주州의 승부·산종관·인력과 현의 수력

마굿간 청소 돈황벽화 61호굴

주의 승부承符·산종관散從官·인력人力도 오대의 제도를 계승한 것이다. 승부·산종관은 주의 조세를 추징하고 관원의 심부름을 하거나 명령을 수행하였고, 인력은 주의 판관判官·추관推官의 명령을 수행하였다. 여기에는 향촌의 조세를 납부하는 중하의 호 또는 성내의 호를 지명해서 충당시켰고, 2년이 되면 교체시켰다. 또 승부·산종관은 관원의 말을 키우기 위해 말꼴을 베기도 하고, 관원이 부임하거나 임무를 그만둘 때 멀리까지 마중하고 배웅하는 일도 했다. 관원을 환영하고 환송하는 이러한 일은 승부·산종관의 가장 괴로운 역이었다.

현縣의 수력手力도 주의 승부·산종관과 인력처럼 조세를 추징하고 현령·주부의 심부름을 하거나 명령에 따라 말꼴을 베고 또 관원을 마중하고 배웅하는 일에 시달렸다. 이 수력도 2·3등호가 지명되었으며 2년이 되면 교체시켰다.

이상과 같이 주의 승부·산종관·인력과 현의 수력은 다른 여러 역과는 달리 역역力役에 가까웠다. 이들은 차역이라 투명이 없었으며 매우 힘든 역이었다. 이것도 왕안석이 면역법을 시행하는 계기가 되었다.

주州의 원우후院虞候와 현의 궁수

오대에는 마보원馬步院에 도우후都虞候가 있어 재판을 담당하였는데, 송 초에 마보원이 사리원司理院으로 개정되어 문관인 사리참군司理參軍이 재판을 맡아보았다. 재판은 부원府院 또는 주원州院에서도 이루어졌다. 이들 부·주원과 사리원에는 원우후라는 역이 있어, 주의 판관·추관이나 사리참군 아래서 재판 사무를 담당하고 죄인을 호송하는 일도 했다. 원우후는 앞의 승부·산종관 법에 의해 향촌의 호로 충당하고 3년이 되면 교체시켰다. 송 초에는 이것에 투명이 없었던 것 같다.

또한 앞에서 보았듯이 오대에는 진장鎭將을 두어 도적을 잡고 투송鬪訟을 맡게 했는데, 송에서는 현에 현위를 두고 이 일들을 담당하게 하였다. 현위는 그 아래에 궁수를 두어 도적을 잡았다. 궁수는 향촌의 중등호로 임명했고, 3년이 되면 교체시켰다. 그 후 광남동서로와 사천에서는 궁수를 3년마다 교체시켰으나 그 밖의 로에서는 교체시키지 않기도 하고, 7년마다 교체시키기도 했다. 도적을 잡는 궁수는 상당 기간의 훈련을 필요로 했기 때문이다. 또 궁수는 산종관과 수력과 마찬가지로 관원을 마중하고 배웅하는 일을 하기도 했다.

이들 원우후·궁수 가운데서 옥지기[옥자獄子]에 충당되기도 하였다.

두자斗子·간자揀子·칭자秤子·도자掐子·고자庫子·난두攔頭

송대에는 오대의 제도를 계승하여 양세법을 시행하여 하세로는 비단·삼베·솜 등을 거두고 추세로는 쌀·조 등을 거두었다. 두자斗子란

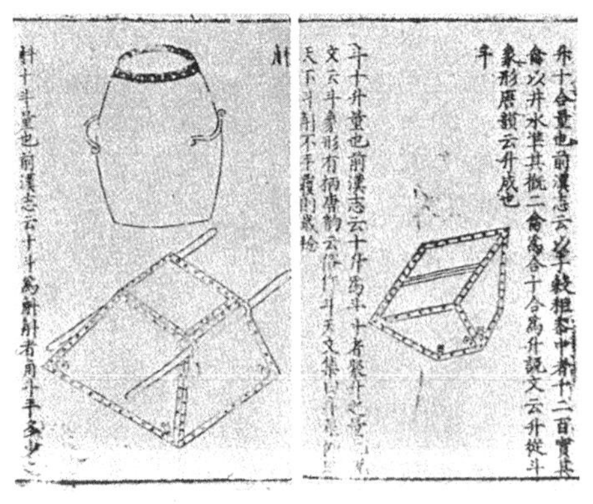

두斗[말] 그릇, 곡斛[섬石] 그릇 왕정王禎의 농서農書『농기도보農器圖譜』

추세인 쌀·좁쌀을 받을 때 그 '용량'을 되로 재는 사람, 간자揀子는 하세인 비단과 삼베 등의 천을 받는 사람으로 비단과 삼베가 규격에 맞는지 가려서 받았다. 칭자秤子(称子라고도 쓴다)는 조세와 소금 등의 무게를 재는 사람이었다. 도자掐子의 掐는 '집다'라는 뜻으로 돈을 고르는 사람이었다. 고자庫子는 창고의 되(말)·저울·자 등을 거두어 보관하거나 창고의 돈을 지출하는 자이기도 했다. 이들은 주현에 같이 두고 제3, 제4등호에서 뽑아 충당시켰다.

난두攔頭는 주현과 진시鎭市에 설치된 세무稅務와 세장稅場에 둔 자로, 감관監官 밑에서 상세를 징수하였다. 이 역시 오대 때부터 있었다. 송에서는 객호를 모집하여 충당시킨 적도 있으나 제5등호를 여기에 충당하였다.

이상과 같이 송 초기의 차역법에서는 많은 역이 호의 등급에 따라 충당되었고 투명은 아전 중 일부, 인리 등에게서만 행해졌다.

5) 면역법의 실시

면역전의 징수

면역법은 1071년(희령 4) 10월부터 전국적으로 실시되었다. 이것은 종래의 차역을 면제하고, 돈을 징수해서 사람을 모집하여 이들에게 고전雇錢을 지급하고 차역을 대신하게 한 것이다. 면역법에서 면역전은 양세를 거둘 때 함께 징수하는데 이것을 상세히 설명하면, 면역전·조역전助役錢·관잉전寬剩錢·두자전頭子錢 등이 있었다. 면역전은 종래 주로 여러 역을 졌던 호, 즉 제1~3등호에게 징수하고, 지방에 따라서는 제4·5등호에게까지도 징수했다.

조역전은 종래 역을 면제받은 방곽호(도시상인의 호)·관호·사관(사원과 도관)·단정호單丁戶·미성정호未成丁戶·여호女戶30) 등에게 돈을 내게 하여 역을 돕게 하는 것이었다. 이 조역전은 관료, 호족, 상인, 사관 등의 겸병을 억제하는 정책이기도 했다. 단, 조역전은 이들의 반대를 우려하여 면역전의 절반이었다.

관잉전은 흉년에 대비하기 위해 2푼(2할)만 여분으로 징수해 두는 것이다. 두자전은 역전에 대한 부가세로, 종래 역에 충당된 호가 관사를 수리하고 집기를 만드는 비용을 융통하던 것을 중지시키고 이 돈으로 그 비용을 충당했다.

면역전은 처음에는 자산, 즉 가업전이나 물력에 따라 제1등호에서 제3등호까지 할당되었는데, 제4·5등호에게 징수한 곳도 있었다. 그러나 나중에는 지역에 따라 징수법이 달라져 가업전에 따라 1관마다 몇 문, 전무田畝에 따라 1무마다 몇 문, 혹은 하세에 의해 세전 1문마다 몇 문을 징수하기도 했다. 또 방곽호에게도 가업전에 따라 징수하고, 나아가 상업상의 이익 즉 영운전營運錢에 따라 징수하기도 했다. 아직 객호는 특히 자산이 많은 경우를 제외하고는 면역전의 징수 대상이 아니었다.

이렇게 징수된 역전役錢은 주로 주현의 직역에 지불하는 품삯[고전雇錢]으로 사용되었지만, 이 품삯은 방장전坊場錢과 하도전河渡錢에서도 지출되었다. 주점[방전坊場]과 나루터[하도河渡]는 앞서도 말했듯이 투명아전에게 맡겨 거기에서 난 이익을 취하게 하였는데, 면역법이 실시되면서 주점과 나루터를 일반적으로 민간에 청부하여 관이 돈을 거두고, 그렇게 거둔 방장전과 하도전의 일부를 내어 아전의 품삯이나 나중에 언급할 이록吏祿으로도 지급했다.

면역법에 의한 변혁

송 초기의 차역법은 면역법의 실시로 크게 변혁되었다. 우선 주의 아전을 보면, 각 주에서 아전의 인원이 대폭 줄어들었다. 그리고 종래의 향호아전은 투명아전 또는 장명아전이 되었고, 일부는 품삯을 받았다. 또 종래 아전이 지고 있던 '무겁고 힘든 역'인 조세를 수도로 운반하는 일과 공사고公使庫를 관리하는 일은 대부분 군교軍校(하급무관)가 관할하게 하였다. 종래의 압록아전은 폐지되었다.

이처럼 아전은 투명아전 또는 장명아전이 되었고, 일부는 품삯을 받는 고모아전雇募衙前이 되었다. 예를 들면 복주福州에서는 앞서 말한 것과 같이 면역법 실시 이전에는 아전이 244명이었으나, 면역법 실시 후에는 장명아전 117명, 고모아전 37명으로 합계 154명이 되었다. 그 후 고모아전도 장명아전이 되어 아전의 인원은 더욱 줄어 125명이 되었다. 이처럼 복주에서는 품삯을 지급하는 아전은 없어졌지만 다른 주에서는 고모아전도 있었던 것 같다. 이 품삯은 앞서 언급한 방장전·하도전과 역전에서 지급되었는데, 방장전·하도전은 많은 액수의 잉여금이 나와 정부 재원으로 쓰였다.

주현의 인리도 면역법에서는 모두 투명이 되어 품삯, 즉 이록吏祿을 지급받았다. 이 이록은 개봉부 여러 창고의 인리(서리)들이 수도의 병사에게 지급할 봉록을 훔친다거나 상경 수송선의 쌀을 빼앗는다거나 나아가 뇌물[31]을 받는다거나 하는 일을 막기 위해 지급된 것이다. 따라서 인리가 위와 같은 일을 저지를 경우 엄벌에 처했고 이것을 '창법倉法'이라고 했다.[32]

이 창법도 왕안석이 실시한 것인데, 중앙의 여러 관청에서 지방의 로의 감사와 주의 인리에 이르기까지 널리 시행되었다. 그에 필요한 비용은 면역전뿐 아니라 관잉전, 방장전·하도전과 후술할 면행전免行錢 등으로부터도 지출되었다.

주의 승부·산종관·인력(나중에 산종관으로 통합)과 현의 수력도, 면역법 실시 후에는 사람을 모집하여 품삯을 지급하게 되었다. 그리하여 종래 산종관이나 수력의 고된 역이었던 관원을 마중하고 배웅하는 일에는 여비가 지급되었다. 주의 원우후는 면역법 시행 후 처음에는 투명하는 자가 없어 제4등호를 충당하고 이를 1년마다 교체시켰다. 그 후 투명하는 자가 나왔으나 품삯은 지급하지 않았다. 현의 궁수는 향호의 젊은 자로 하여금 투명하게 하고 품삯을 지급했다. 주현의 두자·고자·도자·평자·간자 역시 면역법에서는 투명으로 했으나 품삯은 지급하지 않았다. 난두도 투명이 되었으나 마찬가지로 품삯을 지급하지 않았다.

이상과 같이 면역법에서는 송 초 이래의 직역이 모두 투명이 되어 모집으로 충당되었으나, 투명한 자 모두에게 반드시 품삯이 지급된 것은 아니었다. 또 그들의 품삯은 역전뿐 아니라 관잉전과 방장전·하도전·면행전 등에서 나온 것도 있었다. 그 때문에 면역전에는 많은 잉여금이 생겨 방장전·하도전과 함께 정부의 큰 재원이 되었다.

송 초 향촌의 차역과 면역법

송 초의 향촌에는 당 이래의 향리제도가 시행되었는데, 당말 이래

전란으로 향촌의 호구수33)에 변동이 생겼기 때문에 새로운 행정구획으로서 '관管'이 만들어졌다. 관은 향과 동일한 구획일 경우도 있었으나, 두세 개의 관이 1향을 이루기도 했다. 향촌의 차역에는 향마다 이정里正 1인, 향서수鄕書手 1인이 있고, 관마다 3인의 기장耆長(3대호三大戶)이 있고 한 기장 아래에 장정壯丁 3~4인에 호장戶長 1인이 있었다.

이정은 향의 조세와 역의 업무를 담당했고, 향서수가 이에 속하여 서기 역을 했다. 이정에는 제1등호가 충당되고 임기는 3년이었으며, 역이 끝나고 나서는 주의 아전에 충당했다. 향서수는 제3·4등호가 충당되었다. 앞서 말했듯이 이정은 이정아전의 역이 무겁고 힘들었기 때문에 1055년(재화 2)에 폐지되었다. 향서수는 이후 향의 '5등정산부五等丁産簿'와 조세부租稅簿를 관리하여 현의 중요한 서리34)가 되었다.

기장은 현으로부터 문서를 통달받고 향촌의 도적을 잡고 소송과 소방 일을 담당했으며 도로와 교량을 수리하고 농업기술도 지도했다. 그 아래에 장정이 속하여 기장의 지휘를 받았다. 기장에는 제1·2등호가 충당되고 임기는 3년이었다. 장정은 제4·5등호가 충당되었다. 단 기장에는 투명도 행해져 투명한 기장으로 관에 임명된 자도 있었다.

이처럼 기장은 향촌에서 중요한 직이었기 때문에 향촌 안에 '기耆'라고 하는 행정구획도 생겨났다. 기장은 3대호三大戶라고도 하듯이 '관管' 안에 3명이 있었으므로 '관' 밑에는 3개의 '기'가 생겼다. 또 호장은 '관' 안의 조세를 징수하는 자로, 제2등호가 충당되고 임기는 3년이었던 듯하다. 호장은 이정과 마찬가지로 징세를 맡았으므로 이정이 폐지되자 이정의 수만큼 호장의 수가 증가하였다. 호장은 조세 징수액이 부족하면 이를 배상해야 했기 때문에 상당히 무거운 역이었다. 따라서 기장·호장의 역은 주의 아전·산종관 등의 역과 함께 면역법 시행의 요인이 되었다.

면역법이 시행되자 처음 기장에는 제1·2등호가 충당되어 1년마다 교체되었고, 면역전은 어느 정도 면제되었다. 장정은 제4·5등호가 충당되어 반년마다 교체되었고, 면역전은 납부하지 않았다. 이렇게 보면 기장·장정은 차역에 가까워 보이는데, 면역전의 지출 가운데에는 기장고전耆長雇錢·장정고전壯丁雇錢이라는 명목이 있어 기장과 장정을 고용하는 경우도 있었던 것 같다. 호장은 제4등호에서 모집되어 여름과 가을의 양세 가운데 1세씩 징수를 맡은 후 교체하여 반전전盤纏錢(지금의 교통비) 말하자면 품삯을 받았다. 기장·장정 및 호장은 보갑법이 시행되면서 그 안의 보정·대보장 및 보장이 대신하게 된다.

6) 보갑법의 시행

오보제五保制

보갑법은 당의 인보제隣保制에서 보保 제도를 확대한 것이다. 오대부터 송 초에 걸쳐 도적이 많았기 때문에 이를 방지하기 위해 각지에서 오보제가 시행되었다. 오보제는 "다섯 집을 1보로 하여 서로 보증하고 검찰하여 악행[비위非違(惡事)]을 막고, 멀리서 온 손님이 머물거나 보 안의 사람이 다른 곳으로 가거나 할 때에는 같은 보의 사람에게 알리라"(歐陽脩『歐陽文忠公文集』卷117 五保牒)고 했듯이, 도적이나 도망한 병사가 보 안으로 들어오는 것을 막는 것이었다. 오대 후촉에서는 5가家를 소보小保, 50가를 대보大保로 하여 도적을 방지했다. 왕안석의 보갑법은 이것과 거의 차이가 없었다. 또 오보 안에 북을 두고 도적이 나타나면 그 북을 울려 원근의 오보에 알려서 도적을 잡게 하는 일도 있었다.

보갑법의 시행

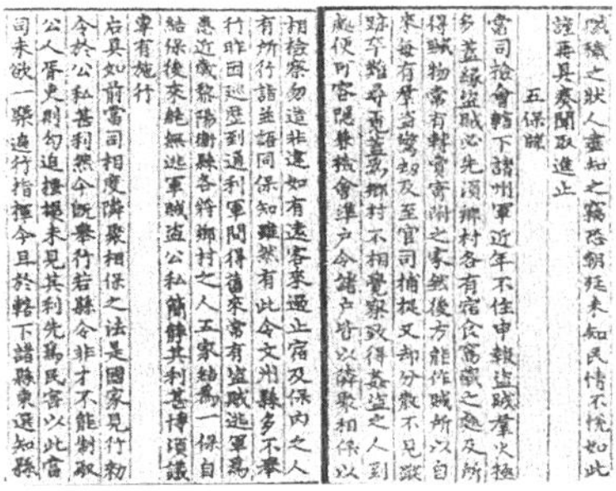

오보첩五保牒 『구양문충공문집歐陽文忠公文集』 권 117

왕안석의 보갑법은 이 오보 내지 소보와 대보 제도를 답습 확대한 것이었다. 1070년(희령 3) 우선 개봉부 관하에서 실시된 이 법에 의하면 10가=1보[소보小保], 50가[5소보小保]=1대보大保, 10대보[500가]=1도보都保로 하고, 1보에 소보장小保長 1인, 1대보에 대보장大保長 1인, 1도보에 도보정都保正과 부보정副保正 2인을 두고, 소보장·대보장·도부보정都副保正에는 각각의 보에서 주호主戶 중 자산이 가장 많은 자로 충당시켰다. 그리하여 보에서 주호·객호 모두 1가가 2정 이상이면 1명을 보정으로 하고 활과 화살 등의 무기를 스스로 갖추게 하여 무예를 배우게 했다. 그리고 매일 밤 대보마다 보정을 3명씩 내어 보 안을 순찰 경계하고, 도적이 나타나면 바로 북을 울려 대보장 이하 같은 보의 사람들에게 알려 도적을 쫓아가 붙잡고, 도적을 잡으면 상금을 지급했다.

또 보 안에 강도·절도·살인 등을 저지른 죄인이 있는데도 보고하지 않거나 강도를 머물게 해준 사람을 죄에 처했다. 보 안에 도망자나 사망하여 대가 끊긴 호가 생기면 현에 보고하고, 외지에서 들어온 자의 행동이 수상하면 조사해서 붙잡아 관으로 보냈다. 나중에 보갑을 개봉부로 올려보내 교련하는 방법도 생겨나, 이들 보갑이 앞서 말한 현의 궁수와 순검사巡檢司의 병사(순회하는 병사)를 대신하게 되었다.

1073년 이 법이 하북·하동·섬서 등의 다섯 로에서 실시되었는데,

이곳은 외적을 방비하는 곳이었기 때문에 보갑에게도 무예 교련을 시켰다. 이 법은 여러 로에서도 행해졌는데, 사천·호남·광동·광서 등 연변지대를 제외한 다른 로에서는 보갑이 무예를 배우는 것을 면제해 주었다. 따라서 보갑은 보정에게 무예를 교련시켜 이를 열병하는 '교열보갑教閱保甲'과, 무예를 배우지 않는 '불교열보갑不教閱保甲'으로 구별되어 개봉부계와 하북·하동·섬서 등의 로는 교열보갑 로, 그 밖의 여러 로는 불교열보갑 로가 되었다. 교열보갑 로에서는 특히 보정保丁과 보장保長·보정保正과의 상하관계를 엄격히 규정하여, 보정保丁이 보장·보정保正에게 죄를 범할 경우 엄벌에 처하였으며(후에 이 법은 보정保正과 나중에 언급할 승첩인承帖人과의 사이에도 해당된다), 보정保丁의 도망을 금지했다.

또 이 해에는 개봉부의 보갑 편성단위인 가家의 수를 반으로 줄여, 5가를 1보, 5보를 1대보, 10대보를 1도보로 하고, 각각 소보장 1인, 대보장 1인, 도부보정 2인을 두었으며, 여러 로에서도 이 법을 적용하였다. 그리하여 보갑법은 처음에는 소보·대보·도보의 경우 주호의 수로 각각 편성하여 객호를 포함시키지 않는 곳도 있었으나, 나중에는 주호뿐 아니라 객호의 수까지 합쳐 보를 편성하였다.

향·민병의 탄생

이렇게 하여 개봉부와 하북·하동·섬서 등의 교열보갑 로에서는 보갑에게 무예 교련을 시켰으므로 이곳의 보갑은 향촌을 자위自衛하는 향병, 즉 민병이 되었다. 이 때문에 보갑은 병부에서 관리하게 되었다. 그 후 1079년(원풍 2)에는 개봉부에서 대보장을 모아 무예를 교련시키는 대보장 '집교법集教法'이 생기고 다음 해에는 대보장들에게 1도보의 보정을 5단團으로 나누어 무예 교련을 시키는 보정 '단교법團敎法'도 생겨났다. 이 집교법과 단교법은 하북·하동·섬서 등의 로에서도 시행되었다. 그 비용은 대부분 후술할 '봉장전封椿錢(기장·장정의 고전)'에서 지출되었다.

이 모든 것을 관할하기 위해 개봉부계와 하북·하동·섬서 등의 로에 제거보갑사提擧保甲司를 두었다. 또 정부는 매년 이들 로에 제거안열提擧按閱을 파견하여 보갑의 교련을 검열하고, 무예가 뛰어난 자에게는 많은 상금을 지급하거나 혹은 무관직을 주었다.

이상과 같이 개봉부계와 하북·하동·섬서 등의 교열보갑 로에서는 보갑이 향병이 되었기 때문에 송 초 이래의 이곳 향병도 대부분 이 보갑 안으로 편입되었다. 송 초에 하북·하동 2로에는 '강장强壯',[35] 섬서에는 '보의保毅'라고 하는 향병이 있었는데, 이들은 대부분 개편되어 '의용義勇'이라고 했다.[36] 그 밖에 섬서·하동에는 '궁전수弓箭手'도 두었다. 궁전수는 경작지를 지급받는 대신 활과 화살을 스스로 마련하여 향토를 지켰다. 이 가운데 하북·하동·섬서 등의 의용은 1081년 보갑이 되었다. 또 사천·호남·광서의 '토정土丁'과 광서의 '동정洞丁', 광동의 '창수槍手' 등의 향병도 대부분 보갑으로 개편되었다.

이상에서 말한 바과 같이 보갑은 편성 대상이 주호·객호 모두였고, 개봉부와 서·북변의 여러 로 및 사천·호남·광동서의 연변지대에서는 보갑이 향병이 되었는데, 그 밖의 중국 내지 일대의 보갑은 향병이 아닌, 도적을 잡고 향촌의 치안을 유지하는 존재였다.

보갑법의 향촌차역화

이상에서 보갑법의 시행에 대해 알아보았는데, 1074년(희령 7)에 면역법이 실시되면서 호장을 고용·모집하던 방식을 중지하고, 주호 20~30

호로 1갑을 편성하여 교대로 갑두를 맡겨 조세와 청묘전·면역전 등을 징수케 하고, 여름·가을의 양세 가운데 한 번의 세를 징수하고 교체시켰다. 이를 '최세갑두催稅甲頭'라고 한다. 왕안석은 이 최세갑두에 대해, 보정에게 세금을 징수케[최세催稅] 한다고도 했으므로, 이 갑두에는 보갑법 내의 보정을 충당시켰던 것이다. 단, 이 갑두법은 보갑법과는 편성을 달리하여 주호만으로 갑甲을 편성하고 객호는 포함시키지 않았다. 이는 일반적으로 객호가 조세를 납부하지 않았기 때문이다. 그리고 이 해에는 장정의 고용·모집도 중지한 것 같다.

다음 1075년에는 기장도 폐지하여 보갑법의 도부보정·대보장에게 도적·재판·소방·교도橋道 등의 일을 관리하게 하고, 도부보정에게는 원래 기장이 하던 일을, 대보장에게는 원래 장정이 하던 일을 맡아보게 했다. 그리고 도부보정에게는 현의 문서를 수취하기 위해 승첩인承帖人 2명을 고용·모집하여 이에 부속시켰다.

이렇게 하여 종래 향촌에 두었던 기장·장정과 호장은 보갑법 안의 도부보정·대보장과 보정으로 대체되고, 보정保正을 위해 승첩인이 고용되었다. 그래서 면역법 안의 지출항목인 기장·장정의 품삯[고전雇錢]과 호장의 품삯은 그 가운데 승첩인에게 주는 품삯만 지출되고, 나머지는 '봉장전' 또는 '장류전樁留錢' 등의 이름으로 주현에 축적되었다. 이 가운데 개봉부계와 하북·하동·섬서 등의 로에서는 앞서 말했듯이 봉장전이 보갑에 대한 무예 교련비용으로 지출되었다. 이 봉장전은 전국에서 대단히 방대한 액수에 달했다.

그런데 이처럼 민간에서 징수한 면역전을 품삯으로도 지출하지 않고 민간으로도 환원하지 않은 것은 이윽고 큰 문제가 된다. 또 앞서 말했듯이 주현의 역役에서 면역법을 시행하면서 향촌에서는 도부보정·대보장과 보정保丁을 원래의 기장·장정과 호장의 역에 충당시킨 것은 차역법의 부활이었고, 이 또한 뒤에 큰 문제가 된다.

7) 보마법保馬法·호마법戶馬法

보마법

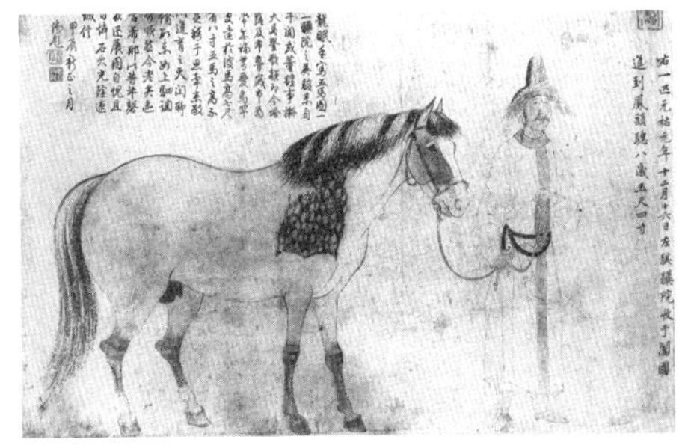

송대의 명마 「오마도권五馬圖卷」

왕안석의 보마법은 1072년(희령 5)에 시행되었다. 이것은 개봉부계 및 하북·하동·섬서의 보갑과 의용에게 말을 기르게 하고 이를 주로 군마로 공급하고자 한 것이었다.

송 초 이래 군마는 하북·하동·섬서 등에 목초지를 설치하여 길렀고, 군목사群牧司를 두어 마정馬政을 맡아보게 했다. 또 섬서에서는 서번西蕃에서 많은 말을 사들이고 있었다. 그러나 군마는 부족했다. 그래서 왕안석은 우선 1072년에 개봉부계의 보갑에게 명하여 매호마다 말 한 마리를, 자산이 있는 자는 매호마다 말 두 마리를 키우게 하되, 이들 호에 부과되는 토지부가세인 말꼴[마초馬草]은 면제해주었다. 이들이 키우는 말은, 관에서 운영하는 목지의 말을 지급해주기도 하고 혹은 말값을 주어 말을 사도록 했다. 이 보마법은 하북·하동·섬서에서도 행해져 보갑과 의용은 매호마다 말을 키우게 하고 지세의 절변과 연납전沿納錢을 면제해주었다.

이렇게 해서 개봉부에서는 말 3천 마리, 하북·하동·섬서에서는 5천 마리를 키워 도적을 잡는 데도 사용하되, 다만 이 말들이 죽었을 경우에는 보상을 하게 했다. 즉 민호 제1~3등호까지는 10호를 1보保로 하고, 제4~5등호는 10호를 1사社라 하여 말이 죽으면 보호保戶에게는 전액을, 사호社戶에게는 반액을 보상하게 했다. 그리고 이들이 키우는 말은 매년 1회씩 건강 상태를 검열받았다. 1084년 이 법은 경동로와 경서로에서도 실시되었다.

호마법戶馬法

호마법은 1080년(원풍 3), 개봉부계 및 하북·하동·섬서·경동·경서 등 화북의 여러 로에서 실시되었다. 이 법은 도시와 농촌에서 자산을 많이 가진 호에게 호마다 말 한 마리를 키우게 한 것으로, 특히 자산이 많은 호는 세 마리까지 키우게 하였다. 다만 경동서로에서는 앞서 말한 보마법이 행해지면서 호마를 폐지하고 호마를 키우고 있는 자에게는 보마를 면제해주었다.

8) 방전균세법方田均稅法

천보방전법千步方田法

왕안석의 방전균세법은 송 초 이래의 균세법과 천보방전법을 계승 발전시킨 것이었다.

송 태조는 후주 세종의 균세법이 제대로 시행되지 않아 민호가 조세의 불균형을 자주 호소하자 961년(건륭 2) 관리를 각지로 파견하여 민전을 신고하게 하고 조세의 균등을 도모했다. 그러나 태종조가 되자 빈부의 차는 점점 더 심해지고 양자간의 조세 부담도 불공평해져, 관호형세호는 많은 토지를 소유하면서도 양세를 대부분 면제받고 있었다. 이에 태종은 996년(지도 2), 풍년을 기다려 경기(개봉부 관할 내 주현)지방부터 균세법을 시행하려고 했으나 실시하지 못한 채 죽었다.

진종조 초에는 많은 신하들이 토지세를 균등히 할 것을 청하였으므로 1000년(함평 3)에 진정陳靖을 경기균전사京畿均田使로 삼아 우선 경기지방부터 토지세를 균등히 하고 원래의 세액을 증가시키지 못하게 했다. 또한 도망친 호는 따로 장부를 두어 돌아오도록 권고하였고 민호에게는 뽕나무를 많이 심게 했다. 그러나 민호가 이 균세의 취지를 제대로 이해하지 못하고 세금이 늘어날 것을 걱정하여 오히려 키우던 뽕나무를 잘라버리는 일까지 벌어져 향촌이 소란스러워지자 곧 폐지해 버렸다.

그러나 그 후 관호형세호의 대토지소유가 점점 진행되어 양세를 균등히 부과할 필요가 있었기 때문에 진종도 균세를 위해 사자를 각지로 보내 1주 1현부터 이를 시행하려고 했으나 이 역시 실시되지 못했다.

인종이 즉위한 1022년(건흥 원)에는 앞서 말했듯이 관호형세호의 토지소유를 제한하는 한전법이 시행되었지만 관료들의 반대로 곧 폐지되었다. 그러나 균세법의 실시를 둘러싼 논의가 점점 활발해져 1043년(경력 3)에 천보방전법이 실시되기에 이르렀다.

이 무렵 하북의 명주洺州 비향현肥鄕縣(하북성 비향현)에서 곽자郭諮·손림孫琳이 천보방전법을 시행하여 토지를 측량했다. 그리하여 토지가 없는데도 조세를 납부하는 자는 장부에서 삭제하고, 토지가 있으면서도 조세를 납부하지 않는 자는 장부에 올려 체납된 세를 납부케 하고, 도망한 민호를 많이 복귀시켰다. 이 법은 뒷날 방전균세법의 기원을 이루는데, 이 법에 따르면 토지를 천보사방, 즉 41경 66무 남짓을 1방方으로 하여 1방씩 토지를 측량하고, 그 1방의 비옥도에 따라 토지 등급을 매겨 그에 따라 세율에 차이를 두어 양세를 부과하였다.

이 법은 구양수를 비롯하여 추천[37]하는 자가 많았기 때문에 삼사三司도 이를 전국에 시행하려고 했다. 결국에는 우선 회남로의 박주亳州(안휘성 박현亳縣)·수주壽州(안휘성 수현壽縣)와 경서로의 여주汝州(하남성 임여현臨汝縣)·채주蔡州 등에서 시행하기로 하고, 채주 상채현上蔡縣(하남성 상채현)에서 이를 실시했다. 그런데 곽자·손림 등이 이곳에서 토지를 측량하여 26,900경을 검출하고 조세를 균등히 했는데, 도망호의 토지가 너무 많아 모두 검출하지 못하고 결국 시행을 중지했다. 따라서 이때는 방전법이 각 지역에서 시행되지는 못했다.

그런데 천보방전법에서 토지를 측량할 때 방전이라는 형식을 채용한 것은 989년(태종 단공 2) 이후 하북에서 '방전方田'이 시행되고 있었기 때문일 것이다. 태종조의 방전은 둔전屯田의 한 형식으로서, 고대의 정전법井田法에 따라 토지를 사각형으로 조성하고, 그 주위에 깊게 도랑(용수구)을 파서 물을 끌어들여 병사들에게 그 안을 경작케 함으로써 식량을 수확하고 아울러 거란 기병의 돌진을 저지하고자 하였다. 이 방전은 하동·섬서 등에서도 시행되고 있었다. 곽자·손림은 둘 다 하북 출신으로서 명주洺州(하북성 영년永年·비향肥鄕·평사平思·계택鷄澤·곡주曲周 등의 현)에서 이미 방전이 실시되고 있었기 때문에 곽자는 방전에 대해 잘 알고 있었을 것이다. 따라서 천보방전법의 방전 형식은 이 방전에서 생각해 낸 것이 아닐까 생각된다.

천보방전법의 시행이 중지된 후에도 균세는 각지에서 이루어졌다. 1052년(황우 4)에는 지박주知博州(하북성 요성현聊城縣) 채정蔡梃이 관할하는 현에서 조세를 균등히 하고, 지창주知滄州(하북성 창현滄縣) 전경田京도 땅을 균정하여 세액을 증가시켰다. 이 무렵에는 관호형세호의 토지겸병이 점점 증가하고 양세 부담에 불균형이 커서, 비옥한 땅인데도 조세가 가볍고 척박한 땅인데도 조세가 무거우며, 땅이 넓은데도 조세가 적고 땅이 좁은데도 조세는 많아 중소농민들은 과중한 세금에 시달리고 있었다.

그래서 1060년(가우 5)에 또 손림 등에게 명하여 하북·섬서·경동 등의 로의 일부에 천보방전법을 시행하게 하고, 토지 비옥도를 4등으로 나누어 세율에 차이를 두어 양세를 부과했다.

그런데 이들 여러 주현에서 토지를 측량하여 숨겨진 토지를 찾아내어 조세를 늘리고, 또는 여러 해 동안 누락된 세금을 찾아내어 이것을 추징하였기 때문에 민호들 가운데 조세의 불균형을 호소하는 자가 많았다. 그로 인해 다음 해에 천보방전법은 중지되었다.

이상과 같이 인종조에는 곽자·손림의 천보방전법이 하북·섬서·경동 등의 로의 일부에서 실시되었으나 아직 널리 시행되지는 못했다.

방전균세법의 주요 조항

왕안석은 일찍부터 관호형세호와 상인 등 이른바 '겸병가兼幷家'를 억제하는 정책을 써서 청묘법과 면역법 등을 실시했다. 그러나 왕안석은 이 '겸병가'의 토지를 빼앗아서 빈민에게 줄 수는 없는 일이라고 했다. 이에 1072년(희령 5) 방전균세법을 실시하여 겸병가와 빈민이 부담하는 조세의 불균형을 시정하고자 하였다.

조세부담의 불균형은 주로 '할이割移'라고 해서 토지를 양도할 때 이루어지는 부정에서 생겨났다. '산거세존産去稅存'이 그것인데, 토지를 매매할 때 가난한 사람이 토지를 빨리 팔기 위해 토지 가격[38]을 싸게 하여 그 세금을 조금밖에 이전하지 못하는 반면, 부자는 싼 값에 토지를 사들이고 세금도 적게 인수한다. 따라서 가난한 사람은 토지를 부자에게 넘기고도 세금은 무겁게 남아 있고, 부자는 토지를 널리 겸병하면서도 세금은 점점 가벼워지는 형편이었다.

왕안석의 방전균세법은 이 같은 상황을 개정할 뿐만 아니라 종래의 방전법 규정을 집대성함과 동시에 세제 개혁도 단행하고 지세뿐 아니라 도시의 가옥세까지 균정하려고 한 것이었다. 방전균세법의 주된 조항을 보면 다음과 같다.

① 방전법에서는 동서남북 각 1천 보, 합계 약 41경 66무를 1방方으로 한다.

② 해마다 9월에 현령·승丞·주부에게 명하여 토지를 나누어 측량하게 하고 방장方帳과 장장莊帳(명기장名寄帳이라고도 한다)을 만들게 한다.

③ 방장과 장장에 의거하여 토지 비옥도를 5등으로 나누어 조세를 부과한다. 비옥도는 나중에 10등으로 나뉜다.

④ 그 다음 해 3월에 이 일이 마무리되면 방호方戶에게 지시를 내려 불균등한 사례가 있을 경우 이를 호소하게 하여 다시 토지를 측량하게 한다.

⑤ 균세법은 현의 세액은 원래 액수를 취하고 증세를 금지한다.

⑥ 황무지는 현재 경작하고 있는 자를 지주로 한다.

⑦ 불모지를 점하여 경작하는 것은 허가한다. 뭇사람[중인衆人]이 땔감을 구하고 혹은 뭇 호[중호衆戶]가 이익을 보는 산림·피당陂塘·도로·구거溝渠·하천 등에는 조세를 부과하지 않는다.

⑧ 궤명협전詭名挾佃(남의 땅을 자기 명의로 하고, 그 사람을 전호로 한다)은 합병해서 개정한다.

⑨ 토지 1방의 네 구석에 흙을 쌓고 나무를 심는다.

⑩ 방장方帳과 장장莊帳·갑첩甲帖·호첩戶帖(각 호의 지권地券)이 있지만, 가산家産[39]상속과 전당 잡힌 것, 매매의 할이割移는 계약서를 작성하여 이를 기입하게 한다.

⑪ 양세의 세목을 개정하여 하세는 비단·밀·잡전雜錢(앞서 말한 연징·연납 등의 부가세)의 세 가지, 추세는 백미·잡전의 두 가지로 한다.

⑫ 도망호의 논과 직전職田40)·관전官田 등은 세금을 면제한다.

⑬ 가옥세도 지세에 준하여 균정케 하고 10등으로 나누어 세를 부과한다.

⑭ 이 법을 실시하기 위해 지교관指敎官과 방전관方田官을 둔다. 또 1방마다 상등호 2명을 대갑두大甲頭로 삼고, 소갑두 3명과 함께 이들의 일에 협력하도록 하여 방장·장장 등을 만들게 한다.

방전균세법 실시의 결과

이 방전균세법도 전국적으로는 시행되지 못하고, 단지 화북 개봉부 및 경동서로·하북서로·영흥군로永興軍路·진봉로秦奉路 등에서만 시행되었다. 그러나 이것으로 화북에서는 그동안 숨겨져 있던 경작지가 많이 검출되었던 것으로 보인다.

1077년(희령 10)의 경작지 통계에 의하면, 총계가 4,616,550여 경이었다. 이때는 방전균세법이 시행중이었고, 이 통계에 방전균세법의 결과가 어느 정도밖에 반영되어 있지 않았지만, 통계에 따르면 화북의 여러 로, 즉 앞서 말한 개봉부·경동서로·하북로·섬부서로(영흥군과 진봉의 2로) 및 하동로 등의 경작지 합계가 1,431,760여 경이었고, 그 밖의 강남과 사천의 여러 로의 경작지 합계는 3,184,790여 경이었다.

이 수치를 오대 후주 세종조 때 균세법이 시행된 후의 경작지 통계 1,085,130여 경과 비교해 보면 화북에서는 송 초 이래 345,900여 경이 증가했을 뿐이다. 그런데 방전균세법이 실시된 곳에서는 경작지가 2,484,349경이 되었다고 한다. 그렇다면 화북 여러 로에서 경작지가 대량으로 검출되었을 것이다. 이는 화북에서 주로 대토지 소유가 행해진 관호형세호의 은전隱田이 검출된 것일 터이므로 그들은 상당한 증세를 받아들여야 했을 것이다.

이들 화북 여러 로의 관호형세호는 주로 구법당 사람들이었으므로 구법당 인사들은 이 때문에 상당한 타격을 입었을 것이다. 철종조 초에 방전균세법이 폐지되고 방전에 의한 경계가 무너진 데에는 이 같은 사정이 있었을 것으로 보인다.

9) 농전수리법農田水利法

송 초 이래의 농전수리법

농전수리법은 1069년(희령 2)부터 실시되었다. 농전農田이란 황지를 개간해서 척박한 토지를 비옥한 토지로 만들고 밭을 논으로 바꾸는 일 등을 말한다.[41] 수리는 관개용 피陂(지금의 댐)와 당塘(용수지用水池)을 새로 만들거나 또는 이것을 수리해서 우전圩田과 위전圍田을 새로 구축하고, 또는 그 우안圩岸·위안圍岸 등을 수축하는 일을 말한다. 우전과 위전은 같은 뜻으로 호수나 늪 안에 사방으로 제방(우안·위안)을 에둘러 쌓고 그 안을 논으로 만든 것인데, 강남동로와 양절로에 많이 구축되어 있었다.

위전圍田 그림

이 논들은, 우안이나 위안의 바깥쪽이 물이고, 그 안쪽은 주위의 물보다 낮은 경우가 많았다. 그러다 보니 홍수가 나서 우안이나 위안이 무너지면 논은 바로 수해를 입었다. 이 때문에 우전이나 위전은 그 수축이 중요한 과제였고, 그래서 왕안석의 농전수리법에도 이것이 들어갔던 것이다.

왕안석의 농전수리법도 송 초 이래 실시되고 있던 것을 이어받아 이것을 대규모로 실시한 것이었다. 송 초에는 황지 개간을 크게 장려하여 민호가 전지를 개간하면 그 소유를 허가하고 3년간 조세를 면해주었으며 그 후에도 그 전지의 조세를 가볍게 해주었다. 진종조에는 지방관에게 명하여 인민에게 토지를 개간시키고, 지주知州 가운데 지세를 20만 이상 증가시킨 자에게는 후한 상을 내렸다. 인종조에도 각지에서 토지개간이 이루어졌는데, 특히 경서로(하남과 호북의 일부)에서 활발하였다. 이 가운데 당주唐州(하남성 비원현沘源縣)의 토지개간에 대해서는 왕안석도 「신전시병서新田詩幷序」를 지어 이를 칭찬하였다.(『臨川文集』 卷38)

이에 의하면, 1060년(가우 5)에 조상관趙尙寬이 지당주知唐州가 되고 나서 병사들을 동원하여 큰 거渠(용수로·도랑) 1개, 큰 피陂(방죽) 4개 소를 수복하고, 농민에게도 작은 거와 피를 수십 곳 만들게 하여 수만 경에 이르는 농지를 관개했다. 또 농민들에게 소와 쟁기와 식량을 빌려주고 토지를 개간시켜 유민을 돌아오게 하고, 회남과 호북·호남으로부터 많은 농민이 몰려들어 토지가 많이 개간되었다. 그리하여 원래 콩과 밀을 재배하던 밭도 대부분 벼를 재배하는 논으로 바뀌었다. 1064년(치평 원), 조상관을 대신하여 지당주가 된 고부高賦도 하북·하남의 기민을 모집하여 경작지를 주고 이를 개간케 하였으므로 산림황지가 대부분 좋은 양전으로 바뀌어 논 3만여 경이 증가하고, 피언陂堰 44개 소가 만들어졌다. 이것들은 피·거·언堰 등을 축조케 한 것이어서 수리水利정책도 아울러 시행한 것이다.

수리정책도 인종조 이후 많이 시행되었다. 1034년(경우 원)에 양절로

소주蘇州에 저지대가 많아 자주 수해를 입자 당시 지주인 범중엄范仲淹[42]이 오하五河(포浦)를 준설하여 논에 고인 물을 빼냈다. 1043년(경력 3), 강남동로에서는 우전이 무너지고, 양절로에서는 수해가 나고, 경동서로에서는 논에 물이 고여 있어 그 우안과 하거·피당을 수리하고, 1049년(황우 원)에는 관호형세호가 다수의 민호가 관개에 사용하고 있던 피와 호수를 차지하고 그 안에 논을 만들었기 때문에 이를 금지했다. 1061년(가우 6)에 강남동로의 선주宣州 영국현령寧國縣令인 심피沈披 등은 태평주太平州 무호현蕪湖縣(안휘성 무호현)의 무너진 만춘우萬春圩를 복구해서 전지 1,270경을 일구고 매년 소작료 35,000석, 돈 500여 관을 거두었다. 이것은 우전圩田을 복구한 결과였다.

이러한 농전수리법은 왕안석의 농전수리법에 답습되었다.

왕안석의 농전수리법

1068년(신종 희령 원) 우선 폐지된 피당陂塘과 무너진 우전을 수리했다. 다음 해인 1069년, 왕안석은 농전수리법을 시행하여, 앞서 말한 제거상평관에게 농전수리 일을 겸임시켰다. 그리고 관민 가운데, 해당 토지에 적합한 작물을 키울 줄 아는 자와, 관개灌漑용 피와 호전湖田이 된 것을 완전히 부흥시킬 것인지 혹은 부흥시키지 않고 소작을 줄 것인지 그 이해득실을 잘 아는 자, 또 피당·우안·제언堤堰·구혁溝洫(용수로)이 없는 곳에 이것들을 창설해야 한다고 말하는 자와 다수 농민이 관개하고 있는 피당 등의 수리水利를 제 멋대로 차지하고 있는 것에 대해 알고 있는 자는 주현을 통해 신고하게 하고, 이것을 시행하여 효과가 있으면 상을 주었다.

1071년에는 주현관을 통해 피당과 구하溝河를 완전히 수복하고, 모아

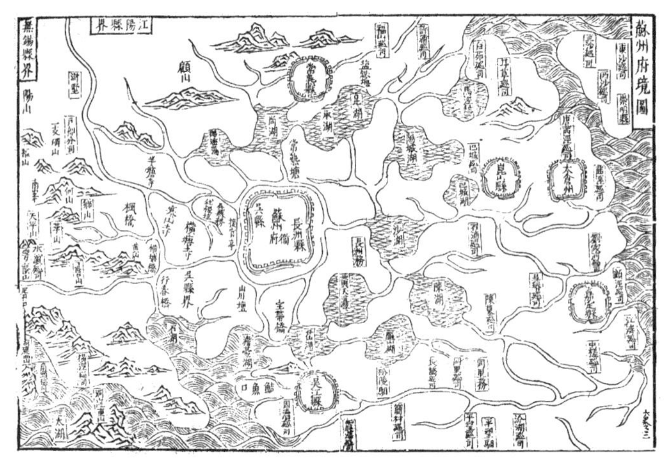

소주경도蘇州境圖　노웅盧熊 『홍무소주부지洪武蘇州府志』. 지도는 명대의 것이다.

둔 물을 끌어들여 민전에 관개하고, 우전과 위전의 제방을 수축하고 고인 물을 빼내 수해를 막게 했으며 농민을 모집하여 황전을 개간시켰다. 나아가 그 다음 해에는 민호가 피당이 있었던 땅을 경작하고 있을 경우 피당을 원래대로 수리 복원케 하고, 그 보상비용은 이 피당의 물을 사용하는 민호에게 갚게 하되, 비용이 부족하면 상평창의 관전에서 지출하도록 했다.

겹단郟亶의 '수학水學'

이들 농전수리법은 전국적으로 실시되어 상당한 효과를 거두었던 것 같다. 그 가운데 1072년(희령 5) 겹단郟亶을 양절제거흥수수리兩浙提擧興修水利로 임명하여 양절로의 소주蘇州·수주秀州에서 수리를 일으킨 일은 주목할 만하다. 겹단은 소주 곤산현崑山縣 사람으로 왕안석과 친하였으며, 이 지방의 수리를 연구하여 '수학水學'이라는 것을 만들어냈다. 왕안석은 겹단을 시켜 이 수학을 실시하려고 하였는데, 겹단의 수학은 이

지방의 지형에 입각해서 만들어졌다.

이들 지역은 태호太湖의 물이 송강松江(오송강吳松江)을 통해 바다로 흘러 들어가는 지방으로 저지대가 많고 호수와 늪이 많았다. 그런데 이 무렵에 수해가 많이 나서 지세를 면제해 주었기 때문에 관이 거두는 세액도 감소했다. 겹단은 수해를 없애고 호수와 늪을 메워 위전을 만들고, 지세 액수를 늘리고자 했다.

겹단郟亶

겹단에 의하면, 원래 이 지방은 송강을 남북으로 가로지르는 포浦와 그 포를 동서로 횡단하는 당塘도 많아 경작지는 종포縱浦와 횡당橫塘으로 둘러싸여 우전(위전圍田)을 이루고 있었다. 여기에서 종포는 배수, 횡당은 관개 역할을 하였는데, 이들 저지대의 물은 송강과 종포를 통해 북쪽은 장강長江으로 흘러 들어가고, 동쪽으로는 바다로 유입되었다. 이 포와 당은 상당히 넓고 깊고, 우안(위안圍岸)은 높고 두터워서 홍수가 나도 물이 위전 안으로 들어가지 않고, 물의 흐름이 좋아 홍수를 막아주었다. 그런데 이 무렵에 우안(위안)이 무너져서 상당히 낮아지고, 포와 당은 모래가 쌓여 좁고 얕아졌기 때문에 홍수가 나면 바로 물이 넘쳐 논 안으로 흘러들어가 고였기 때문에 농민들이 수해로 고통을 받게 되었다고 한다.

많은 수리전의 조성

겹단은 이 수해를 막기 위해 오래된 포와 당을 조사하고 특별히 긴급한 종포縱浦 20여 곳과 횡당橫塘 17곳을 부흥시켰다. 포·당을 파내고 그 파낸 흙으로 우안(위안)을 높고 두텁게 쌓아올려 논 안으로 물이 흘러 들어와 고이는 것을 막고자 했다. 나아가 겹단은 이 지방의 호수와 늪 가운데 수심이 얕은 것은 그 속에 우안(위안)을 쌓고 이를 메워서 위전으로 만들어 지세의 액수를 늘리고자 했다. 그리고 이 종포·횡당을 부흥시키기 위해 5년에 걸쳐 소주·수주·상주常州·호주湖州 등 4주의 농민 약 20만 명을 인부로 사역하고자 했다.

그러나 겹단의 계획은 해당 지방농민들의 거센 반대에 부딪혀 결국 다음 해 1073년(희령 6) 겹단이 직책에서 물러나면서 실현되지 못했다.

겹단은 계획이 무산된 것이 꽤나 안타까웠던지 관직을 그만두고 곤산현崑山縣(강소성 곤산시)으로 돌아가 집 서쪽에 있는 대사낭大泗瀼이라고 하는 늪에 자신의 주장대로 우안과 구혁·가옥 등을 조성하고 우전을 축조하여 많은 수확을 거두었다. 그는 이 지도를 작성하여 정부에 헌상하고 자신의 과거 주장이 잘못된 것이 아님을 밝혔다. 이 겹단의 '수학'은 그의 아들 겹교郟僑가 이어받았다. 겹교 역시 소주의 호수와 늪에 위전을 많이 만들어야 한다고 주장했다. 남송 때 이 지방에서는 겹단 부자가 주장하였던 그런 위전들이 많이 만들어지게 된다.

왕안석은 또 강남동로의 여러 주에서 우전을 구축하게 했다. 1076년, 재상직을 그만두고 강녕부江寧府 판부判府(장관)가 되었을 때도 현무호玄武湖에서 빈민들에게 소·쟁기와 종자를 빌려주고 호전湖田(우전)을 조성하게 했다.

이 농전수리법의 시행으로 많은 수리전이 생겼는데, 1077년 통계에 따르면 개봉부계 및 여러 로의 수리전이 합계 10,793곳 361,198여 경이었고 그 중 양절로가 가장 많아 1,980여 곳, 104,848여 경에 이르렀다. 이 농전수리법은 이후에도 널리 시행된다.

어전법淤田法

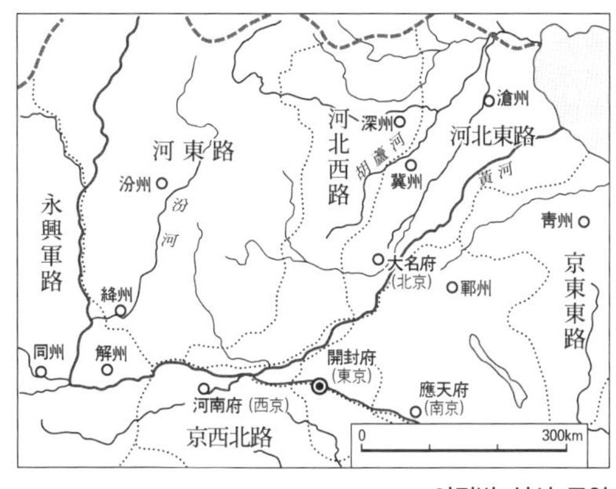

어전법 실시 구역

어전법이란 하천의 진흙탕을 논과 밭으로 끌어들인 후 진흙을 침전시켜 비료로 만들어 척박한 토지를 비옥한 토지로 바꾸는 일종의 객토법客土法이다. 이는 1069년(희령 2) 후숙헌侯叔獻이 대운하의 일부인 변수汴水를 끌어들여 어전법을 실행한 이후 화북 각지에서 실시되었다. 그러나 이 법은 예로부터 화북에서 행해진 적이 있고, 송대에도 1060년(가우 5) 정사맹程師孟이 하동로의 강주絳州(산서성 신강현新絳縣) 등에서 이를 실행에 옮겼다. 왕안석은 이 법을 화북에서 실시하고자 하였던 것이다. 또 송대에 강남의 소주 등에서는 구거溝渠(크리크) 바닥의 진흙을 배로 퍼올려 이것을 운반해서 논 안에 넣어 비옥한 토지로 만드는 방식이 널리 행해졌는데 이 지방을 살펴본 왕안석이 어전법을 화북에서 활용한 것이다.

왕안석의 어전법이 실시된 지방은 다음 세 구역으로 나뉜다.

① 변수 유역을 중심으로 한 지방. 이곳은 개봉부를 중심으로 하여 경서로와 경동로의 청주青州(산동성 익도현益都縣)·운주鄆州(산동성 동평현東平縣) 등의 지방이다. 여기에는 변수 유역을 관할하는 제거연변어전사提舉沿汴淤田司와 경동로의 어전을 관리하는 관할경동어전사管轄京東淤田司가 설치되었다.

② 하북로의 장하漳河·호타하滹沱河·호로하葫蘆河 등의 유역. 심주深州·기주冀州·창주滄州 등의 지방으로, 이곳에 제거하북어전수리사提擧河北淤田水利司가 설치되었다.

③ 하동로의 분하汾河 유역. 강주絳州·해주解州(산서성 해현解縣)·동주同州(섬서성 대려현大荔縣) 등의 지방으로 이곳에는 어전사淤田司를 두지 않았다.

이 어전사들을 통괄하기 위해 개봉부에 도제거어전사都提擧淤田司를 두었다.

어전법에서는 하천에 제방을 쌓아 언堰을 만들고 거渠(용수로)를 열어 진흙물을 논밭으로 흘려보냈는데, 이 공사에 많은 병사를 동원하고 농민을 인부로 징발했다. 이 법은 관유지는 물론 사유지에서도 행해져 많은 척박한 토지가 비옥하게 바뀌었다. 어전의 면적은 변수 유역이 8만여 경, 하북로의 여러 강 유역이 2만 7천여 경, 하동로의 분하 유역이 1만 8천여 경으로 모두 10여만 경에 이르렀다고 한다. 단, 이 어전법은 봄과 여름 우기에 대량의 진흙물을 논과 밭으로 흘려보내다 보니 홍수가 날 위험이 있어서 이 점에서 기술적으로 곤란을 겪었던 것 같다.

이상과 같이 왕안석은 어전법을 화북에서 시행하여 농업생산의 증대를 꾀했는데, 이는 첫째로 앞서 말했듯이 남방에서 배로 실려오는 미곡의 액수를 줄이고, 화북에서도 군량 등의 식량을 자급하기 위한 것이기도 했다. 이 법은 상당한 효과를 보았다. 어전법이 실시된 지역에서는 쌀·밀의 생산이 늘고, 토지 가격도 올랐던 것 같다. 다만 이 법은 이때만 행해지고 이후에는 결국 시행되지 못했다.

10) 대상인의 폭리억제

균수법均輸法

균수법은 1069년(희령 2) 7월, 왕안석의 신법 중에서 가장 먼저 실시되었다. 이 법은 강회등로발운사江淮等路發運使 설향薛向을 시켜 실시하게 했다.

물자의 운반 「청명상하도」 중

당시 여러 로에서 중앙으로 상납하는 물자는 매년 액수가 정해져 있었는데, 일부러 멀리서 많은 운임을 들여 수도인 개봉까지 보내왔음에도 수도에서는 이것을 사용하지 않고 절반 값에 상인에게 넘겨버리는 것들이 있었다. 또 조정과 궁중에서 필요로 하는 물건들 가운데에는 해당 물건이 나지도 않는 주현에 할당을 한다거나 혹은 이 물건이 나지 않는 계절에 요구하는 일도 있었다. 그 결과 부상과 대고大賈(대상인)가 정부와 민간의 급박한 필요에 편승해서 물건 값을 조작하여 큰 이익을 얻고 있었다.

왕안석은 이 같은 대상인의 이익을 억제하기 위해 균수법을 시행했다. 즉 이때 강회등로발운사가 동남 6로(회남·양절·강남동로·강남서로·형호남로·형호북로)의 조세수입을 모두 관할하고 있었으므로, 여기에 돈 500만 민과 상공미 300만 석을 대여하고 6로의 조세수입 유무를 두루 알려, 자유재량으로 물자를 매매해서 전용할 수 있도록 허락했다. 또한 화적미和糴米와 화매견和買絹, 조세와 상공물은 모두 물가가 높은 곳을 피해 싼 곳에서 사들이고, 또 먼 곳에서 사들이는 것을 중지하고 가까운 곳에서 구매하게 함으로써 싼 가격에 물건을 조달하여 운임을 절약하였다.

나아가 중앙의 삼사와 제거제사고무提擧諸司庫務에게 명하여, 미리 수도에 있는 창고의 1년간 지출액과 현재의 재고, 앞으로 조달할 물건 등을 발운사에게 알려놓게 했다. 그러면 발운사는 조세와 상공물을 팔아 수도의 여러 창고에 필요한 물건을 필요한 양만큼 사서 저장해두고, 조정과 궁중의 명령을 기다려 이것을 수도로 운송하게 했다.

이렇게 하여 대상인이 물가를 조작하여 큰 이익을 보는 폐단을 막고, 정부는 운송비용을 절약함과 동시에 물가의 안정을 꾀하려고 했다. 이후 강회등로발운사 설향은 속관을 두고 균수법을 실행에 옮겼다. 그러나 구법당의 반대도 있고 해서 별 효과는 거두지 못했던 것으로 보인다.

시역법市易法과 주된 조항

왕안석의 시역법은 1072년(희령 5)에 시행되었다. 이것 역시 수도인 개봉부의 대상인이 물가를 조작해서 큰 이익을 보는 것을 억제하기 위해 실시한 것이다.

이 시역법은 위계종魏繼宗의 상소에 따라 시행되었다. 위계종은 수도의 물가를 부상富商과 대성大姓들이 지배하여 그들이 큰 이익을 올리고 있다고 보았다. 그래서 시역무市易務를 두고, 각화무榷貨務의 잉여금을 빌리고 선량한 상인의 도움을 받아 수도의 물가를 파악하여 값이 싸면 구입해두고 값이 오르면 되팔아 그 이익을 관官에서 거둠으로써 부상·대성이 물가를 좌우하지 못하게 하고자 했다.

또 이 즈음에는 수도의 겸병가(대상인)들이 지방에서 객상이 물자를 가져오면 가격을 싸게 사들여 객상들을 괴롭혔다. 그리하여 1072년,

왕안석은 여가문呂嘉問을 제거재경시역무提擧在京市易務로 삼아 내고內庫의 돈 100만 민과 각화무의 돈을 시역의 본전(원금)으로 삼아 시역법을 실시했다. 이 가운데 각화무는 앞에서 서술했듯이 차인茶引(차의 어음)과 염초鹽鈔(소금의 어음)를 발행하는 관청으로(제3장 참조), 현금을 많이 저장하고 있었기 때문에 이 자금을 시역법에 유용했다.

수도에서 시행된 시역법의 조항은 다음과 같았다.

① 수도의 여러 행포行舖(상인)와 아인牙人(중개상인)을 불러모아 시역무의 행인行人과 아인으로 임명한다. 행인에게는 자기 또는 타인의 자산이나 금은을 저당 잡히게 하고, 5명 이상으로 1보를 편성케 한다. 아인에게는 물자를 평가하게 한다.

② 지방 객상이 수도로 물자를 가져오면 이것을 대상인에게 팔지 않고 시역무에 파는 것을 허가한다.

③ 행인과 아인은 객상과 물자 가격을 고르게 하고, 행인이 필요로 하는 물자의 수량을 사들이고 시역무의 관전을 지급한다.

④ 객상에게는 그 물자를 관물과 교환하는 것도 허가한다.

⑤ 행인은 그 저당 자산의 다소에 따라 등급을 매기고 그 등급에 입각하여 외상으로 물자를 매입하며, 한 번 또는 두 번으로 나누어 외상값을 갚는다.

⑥ 반년 후 납부하면 이자는 1푼(1할)이고, 1년 후면 2푼 이자를 납부한다. 기한을 넘기고 납부하지 않으면 매달 벌금을 징수한다.

⑦ 이상의 사항은 강제로 시행하지 않는다.

⑧ 행인이 보아 지금은 필요 없지만 매입하여 저장해둘 가치가 있다고 여겨지는 물자는 관이 사들였다가 시가에 따라 판매한다.

⑨ 종래 삼사와 제거재경제사고무提擧在京諸司庫務에서 매년 과배科配하거나 과매科買[43]하고 있던 물자는 시역무에서 구입하게 한다.

⑩ (이것은 나중에 나온 규정이다) 상인에게 토지와 자산 또는 금은을 저당잡고 돈을 빌려주어 이자를 받는다.

이 같은 조항으로 시역법이 수도에서 시행되었다. 이어 재경시역무는 시역상계市易上界, 각화무는 시역하계市易下界로 바뀌고, 재경상세원在京商稅院·잡매무雜買務·잡매장雜賣場 등은 재경시역무가 관할하게 되었다. 이들 세 관청은 원래 제거재경제사고무에 속하였는데, 재경상세원은 상세 징수, 잡매무는 궁중과 조정이 필요로 하는 물자의 구입, 잡매장은 필요 없는 물자의 판매를 맡아 보았다.(제1장 참조) 이 가운데 잡매무와 잡매장은 앞서 언급한 시역무 제9항에 해당하는 업무를 담당하고 있었으므로 이때 재경시역무가 관할하게 된 것이다.

이후 시역무는 수도 밖에서도 설치되었는데, 특히 북변과 강남 등에 많이 설치되었다. 이 때문에 수도의 제거재경시역무도 도제거시역사都提擧市易司로 이름을 바꾸고 시역무를 관할했다.

변경무역을 담당한 시역무市易務

이들 시역무와는 별도로 서변 섬서로에서는 이보다 앞선 1070년(희령 3), 진주秦州(섬서성 천수현天水縣)에 시역무가 설치되었다가 고위채古渭寨(감숙성 농서현隴西縣)로 옮겨졌다. 이 시역무는 재경시역무와는 성격을 달리하는 것으로 서번西蕃 여러 나라와의 무역을 위해 설치되었다. 당시 이들 지방에서는 상인이 중앙아시아의 서번 여러 나라와 무역을 하여 큰 이익을 보고 있었기 때문에 관도 이들 나라와 무역을 하여 여기에서 난 이익을 가지고 이 방면의 군비도 보조하고자 했다. 이 때문에 앞서 말한 사천 교자를 시역본전으로 삼고, 서번의 말과 중국의 차를 무역하고 중국의 비단과 서번 여러 나라에서 나는 산물을 교역하였던 것이다.

이후 이 지방에도 많은 시역무가 설치되었다. 이 시역무들은 처음에 전운사가 감독하였는데, 나중에 수도의 도제거시역사가 관할하였다. 그러나 이후 이 시역무들은 다시 도제거시역사에서 벗어나 이 방면에 신설된 희하로熙河路의 경제희하로변방재용사經制熙河路邊防財用司에 속하게 되었다.

차밭茶園 풍경 항주杭州 서호 용정차 지구

이상과 같이 왕안석의 시역법은 수도를 비롯해 각지에서 시행되어 부상·대고가 큰 타격을 입고 파산하는 자도 생겨났다. 시역무의 이익도 점점 커져 매년 100만~133만 관에 이르렀다. 그러나 이 시역법은 실시되는 동안 실시 조항에도 변화가 생겨났다.

즉 조항 가운데, 행인行人에게 보갑을 편성케 하고 물건을 외상으로 매입케 하여 해마다 2푼의 이자를 받되 기한을 넘기면 벌금을 물린다는 결보사청법結保賖請法은 그 후 시행되지 않았다. 또 물가의 높낮이를 보아 물자를 매매하고, 그것으로 이익을 거두는 무천물화법貿遷物貨法 역시 서쪽 변경지역의 시역무를 제외하고는 그다지 큰 이익을 내지 못했다. 단, 상인의 자산을 저당잡아 계약서를 가지고 금전을 빌려주고, 혹은 금은을 저당잡아 빌려준다는 계서금은저당법契書金銀抵當法만은 활발히 실시되었는데, 이자도 1년에 1푼5리(1할5푼)~1푼2리의 저리였다. 이 법은 처음에는 수도에서만 실시되다가 1082년(원풍 5)부터 전국에 걸쳐 실시되었는데, 각 로에 저당고抵當庫를 설치하고 저당본전을 두어 널리 대부를 행했다.

면행법免行法

시역법과 관련하여 1073년(희령 6)에 면행법도 시행되었다. 이 무렵 수도에는 각종 상업마다 상인의 동업조합인 '행行'이 결성되어 있었다. 앞서 말했듯이 궁중과 여러 관청은 이 행을 통해서 필요한 물자를 사들였다. 그런데 이것이 거의 징발이나 마찬가지였기 때문에 각 행의 상인들이 이로 인해 받는 고통이 매우 심했다.

왕안석은 이 같은 사정을 고려하여 1073년 여러 행이 낸 이익의 다소에 따라 면행전을 납부케 하고, 종래 궁중과 여러 관청이 행호行戶에게서 사들이던 것을 정지시켰다. 그리하여 궁중 물품은 앞서 말한 잡매무·잡매장에게 하달하고 시사市司를 두어 물가를 정해서 매매하게 하고, 여러 관청의 물자도 이곳을 통해 사들이게 했다. 이는 앞서 언급한 시역사의 업무 내용 제9항과 관련되어 있다. 이 면행법은 도제거시역사의 감독 아래 시행되었고, 면행전은 면역법의 관잉전 등과 함께 서리의 이록吏祿으로 지급되었다.

11) 왕안석 신법의 총정리

관제(원풍)의 대개혁

이상에서 서술한 것처럼 1069년(희령 2)부터 왕안석의 신법이 점차 실시되었고, 1076년(희령 9) 왕안석이 재상직에서 물러나고 나서도 다소의 변경은 있었지만 신종 말년까지 시행되었다. 이 때문에 1080년(원풍

3)부터 1082년에 걸쳐 앞서 말했듯이 관제의 대개혁이 이루어졌다.

원풍 관제는 주로 신법이 실시되면서 일어난 국가재정의 변화에 적응하기 위해 이루어졌던 듯하다.

즉, 송 초부터 왕안석의 신법이 실시될 때까지 국가재정은 삼사가 관할하고 있어서 재상이라 해도 여기에 관여할 수 없었다. 그런데 왕안석의 신법이 시행되면서 청묘법, 면역법 및 여기에 부속된 방장·하도전河渡錢의 법, 농전수리법, 시역법 등 신법의 재정관계를 모두 사농시司農寺가 관할하게 되었다. 게다가 이들 새로운 재정은 모두 재상 왕안석이 장악하였다. 따라서 왕안석의 신법이 실시되면서 국가재정은 종래처럼 삼사가 관할하는 것과, 재상인 왕안석의 지휘를 받는 사농시가 관할하는 두 계통의 재정으로 나뉘어지게 되었다.

이는 지방재정[44]에서도 마찬가지였다. 로路의 전운사(조사漕司)는 종래와 같이 삼사에 속하여 삼사의 재정을 담당하였으나, 신법을 시행하기 위해 창설된 제거상평사(창사倉司)는 사농시에 속하여 신법 관계 재정을 담당했다. 이것이 원풍 관제가 반포되는 큰 요인이 되었다.

앞서 말했듯이 삼사 및 외국外局인 제거제사고무사提擧諸司庫務司와 제점창초장소提點倉草場所는 당제唐制의 3성省·6부部·9시寺·5감監 가운데, 호부·공부와 예부·형부의 일부 및 각 시, 각 감의 직무 등 광범한 사무를 담당하고 있었다.(제1장 참조) 그런데 이때까지도 가끔 삼사를 폐지하고 당제인 3성·6부·9시·5감을 부활시키자는 논의가 일어났다. 특히 삼사는 당말오대 때 임시로 설치된 '영외令外의 관官'이어서 송 중앙정부의 관청으로는 어울리지 않는다는 견해가 강했다.

마침 이때 왕안석의 신법이 실시되고 유력한 새 재정이 성립되면서 국가재정에서 차지하는 삼사의 지위가 매우 저하되었기 때문에 신종은 삼사를 폐지하고 당대의 초기 관제로 돌아가 삼사와 사농시 두 관청의 재정을 통합시키려고 했다. 따라서 원풍 관제개혁은 한편으로 보면 신법의 총마무리라고 할 수 있다.

이에 원풍 관제에서의 중앙관제를 보면, 앞서 말했듯이 당의 제도로 돌아가 3성(중서성·문하·상서), 6부(이·호·예·병·형·공), 9시(태상·종정·태복·대리·홍려·광록·사농·태부·위위), 5감(국자·장작·도수·군기·소부)을 두었다. 이 가운데 특히 재정 관계를 보면, 종래의 삼사와 그 외국인 제거제사고무사와 제점창초장소를 폐지하고, 그들이 맡아보던 직무는 6부 가운데 호부·공부·예부·형부와 9시 가운데 종정시를 제외한 그 밖의 8시, 그리고 5감 가운데 국자감을 제외한 그 나머지 4감으로 분산되었다.(이상 제1장 참조)

호부戶部 좌·우조左右曹의 대립

이렇게 분산된 재정 관계에서 특히 중요한 것은 국가재정을 주로 담당한 호부의 내부 구성 문제, 즉 호부의 좌조와 우조 사이에 벌어진 대립이었다. 호부 좌조는 원래 삼사의 재정을 담당하였고, 호부 우조는 사농시의 재정, 즉 신법 관계 재정을 담당하였다. 그래서 호부의 장관인 호부상서戶部尙書는 좌조의 재정만 관할하고, 우조의 재정은 호부의 차관인 호부시랑戶部侍郎이 담당하여 있어 호부상서는 우조의 재정에 간여할 수 없었다. 호부 우조의 재정은 재상의 관할 아래 있었기 때문이다.

따라서 원풍 관제 하에서의 국가재정은 명목상 호부로 통합되어 있었으나 실질적으로는 호부상서가 관할하는 좌조의 재정과, 재상의 관할 하에 호부시랑이 담당하는 우조의 재정으로 나뉘어져 있었다. 이 같은 관계는 지방의 로에서도 마찬가지여서, 로의 전운사 재정은 호부 좌조가 관할하고 제거상평사의 재정은 호부 우조가 관할했다.

이처럼 원풍 관제 하에서의 국가재정은 호부상서가 관할하는 좌조의 재정과, 재상의 관할 하에 호부시랑이 담당하는 우조의 재정으로 나뉘어졌는데, 앞의 호부상서가 관할하는 재정을 '호부전물戶部錢物'이라고 하고, 재상 관할 하에 호부시랑이 담당하는 재정을 '조정전물朝廷錢物'이라고도 한다. '조정전물'은 원래 왕안석이 신법을 실시하면서 신법과 관계된 청묘법·면역법 및 그에 부수된 방장·하도전의 법·농전수리법·시역법 등의 재정을 사농시가 관할하도록 하게 했을 때 생긴 것인데, 원풍 관제에서 호부의 좌조와 우조가 대립하게 되면서 '조정전물'은 '호부전물'과 명확히 나뉘어지게 된다. 또한 '호부전물'이 국가경상비를 지불하는 것인 데 비해 '조정전물'은 평시에는 원칙적으로 축적해 두고 비상시 비용으로 충당한다고 해서 '조정봉장전물朝廷封樁錢物'이라고도 불린다. 봉장封樁이란 쌓아두고 사용하지 않는다는 의미다.

이처럼 원풍 관제에서는 호부 좌조의 '호부전물'과 호부 우조의 '조정전물' 내지 '조정봉장전물'로 명확히 나뉘어져 양자가 대립관계를 이루었는데, 이 관계는 북송 말 국가재정에 중요한 문제가 된다.

신종은 1080년(원풍 3) 무렵 거란과 서하를 토벌하기 위해 원풍고元豊庫를 두고 그 비용을 봉장 즉 축적하기로 했다. 이에 1082년 상평전(청묘전)과 방장·하도전의 잉여 500만 민, 이어 호부 우조에 명하여 상평전 800만 민을 원풍고에 납입시켰다. 나아가 1084년에는 제로諸路제거상평사提擧常平司에 명하여 상평·면역·방장 등의 잉여 전곡을 안무사按撫使 소재의 주나 연변의 군사상 요지로 옮겨 축적해 두고 군비에 충당하게 했다.

그 밖에 상평전곡과 방장전을 이용하여 전운사의 전곡을 보충하고, 기민을 구제하기도 하였다. 이와 같이 신종조에서의 국가재정은 신법의 실시로 상당한 여유가 생겼고, 인종조 이래의 국가재정 위기를 극복할 수 있었다.

제5장

신구 양당의 항쟁과 북송의 멸망

제5장의 내용

이 장에서는 신종대 이후 정국의 추이를 재정정책의 변천을 중심으로 기술하고, 끝으로 북송의 멸망 사정을 약술하고자 한다.

신종이 사망하고 그 아들인 철종이 뒤를 이었는데, 철종의 나이가 어려 선인태황태후宣仁太皇太后 고씨高氏가 수렴청정을 하게 되면서 구법당인 사마광 등을 등용하여 신법을 대부분 폐지하고 제거상평사도 폐지했다.[1] 채확蔡確·장돈章惇 등의 신법당 정치가들이 파면되고, 신종조 때 신법을 비판하여 죄를 받았던 자들은 부활했다. 그러나 선인태후가 죽고 철종이 친정을 하게 되자 신법당은 다시 정권을 잡고 신법을 시행하였다. 철종이 죽고 휘종이 즉위하자 향태후向太后가 섭정을 하면서 신구 양당의 융화를 꾀하였고 이를 위해 구법당이 진출했다. 그러나 휘종이 친정을 하게 되면서 신법당의 채경蔡京이 재상이 되어 신법을 시행했다.

철종조 초년에 구법당이 부활하면서 신법은 폐지되지만, 면역법을 폐지하고 차역법을 부활시켰음에도 관호 등에게 부과되던 조역전은

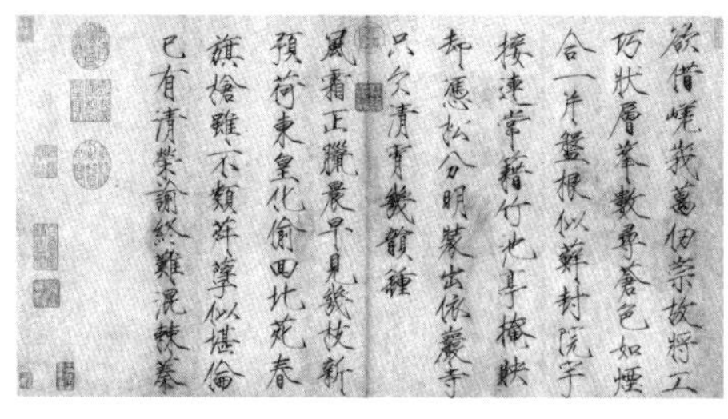

휘종徽宗의 글씨

계속 징수되었고 직역에는 대개 응모자로 충당했다. 또 호부의 좌·우조를 호부상서가 총괄하게 되었으나 우조의 조정전물을 마음대로 사용할 수는 없었다. 또 보갑의 '단체교련[단교團教]'은 폐지하였으나 농한기에 보정을 모아 '동교冬教'를 시행했다. 이처럼 구법당은 정권을 장악하고도 신법을 완전히 폐지하지는 못했는데, 신법의 폐지와 함께 발생한 여러 가지 문제의 해결이 구법당을 곤란하게 만들었다. 대체로 그들은 신법을 끝까지 반대하였으나 반대를 위한 반대로 끝나는 경우도 있었다.

휘종 때 재상에 오른 채경은 '원우간당비元祐姦黨碑'를 세우고 구법당을 대대적으로 탄압하였다. 그는 신법을 시행하였으나 이를 악용한 가혹한 정책으로 백성을 괴롭혔는데, 풍류천자 휘종에게 아첨하면서 황제의 신임을 유지하기 위해 환관과 결탁하고 장기간에 걸쳐 정권을 장악했다. 휘종도 정치에는 열의가 없고, 도교를 신앙하고 사치스러운 생활을 하며 국비를 함부로 낭비하였다. 이 때문에 정부는 지폐와 염인鹽引 등의 유가증권을 남발하고, 절십대전折十大錢과 협석전夾錫錢 같은 악화를 주조하여 화폐제도를 혼란에 빠뜨렸다. 이에 관의 기강도 자연히 무너져 신법을 시행한다 해도 성과를 올리기가 어려웠다.

이것으로 알 수 있듯이 북송이 멸망하게 된 것은 결코 왕안석이나 그가 시행한 신법 때문이 아니라, 휘종 같은 정치적 무능력자가 천자가 되고 채경처럼 정치적 식견이 부족한 기회주의자가 재상이 되어 정치를 어지럽혔기 때문이다. 즉 휘종조에도 철종 이래의 청묘법이 실시되기는 하였으나 이윽고 관인·서리들이 가명을 써서 청묘전을 빌린 후 이것을 농민에게 다시 고리로 빌려주는 등, 오히려 겸병가兼竝家를 이롭게 하는 법이 되었다. 또 철종 때 왕안석의 보갑법에 입각한 향촌제로 복귀하였으나, 휘종 때 기장·호장·장정의 품삯을 축적해 두고 지급하지 않았기 때문에 이들의 역은 차역이 되어 농민을 괴롭혔다.

휘종 때는 이미 말했듯이 한전면역법限田免役法이 시행되었다. 방전균세법도 부활되고 그 방식 역시 신종 때와 거의 달라지지 않았음에도 불구하고, 담당 관리들이 뇌물[2)]을 받고 부정을 저질렀기 때문에 오히려 조세부담의 불균형이 증대되었다. 휘종 치세 말기에 화북과 강남에서 농민반란이 일어나자 방전균세법은 폐지되었다. 신법의 부활과 함께 호부 우조는 시랑이 담당하여 재상의 관할 아래 놓였고 지방에서도 제거상평사가 부활하여 이에 속하게 되었다. 그런데 휘종 때에는 신종 이래 축적되어 있던 제거상평사의 전물이 다른 곳에서 이용하여 거의 없어져 버렸다. 또한 종래의 조정전물과 호부전물 외에 환관이 관할하는 제국소전물諸局所錢物이 새로 더해지고 궁중의 어전전물御前錢物까지 있어 이 전물들이 경쟁적으로 인민을 수탈하고 괴롭혔다.

휘종 때의 신법에는 환관에 의해 이루어진 것이 있었다. 환관인 동관童貫은 섬서·하동·하북로에서 균적법均糴法을 시행하여 도시·향촌의 호에 곡물을 할당하고 이를 시가로 수매하였다. 그러나 여기에 부정이 개입되면서 결국 이것은 강제적 할당이 되었다. 또 공전법公田法이 시행되어 이것을 환관인 양전楊戩과 이언李彦이 담당하였는데, 특히 이언은 공전을 늘리기 위해 인민의 토지를 불합리한 방법으로 박탈하고 게다가 무거운 세금을 화폐로 징수하여 천하의 원성을 샀다. 이것은 주면朱勔의 화석강花石綱과 함께 북송 멸망의 요인이 되었다. 이로 인해 화북에서는 양산락梁山濼(양산박) 송강宋江 등의 반란이 속출하고, 양절로에서는 방랍方臘의 난이 일어났다. 이렇게 하여 화북은 금이 침입하기 전에 이미 수습 불가능한 혼란 상태에 빠져들고 있었다.

이 무렵 중국 동북변에서는 여진 완안完顔 부족이 흥기하여 금국金國을 세우고 요遼를 압도해 나갔다. 이러한 사정을 알게 된 송조는 금과 동맹을 맺어 요를 협공함으로써 숙원이던 연운16주의 회복을 달성하려고 했다. 금군이 순식간에 요를 격파하여 운주雲州를 취하고 연경燕京을 점령한 데 반해, 송은 맥없이 패배하고 금군이 철수 퇴각한 후 텅 빈 연경성만 얻어 겨우 체면을 유지하였다. 이로 인해 송의 실력을 간파하게 된 금은, 전후에 송이 금에게 약속한 세폐 증여 등을 이행하지 않는데다 금국의 내부교란을 기도하였기 때문에 송으로 침입해 들어왔다. 송은 금이 제시한 굴욕적인 조건을 받아들이고 간신히 금군을 되돌려보냈지만, 되풀이하여 금을 배신하였다. 이에 다시 금의 침입을 받아 정강 원년(1127) 수도 개봉이 함락되고 다음 해 휘종과 흠종이 금군에게 붙잡혀 북방으로 끌려가 북송은 멸망했다.

1) 선인태황태후의 섭정－구법의 부활

철종 초 원우의 정치

1085년(원풍 8) 신종이 죽고 그의 아들인 철종이 13세의 나이로 제위에 올랐기 때문에 할머니인 선인태후 고씨가 섭정을 했다. 이렇게 되자 지금까지 신법에 억눌려 있었던 관료·황족 등 대토지소유자와 그들과 결탁한 호상들이 암약 책동하며 후궁을 움직였다.

원래 신법에 반대하였던 선인태후[3]는 구법당의 사마광 등을 등용하여 신법 가운데 보갑법을 개정하고 방전균세법·시역법·면행법 등을 폐지했다. 다음 해 1086년(원우 원)에는 신법당의 재상인 채확과 집정인 장돈을 파면시키고 사마광과 여공저呂公著를 재상으로 삼았으며, 보마법·이록吏祿의 법·면역법·청묘법을 폐지하고 제거상평사도 폐지했다. 또 철종 초에는

철종哲宗

선인태후宣仁太后

농전의 수리도 일으키지 않았다. 이렇게 해서 신종조의 신법 중 많은 것이 중지되었다. 나아가 소리소訴理所를 설치하여 신종 때 신법을 비판하다 처벌을 받은 자의 호소를 받아 이들을 임용하였다. 이 시대를 당시의 연호인 원우를 따서 일반적으로 '원우元祐의 치治'라고 한다.

원우의 시대에는 사마광 등의 구법당을 임용하였으나, 1086년 9월 사마광이 사망한 이후 구법당은 사실상의 통솔자를 잃게 되었다. 이 때문에 여공저·여대방呂大防·범순인范純仁 등이 재상이 되었으나 그 사이 구법당 내부에서는 파벌 다툼이 일어났다. 낙당洛黨과 촉당蜀黨의 당쟁이 그것이다. 낙당은 낙양의 유학자인 정이程頤와 그 문하의 주광정朱光庭 등이고, 촉당은 사천의 문장가인 소식蘇軾·소철蘇轍과 그 문하의 여도呂陶 등이었다.

다툼의 원인은 정이가 숭정전설서崇政殿說書로 기용되어 경연經筵(천자의 학문소 강사)이 되자, 소식이 정이의 학설은 인정人情에 가깝지 않다고 비판하며 심히 시기하고 항상 업신여긴 데 있었다. 낙당과 촉당은 그 성격性格을 달리하고 있어 서로 다투었다. 이 양당 말고도 하북 출신의 유지劉摯·왕암수王巖叟 등의 삭당朔黨도 있었는데, 이들은 앞의 두 당에 속하지 않고 인원수도 더 많았다.

이렇게 구법 내에서 파벌이 생기고 서로 다투는 동안 그 전에 물러났

던 신법당 사람들도 드디어 세력을 회복하여 구법의 결점을 공격해 왔다. 이에 여대방과 유지劉摯 등이 나서서 신법당 인사들도 채용하여 신구 양당을 '조정'해 보려 하였으나 소철의 반대로 실현되지 못했다. 그러는 동안 1093년(원우 8) 선인태후가 죽고 철종이 친정을 행하면서 신법을 채용하였다.

차역법의 부활

앞서 말한 바와 같이 원우의 정치에서는 신법이 폐지되고 구법이 대부분 부활했다. 그 중에서 중요한 것이 면역법을 폐지하고 차역법을 부활시킨 것, 향촌제와 보갑법을 개정한 것, 호부상서에게 호부 좌우조를 총괄케 하고, 제거상평사를 폐지한 것이다.

우선 면역법을 폐지하고 차역법을 부활시키기는 했지만 신종 때의 면역법 실시 이전의 차역법이 그대로 시행된 것은 아니다. 즉 면역전은 징수하지 않되 관호官戶·사관寺觀[4] 등의 조역전은 감액해서 징수하였다. 각종 직역 역시 모두 차역이 된 것은 아니었다.

우선 아전의 경우, 각 부·주 아전의 인원수는 신종 원풍 연간에 줄어든 인원수를 참고하여 투명아전(장명아전)을 모집하고, 인원이 미달할 경우 향호아전을 차역하기로 했다. 그리하여 수도로 보내는 강운綱運(운송)이나 공사고公使庫 등 무겁고 힘든 역에는 면역법과 같이 군교軍校를 파견했다. 그리고 방장·하도 등도 면역법과 같이 관이 민간에 청부하여 방장·하도전을 취하고 이를 투명아전에게 지급했다. 그로 인해 강남의 여러 로에서는 아전의 인원이 투명아전만으로도 충분했기 때문에 상등호를 향호아전에 충당시키는 일은 없었다.

주현의 인리人吏도 대부분 투명이 행해져 강남 여러 로에서는 투명으로 인원을 충족시켰다. 그러나 화북의 여러 로에서는 향호의 차역도 행해졌는데, 이런 경우는 고된 역이 되었다.

주의 산종관과 현의 수력은 차역이 되어 중등호를 이들 역에 충당시켰다. 이 때문에 중등호의 역은 면역법 때보다 훨씬 힘들어졌다.

주의 원우후는 투명을 모집한 것 같은데, 현의 궁수는 차역이었다. 다만 송 초에는 중등호를 궁수 역에 충당시켰으나, 이때는 아전이 주로 투명이 되어 있어서 제1등호를 궁수 역에 충당시켰다. 따라서 궁수 역은 상등호의 역이 되었지만, 상등호는 직접 이 역을 지지 않고 사람을 고용해서 충당시켰다.

주현의 두자·고자·도자·칭자·간자와 난두 등은 면역법 때와 마찬가지로 투명이었다.

이상과 같이 원우의 정치에서는 차역법이 부활하기는 했지만 면역법을 대부분 받아들여 아전 등의 무겁고 힘든 역에는 향호를 충당시키지 않고, 상등호를 궁수 역에 충당시켜 부담을 가볍게 했다. 그러나 중등호는 주의 산종관과 현의 수력에 충당되어 역의 부담이 상당히 무거워지게 되었다.

향촌제와 보갑법의 개정

신종조의 경우 향촌에서 보갑법을 시행하여, 보정·대보장을 기장·장정의 역에, 최세갑두를 호장의 역에 충당하고 승첩인을 고용하여 기장에 속하게 했다. 철종조에는 처음 이 향촌제를 개정하여 기장·장정과 호장을 모집하여 품삯을 주는 것으로 하고, 보장·대보장과 최세갑두, 승첩인을 기장·장정과 호장의 역으로 대체시키던 것을 중지했다. 하지만 앞서 언급했듯이 결국에는 면역법을 개정하고 차역법을 부활시켜 면역전을 징수하지 않게 되었기 때문에, 기장·장정과 호장도 차역으로 되돌렸다.

또 신종조에는 개봉부계와 하북·하동·섬서 등 3로의 경우, 보갑은 대보장을 시켜 5일마다 보정保丁의 단체교련을 실시하여, 순검巡檢 아래의 병사와 현의 궁수를 대신하게 하였다. 철종 초에는 이것을 개정하여 개봉부계와 3로의 경우, 현의 궁수를 두고 보갑의 단체교련은 폐지했다. 그 대신 보정은 매년 농한기 때 1개월간 현으로 가서 교열을 받아야 했는데, 이것을 '동교冬教'라고 했다. 또 이들 3로의 제거보갑사提擧保甲司는 로의 제형사에게 겸임하게 했다. 따라서 원우의 정치에서는 보갑법이 완전히 폐지된 것은 아니었다.

호부의 좌·우조 총괄과 제거상평사 폐지

신종 때는 호부상서가 좌조만 관할하고, 우조는 호부시랑이 담당하여 재상의 관할 아래 있었다. 사마광이 이것을 고쳐 좌·우조 모두 호부상서에게 총괄케 하고, 원래 삼사에 소속되어 있던 6부·시·감 등의 전물 역시 호부에 귀속시키고자 했다. 그러나 호부의 좌·우조 총괄은 시행이 되었으나 그 밖의 것은 시행되지 않았다. 게다가 우조의 전물, 즉 '조정전물'은 호부상서가 상주하여 허가를 얻은 후 지출하게 함으로써 자의적인 지출을 금했다. 또한 이때 신법을 중지했기 때문에 로의 제거상평사를 폐지하고, 종래의 상평창의 전물과 방장·하도전 등의 '조정전물'은 로의 제형사가 관할하게 했다.

이렇게 하여 중앙정부에서는 호부상서가 좌·우조를 총괄하였으나, 지방의 로에서는 예전과 마찬가지로 전운사가 좌조의 전물을 담당하고, 우조의 전물, 즉 '조정전물'은 제형사가 관할하는 상태가 되었다.

따라서 지방의 로에서도 전운사는 '조정전물'을 마음대로 이용하지 못하고 제형사의 감독 아래 이를 차용하여야 했다.

그런데, 이 무렵 여러 로의 전운사는 경비의 증액에도 불구하고 수입이 적어 재정이 쪼들렸는데, '조정전물'은 '궐액금군청수전闕額禁軍請受錢', '매염관잉전賣鹽寬剩錢' 등 많은 전물이 속하여 봉장전물이 증가하였다. 이 가운데 '궐액금군청수전'은 앞서 언급한 금군禁軍, 즉 조정을 지키는 병사의 수가 빠진 채 보충되지 않아 남게 된 봉급을 모은 것이다.

이들 '조정봉장전물'을 모아두기 위해 종래의 원풍고 외에 원우고元祐庫가 설치되었는데, 나중에 원우고가 원풍고에 병합되면서 원풍고에 축적된 전물이 점점 많아졌다.

2) 철종의 친정 – 신법으로의 복귀

신법당의 부활과 그 정책

선인태황태후가 죽고 철종의 친정이 시작되자, 신법당의 장돈章惇이 조정에 복귀하여 신종의 신법을 부활시키자고 권하였다. 장돈은 1094년(소성 원) 재상이 되었고, 증포曾布와 채변蔡卞(왕안석의 사위)은 집정이 되었다. 이에 면역법과 청묘법이 부활하고 제거상평사가 다시 설치되었으며, 면행법이 시행되고 보갑법과 시역법도 부활하였다. 구법당의 여대방呂大防·소철蘇轍·범순인范純仁 등은 파면되었다. 나아가 1098년(원부 원)에는 간상소리국看詳訴理局을 설치하여 원우 연간에 소리소訴理所의 심사를 거쳐 임용되었던 구법당 인사들을 상세히 조사하여 처분하는 것으로 했다.

이처럼 철종이 친정한 후에는 신법당이 부활하여 신법이 다시 시행되었으나, 1100년(원부 3) 철종이 죽고 그의 동생인 휘종이 즉위하자 섭정이 된 향태후向太后(신종의 황후)가 장돈을 사직시키고 증포曾布와 한충언韓忠彦을 재상으로 삼아 신구 양당의 융화를 도모하여 신법정책에 구법도 포함시키고자 하였다. 그러나 다음 해인 1101년(건중정국 원) 향태후가 죽고 휘종이 친정을 하게 되자 신법당의 채경을 등용하여 신법의 실시를 도모했다.

다음 해인 1102년(숭녕 원) 채경이 재상이 되어 강의사講議司를 설치하고 신법을 실시했다. 이는 왕안석이 제치삼사조례사를 설치하고 신법을 시행하였던 예를 모방한 것이다.

원우당적비元祐黨籍碑 채경이 1102년 새로이 309인의 구법당인을 선정하여 세운 비다.

그해 채경은 다시 구법당 인사들을 탄압하였다. 즉 원우 연간에 활동한 주요 인물인 사마광·여대방·소식·정이 등 120명을 간당姦黨으로 몰고, '원우간당비元祐姦黨碑'를 수도의 태학太學 단례문端禮門 밖에 세웠으며 나중에 지방의 여러 주에도 이 비를 세우게 했다. 나아가 1100년 상서上書를 올려 신종·철종 양대의 신법에 대해 그 시비를 논하게 하여, 이를 정사正邪 각 3등으로 나누어 종세미鍾世美 등 41명은 정正으로서 상을 주고, 범유중范柔中 등 541명은 사상邪上·사차등邪次等·사하邪下로 매겨 엄히 처벌했다. 또 원우당인元祐黨人(원우 연간에 정권을 잡은 구법당 인사들)의 학술을 금하고, 소식蘇軾·황정견黃庭堅 등의 문집 목판을 부수었다.

이어 1103년(숭녕 2)에 시역법을 시행하고, 그 다음 해에 방전균세법도 부활시켰다. 나아가 여러 로에 제거학사사提擧學事司를 신설하고 여러 주의 학교를 증설했다. 그 후 채경은 일시 재상직에서 물러나기도 했지만 오랫동안 재상 자리에 있으면서 정권을 장악하였다. 그 사이 동전과 철전을 개악한 협석전夾錫錢을 주조하여 화폐제도를 무너뜨리고 나중에 서술할 것처럼 국가재정을 궁핍으로 몰아넣었다. 또 앞서 말한 바와 같이 중앙 및 지방의 관제개혁도 행하였다.(제1장 참조) 그 밖에 채경은 휘종의 총애를 얻기 위해 환관과 결탁하였다.

환관은 천자의 일상생활에서 시중을 들고 천자의 신뢰를 받고 있어서 그들과 손을 잡는 것이 천자의 신임을 얻는 데 편리했기 때문이다. 채경은 앞서 항주로 좌천되었을 당시 항주로 파견되어 명금국明金局이라고 하는 관청을 맡고 있던 환관 동관童貫과 결탁하고 그를 중개로 하여 중앙에 복귀할 기회를 잡았다. 이로 인해 휘종조에는 환관 세력이 강하였고, 동관·양사성梁師成·양전楊戩·이언李彦 등이 권력을 잡고 있었다.

휘종은 정치는 채경에게 맡겨둔 채 자신은 도교를 받들고 예술을 숭상하여 토목을 일으키고 '화석강花石綱'(강綱은 선단)이라고 하여 강남의 진귀한 꽃과 돌을 수도로 옮기게 하여 강남의 백성을 괴롭혔다. 또 화북에서는 뒤에서 서술할 것처럼 환관 이언을 시켜 공전법公田法을 시행하여 화북의 백성을 괴롭혔다. 그래서 휘종 말년에는 각지에서 농민반란이 계속 일어나 금의 군대가 중국을 침입하기 이전에 이미 극도의 혼란 상태에 빠져 있었다.

철종의 친정 이후, 앞서 말한 바와 같이 청묘법·면역법·보갑법·시역법·면행법 등이 실시되고 제거상평사가 다시 설치되었다. 그리고 휘종 때는 방전균전세법과 농전수리법도 시행되었으며, 나아가 환관에 의한 균적법과 공전법 같은 신법도 시행되었다.

인민을 괴롭힌 화석강花石綱 왼쪽에 벽을 부수고 정원의 나무를 운반하는 모습이 보인다.

청묘법의 부활과 그 후의 추이

청묘법은 철종 원우 연간에 폐지되었다가 1095년(소성 2)부터 다시 실시되었다. 청묘법이 폐지되면서 '겸병가'가 다시 고리대를 행하게 되자 중소농민이 설자리를 잃었기 때문이다. 이때 실시된 청묘법도 신종 때와 마찬가지로 1년에 2푼 이자를 취하고, 상평창 전곡의 절반을 여기에 지출시키고 나머지 절반은 적조법糴糶法에 사용하였다.

이 법은 휘종 때도 실시되어 시행 초기에는 상당히 잘 운영되었던 것으로 보인다. 그러나 휘종조 중엽부터 흠종조가 되자 관호와 서리가 가명을 써서 청묘전을 빌린 후 이것을 농민에게 고리로 빌려주기도 하고, 게다가 청묘전의 본전과 이자돈을 회수하지 못하는 일이 많았으며, 이것을 취급하는 서리들의 뇌물 요구도 심해졌다.

또 휘종조 이후에는 상평창의 전곡을, 나중에 서술할 것처럼 다른 여러 관청이 유용하는 일이 많았다. 특히 중엽 이후에는 앞서 서술한 화석강과 황실 비용 등으로도 많이 사용하면서, 적조糴糶할 본전까지 부족해지게 되었다. 강남에서는 홍수와 한발 피해를 입어도 기민을 구제하지 못해 정부에 상공할 미곡을 진제미賑濟米(기근 때 중등호와 하등호를 구제하는 미곡)로 돌리거나, 혹은 내탕금內帑金(천자의 주머니돈)을 쓰는 일도 있었다. 더구나 상평창 전곡 출납 장부에는 허위 기재도 많았고, 여러 관청과 서로 그 전곡을 융통하고 있었다. 특히 휘종 말년부터 흠종조에 걸친 금국과의 전쟁에 필요한 군비가 주로 여기에서 지출되었다.

이렇게 하여 휘종 말년부터 흠종조에 걸쳐 청묘법은 겸병가를 억제한다는 본래의 의미를 잃고 오히려 그들에게 이용당하게 되었으며, 또한 신종조 이후 쌓여 있던 상평창의 그 많던 전곡도 그 밖의 다른 여러 관청들이 많이 유용하는 바람에 거의 바닥나 버렸다. 더구나 청묘전을 빌린 농민들도 그 변제와, 동일한 보保 내의 도망호에 대한 보상 때문에 고통받고 있었다. 이에 북송이 무너지자 곧 청묘법은 폐지되고, 남송에서는 상평창의 전곡이 완전히 적조법에 쓰이게 되었다.

면역법의 부활과 그 변천

철종 원우 연간(1086~1093)에는 차역법이 시행되었지만 1094년(소성 원)에는 면역법이 부활했다. 따라서 민호의 면역전과 관호·방곽호·사관 등의 조역전, 나아가 면역관잉전 등도 징수하게 되었다. 그리고 아전 이하의 여러 역은 투명投名 또는 모집으로 충당되었다.

우선 부와 주의 아전과, 주현의 공목관 이하의 인리는 모두 투명이 되었다. 또 주의 산종관散從官과 현의 수력手力은 품삯을 주게 되었다. 주의 원우후院虞候도 투명이었으나 나중에 이록吏祿을 지급하였다. 그러나 후술할 방랍의 난 이후 이록을 지급하지 않게 된다. 현의 궁수弓手도

모집을 하여 품삯을 주다가 나중에 지급하지 않게 되었다. 주현의 두자·고자·도자·간자 및 난두는 투명이었다.

이상과 같이 북송 말에는 주의 아전과 주현의 인리 이하는 거의 모두 투명이 되었다. 이들은 남송에서 주현의 서리가 되고 남송의 서리[5)]정치가 발전하게 된다.

향촌제로의 복귀와 보갑법

앞서 말한 바와 같이 1094년(소성 원) 차역법을 폐지하고 면역법을 부활시켰을 때, 향촌에서는 기장·장정 및 호장은 사람을 고용해서 충당하고, 보정·대보장 및 보정(최세갑두)을 이들 역에 대체시키지 않는 것으로 했다. 그러나 곧 보갑법의 보정·대보장을 기장으로 대체하고, 갑두를 호장으로, 승첩인을 장정으로 대체시켰다. 이는 앞서 말한 왕안석의 보갑법에 의거한 향촌제로 복귀한 것이다.

그런데 다음 해인 1095년이 되자 보정·대보장 가운데 보정의 경우 승첩인을 딸려주어 기장의 역을 대행하지만, 대보장은 하는 일이 별로 없고, 최세갑두에는 하호가 대부분 충당되어 조세·청묘전 등을 징수하는 일로 고통받았다. 이에 최세갑두를 폐지하고 대보장에게 전곡을 징수하게 하여 일세일체一稅一替시키는(한 해 세금을 징수케 하고 바꾸어주는 것) 방식으로 고쳤다. 그리고 보정에게는 기장의 품삯을 주고, 대보장에게는 호장의 품삯을 지급하였지만 장정에게는 품삯을 지급하지 않았다. 단, 보정·대보장이 기장·호장의 고역에 충당되는 것을 원치 않을 경우에는 자산을 가진 호를 모집해서 이 역에 충당시켰다.

그런데 휘종조가 되자, 이들 기장·호장과 장정의 품삯을 축적하고 이것을 지급하지 않기로 했다. 때문에 보정·대보장에게 강제로 기장·

호장 역을 대행하게 하여 이 역들은 차역差役이 되었다. 이것은 남송 때 큰 문제가 된다.

또 철종 초에는, 화북의 여러 로에서 보갑의 안열법按閱法[6]도 부활되었다. 그러나 휘종조인 1105년(숭녕 4), 경기 및 하북·하동·섬서 3로의 보갑은 농한기인 겨울철에 교열敎閱하는 것으로 개정되었다. 다음 해에는 경기 및 이들 3로에서 무신을 제거보갑관提擧保甲官으로 삼아 제점형옥사자提點刑獄使者[7]를 겸임시켰다. 그 후 이 보갑교열법은 경동·경서 양로에서도 시행되었지만 1120년(선화 2)에 이들 양로의 교열은 중지되었다. 따라서 이 법은 경기 및 하북·하동·섬서의 3로에서만 시행되었다.

3) 휘종조의 정치 – 채경의 신법정책

한전면역법의 시행

휘종조(1100~1125)에는 관료 집안, 즉 관호의 토지소유가 매우 발달하였다. 이들 관호는 차역과 과배科配를 면제받았다. 당시의 차역이란 주로 향촌의 보정·대보장의 역을 말하고, 과배란 임시 과세를 말한다.

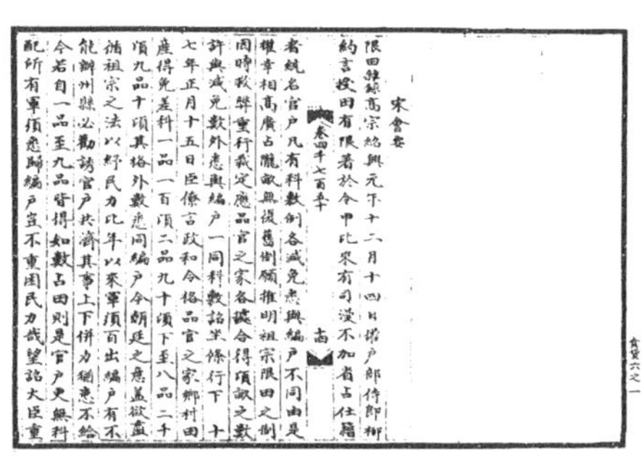

宋會要

限田雜錄高宗紹興元年十二月十四日戶部侍郎柳
約言授田有限著於令甲比來有司漫不加省占仕籍
者詭名官戶凡有科數例各减免悉與編戶不同由是
權幸相高廣占膩畝無復舊制願推明祖宗限田之制
因時救弊重行裁定應品官之家各據合得頃畝之數
許與減免數外悉與編戶一同科數詔[illegible]條行下 十
七年正月十五日臣僚言政和令格品官之家鄉村田
產得免差科一品一百頃二品九十頃下至八品二十
頃九品十頃其格外數悉同編戶令朝廷之意蓋欲盡
循祖宗之法以紓民力比年以來軍須百出編戶有不
能辦州縣必勸諭官戶共濟其事上下併力猶患不給
今若自一品至九品皆得如數占田則是官戶更無科
配所有軍須悉歸編戶豈不重困民力哉望詔大臣重

食貨六之一

정화칙령격식 영격의 한전면역법 『송회요宋會要』 식화食貨 한전限田

더구나 휘종조에는 과거를 통해서만이 아니라 진납進納(매관買官)과 보갑을 통해서도 관호가 되는 자가 많았다. 그래서 1112년(정화 2)의 정화칙령격식政和勅令格式 중 영격令格에 관호의 한전면역법을 두었다. 그 내용은 다음과 같다.

> "품관 집안의 향촌 전산田産은 차과差科를 면할 수 있다. 1품 100경, 2품 90경, 3품 80경 이하, 8품 20경, 9품 10경에 이르고, 격格 이외의 수는 모두 편호編戶와 같다."

즉, 종래에 관호는 소유하고 있는 경작지가 아무리 많아도 차역과 과배를 면제받았다. 하지만 이때가 되면 관호는 소유한 토지재산이 위의 제한범위 내일 때만 차과를 면제받고, 그 이상의 땅을 소유하고 있으면 한전액 이상의 경작지에 대해서는 일반 민호와 마찬가지로 차과를 할당받게 되었다. 예를 들어 1품 관호가 120경의 경작지를 소유하고 있다면, 차과 면제는 100경까지만이고 그 나머지 20경은 일반 민호와 똑같이 차역을 할당받아 임시과세인 과배를 관에 내야 했다. 이 관호의 한전면역법이 남송대에 강화되어 간다.

방전균세법의 부활

철종 초 방전균세법이 폐지되자, 방전균세법에 의거하여 작성되었던 장부가 파기되고, 방전의 경계를 나타내는 봉埄(봉토)도 헐렸다. 이는 겸병가가 방전균세법 때문에 세금이 늘어났기 때문에 행한 것이었다. 이 때문에 철종이 친정을 하고 나서도 이 법은 부활되지 않았다. 그런데 휘종 초기에 채경이 다시 이 법을 실시했다.

1104년(숭녕 3) 채경이 상소를 올려 빈자와 부자 사이의 조세부담이 균등하지 않으니 방전균세법을 시행하고, 여러 로의 제거상평관에게 지교관指敎官과 방량관方量官을 선발하게 하여 하북로와 경서로에서 조세 불균등이 가장 심한 현부터 이를 실시할 것을 청했다. 또 경서북로의 활주滑州 위성현韋城縣(하남성 활현滑縣) 농민도 이 법이 시행되기를 희망했다. 그 결과 방전균세법은 신종조의 것과 거의 변함없는 방식으로 실시되었다.

채경蔡京의 글씨

이 법은 그 후 채경이 재상직에 있는 동안 꾸준히 실시되었으며, 채경이 재상직을 그만두면서 일시 중단되었다. 이때의 방전균세법에서는 증세되는 경우가 많고, 또 호민과 빈민의 조세부담률을 균등히 하자고 하면서도 방량관과 서리가 뇌물[8]을 받아 경작지의 방량과 비척의 등급을 속였기 때문에 결과적으로는 오히려 조세의 불균등과 부실, 내지는 조세의 편중偏重과 편경偏輕도 불러왔다. 특히 이 법에서는 경작지를 비옥도에 따라 일반적으로 10등으로 나누고 하북로 등에서는 최저인 제10등 경작지를 다시 상·중·하의 3등으로 나누어 세금을 균등히 하였지만, 불균등을 호소하는 자가 많았다.

또 이 균세법에서도 주현성州縣城과 같은 도시의 가옥세 역시 고르게 정했다. 이것은 처음에는 20등으로 나누어 과세하였다가, 나중에 신종조의 균세법과 마찬가지로 10등으로 나누어 균등히 정했다.

휘종조[9]의 방전균세법은 화북의 여러 로뿐 아니라 강남의 양절·강동서·형호남북로와 사천의 여러 로에서도 상당 정도 실시되었던 것 같다. 그러나 강남 각지에서도 방량과 증세가 문제가 되었다. 예를 들면 강서로의 건주虔州 서금현瑞金縣(강서성 서금현)에서는 종래의 경작지 200무를 방량方量하여 20무라고 하거나, 296무가 방량 결과 17무로 되기도 하였다. 마찬가지로 건주虔州 회창현會昌縣(강서성 회창현)의 경우, 종래의 지세 13문이 균세 결과 2관 200문이 되기도 하고 지세 27문이 균세 결과 1관 450문이 되는 일 등이 있었다.

이처럼 각지에서 방전균세법의 불균등을 호소하는 자가 많아지자 1120년(선화 2) 12월 이 법의 중지를 결정했다. 이때의 조칙 내용은 다음과 같다.

"방전균세법을 실시하는데 호우형세豪右形勢의 집안은 공공연히 뇌물을 써서 조세를 감면받고,[10] 그 부담이 하호에게로 옮겨가니 민호가 곤궁해져 타향으로 떠돌게 되어 조세 수입도 감소했으므로, 불균등한 곳은 모두 방전균세법이 실시되기 이전의 세액에 따라 납부하게 한다."

이 조칙은 다음 해인 1121년 2월에 다시 포고되어 천황지天荒地(황지)·도이지逃移地(인민의 도망지)·하제지河堤地(하천의 제방지)·퇴탄지退灘地(강물이 들어간 토지) 등에 대한 방량方量도 폐지되었다.

이처럼 방전균세법은 각지에서 조세의 불균등으로 인해 폐지되는데, 실제로는 이 무렵 화북에서는 뒤에서 서술할 것처럼 '송강의 반란'이 일어나고, 강남에서는 '방랍의 반란'이 일어났기 때문인 듯하다. 천황·도이·하제·퇴탄 등의 땅에 대해서는 후술할 공전법에서 다시 논하기로 한다.

농전수리법의 확대

휘종조에는 농전수리법도 활발히 행해졌다. 1103년(숭녕 2) 채경은 농전수리법을 시행하기로 하여, 각 현의 현승에게 이를 전담시키고 로의 제거상평사에게 관할하게 했다. 이에 각지에서 피당陂塘이 만들어지고 수리전, 즉 위전·우전·호전도 많이 구축되었다.

수향水鄕인 소흥紹興의 풍경

양절로에서는 1116년(정화 6) 조림趙霖을 제거상평提擧常平겸 제거조치흥수수리提擧措置興修水利로 삼아 평강부平江府(소주蘇州)의 수리를 일으키게 했다. 이 즈음 평강부의 위전은 홍수 때문에 위전의 도랑이 무너져 물이 고이는 재해를 많이 입고 있었다. 이에 조림은 평강부의 상숙常熟·곤산崑山 2현의 36포浦(포는 앞에서 언급하였던 종포縱浦) 가운데 33포를 파서 준설하고, 갑閘(수문)을 설치하여 개폐시켜 고여 있는 물을 빼내고자 했다. 그리고 나서 위전의 제방을 고쳐 쌓게 하여 수해를 방지하게 했다. 또 조림은 상숙현과 수주秀州 화정현華亭縣(강소성 송강현松江縣)의 호수와 늪[호소湖沼]에 위전을 만들어 민호에게 소작하도록 했다.

강남동로에도 우전이 많이 축조되었다. 1112년(정화 2) 태평주太平州 당도현當塗縣(안휘성 당도현)과 무호현蕪湖縣에 걸쳐 있는 노서호路西湖에 정화우政和圩라고 하는 큰 우전을 만들었다. 또 1115년에는 강녕부江寧府 율수현溧水縣(강소성 율수현)에서 석구石臼·고성固城·단양丹陽의 세 호수 주변을 에둘러 영풍우永豊圩를 구축했다. 영풍우에는 1천 경의 논이 있었다. 이 밖에 태평주 당도현의 광제우廣濟圩와 선주宣州의 화성우化成圩·혜민우惠民圩 등도 제방을 수리하였다.

또한 절동로에서는, 월주越州(절강성 소흥현紹興縣)의 감호鑑湖는 신종조 이후 제방을 쌓아 호전湖田을 개간하였는데 휘종조에는 이 호전이 더욱 많아졌다. 나아가 1118년에는 명주明州[11](절강성 은현鄞縣)의 광덕호廣德湖가 없어지고 호전으로 바뀌었다. 이들 호전에서 거두는 수입은 제거상평사에 속했으나 나중에 서술할 것처럼 궁중 비용으로도 들어갔다.

호부 좌·우조와 재정의 분할

철종이 친정을 하면서 신법이 부활하였기 때문에 원풍 시대와 마찬가지로 호부의 좌조와 우조가 또다시 대립하게 되었다. 지방에서도 제거상평사가 다시 설치되어 호부 우조에 속하게 되자 좌조가 관할하는 전운사와 서로 대립하였다. 따라서 호부상서는 좌조만 관할하고, 우조는 호부시랑이 담당하고 재상의 관할 아래 놓여 '호부전물'과 '조정전물'은 명확히 구분되었다. 이는 철종 원우 연간에 호부상서가 좌우조의 전물을 관리하여 우조 관할 하의 상평창 전물이 다른 많은 관청에 차용되고 있었기 때문이기도 했다.

휘종조에서도 신법이 실시되었으므로 이 같은 호부 좌조와 우조의 관계는 변하지 않았다. 또 신종조에는 우조의 전물이 대부분 원풍고元豊庫로 들어가 특별 비용, 특히 군비로 충당되었으나, 휘종조에는 새로이 대관고大觀庫가 설치되어 '조정전물'은 원풍고와 대관고로 들어가게 되었다. 그러나 휘종조에도 지방 제거상평사의 전물은 앞서 말한 바와 같이 다른 곳으로 옮겨져 유용되는 일이 많았다.

그 중에서도 로에 제거학사사提擧學事司가 설치되고 나서부터는 제거상평사의 전물과 경작지가 대체로 주현의 학교에 지급되고, 더욱이 화석강이 시행되고 나서부터는 그 비용 역시 제거상평사의 전물에서 지출되었다. 또 제거상평사가 농전수리법으로 징수한, 절동의 월주 감호와 명주 광덕호 등의 호전의 조과租課(소작료)도 대부분 궁중 비용으로 들어갔다. 따라서 휘종 말년에는 지방 제거상평사의 재정도 매우 궁핍해졌다.

더욱이 휘종조의 국가재정에는 이 같은 호부전물과 조정전물 외에 '제국소전물諸局所錢物'이라는 것도 생겨났다. 이것은 후술하듯이 환관이 관할하는 서성소공전西城所公田의 전물 등을 가리킨다. 이 밖에 궁중에 직속하는 '어전전물御前錢物'이 있었다. 이처럼 휘종조에는 호부전물·조정전물·제국소전물·어전전물이 있었고, 이 각각의 전물들이 앞다투어 백성들로부터 더 많이 징수하니 백성들은 그 수탈에 신음하였다.

청묘법에서 균적법으로

휘종徽宗

휘종조에서는 앞서 말한 바와 같이 제거상평사를 통해 청묘법을 시행하였는데, 이 청묘법은 신종 초기에 섬서 청묘전의 법에 따라 미리 돈을 빌려주고 곡물 수확 후 곡물을 납부케 하는 방식이 아니라, 청묘전을 미리 빌려주고 2푼의 이자를 받는 것이었다. 그래서 휘종조에는 우선 섬서로에서 신종조 초기의 청묘법과 같은 균적법均糴法을 시행하여 병량兵糧을 조달하고, 그것을 하북·하동로에 이어 여러 로에서도 실시하였다.

휘종 초에는 감숙 방면에 있는 서강西羌의 땅을 공략하여 환관인 동관을 희하·난황·진봉로안무경략사熙河·蘭湟·秦鳳路安撫經略使로 삼고, 그 후 이들 로의 선무사로 임명하여 섬서·하동로의 변경 사무를 처리하게 했다. 이에 1111년(정화 원) 동관이 섬서로에서 병량을 확보하기 위해 균적법을 시행하고, 이어 하동과 하북 2로에서도 이 법을 실시하였다.

균적법에서는 처음 가업전家業錢(자산)에 따라 방곽(도시)과 향촌의 호에게 곡물을 할당하고 이를 시가로 사들였다. 그런데 다음 해인 1112년에 이를 폐지하고 면역전의 액수에 따라 할당액을 정해 이를 시가로 사들이는 방식을 취하고, 방곽호는 6등 이하, 향촌호는 5등 이하를 면제했다. 그렇게 해서 청묘법을 본떠 미리 돈을 지급하는 것으로 했다.

이 경우, 예를 들어 1두斗를 100문으로 계산해서 지급하고, 곡물을 납부할 때 1두가 70문이 되면 3푼(3할)을 더해서 납부하게 하며, 만약 1두가 130문이 되면 3푼을 줄여서 납부하도록 했다. 따라서 이 균적법은 돈을 미리 빌려주고 곡물로 납부케 하였다는 점에서 섬서 청묘전이나 초기의 청묘법과 동일하여 아마도 이를 모방한 것으로 짐작된다. 그러나 곡물 할당량을 면역전에 의거한다는 점, 시가의 고저에 따라 납부 수량을 증감시킨다는 점은 이전의 청묘법과 차이가 있다. 나아가 균적법을 전운사가 행한 점도 서로 다르다. 그러나 균적법을 통해 병량을 조달했다는 점은 섬서 청묘전이나 초기 청묘전과 동일하였다.

이 균적법은 1113년 이후 여러 로에서도 실시되었다. 특히 1121년(선화 3) 후술하듯이 강남에서 방랍의 난이 평정된 후 회남강절형호제치발운사淮南江浙荊湖制置發運司는 강서·형호남북·절서로에서 미곡을 민간에서 사들여(균적) 조운의 미곡에 충당시켜 수도로 운반하게 했다. 이때 형호남북로에서는 이 균적이 가업전家業錢에 따라 할당되었다. 따라서 이들 로에서는 반드시 면역전에 의해서만 할당된 것이 아니라 가업전에 의해서도 할당이 되었던 것 같다.

이 균적법에도 폐해가 있었다. 즉, 각지의 관리들 중에는 민호에게 미리 돈을 빌려줄 때 시가로 주는 것이 아니라 부당하게 싸게 주거나 혹은 돈을 주지 않고 관리가 마음대로 착복하는 경우도 있었다. 따라서 강제로 할당되는 경우도 많았다. 그러나 이 법은 북송이 멸망할 때까지 실시되었다.

공전법의 창설

공전법은 일명 '서성신법西城新法'이라고도 불리며, 신법이었지만 이것도 환관이 실시한 것이다. 그리고 이 공전법은 앞서 말한 방전균세법과 밀접하게 관련되어 있다.

공전법은 경서로 여주汝州(하남성 임여현臨汝縣)에서 처음 시행되었다. 원래 경서로는 앞서 말한 바와 같이 송 초 이래 황지가 많았고, 신종 때도 여기에 방전균세법을 실시하여 개간지의 세금을 증액했다. 휘종 때도 1112년(정화 2) 이후 이곳에 방전균세법을 실시하고 전지를 5등으로 나누어 세전稅錢을 징수하고 증세를 행했다.

이 무렵, 여주에서는 황지를 개간하여 '도전무稻田務'라고 하는 관청을 두고 이 관청을 후원작後苑作에 부속시켜 내시(환관) 양전楊戩에게 관할케 했다. 후원작은 궁중용 물건이나 황족의 혼례婚禮[12] 기물을 제작하는 관청으로 환관이 담당하고 있었다. 그 후 1116년 후원작의 도전무는 개정되어 공전소公田所가 되었다. 이후 공전법이 각지에서 시행된다.

내시 양전은 공전소의 공전을 확대하기 위해 두 가지 방법을 사용하였다. 첫 번째는 종래의 척도(자)보다 짧은 악척樂尺을 사용하여 앞서 말한 방전균세법으로 잰 토지를 다시 측량하여 그 차이로 생긴 잉여 토지를 공전으로 만들었다. 악척은 당시 조정의 아악에 사용하는 악기를 재기 위해 새로 제정된 척도로서 이 악척을 사용하면 종래의 1척은 1.0416척이 되었다. 따라서 종래 1무의 면적을 악척으로 측량하면 1.0849무가 되어 1무당 0.0849무의 공전이 나오게 되어 민전 1만 경(1경

=100무)에서 849무가 공전으로 몰수되었다.

두 번째 방법은 민호가 가지고 있는 토지의 매매계약서를 추적 조사하여, 계약서 상으로 토지소유를 명확히 증명할 수 없는 땅을 거두어들여 공전으로 만드는 것이었다. 예를 들면 당시에는 갑이 을에게서 토지를 사들일 경우, 을은 토지 매매계약서[13] 외에 원래의 매매계약서인 노계老契를 첨부하여 갑에게 넘겨주었다. 이 노계는 을이 병에게서 사들인 계약서, 나아가 병이 정에게서 사들인 계약서, 정이 무에게서 사들인 계약서 등 모든 계약서를 포함하였다. 따라서 갑이 을에게서 사들인 매매계약서만이 아니라 을이 병에게서 사들인 노계, 병이 정에게서 사들인 노계, 정이 무에게서 사들인 노계를 계속 추적하여 이 노계들 중 하나라도 없으면 이 토지를 공전으로 몰수하였다.

이렇게 해서 공전으로 몰수한 토지에는 종래와 같이 가벼운 세가 아닌 무거운 조(소작료)를 징수하였고, 더욱이 그 조는 '공전전公田錢'이라고 해서 현금으로 징수했다. 이는 말할 것도 없이 관이 백성의 토지를 부당하게 몰수한 것이었다. 이 법은 경서로의 여주에서 시작되어 경서·경기·경동·하북로에까지 걸쳐 실시되었다. 나아가 이 무렵, 궁중의 영선營繕을 맡아보는 영선소營繕所에도 이 같은 공전이 창설되었다.

송 멸망의 요인이 된 공전의 확장

이렇게 하여 설치된 후원작과 영선소의 공전은 1121년(선화 3) 양전이 사망하자 서성소의 내시 이언의 관할로 넘어갔다. 서성소西城所는 성서소城西所라고도 불리는 수도의 성서城西에 설치된 관청으로, 그 주위 상인조합의 시장과 창고를 담당하며 환관이 관리하고 있었다. 또 이 해에는 앞서 말한 바과 같이 방전균세법이 폐지되고, 천황·도이·하제·퇴탄지 등의 방량이 면제되었으나, 서성소는 이들의 토지를 모두 몰수해서 공전에 포함시켰다.

이언이 서성소의 공전을 관할하고 난 후 더 많은 민전이 공전으로 몰수되었다. 여기에는 경서로전운사 임휘언任輝彦·제거상평사 유기劉寄·경동로전운사 왕자헌王子獻 등도 협력하였다. 특히 경동로에서는 양산박의 어리漁利·어선漁船과 하검荷芡(연蓮) 등에 중세를 부과했다. 이것은 후술하듯이 1121년 양산박에서 일어난 송강 등의 반란이 평정되었기 때문에, 양산박의 어선 등에 세금을 부과한 것이었다. 또 경동로에서는 양산박이 있는 제주齊州(산동성 거야현鋸野縣)·운주鄆州(산동성 동평현)의 조전租錢을 대부분 광제하廣濟河로 옮겨 수도에 납입하게 했다. 이 때문에 양산박 주변에는 후술하듯이 장영張營 등의 반란이 일어나게 된다.

이처럼 이언의 서성소 공전이 화북 여러 로의 백성을 괴롭히고, 이 무렵 주면朱勔이 화석강을 행하여 강남의 백성을 괴롭히니 "주면은 동남(강남)에서 백성의 원한을 사고, 이언은 서북(화북)에서 원한을 샀다"라든가, "동남의 재부는 주면에게서 끝나고, 서북의 재부는 이언에게서 다한다"라는 이야기가 오르내렸다. 이 때문에 1125년 금나라 군대가 중국내지로 쳐들어오자, 서성소의 공전은 화석강과 함께 폐지되어 원래의 소유자에게 반환되었으며 양산박의 조세 역시 정지되었다. 그리고 다음 해 1126년(정강 원) 이언은 그 죄를 물어 살해당하고 임휘언·왕자헌 등도 처벌되었다.

이상과 같이 이언의 서성소 공전은 화북의 백성을 매우 괴롭혔기 때문에 남영南榮의 수필에 보면 금나라 군대가 북송으로 침입하기 전에 이미 화북에서는 이 공전 때문에 도적이 봉기하여 수습 불가능한 상태였다고 한다.(王朝淸 『揮麈後錄』 卷2 참조) 이처럼 북송 말의 공전은 북송의 멸망 요인이 되었는데, 남송에서도 말기에 가사도賈似道의 공전이 남송 멸망의 요인이 되었다는 점을 염두에 두면 북송과 남송은 묘하게도 닮아 있었다.

4) 북송 말의 반란들

『수호전水滸傳』의 송강의 난

북송 말에는 화북의 송강의 난과 강남의 방랍의 난을 중심으로 하여 많은 반란이 발생했다. 중국에서는 이들 반란을 '기의起義'라고 말하고 있다.

양산박梁山泊의 송강宋江

송강의 난은 휘종 말년에 일어난 것으로 원·명 시대에 완성된 유명한 『수호전』에 등장한다. 이것을 송대 사료에 의거하여 서술하면 다음과 같다. 남송 초기의 사람 왕칭王偁의 『동도사략東都事略』 후몽전侯蒙傳에는 "송강 등 36명이 하삭河朔(하북)·경동을 휘젓고 다니는데 수만의 관군으로도 이들을 당할 수가 없다. 그 재능은 필히 보통 사람보다 뛰어날 것이니, 그 잘못을 용서하여 투항시키고, 방랍을 공격하게 하여 속죄시킨다면 능히 동남의 난을 평정할 수 있을 것이다"라고 후몽이 말하니 그를 동평부東平府 지부知府(장관)로 삼았다고 한다.

방랍은 후술하듯이 1120년(선화 2) 10월 양절로 목주睦州(절강성 건덕현建德縣)에서 반란을 일으켰으므로, 송강 등 36명은 이 무렵 하북·경동 2로를 횡행하였다는 말이 된다. 또 후몽이 지부로 임명된 동평부(산동성 동평현)는 양산박이 있는 곳이니, 송강 등 36명은 양산박을 중심으로 활약했던 것 같다. 게다가 이 무렵 경동로 기주沂州(산동성 임기현臨沂縣)의 지주(장관)를 지냈던 장원蔣圓의 묘지명에 따르면, "송강이 망명자를 불러모아 산동을 공략하니 경동로의 주현이 크게 떨며 관리들 대부분이 도망쳤다"(張守, 『毗陵集』)라고 되어 있다. 송강은 망명 호걸들을 모아(여기에는 도망 농민도 포함되어 있었겠지만) 산동을 돌아다녔기 때문에 종래 백성에게 원한을 샀던 주현의 서리들은 대부분 이를 피해 도망쳐 숨었던 것 같다. 그리고 다음 해인 1121년 2월, 송강 등은 회남로로 남하하여 초주楚州(강소성 회안현淮安縣)에서 해주海州(강소성 동해현東海縣)로 침입하였으나, 해주의 지주인 장숙야張叔夜가 술양현沭陽縣(강소성 술양현) 현위 왕사심王師心의 계략을 써서 매복시킨 병사로 이들을 무찔러 송강 등이 장숙야에게 항복했다. 앞의 『동도사략』 장숙야전에서는 이 일을 다음과 같이 기술하고 있다.

> "때마침 극적劇賊(나쁜 도적) 송강이 약탈하며 해주에 이르렀다. 해안으로 다가가 거함 십수척을 위협했다. 장숙야가 죽음을 각오한 병사 천 명을 모아 수십 리를 가로막고, 크게 기치를 내걸며 이를 꾀어 싸우게 했다. 몰래 군사를 매복시켜 바다 곁에 감추고는 약속을 정하여 병사가 만나 싸울 때를 기다리게 했다. 곧 그 배를 불태웠는데, 배가 불타자 적이 크게 놀라 다시는 싸울 뜻이 없어졌다. 복병이 이를 틈타 공격하니 송강이 곧 항복했다."

이렇게 해서 장숙야에게 항복한 송강은 그 후 환관 동관童貫이 이끄는 군대에 들어가 방랍을 토벌하여 큰 공을 세웠다.

『수호전』 삽화 송강이 노지심, 무송 등에게 명하여 수호채의 양식을 수레에 싣고, 완소이, 소오, 소칠 들로 하여금 배에 군량과 마초를 싣고서 수륙에서 동창부東昌府에 진입하려는 것을 장청이 습격하여 탈취하려는 장면이다. 이 습격의 결과, 장청은 붙잡히고 동창부는 함락되었다.

이것이 종래의 통설이고 현재의 『수호전』에도 그렇게 기술되어 있다. 그런데 최근 방랍의 난 평정에 참여한 절가존折可存(하동로 부주府州 사람)의 묘지명이 중국에서 발견되었다.

이 묘지명에는 절가존이 방랍을 붙잡은 후 초구草寇 송강도 붙잡았다고 되어 있다. 그렇다면 송강은 방랍의 토벌에 참가하지 않았다는 말이 된다. 그래서 미야자키 이치사다宮崎市定는, 송강이 해주에서 장숙야에게 항복한 것은 1121년(선화 3) 5월의 일이고(이는 『동도사략』에만 나오고 다른 사료에는 보이지 않는다), 동관의 부하인 송강이 이 해 4월에 방랍을 잡았으므로(다음 항 참조), 여기에서의 송강은 앞서 언급한 하북·경동 2로를 휘젓고 다녔다는 송강과는 다른 인물이라는 새로운 설을 제시했다. 이 설에 의하면 앞에서 지적한 방랍의 토벌에는 참가하지 않았다는 것이 된다. 이 주장에도 다소 의문은 남지만 주목할 만한 설이다.

그런데 앞서 말한 송강 이하 36명 각각의 행적에 대해서는, 여가석余嘉錫이 『송강삼십육인고실宋江三十六人考實』에 북송 말·남송 초의 여러 사료를 널리 수집해서 실었다. 단, 이 사료에 보이는 인물들이 이름은 비록 송강 등 36명과 같다 할지라도 정말 동일인인지 명확치 않은 것도 많은 듯하다. 단지 이 사료들 가운데 남송 사람 이심전李心傳의

『건염이래계년요록建炎以來繫年要錄』 건염 원년(1127) 7월조에, 사빈史斌이 흥주興州(섬서성 약양현略陽縣)에서 반란을 일으켜 황제를 칭했다는 내용이 보이고, 그 대목에 "사빈은 원래 송강의 당이다"라고 기술되어 있다. 따라서 여기에서 말하는 사빈이 송강 등 36명 중 한 사람임이 확실하고, 그가 구문룡 사진九紋龍史進이 아닐까 추측하고 있다. 이 사빈은 상당한 병력을 거느렸던 것 같고, 다음 해 2년 10월이 되어서야 명장 오개吳玠에게 붙잡혀 참수되었다.

이처럼 송강 등 36명은 1120년 전후에 산동의 양산박을 중심으로 활약했다. 이 이야기는 남송에서도 항간에 전해지고 있었던 것 같다. 즉, 남송 말 사람인 주밀周密의 『계신잡식癸辛雜識』에, 공개龔開(자는 성여聖與)의 「송강삼십육인찬병서宋江三十六人贊并序」가 보이는데, 여기에 호보의송강呼保義宋江, 지다성오학구知多星吳學究(가량加亮) 이하 36명의 인물평이 실려 있다. 공개는 남송 말·원 초의 화가로 서예에도 능했으며, 송강 등이 침입했던 초주楚州와 항복했던 해주海州에 가까운 회음淮陰(강소성 회안현) 출신이고, 기발한 찬贊을 지은 인물이었다고 한다. 이 찬은 항간에 전해진 설화에 의거한 것이었다.

마찬가지로 이러한 설화는 남송 말·원 초에 만들어졌다고 하는 현존하는 『선화유사宣和遺事』에도 기술되어 있다. 이 『선화유사』에 보이는 송강 등 36명의 사적이 원·명대에 발전하여 현재의 『수호전』이 되었다.[14]

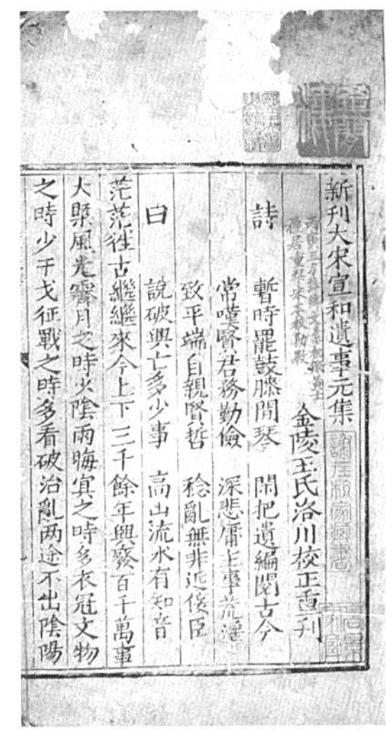
新刊大宋宣和遺事元集　金陵王氏洛川校正重刊

詩

暫時罷鼓膝間琴　閑把遺編閱古今

常嘆賢君務勤儉　深悲庸主事荒淫

致平端自親賢哲　稔亂無非近佞臣

說破興亡多少事　高山流水有知音

曰

茫茫往古繼繼來今上下三千餘年興廢百千萬事大槩風光霽月之時少陰雨晦冥之時多衣冠文物之時少干戈征戰之時多看破治亂兩途不出陰陽

『선화유사宣和遺事』 원집元集

송강의 난을 평정한 후의 양산박 주변

1121년(선화 3) 송강의 난은 평정되었으나, 그 후 이언의 서성소 공전이 가혹하게 실시되고, 양산박의 어리·어선 및 하검의 이익에 대해 무거운 세가 부과되었기 때문에 양산박 주변에서 또다시 도적집단이 발생했다. 이 집단은 수적水賊 장영張榮을 중심으로 하는 무리였다.

양산박의 어부 장영은 사람들을 양산박으로 모아들이고 수백 척의 배를 가지고 있었는데, 후술하듯이 금군의 침입으로 북송이 멸망한 후 금군을 공격하여 관직을 받고, 장적만張敵萬이라고도 불렸다. 남송시대가 되자 장영 등은 산동의 강장强壯(민병)[15]을 이끌고 의군義軍이라 칭하며 금군과 싸우면서 남하하였다. 그리고 회남로로 들어가 고우군高郵軍(강소성 고우현)의 번량호樊梁湖에 수군을 주둔시키고, 1131년(소흥 원) 금군을 축두호縮頭湖에서 크게 무찔러 많은 장수와 병졸을 붙잡고 죽여 지태주知泰州(강소성 태현泰縣)에 임명되었다.

이 밖에 화북에서는 이언李彦의 공전公田 때문에 각지에서 반란이 일어났는데, 후술하듯이 송·금이 동맹하여 요를 협공하면서 연산燕山전쟁이 일어나자, 농민들에게 양식을 운반시키고 혹은 면부전免夫錢을 부과시키기도 하였다. 또 기근으로 곤궁에 처하게 되자 이들 지방에서는 큰 반란이 연속해서 일어났다.

즉 산동에서는 장선張仙이 무리 십만을, 장적張迪이 무리 5만을 이끌고 수도 부근까지 약탈하였으며, 하북에서는 고탁산高托山이 무리 3만을 이끌고 있었다. 장적·고탁산 등은 관에 투항하였지만, 화북의 반란은 점점 많아지고 금군이 침입한 후에는 반란군이 대부분 강남으로 옮겨가 남송을 괴롭혔다.[16]

방랍方臘의 난

방랍은 1120년(선화 2) 10월 양절로 목주睦州 청계현靑溪縣(절강성 순안현淳安縣)에서 반란을 일으켰다. 이 무렵 소주 출신의 주면朱勔이 휘종을 위해 '화석강'이라고 하여 강남의 이름난 나무·진귀한 돌·기암奇巖 등을 민가에서 빼앗아 일꾼을 징발해서 수도로 운반하게 하는 등 백성을 괴롭히고 있었다. 또 동관童貫은 앞서 소주와 항주에 조작국造作局을 두고 궁정의 기물을 만들게 하였는데, 이 조작국은 청계현에 있는 방랍 소유의 칠원漆園에서도 가혹하게 징수를 행하였다. 방랍은 이때 반란을 일으켜 자신을 성공聖公이라 하고 영락永樂이라는 연호를 사용하였으며, 재상 이하의 관리를 두고 머리띠 장식으로 관리 계급을 나누었는데 홍건紅巾 이상 6등을 두었다.

방랍은 원래 '끽채사마喫菜事魔'[17]라고 하여 채식을 하고 마귀를 섬기는 교단의 수령이었다. 남송 사람 방작方勺의 『청계구궤靑溪寇軌』에 의하면, 이 교도는 술과 고기(육류)[18]를 먹지 않고, 신불神佛을 섬기지 않고, 단지 달과 해를 섬겨 진불眞佛로 삼고 "평등을 법으로 삼아 높고 낮음이 없다"라고 한 것처럼 평등사상을 지녔다. 교도들은 서로 돕고 숙식을 제공하며, 수령을 마왕魔王이라고 부르고 이를 돕는 자를 마모魔母라고 했으며 교도는 돈을 바치고 향[19]을 불살랐다. 또 인생은 고통이고 사람을 죽이는 것은 그 고통을 구제하는 일이니 이를 '도인度人'이라고 했고, 도인이 많으면 성불成佛한다고 하였다. 이것은 당대에 중국에 전래되었던 마니교의 흐름을 흡수한 것이라고 보는 설도 있다.

방랍이 난을 일으키자 교도뿐만 아니라 많은 농민들이 그에게 호응하였다. 그들은 종래 주구를 일삼아 온 관리들을 살해하고, 호족과 부잣집을 습격하여 자산을 약탈했다. 이렇게 하여 1120년 12월 반란군

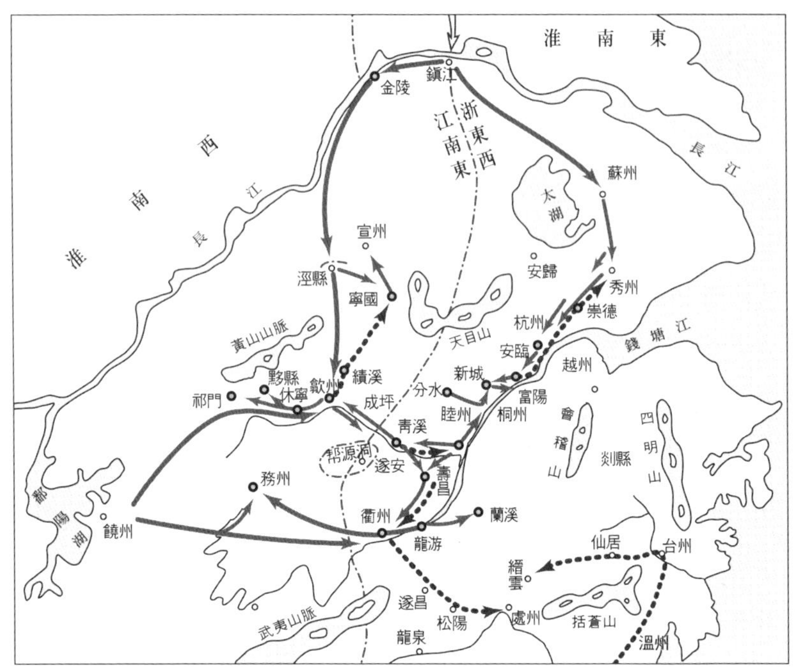

방랍의 난 관련 지도

은 목주睦州·흡주歙州(안휘성 황산시黃山市)·선주宣州(안휘성 선성현宣城縣) 등 여러 현을 함락시키고 드디어 항주를 공격하여 무너뜨렸다. 이 소식에 놀란 휘종이 영추밀원사領樞密院事 동관에게 명하여, 당시 금과 결탁하여 요를 습격하기 위해 징집한 15만 대군을 보내 방랍 토벌에 나섰다. 그리고 화석강을 중지하고, 소·항 조작국을 폐지했다.

다음 해인 1121년 정월, 방랍은 방칠불方七佛에게 6만 무리를 주어 수주秀州(절강성 가흥현嘉興縣)를 공격하게 했으나, 함락에 실패하고 퇴각했다. 이에 정부군이 항주를 회복하고, 2월에는 선주·흡주를 되찾았으며, 4월에는 목주 청계현을 공격하여 드디어 방랍 등을 포로로 붙잡고 그 일당 7만 명을 죽였다. 그런데 이 정부군 안에서 앞서 말한 송강이라는 이름이 보인다. 그러나 이 반란에는 월주(절강성 소흥시)의 마적魔賊 구도인

仇道人, 태주台州(절강성 임해현)의 여사낭呂師囊 등도 참가하고 온주溫州·태주 등도 약탈당하였다. 이 반란이 모두 평정된 것은 다음 해 선화 4년 3월의 일이었다.[20]

이 반란으로 양절동서·강동로의 6주 52현이 병화를 입고 200여만 명의 피해자를 냈으므로, 정부는 이들 지방의 각종 세금과 공사 채무의 지불을 면제해주고 전호의 소작료도 감면해주라고 명했다. 이들 지방은 정부의 중요한 재원지대여서 재정적인 타격도 컸는데, 앞서 말한 균적법이 강남에서 시행된 것은 이 이후였다. 또 경제전經制錢이라고 하는 잡세도 창설되었는데 이것도 반란으로 인한 재원을 보충하기 위해서였다.

방랍 이후 난의 속발

방랍의 난 후에도 1126년(정강 원) 12월에는 엄주嚴州 수안현遂安縣에서 이교도인 예종경倪從慶 등이 반란을 일으켰고, 그 후에도 이 지방에서 같은 교도의 반란이 잇달아 일어났다. 비슷한 반란은 호남북에서도 발생했다.

즉 1130년(건염 4) 2월 호남로 정주鼎州(호남성 상덕현常德縣)에서 종상鍾相이 반란을 일으켜 스스로 초왕楚王이라 칭하고 천전天戰이라는 연호를 사용하며 여러 관직을 두었다. 앞의 『건염이래계년요록』의 건염 4년 2월조에 의하면, 종상은 "좌도左道(이단)로써 무리를 미혹시키며 스스로 '천대성天大聖'이라 칭하고 자신은 신령한 힘이 있어 하늘과 통한다고 하면서, 사람의 병을 잘 고친다"고 하였다. 또 "(나라의) 법에서는 귀천貴賤과 빈부를 나누고 있으나, 이는 좋은 법이 아니니 자신이 법을 행한다면 귀천을 평등히 하고 빈부를 균평히 할 것이다"라고 하여, 이른바 '균산

均産'을 표방하였다.

종상이 반란을 일으키자 예澧(호남성 예현澧縣)·담潭(호남성 장사시長沙市)과 형남(호북성 강릉현江陵縣)·협峽(호북성 의창시宜昌市) 등 호남·호북의 여러 주현에서 많은 농민이 여기에 호응했다. 종상은 이들을 '충의민병忠義民兵'이라 부르고 관청·시장·사관寺觀과 호민의 집을 약탈하고 불살랐으며, 관리·유생·승도僧道를 모두 붙잡아 죽였다. 종상은 곧 살해당했으나 양요楊幺 등이 그의 아들인 종자의鐘子儀를 옹립하여 호수의 요새 안에 들어앉아 농성하니, 그 병력이 강력하여 1135년(소흥 5) 6월이 되어서야 간신히 명장인 악비岳飛에 의해 평정되었다.[21]

5) 금국의 발흥과 북송의 멸망

여진인의 민족국가

여진 무사

송은 인종 경덕 원년(1004) 요나라와 전연의 맹을 체결한 후,[22] 요나라와 백여 년에 걸쳐 평화를 유지하였다. 그러나 12세기 초 무렵, 요나라의 동북 구석에 위치한 북만주 삼림지대에서 여진족이 대두하여 동아시아 역사에 일대 변화를 일으켰다.[23]

여진족이라는 이름은 10~11세기 무렵부터 문헌에 나타난다.[24] 당唐대에는 읍루邑婁·말갈靺鞨[25]과 같은 퉁구스계 민족으로 산과 들에 흩어져 살면서 소박한 수렵·농경 생활을 영위하였다. 그들은 많은 부족으로 나뉘어 하천을 따라 생활조건이 좋은 땅을 골라 거주하고 있었으나, 점차 발전하여 지역마다 부족연합을 이루었다. 요나라 사람들은 이 가운데 요나라의 지배 하에서 개화된 자를 숙여진熟女眞, 동북 변경 밖에 살며 미개한 자를 생여진生女眞이라고 불렀다.

여진인의 발흥에서 중심이 된 부족은 지금의 흑룡강성 동남부를 흘러 송화강松花江에 합쳐지는 아십하阿什河 유역에 거주하던 완안完顔 부족이었다. 11세기 후반 들어, 완안 부족에서 계속 유능한 족장들이 배출되어 부근의 여러 부족들 사이에서 지도적인 지위를 차지하기에 이른다. 이 지역은 요나라의 동북 국경과 접하고 있었는데, 여진인은 인삼·모피·사금·진주·말 등을 요나라와 남쪽의 고려에 수출하고, 무기 등을 사들여 군비를 정비하고 가까운 곳으로부터 점차 멀리 광범한 지역의 여진 부족들을 세력 하에 넣었다.

이 무렵 요나라는 생여진의 여러 부족에게 불합리한 요구를 들이밀고 이 요구를 받아들이지 않으면 박해하였다. 그 중에서도 당시 요나라 왕후귀족들에게 사랑받고 있던 매사냥에 사용할 '해동청골海東青鶻'이라고 하는 우수한 매를 얻기 위해 수단방법을 가리지 않고 여진인을 괴롭혔다. 이 때문에 요나라에 대한 여진인의 원한이 해마다 쌓여, 요나라를 배반하는 것은 이제 시간 문제였다.[26] 게다가 요나라 천조제天祚帝(1101~1125)는 이러한 상황은 눈치도 못 채고 수렵에만 빠져 국운이 점차 기울고 있었다.

12세기 초 아십하 유역의 완안부 수장 아구타阿骨打가 이 정세를 교묘히 이용하여, 1114년 공공연히 요나라에 반기를 들고 요나라 동북 변경의 요충지 영강주寧江州를 습격하여 함락시켰다. 그리고 영강주 근방의 발해인[27]과 숙여진을 복종시키고 다음 해인 1115년(요 천경 5, 송 정화 5) 정월 황제가 되어 국호를 금, 연호를 수국收國이라 정하고,

아십하(상경上京 회령부會寧府) 부근에 수도를 정했다. 여진 민족국가의 성립이었다. 금金이라는 국호는 완안 부족의 근거지인 아십하(황금의 강)에서 딴 것이다.

발극렬勃極烈 제도와 맹안猛安·모극謀克제

모극의 도장 내몽골 출토. 맹안모극 지배 하의 다왕국산모극多厎撋山謀克의 도장. 왼쪽은 도장 바깥에 새겨진 글자로 대정大定 5년(1165) 윤5월로 되어 있다.

아구타는 금을 건설하고 곧 국가조직을 만드는 데 노력을 기울였다. 새로운 지배조직과 정치제도를 통해 황제권력을 강화하고 통일을 굳히기 위해서는 오랜 씨족제에 입각해 있던 정치조직을 극복할 필요가 있었던 것이다.

우선 발극렬 제도를 제정하였다. 이는 독립하기 전 완안부 내에 설치되어 있던 중요 정무의 합의결정기관이었는데, 이것을 새로운 민족국가의 황제직속 중앙정무기관에 적합하게 개변·조직화한 것이다. 암반諳班·국론國論 등의 네 발극렬勃極烈을 두고, 뒷날 개칭·신설이 이루어져 여러 명의 발극렬이 황제 아래에서 정무를 총괄했다. 당초에는 합의제에 가까웠으나 점차 담당 업무가 정해지고 정치정세의 변화와 국력의 발전에 따라 변천을 거듭하며 1134년(천회天會 12) 중국식 3성제도가 설치될 때까지 그 역할을 수행했다.

또 금의 통제 하에 들어온 여진인은 '맹안·모극제'라고 하는 새로운 정치·군사조직으로 편성하였다. 이는 건국에 앞서 1114년 가을에 제정된 것으로, 300호를 하나의 행정단위로 묶어 모극謀克이라 부르고, 10개의 모극으로 하나의 맹안猛安을 조직한다. 그리고 이것을 각각의 우두머리인 맹안·모극이 지배한다. 그리고 나서 하나의 모극 집단에서 약 100명의 병사를 징집하여 하나의 모극군을 편성하고, 10개의 모극군으로 하나의 맹안군, 즉 천명의 군대를 조직한다. 지휘관은 행정조직의 우두머리인 맹안·모극이 맡았다. 맹안은 여진어인 '밍간' 즉 천千이라는 뜻이며, 모극은 족장이라는 뜻이다. 이처럼 정치제도이자 군사제도이기도 한 맹안·모극제를 마련하여 당시까지 각각의 여진 부족에 존재하던 지배조직을 해체시키고 새로운 행정·군사조직으로 편성함으로써 통일적인 지배를 이룩하고 중앙권력의 강화를 꾀할 수 있었다.

맹안·모극제는 이후 금이 화북으로 진출한 후에도 활용되었다. 즉 새로운 영토에 이주한 여진인은 모두 맹안·모극으로 편성되어 땅과 일소[경우耕牛] 등을 받아 우대를 받았고, 금나라 군사력의 근간으로서 멸망할 때까지 존속되었다.

또 여진은 자신의 말을 표현할 문자가 없었기 때문에 1119년 아구타가 완안희윤完顔希尹에게 명하여 여진대자女眞大字를 만들게 하고 이것을 통용시켰다. 나중에 1138년(천권天眷 원) 간편한 여진소자女眞小字가 제정되어 금 일대에 걸쳐 사용되었다.

여진문자

송·금의 대요동맹

아구타는 건국 후 곧 숙여진의 중심지인 황룡부黃龍府를 함락시켰다. 사태의 중대성에 놀란 요나라 천조제가 총력을 다해 70만 대군을 편성

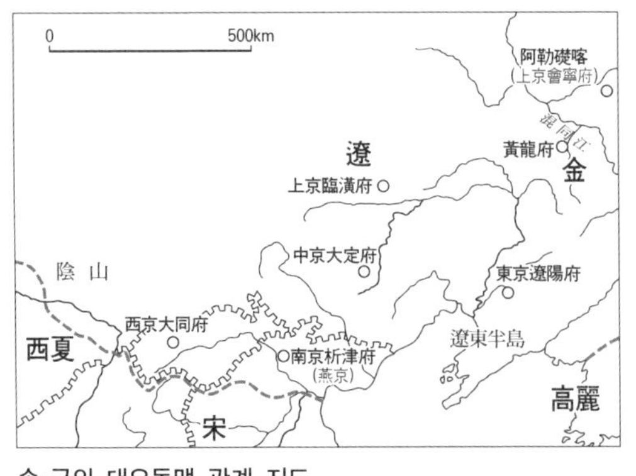

송·금의 대요동맹 관계 지도

하여 친정에 나섰으나 아구타는 이 대군을 혼동강混同江 강변으로 끌어들여 대패시켰다. 새로운 군사조직의 위력을 유감없이 발휘한 것이다. 천조제는 수도로 도망치는 데는 겨우 성공했으나 이때 이후 만주에서의 요나라 권위는 실추되어 발해인이 각지에서 반란을 일으키게 되었다. 아구타는 이 혼란을 틈타 남하하여 많은 발해 유민과 숙여진을 복종시키고 요동 방면을 경략하여 요나라의 중심부인 요서로 향할 움직임을 보였다.

송은 요와 화평관계를 맺고 있었지만 요에게 빼앗긴 연운16주를 회복하려는 꿈을 결코 잊지 않았다. 송 조정은 숙적인 요의 배후에서 여진족이 신왕조인 금을 세워 요군을 격파했다는 정보에 크게 기뻐했다. 이어서 금군이 요동을 점령했다는 소식을 접하자 해상을 통해 요동반도를 경유하여 사절을 아륵초객阿勒楚喀(상경 회령부)으로 파견하여 송·금이 제휴하여 요를 멸망시키자는 의도를 전했다. 1118년(송 중화 원)의 일이다. 그런데 당시 금의 아구타는 요로부터 강화를 제의받고 요와의 사이에 화의 사절이 왕래하고 있었기 때문에 송의 제의를 즉각 받아들이려고는 하지 않았다. 아구타는 교묘히 요·송 두 나라와 교섭을 계속하다가, 요와의 화의에 전혀 진전이 보이지 않자 결국 요를 버리고 송과 동맹하여 요를 공격할 생각을 굳혔다.

송은 동맹의 조건으로 종래 요에게 주고 있던 세폐를 금에 증여할 것, 요를 협공할 때 금은 만리장성을 넘어 하북 쪽으로 침입하지 않을 것, 동맹 후 요와 화평을 체결하지 않을 것 등을 제시하였고, 금은 이를 수락했다. 그 후 또다시 송이 사절을 보내 교섭을 하였는데, 연경燕京 공격은 송이 맡고 서경西京 공략은 금이 맡되 서경은 장성 이남의 땅이니 점령하게 되면 원래의 교섭대로 송에게 할양하라는 제의를 받았다.

아구타가 이 새로운 제의에 어떤 확답도 하지 않는 동안, 양국의 요에 대한 협공 논의는 급진전되어, 송·금 양군은 대요 전쟁에 돌입하였다.

금군은 패주하는 천조제의 요군을 추격하여 곧 서경 대동부大同府를 함락시켰지만, 천조제는 음산陰山으로 도망쳐 서하의 후원을 받으며 금군에 대항하기 위한 세력을 구축하였다.

요의 멸망

송은 직접 제의한 동맹조약에 따라 연경을 공략해야 했다. 그러나 앞서 말했듯이 강남에서 방랍의 난이 일어나면서 대요 정벌을 위해 정비해둔 동관의 정예부대를 난을 평정하는 데 동원하는 바람에 작전행동이 늦어졌다. 겨우 방랍의 난을 진압하고 동관의 대군이 북방으로 향했을 무렵에는 연경을 중심으로 한 몇몇 주를 제외한 연운16주의 대부분을 금군이 점령하고 있었다.

송의 대군은 의기양양하게 연경으로 밀어닥쳤다. 당시의 연경은 그동안 요 황실의 일족인 야율순耶律淳이 이 지방 한인들에게 옹립되어 천석황제天錫皇帝로 칭하면서 한인관료와 강력한 군대를 바탕으로 멸망이 임박한 요나라 최후의 거점으로 되어 있었다. 그러나 이윽고 천석황제가 사망하고 연경 내부에서 동요가 일어나자 발해인과 한인들로 구성된 상승군常勝軍[28]이 곽약사郭藥師의 통솔 아래 송에 투항하였다. 동관 등은 이에 힘입어 힘을 합쳐 금에 대항하자는 요의 제의를 거부하고 마침내 연경을 공격했다. 하지만 송군의 위력은 형편 없어서 멸망을 앞둔 요군에게조차 맥없이 패하며 연경 회복은 생각도 할 수 없는 상태였다. 패전의 죄를 물을 것을 두려워한 동관이 몰래 아구타에게 원군을 요청하였고 이에 금군은 곧바로 남하하여 연경을 함락시켰다. 요 황실의 일족 야율대석耶律大石이 음산으로 도망쳤고 이로써 화북의 요 세력은 일소되었다.

송은 맹약에 의거하여 금에게 연경의 할양을 요구했다. 금에서는 자력으로 공략한 연경의 처리 문제를 두고 아구타와 여러 장수들 사이에 논의가 일어났다. 아구타는 맹약에 따라 연경을 송에게 돌려줄 생각이었으나, 여러 장수를 비롯하여 금에 투항한 요의 한인관료와 연경 성내의 한인들까지 모두 금이 연경을 병합하기를 희망하였다. 왜냐하면 연경의 한인들은 송이 상승군을 금에 인도하지 않는 대신 자신들을 장성 밖으로 내치려 할 것에 반대하였고, 또 문화수준이 낮은 금을 따르게 될 경우 중용되어 출세할 수도 있다고 생각했기 때문이다.

결국, 아구타는 연경을 송에 넘겨주되 그 대신 송으로부터 전 100만 민·병향兵餉 20만 석을 받는다는 조건으로 연경 성내의 주민과 재물을 모두 북방으로 옮겨 갔다. 따라서 송에게 돌아온 것은 텅빈 성뿐이었지만 어쨌든 연운16주 가운데 가장 중요한 연경과 그 부근의 여러 주를 되찾은 것으로 체면치레를 하고, 궁정에서는 축하연을 성대히 베풀고 동관도 관위가 진급하였다.

그 후 금에서는 아구타가 병사하고, 그 동생인 오걸매吳乞買가 즉위했다. 아구타를 금의 태조, 오걸매를 태종이라고 한다. 태종은 산서 북부로 진출한 요의 천조제를 붙잡았고 이때 요왕조는 명실공히 멸망했다. 때는 1125년(금 천회天會 3, 요 보대保大 5)으로, 태조 야율아보기가 요를 건국한 이래 9대 210여 년 만에 그 명맥이 끊겼다. 그러나 야율대석이 중앙아시아로 도망쳐 1132년(금 천회 10) 그곳에 서요국西遼國, 즉 카라키타이를 건설했다. 이 나라는 약 80년간 이어졌다.

금 태조릉

말기의 북송과 금의 공세

송에서는 연경을 회복하기 위한 연산燕山전투에 필요한 군비를 조달하기 위해 지폐와 약속어음을 남발하여 경제가 혼란해지고 물가가 등귀하여 민중을 고통에 빠뜨렸다. 더욱이 이때는 면부전免夫錢이라고 해서 인두세 2천만 민을 새로이 부과하여 산동·하북·하남에서는 반란이 속출했다.

이러한 불안정한 정세 속에서도, 송은 여전히 신흥국 금[29)]을 경시하며 도발적인 행동을 취하고, 세폐 제공 등의 약속을 지키지 않았다. 게다가 북으로의 이주에 불만을 품은 연경의 사인士人들이 투항한 요나라 장수 장각張覺을 부추겨 평주平州에서 (금에 대해) 반란을 일으키고 송과의 내통을 꾀하자 송이 이를 받아들였다. 이윽고 장각이 (금에게) 패하여 송으로 도망쳐 숨자 금은 그의 신병인도를 요구했다. 음모가 발각될 것을 우려한 송은 장각을 목졸라 죽이고 그의 머리를 금군에게 내주었다.

이어서 송은 음산에 숨어 있던 요의 천조제와 몰래 연락하여, 그와 호응하여 금의 서경지방을 교란시키고자 했다. 그러나 곧 천조제가 금군에게 붙잡히면서 송의 음모가 모두 금에 알려지게 되었다. 수차례에 걸친 송의 배신 행위에 금은 격노했다. 송을 징벌할 군대를 일으키자는 여러 장수들의 주장이 태종을 움직여, 1125년(송 선화 7, 금 천회 3) 10월 군사를 일으켜 연경과 운주 두 방면에서 송의 수도 변경汴京을 습격하는 형세를 보였다. 연경을 지키고 있던 항장降將 곽약사는 금에 항복하였고 동관은 태원太原에서 변경으로 도망쳐 들어왔다.

안일한 나날을 보내던 송의 풍류천자 휘종은 금군의 대거 남하 소식에 경악했다. 이에 백성의 원성을 사고 있던 화석강과 서성소의 공전 등을 폐지하고 "자신을 스스로 벌하는 조칙"을 내어 전국적으로 근왕勤王의 군사를 모으고 아울러 26세의 맏아들 흠종에게 제위를 물려준 후 스스로 교주도군황제敎主道君皇帝라 칭했다. 선화 7년 12월의 일이다.

다음 해인 정강 원년 정월, 금군이 황하를 건너 수도 개봉을 포위했다. 상황上皇 휘종은 금군이 황하를 건넜다는 소식을 듣고는 밤중에 동관과 함께 수도를 빠져나가 강남의 진강鎭江으로 피신하였고, 전 재상 채경과 현 재상 왕보王黼 역시 개봉에서 도망쳐 일신의 안전만을 도모하였다. 왕보는 도중에 주살되었다.

개봉에서는 주전파인 이강李綱을 중심으로 방어전을 치렀으나, 성내에서도 화·전 양론이 대립하여 결론을 내리지 못했다. 그러는 동안에도 성은 함락의 순간에 가까워지고 있었다. 송 측은 금에 강화를 제의했지만, 교섭 도중에 금군이 마음을 놓고 있을 것으로 생각한 송의 주전파가 금군을 기습공격하였다. 하지만 송군은 오히려 금에 대패하였고 분노한 금은 송의 해명에도 불구하고 강경한 태도를 취했다.

송은 이강 등에게 책임을 물어 파면시키고 금이 제시한 가혹한 조건을 그대로 받아들일 수밖에 없었다. 조건은 배상금으로 금 5백만 냥·은 5천만 냥·소와 말 1만 마리·표단表段 1백만 필을 금국에 보낼 것, 금의 황제를 받들어 백부伯父라 할 것, 하북의 요충지 중산中山·하간河間과 산서 태원의 3진鎭[30] 20주를 할양할 것, 재상·친왕 각 1명을 인질로 보내고, 연경·운주 출신으로서 송으로 도망친 자는 전부 금으로 송환할 것 등이었다. 금으로서도 전쟁의 연장이 불리하다고 생각하고 있었기 때문에 화평의 성립과 함께 북으로 철수하였다.

금, 북송을 멸하다

그러나 송에서는 이 굴욕적인 조건을 둘러싸고, 태학생 진동陳東 등이 탄원서를 올려 하야한 이강 등을 복귀시키고 이러한 사태를 불러온 책임자인 채경·동관 등을 처벌할 것을 요구했다. 흠종은 결국 책임자들을 유형流刑[31]에 처했는데, 동관은 유배지인 영주英州(광동성 영덕현英德縣 북쪽)로 가는 도중에 사형을 당했고, 채경은 80세의 나이로 유배지로 가던 중에 사망했다.

주전파 이강이 요직에 복귀하고, 근왕의 군사가 개봉으로 집결하자 송조는 강경한 태도로 돌아섰다. 앞서 금에게 할양을 약속했던 태원 등 3진의 장병들에게는 금국 측에서 성채를 압수하러 오면 단호히 항전하라고 명령하고, 금의 지배 하에 있던 거란인을 선동하여 배신을 획책하였다.

금은 계속되는 송의 배신 행위에 격노하여 또다시 그 죄를 묻는 군사를 일으켜 이전처럼 하북과 산서 두 방면에서 송의 국내로 진격했다. 종망宗望(알리불斡離不)의 인솔 하에 하북에서 내려온 금군은 11월 개봉을 포위했다. 이어 태원에서 송군의 필사적인 저항으로 진격을 못하고 있던 종한宗翰(점한粘罕)의 군대가 이들과 합류하여 40일에 걸쳐 맹공을 퍼부어 마침내 윤11월 말 개봉을 함락시켰다.

송은 황하 이북의 할양을 조건으로 하는 화평안을 제시하였지만, 금 측에서는 천문학적 액수의 배상을 요구했다. 그리고 송이 이 조건을 충족시켜줄 만한 능력이 없다는 것을 알고는 개봉 성내의 국고國庫와 내고內庫에 저장되어 있던 금은포백과 휘종이 오랫동안 수집해온 서화 골동품 등에 이르기까지 모든 것을 약탈해 갔다. 더욱이 그 사이 금은 송왕조를 폐지한다는 중대한 결정을 내리고, 송의 상황인 휘종, 황제인 흠종을 비롯한 종실·관료·기예자技藝者 등 수천 명을 납치하여 북으로 끌고 갔다. 이것이 정강 2년(1127) 3월에 일어난 그 유명한 '정강靖康의 변變'이다. 이렇게 해서 북송은 태조 조광윤이 즉위한 이래 아홉 임금 167년 만에 무너졌다.

제6장

남송의 정치정세와 금과의 관계

1) 금의 화북지배

화북의 괴뢰국가

금군이 남하하여 수도를 점령한 후 상황 및 황제 이하 3천 명을 포로로 끌고 가고 막대한 양의 금은재보 등을 전리품으로 빼앗아 가 송은 멸망의 위기에 처했다. 이것이 송에게 경천동지驚天動地할 중대사건이었다는 것은 말할 것도 없다. 그러나 금으로서도 이정도까지의 사태 진전을 반드시 예정하고 준비했던 것이 아니었다. 건국하고 겨우 10년밖에 안 된 금이 대국 송을 타도하게 된 것은 말할 것도 없이 군사력에 의거하였지만, 한편으로는 시운이 그렇게 이끌었다고도 할 수 있어, 시국은 의외로 급진전을 보였던 것이다.

금은 송의 수도 개봉부를 점령하기는 했지만 점령 후 이것을 어떻게 처리할지에 대해 어떤 준비도, 계획도 없었다. 동북의 산속 오지에서 튀어나온 여진인이 문화수준도 너무 높고 인구도 많은 한족을 통치할 실력을 갖추고 있을 리 없었고, 그들 자신 역시 이 사실을 잘 알고 있었다. 이에 금이 생각해낸 한지漢地 통치책이 괴뢰국가를 세워 송을

오늘날의 서호西湖 풍경

맡기고 자신은 배후에서 조종한다는 방책이었다. 이 방책 아래 세워진 것이 장방창張邦昌의 초楚였고, 유예劉豫의 제齊였다.

송 측에서는 황하[당시의 황하는 지금의 하북성 복양濮陽·대명大名을 거쳐 천진天津 부근에서 바다로 흘러 들어갔다. 금대에 이 황하 물길에 큰 변동이 생겼다. 즉 1194년(명창明昌 5), 지금의 하남성 양무陽武(원양현原陽縣)에서 봉구현封丘縣을 거쳐 동류하여 양산박으로 들어가 두 줄기로 나뉘었는데, 남쪽 줄기[남파南派(남청하南清河)]는 사수泗水와 합류해서 청하구清河口에서 회수淮水로 들어가고, 북쪽 줄기[북파北派]는 제수고도濟水故道(북청하北清河)로 흘러 바다로 흘러 들어가, 종래의 주된 물길이었던 북류北流(구하舊河)는 완전히 끊겼다. 이것이 이후 황하 물길의 큰 흐름을 결정한 명창明昌의 하결河決로서, 황하 물길의 변천사에서 중대사건이었다] 이북을 금에 할양하고 송의 황족을 황제로 세우고 싶어했지만 금이 이를 허락하지 않고 송의 황족이 아닌 다른 성씨의 현인賢人을 군주로 삼기 위해 적임자를 구한 결과, 전 태재太宰(수상) 장방창을 황제로 낙점하였다.

장방창은 첫 번째 개봉 공격 때(1126년 정월) 화의를 위한 인질로서 휘종의 황자 숙왕肅王 추樞와 함께 연경(지금의 북경)으로 연행되었던 인물이다.

위에서 지적했듯이 1127년 3월 7일 금은 장방창을 황제로 즉위시키고 나라 이름은 대초大楚, 수도는 금릉金陵(지금의 강소성 남경시), 영역은 황하 이남으로 정했다. 당시 금릉은 아직 금이 영유한 상태가 아니었기 때문에 실제로는 명목에 불과했지만 장래의 기대를 드러낸 것이라 하겠다. 장강長江을 중심으로 하는 지대가 영토의 중심이 될 것이므로 국호는 '초'로 정했다.

장방창은 송의 능묘[1] 보전, 금은金銀 징수의 중지, 3년간 동도(개봉)를 빌릴 것, 금군의 철수 등을 금에게 요청하고 이를 허락받았다. 그 결과 개봉은 이제 병화兵禍에서 벗어나게 되었고, 금군은 개봉에서 물러나 모두 황하 이북으로 철수하였다.

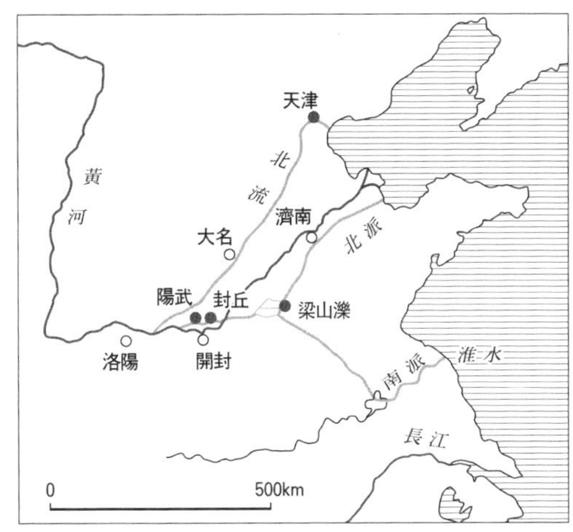

황하의 물길 명창 5년 황하 물길은 양무陽武 봉구封口를 지나 양산박梁山泊(濼)으로 들어가고, 다시 남북 두 갈래로 나뉘어 바다로 들어갔다. 천진天津 부근에서 바다로 들어가는 북류는 폐절廢絶되었다.

장방창은 금의 협박 때문에 할 수 없이 황제가 되었지만, 그 무렵 화북 각지에서는 금군의 남진에 저항하는 송군과 이른바 의군義軍이 활약하고 있었다. 그들은 휘종의 아홉 번째 아들이자 흠종의 동생인 강왕康王 구構를 추대했다. 이 강왕이 응천부應天府(하남성 상구시商丘市)에서 황제에 즉위하니, 바로 남송의 고종이다. 강왕이 정강의 변 당시 개봉에 있지 않았기 때문에 유일하게 난을 모면한 황족이 되었다는 것은 앞에서 언급한 바 있다.

한지漢地 통치와 군사행동

금군은 개봉에서 철수하면서 하남에는 단 한 명의 군사도 남겨두지 않은 채 황하 이북의 하양河陽(하남성 맹현孟縣 서남쪽)·준주濬州(하남성 준현 동남쪽)에만 일개 군一軍을 두고 장방창을 지원하였기 때문에 장방창의 지위는 대단히 불안정했다. 장방창은 일찍이 철종의 황후로 신구 양법의 당쟁에 희생되어 폐출되었다가 도관道觀(도교 사원)에 들어가 있던 맹씨孟氏를 태후로 삼아 궁중으로 맞아들이고, 4월 11일 재위 32일 만에 스스로 황제 자리에서 물러나 응천應天으로 가서는 고종에게 사죄를 하고 죽음을 맞았다. 이렇게 하여 초국은 소멸하고 금의 괴뢰국가정책은 좌절되었다.

금도통金都統 **관인**官印 탁본. 왼쪽 도장 앞면에 "도통道統의 인印", 오른쪽의 도장 뒷면에 "군사소조軍師所造 정우 3년貞祐三年 도통都統"이라는 3행의 문자가 있다. 도통은 군사령관을 말한다. 하북성 당唐현 출토.

금의 당면 과제는 새로 획득한 하북·하동 땅의 영유를 확실히 하는 것이었다. 금군은 강왕(고종)의 격려를 받으며 각지에서 금의 지배에 저항하던 근왕勤王의 의군과 잔존 송군을 토벌하고 하남으로까지 진출함과 동시에 서쪽 섬서로 진출하여 이곳을 점령했다. 섬서 경략은 서하[2]에 대한 시위행동이기도 했으나 하남 진출과 함께 하동·하북을 확보하기 위해 필요한 행동이기도 했다.

금은 하북·하동의 송군 소탕에 힘쓰고 동시에 이들 지역을 통치하기 위해 한지漢地를 통치해 본 경험이 있는 연경 출신의 한인·거란인 관료들을 교묘히 이용했다. 주현관을 보충하기 위해 송대의 유자격자有資格者를 이용하고, 또 과거시험을 실시하여 벼슬을 염원하는 사대부층에게 희망을 부여하는 방식으로 인심을 수습하고자 했다. 과거시험의 재개는 연경 사람 유언종劉彦宗의 뜻에 따른 것으로, 그는 금의 한지한인漢地漢人 통치책에 여러 모로 공헌하였다. 괴뢰정권을 통한 통치책 등도 그의 의견에 따른 것으로 보인다.

금은 한인에 대한 통치에서 이렇게 유연한 태도를 보이면서, 한편으로는 한인에게 한족식 복장과 머리 모양을 금하고 여진 복장과 변발을 강제하여 이에 따르지 않을 경우 사형에 처하는 강경책을 취했다. 이는 후에 청조의 한인통치책으로 채용된다.

그런데 1128년 송이 밀서를 보내 금나라 영역 내의 거란인·한인을 끌어들이려 한 사실이 발각되자, 금은 고종을 철저히 공격하게 되었다. 즉 금의 종한宗翰이 산서에서 하남을 목표로 삼고, 종필宗弼은 달뢰撻懶와 함께 산동 경략에 임하였는데, 토벌 명목은 송이 초국을 폐한 죄를 묻는 것이었다. 이와 같이 적극적인 진공방책을 취함과 동시에 송의 두 황제를 먼 벽지인 한주韓州(길림성 이수현梨樹縣 서남쪽의 팔면성八面城)로 보냈다. 이는 송에 대한 금의 강경책을 보여주는 것이기도 했다.[3)]

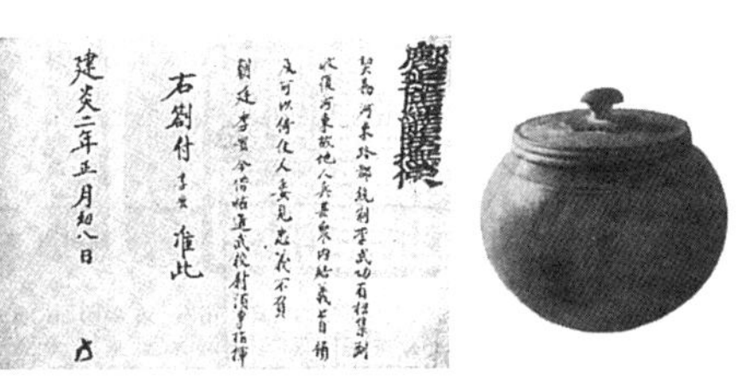

송대의 항금문서抗金文書와 그것을 보존했던 동銅 항아리
대금 항전에 군공을 세운 하동로 도통제 이실李實에게 진무교위進武校尉라는 위계를 부여한다는 내용을 담은 사령서辭令書. 부연로鄜延路 경략안무사의 날인과 건염 2년(1128) 1월 8일이라는 날짜가 보인다. 42×58cm. 1966년 산서성 영석靈石현 출토

송에 대한 전위정권 = 유예劉豫의 제국齊國

1128년부터 그 다음 해에 걸쳐 산동 경략에 종사한 금나라 종실의 원수元帥인 달뢰撻懶는 제남濟南을 공격하여 제남부 장관 유예를 매수하고 그를 귀순시켜 동평부(산동성 동평현) 장관, 경동서회남등로안무사京東西淮南等路按撫使에 임명하고, 황하(북류) 이남의 여러 주의 행정을 맡아보게 하였다. 이어 1130년 9월 금은 유예를 황제로 올려 전위 괴뢰국가인

유예劉豫

제齊의 통치자로 삼았다.

유예는 경주景州 부성현阜城縣(하북성 부성현)의 옛 농가 출신이었다. 일족 중에 처음으로 과거시험에 합격하여 진사가 되었고, 휘종 때 벼슬길에 올라 1128년 정월 제남부 장관에 임명되었다. 그러나 유예는 이 임명을 달가워하지 않고 송조에 불만을 품었던 것 같다. 이때 장방창을 잃고 초나라가 붕괴하면서 괴뢰국가의 왕으로서 장방창을 대신할 적당한 한인을 찾고 있던 금나라의 유혹을 받아들여 유예는 금에 투항하였다.

금은 유예에게 동평부를 중심으로 한 넓은 점령지역의 통치를 맡겼고, 재정·사법[4] 등의 민정에 대한 전권을 주고 중요 지점에 달뢰군을 주둔시켜 유예를 후원해주었다. 금은 산동 방면에서 민정의 자치를 허락하여 황하 이북지역을 완전히 장악하기 위한 전위지역으로 삼고자 했던 것이다.

유예[5]는 이 분위기에 편승하여 스스로 황제 자리에 오르기 위해 종래 관계가 깊었던 달뢰에게 아첨하였는데, 당시 최고 권력자인 좌부원수左副元帥 종한이 달뢰를 따돌리고 유예의 추천에 개입하여 여러 지방 사람들의 추거 형식으로 금나라 황제의 명령을 받아 유예를 대제大齊 황제로 책립하였다. 1130년 9월 유예는 금 황제의 책명을 받아 대명부大名府에서 즉위했다(그 후 곧 동평부로 도읍을 옮겼다).

다음에 서술할 것처럼, 1129~30년에 걸쳐 송군은 금의 남정군南征軍에게 격파당하고 송의 황제 고종은 강남으로 밀려나 적극적으로 화북을 회복할 여유도, 기력도 없었다. 이러한 상황은 제의 건국에 유리하

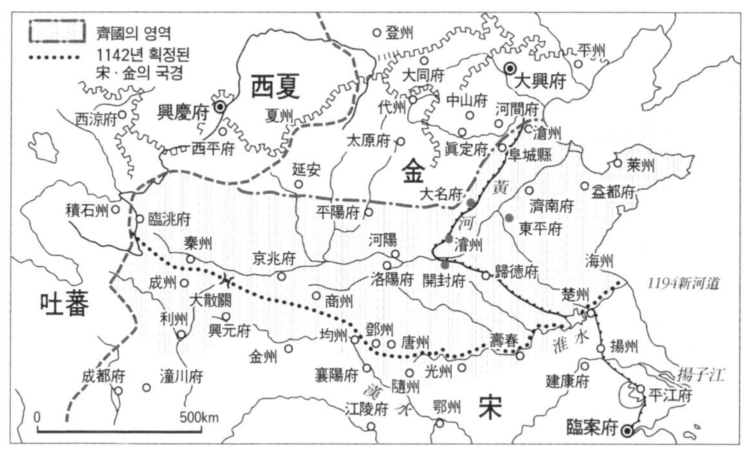

제齊의 영역 1130년 금은 유예를 제국의 황제로 임명하고 황하(북류 황하) 물길 남쪽을 영토로 주었다. 남방과 서방은 금군의 세력범위가 실제 영토였고, 명확한 국경선이 설정되었던 것은 아니다. 지도는 대세를 표시한 것이다.

게 작용하였다.

유예의 책립을 전후해서 금은 송의 휘종·흠종을 한주에서 더 구석진 오국성五國城(흑룡강성 의란현依蘭縣 부근)으로 옮기고 스스로 직접 경작하여 생활을 꾸려 나가게 했다. 두 황제의 반환을 바라는 송인들의 희망은 더욱 멀어져 갔다.

책문冊文에 보면, 제는 금을 부자의 예로 대해야 한다(부모인 금 황제에게 아들로서 섬긴다)고 명기되어 있었다. 제는 실로 금의 보호국이었고 하북을 확보하기 위한 금의 전위국가였다. 제가 금에게서 받은 영토는 황하 옛 물길의 남쪽으로, 사실상 금이 점령하고 있던 회수 이북, 즉 산동·하남 및 강소와 안휘 북부였다. 다음 해 1131년 11월에는 금이 새로이 확보한 지금의 섬서성 및 감숙성 동부의 땅도 받았다.

유예는 상서6부제尙書六部制를 두어 정부 수뇌부를 구성하고, 건장한 젊은이들로 친위대를 꾸림과 동시에 도시·농촌의 백성을 징발하여 향병으로 삼되 그 급여 비용은 백성이 서로 맡아 처리하게 했다. 원래 문관 출신으로서 단 한 명의 병사도 없었던 유예는 향병을 구성하여 필요한 병사 수를 조정하고, 거기에다 병사를 양성하는 비용을 농민이 직접 부담하게 하는 방법을 고안한 것이다. 그리고 1130년 11월 연호를 부창阜昌으로 정하고, 1132년에는 북송의 수도 동경개봉부로 천도하여 동경을 변경汴京으로 고쳤다. 1133년에는 소위 선왕先王의 법인 십일세법(1/10세법)을 시행하고 법률을 반포하였으며 동전[6](부창원보阜昌元寶·부창통보阜昌通寶·부창중보阜昌重寶)을 발행하는 등 새로운 국가체제를 착착 정비해 나갔다.

금군의 남하와 송의 임안 정도定都

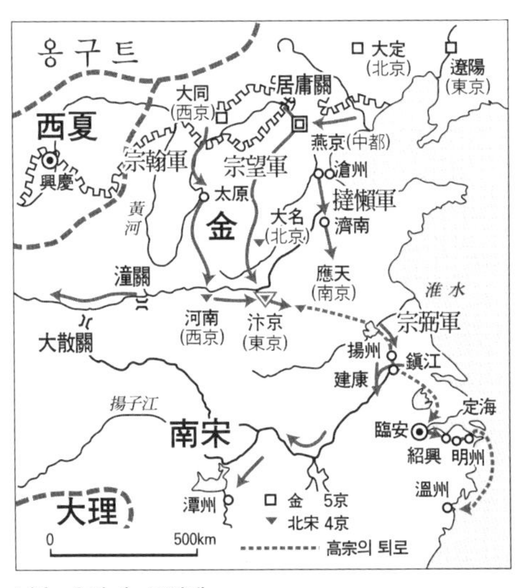

남송 초의 송·금전쟁

1127년(건염 원) 5월 송 황제에 즉위한 고종(재위 1127~1162)은 주전론자[7]인 이강李綱을 재상으로 삼아 대금 강경책을 고집하였다. 그러나 점차 화평 쪽으로 생각이 기울어 남경응천부를 버리고 남방의 양주揚州로 천도할 것을 결정하고 이강은 재상직에서 파면시켰다. 금군은 이 무렵부터 송을 칠 정벌군을 일으켜 파죽지세로 산동·하남·섬서 3도로 진군하였다. 금의 진격을 막아줄 것이라 기대하였던 지개봉부知開封府 종택宗澤은 병사하였고, 이제 금군의 남하를 막을 자가 없었다.

주화론자인 황잠선黃潛善·왕백언汪伯彦을 재상으로 삼고 전쟁 준비에 소홀했던 고종은 금군을 격퇴시킬 전열을 정비하지도 못한 채 장강長江을 건너 진강鎭江으로 도망쳤다가 다시 항주로 피했다. 종실 종필이 이끄는 금군은 장강을 건너 건강建康·항주를 함락시키며 고종을 추격했다. 고종은 정해定海에서 배편으로 남방 온주溫州로 피신했다. 수군이 없었던 금군은 명주明州에서 강북으로 되돌아갔다. 고종은 월주越州(소흥부)로 옮겨 이곳에서 2년 가까이 지내다 1132년 항주(임안부臨安府)로 돌아갔다. 이후 임안부는 행재行在로 불리면서 남송의 수도가 되었다.

유예의 제국齊國은 한인漢人의 나라로 민정은 자치에 맡겨져 있었으나, 나라 안에 금의 대군이 주둔하여 남송의 공격으로부터 제를 지키고 있었다. 유예의 주력인 향병만으로는 남송의 공격을 도저히 당해낼 수 없었기 때문이다.

제국은 금의 괴뢰국·전위국이었고, 금은 이 제국을 통해 하북·하동 지방의 보경안민保境安民을 꾀하고, 배후에서 제국을 조정하여 남송에 대항하게 했다. 제국은 남송군과 싸우는 한편 남송 사람들을 초유하여 송의 내부 붕괴를 꾀했다.

제齊(유예)의 동銅 관인과 인배印背에 새겨진 문자의 탁본 '부창오년내작방주阜昌五年內作坊鑄'라는 여덟 글자가 보이며, 도장의 글자는 훼손이 심해 보이지 않는다. 1137년(소흥 7) 제국의 군대가 합비에 주둔하였다가 퇴각하면서 파괴하여 땅에 묻은 것으로 추정된다. 도장의 한 변 길이 5.2cm. 1962년 안휘성 합비시 출토.

섬서 방면은 금군이 석권해 버린 반면, 제국의 남방인 회수 방면에서 전개된 전쟁은 송과 제가 일진일퇴의 상황을 연출하고 있었다. 그러다 제가 하남 낙양 부근에서 충의근왕군忠義勤王軍의 중심인 송의 하남진무사河南鎭撫使 적흥翟興을 패사시킴으로써 변경汴京의 배후가 안전해져 유예는 숙원이던 천도의 꿈을 이루었다. 이는 제, 곧 금국 세력이 송으로 남진하였음을 의미한다. 이후 금은 제를 다그쳐 제와 연합하여 송을 치고 강북을 유지하려고 했다.

1134년 금·제金齊 연합군이 대거 남진했다. 이에 송은 황제가 직접 전쟁에 나서서 지추밀원사(군사대신)인 장준張俊과 선무사宣撫使인 한세충韓世忠·유광세劉光世, 제치사制置使인 악비岳飛[8] 등이 회남전선에서 분전하고, 사천 방면에서는 오개吳玠·오린吳璘 형제가 전투를 벌였는데, 회남 방면의 형세는 예측이 어려운 상황이었다. 그런데 금의 황제 태종이 병으로 위독하다는 소식이 전해지면서 금제 연합군이 철수하여(1135년 정월), 결국 금제 연합군의 남정은 성과없이 끝나버렸다.

제국齊國의 멸망과 그 배경

1137년(소흥 7) 제국은 금에 의해 폐지되었다. 금국 내부에서 일어난 세력관계의 변화가 이 폐지의 주된 원인이었다.

제국을 건설하고 유예를 후원하는 데 가장 애를 쓴 인물은 당시 금나라 종실의 최대 세력자이자 서경西京 대동부大同府에 원수부元帥府를 연 도원수都元帥 종한宗翰이었다. 이 종한의 세력을 종실인 달뢰撻懶와 종반宗磐이 탐탁잖아했다. 달뢰는 오랫동안 산동 방면의 군사를 거느리며, 유예를 손에 넣어 그를 조종하여 한지를 통치하고 자기 세력을 뿌리내리려는 생각을 갖고 있었다. 그런데 그 공을 종한에게 빼앗기는 바람에 자신의 세력범위의 대부분을 차지하는 황하(옛 물길) 이남이 유예의 제국 영토로 편입되는 쓰라림을 맛보고는 유예를 증오하고 있었다.

종반은 태종의 적장자로 태종의 후계자인 암반발극렬諳班勃極烈(황태자)이 되고 싶어했다. 그러나 종한이 종준宗峻(금 태조 아구타의 적자)의 적장자인 14세의 단亶을 추대하고, 태종 밑에서 국정을 처리하고 있던 태조의 서장자庶長子 종간宗幹과 함께 추대의 실행을 태종에게 요청했으므로 태종도 본의 아니게 단을 황태자로 임명했다.

종간宗幹은 단의 부친인 종준이 사망한 후 종준의 부인(단의 어머니)을 두 번째 부인으로 맞아들여 어린 단을 양육한 특별한 관계였고, 종한의 경우는 단이 종반보다 어려 다루기 쉬울 것으로 여기고 단을 적극 추천하였다. 이에 제위의 후계자 자리를 놓친 종반은 단·종한·종간에게 반감을 품게 되었다.

1135년(금 천회 13, 송 소흥 5) 정월 태종이 죽고 단이 제위에 올랐다. 그가 희종(재위 1135~1149)으로 당시 나이 17세였다. 희종은 종간의 도움을 받으며 군주권의 확립을 목표로 삼았다. 이를 위해서는 우선 외지에 있는 장군들의 세력을 삭감시켜야 했다. 희종은 최고 유력자인 종한을 태보령삼성사太保領三省司에 앉혔다. 이 자리는 중앙정부의 고관이지만 병권이 없고 수도인 상경 회령부에서 근무해야 하므로, 자신의 근거지인 서경 대동부의 휘하 군대와의 연결이 끊어져 실권을 빼앗기게 되었다. 이때 종간·종반 역시 종한과 마찬가지로 영삼성사領三省司로서 중앙정부의 최고관에 임명되었고, 병권은 종필宗弼이 장악하게 되었다.

종한이 병권을 상실하자, 그의 후원을 받고 있던 제국의 황제 유예의 지위가 곧 위험해졌다. 제국을 폐지하려는 움직임은 종반과 달뢰를 중심으로 구체화되었으며, 희종과 종간 역시 중앙집권의 확립이라는 기본 방침에 따라 여기에 찬성하였다. 이에 1137년 종한이 사망하자 제국의 폐지가 결정되었다. 금군이 변경汴京으로 진군하여 달뢰가 유예를 붙잡았고 다음 해 11월 제국은 건국 8년 만에 폐지되었다.

금은 행대상서성行臺尙書省(상서성의 출장기관)을 변경에 두고 제국의 옛 영토를 통치하기로 하였다. 즉 금은 종래 하남에 대한 간접통치를 그만두고 직접통치로 방침을 전환하였던 것이다.

제국의 폐지 원인은 직접적으로는 주로 이러한 금국 내부의 세력다툼에 있었지만, 간접통치에서 직접통치로의 전환은 과거 근 10년에 걸친 한지 통치 경험을 토대로 하남의 한지 한인을 직접 통치할 수 있다고 하는 자신감을 드러낸 것이라고도 할 수 있겠다. 또한, 송·금 두 나라 사이에 끼어 있던 제국의 소멸은 두 나라가 화평의 길을 열어가는 데도 도움이 되었다.

2) 남송의 금에 대한 신복臣服

화전양파和戰兩派의 항쟁과 명분론

송 조정은 금에 대한 태도를 둘러싸고 화친과 항전으로 갈려 있었는데, 남송 초 이래 매년 대동大同에 있는 종한에게 대금통문사大金通問使 등의 이름으로 사절을 파견하여 붙잡혀 간 송의 두 황제의 안부를 묻고 반환을 요구하였다. 통문사로 파견된 사람들은 대부분 억류되어 돌아오지 못하였고, 반환의 바람은 허무하게 각하되었다. 그러던 중 1130년 10월 진회秦檜가 송으로 귀환하였다.

진회는 1126년 금군이 개봉을 공격했을 때 강경론을 펼쳐 마침내 어사중승御史中丞(어사대 장관)에 올랐다. 금이 개봉을 함락시키고 송의 두 황제를 포로로 잡고는 장방창을 황제로 내세우자 진회가 여기에 반대하였다. 이것이 금의 노여움을 사서 진회는 두 황제와 함께 북으로 붙잡혀 갔는데, 그의 귀국은 달뢰의 양해 속에서 이루어졌던 것으로 보인다.

달뢰는 종한에게 유예를 가로채이는 바람에 자신의 근거지인 산동이 제국의 영토로 넘어가 자기세력의 강화 확대에 실패했다. 따라서

【금 황실 계보도】

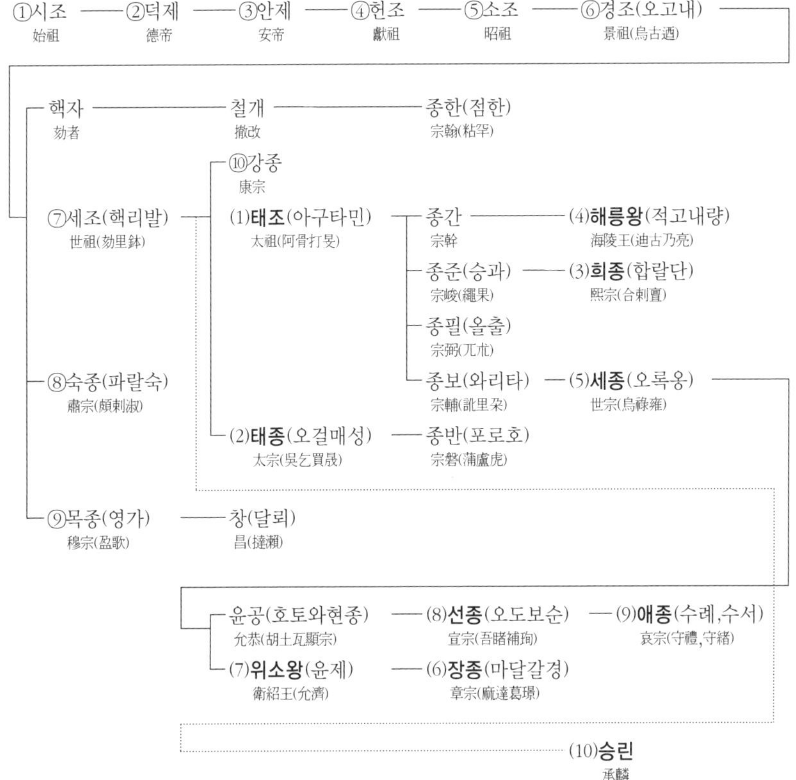

그는 진회를 송으로 돌려보내고 이를 계기로 송·금 간의 강화를 실현시켜 금나라 정계의 주도권을 장악하려 했던 것으로 추측된다.

금에 억류되어 있으면서 생각이 바뀐 진회는 화친론자로 변해 있었다. 그는 정강의 변으로 북으로 붙잡혀간 3천 명 중 귀환자 제1호였다. 그의 귀환을 크게 기뻐한 고종은 붙잡혀 있는 두 황제와 모후 위韋씨의 안부를 묻고 그의 화평설을 수용하였다. 그리고 그를 예부시랑에 임명하고 이어 주전론자 여이호呂頤浩와 함께 나란히 재상으로 삼았다.

그러나 실지를 회복하여 수도를 개봉으로 되돌리고 두 황제를 귀환

쇠사슬로 묶여 있는 진회秦檜 부부상

시킬 때까지 철저히 항전할 것을 주장한 주전론자는, 명분을 세워 화이華夷의 구분을 명백히 해야 한다[9]는 송학학파宋學學派의 주장으로 강력히 무장하고, 귀환 후 조정에서 벼슬을 받고 강화파講和派의 우두머리가 된 진회에게 날카로운 공격의 칼을 겨누었다. 진회는 여이호와도 불화하고 반대파의 탄핵도 받아 일단 재상직에서 물러날 수밖에 없었다.

1137년 정월 즉 제국이 폐지되기 10개월 전, 금에 억류되어 있던 휘종의 사망 소식이 송에 전해졌다. 휘종이 사망한 것은 1135년 4월의 일로, 이국 땅에 억류되어 8년 동안 망향의 한을 가슴에 품은 채 삭북朔北의 들에서 객사한 그의 부보訃報는 1년 9개월이나 지나 송에 전해진 것이다.

앞서 말했듯이 고종은 매년 통문사通問使를 금으로 파견하여 두 명의 황제 이하 붙잡혀간 사람들을 돌려보내 달라고 요청하였다. 혈육으로서 이 같은 요청은 당연한 것이었고 또 유교 도덕의 요청에 합당한 것이었다. 그러나 고종의 입장, 즉 그의 즉위 사정을 헤아려보면 정말 그가 마음속 깊이 반환을 바랐는지는 의문이다.

고종은 사람들의 추대를 받아 바라던 황제가 되기는 했지만 본래 황태자였던 것도 아니고 휘종과 흠종에게 제위를 물려받은 것도 아니었다.[10] 비록 사직이 위급한 상태에서 취해진 비상조치의 결과였다고는 해도 어쨌든 명분상의 약점인 것은 어쩔 수 없었다. 이 점은 1129년 3월 고종이 항주로 옮겨간 직후 일어난 '명수明受의 난亂'에서 나타났다.

【남송 계보도】

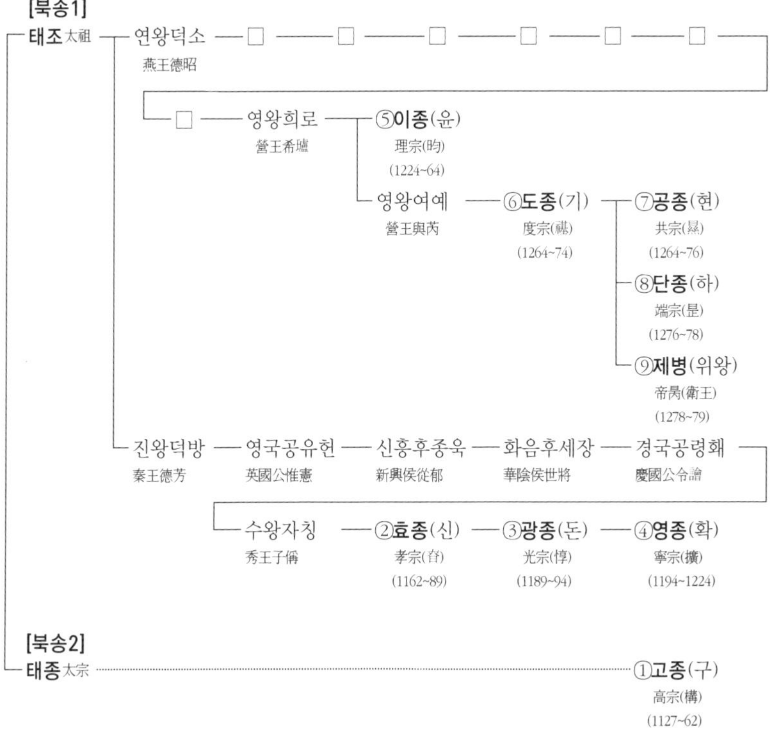

명수의 난은 근위군인 어영전군御營前軍의 통제通制 묘부苗傅와 부도통副都通 유정언劉正彦이 일으킨 병란이었다. 그들은 장관인 어영사御營使 왕연王淵에게 불만을 품어 그를 죽이고, 고종의 퇴위 및 융우태후 맹씨隆祐太后孟氏의 섭정과 당시 세 살 난 황장자皇長子의 즉위를 요구했다. 이때 반란의 명분은 "폐하는 실로 대위大位에 즉위해서 안 된다. 장래 연성황제淵聖皇帝(흠종)가 돌아오면 황제는 어떻게 될지 알 수 없는 것이 아닌가" 하는 것이었다. 고종의 즉위 명분을 트집 잡아 물고 늘어진 것이다. 할 수 없이 고종은 이 요구를 수용하여 물러나고, 그를 이어 유제幼帝가 즉위하고 명수明受로 개원하였다. 그러나 각지에서 관군이 항주로 공격해

들어와 묘苗·유劉는 도주하다가 붙잡혀 죽고 4월 고종이 부활했다.[11]

이렇게 하여 난은 송·금 교전 중에 일어난 에피소드의 하나로 수습되었지만 반군의 주장은 고종 즉위가 갖는 명분상의 약점을 찌른 것이었다. 특히 고종의 형 흠종은 황제의 신분을 유지한 채로 당시 금국의 포로로 잡혀 있었다. 그러한 흠종의 귀환을 고종이 진정 원했을까? 효제孝悌의 도리에 어긋나지 않게, 어긋났다는 비판을 피하기 위해, 그저 두 황제의 반환을 요구하였던 것은 아닐까? 그리고 휘종이 사망한 이제, 그 재궁梓宮(관)과 생모 위韋씨의 귀환을 실현시킨다면 자식으로서의 체면도 설 것이었다.

화평교섭의 곡절

고종은 이 조건만 충족된다면 어떻게든 강화를 실현시키고 싶어했다. 그래서 금의 국정에도 밝고 인맥도 있는 진회를 재기용하여 재상으로 삼고 화평교섭을 맡겼다.

때마침 제국이 폐지되어 송·금 화평의 걸림돌 중 하나도 제거되었다. 진회와 묵계를 맺은 달뢰는 송과의 화의를 자기 손으로 실현시켜 금국 정계에 자신의 세력을 과시하고자 했다.

진회는 금국의 사정에 밝은 왕윤王倫을 사절로 파견하여 1138년(송 소흥 8, 금 천권 원) 12월 화의를 성립시켰다(제1차 화의). 금 조정에서는 종간 등이 화의에 반대했지만, 달뢰·종반 등의 화평론이 승리했던 것이다. 화의의 내용은, 하남·섬서 등 옛 제국의 대부분의 영지(달뢰의 근거지인 산동방면은 제외)를 송에 반환할 것, 송 황제는 금 황제를 신하의 예臣禮로써 대할 것, 송은 세공으로 은 25만 냥과 비단 25만 필을 제공할 것 등이었다.

1139년 3월 약속에 따라 하남·섬서 지방이 송에 반환되었으나, 화의는 곧 깨어지고 말았다. 금국의 정계에 변고가 발생하여 대송 외교노선이 수정되었기 때문이다.

종간·종필 등은, 희종황제의 지위를 위협하는 종반·달뢰 등의 세력이 커지는 것을 막기 위해 이들에게 모반 혐의를 씌워 죽이고 종반 등이 추진한 송과의 조약도 파기했다. 그리고 1140년 5월, 금군은 종필을 총사령관으로 삼아 송에게 돌려준 하남·섬서 지방을 탈환하기 위해 진격을 개시하고, 희종 역시 직접 연경에 행차하여 장병을 독려하였다.

금군은 개봉과 장안을 점령하고 앞으로 진격해 나아갔으나, 한세충韓世忠·장준張俊·악비岳飛·오린吳璘 등이 이끄는 송군의 분전으로 진격을 저지당하였다. 송군은 일부 국지전에서 승리를 거두며 회북淮北으로 진출하였다. 그러나 송 고종이 여러 장수들에게 소환 명령을 내려 송군은 장강 연안으로 철수하고, 회북은 금군이 차지하였다.[12] 이는 금과의 화친을 실현시키려 한 진회의 주장에 따른 것이었다.

송·금 화약의 성립

송의 한세충·유광세劉光世·장준·악비 등 당시 유력한 장군들은 북송이 멸망할 때 각지에서 일어난 근왕 의용군 출신으로, 사병을 모아 부대를 편성하고 금군에 대항하며 지방의 반적을 토벌한 공으로 송조로부터 관직을 수여받고 높은 지위에 오른 자들이었다.

그들은 수비지역의 군사·재정을 장악하고, 지역 내의 민정관 자리에 직접 무관 출신의 자기 부하들을 앉혀 민정까지 지배하는 군벌세력을 형성하였다. 즉, 중앙정부의 수뇌부를 믿을 수 없다고 하면서, 금을 토벌하여 영토를 회복하고 국치를 씻어내는 것을 자신들의 임무로 자

남송과 금

부하며 중앙정부의 문관이 내리는 명령에 쉽사리 따르지 않았다. 한편으로는 이들 군벌들 상호간의 투쟁도 심해 항금세력으로서의 약점도 종종 폭로되었다.

고종의 신임을 받아 화평을 도모하고 있던 진회의 입장에서 보면 이 장군들은 화평을 가로막는 장애로서 그대로 놔둬서는 안 될 존재였다. 오랫동안 계속되던 중앙정부 내의 화전 양론의 대립도 진회의 주도 하에 화평론으로 기울고 있는 중이었으므로, 화의를 성립시키기 위해서는 어떻게든 이 장군들을 중앙정부에 복속시켜야 했다.

이에 진회는 논공행상을 하겠다며 장군들을 임안부로 불러들여 한세충과 장준을 추밀사로, 악비를 추밀부사로 임명하여 그들이 거느리고 있는 군대를 중앙으로 옮기고자 하였다. 이는 여러 장수들 사이의 불일치를 이용한 것도 있고 해서 의외로 수월하게 성공하였다(1141년 4월). 이렇게 하여 남송 초 이래 군벌세력을 형성하고 항전을 주장하며 중앙정부의 명령에 따르지 않던 무장들의 힘은 약화되고 문관에 의한 남송의 중앙집권정치가 회복되었다. 특히 여러 장군들 가운데 가장 강경파였던 악비를 모반을 구실 삼아 옥에 가두면서 화평의 기반이 마련되었다.

금 측에서도 화평을 바라는 몇 가지 사정이 발생했다. 희종을 보좌하며 중앙집권을 추진하고 군주권을 확립하고자 노력하던 종간이 사망하자, 전쟁터에 나가 있던 종필이 그 후임을 맡았다. 금에서는 공신·명장들이 많이 죽고 혹은 죽임을 당한 상태라 종간의 후임을 맡을 인물이 종필밖에 없었기 때문에 종필이 민정과 군사를 아울러 통괄할 수밖에 없게 되었다.

태종 이래의 종실장군으로는 종필을 빼면 이렇다 할 장수도 없었고 송군과의 전투도 여차하면 불리해질 위험이 있었다. 게다가 흥안령興安嶺[13] 서쪽 유목민족의 침입이 점점 심해져 국경 방비를 위해 이 방면에도 상당한 병력을 배치해야 했다. 이러한 여러 요소들을 염두에 두면, 금의 국력은 회수 이북의 확보로 한계에 달해 있었다.

양국 사절이 오가며 절충을 시도한 결과, 1141년 11월 송이 다음과 같은 내용의 서약서를 금에 제출하였다.

① 회수 중류(수류의 가운데)를 경계를 삼는다.

② 송은 금에게 대대로 신하로서의 절조臣節를 지킨다.

③ 금 황제의 탄생일과 설날에 축하사절을 보낸다.

④ 은 25만 냥, 비단 25만 필을 매년 봄에 세공으로 보낸다.

다음 해(송 소흥 12, 금 황통皇統 2) 금은 휘종·정후鄭后·형후邢后의 관과 위후韋后를 송으로 돌려보내고 강왕康王을 송의 황제로 삼는다는 맹세의 조서[서조誓詔]를 주었다. 회수 서쪽은, 상주商州·진주秦州의 절반을 금에 할양하고, 대산관大散關을 경계로 한 서부 국경선도 확정했다. 이렇게 해서 1125년의 송·금 전쟁 이래 정강의 변을 거쳐 18년에 걸친 거듭된 우여곡절 끝에 양국 사이에 화평이 성립하였다. 그러나 흠종은 송환되지 못한 채 1156년 유배지인 오국성五國城에서 쓸쓸히 사망했다. 흠종이 송환되지 못했던 것은 송에서 그의 송환을 요구하지 않았기 때문이다.

진회秦檜와 그 정치

진회는 1155년 66세의 나이로 사망할 때까지 근 20년 동안 재상 자리에 있으면서 정권을 거의 장악하고 있었다. 진회와 함께 재상 자리에 있던 자는 28명이 넘는데 모두 이른바 반식대신伴食大臣(실권없는 대신)에 지나지 않았다고 전해진다. 진회의 힘으로 강화에 성공하고, 고종은 이를 흡족히 여겨 신뢰가 더욱 깊어지게 되었다.

그러나 조야朝野에는 이 화평을 굴욕으로 받아들여 반대하고 무력으로 금에 대항하여 국토를 회복하자고 주장하는 자가 적지 않았다. 진회는 자신의 정치에 반대하는 자를 용서 없이 탄압하고, 민간에서 저술된 역사서를 금지하며 고종의 신임하에 독재정치를 전개하였다. 그의 사후에도 강화파講和派 정치가가 재상이 되어 정국의 방향에 큰 변화는 없었다.

악비 『역대공신상歷代功臣像』

진회만큼 후세에 악평을 많이 받는 정치가도 드물다. 특히 민족주의적 감정이 고양되는 시기에는 진회가 매국노로 비난당하고 악비는 구국의 영웅으로 칭송을 받았다. 진회는 화평을 실현하기 위해서는 수단과 방법을 가리지 않았고, 반대자를 무너뜨렸으며, 화평을 유지하기 위해 오랜 독재정치를 강행했다.

그러나 그가 주장한 화평은 송이 가진 국력의 한계를 높은 견지에서 판단하고, 금의 내정을 제대로 살펴 금·송 양국의 역학관계를 심사숙고한 끝에 내린 결론이고 신념이었다. 그리고 이 결론을 실현시키기 위해 그가 가진 모든 정치력을 쏟아부었다. 진회가 유능한 정치가였다는 사실은 부정할 수 없을 것이다.

소흥의 대금 화평 후에도 문관의 군대 통제력은 유지되었다. 군대의 양식비용을 조달하기 위해 금과의 국경지대를 회동淮東·회서淮西·호광湖廣·사천四川의 네 지역으로 나누고, 각각 총령재부總領財賦(총령이라고 함)를 두어 그 자리에 문관을 임명했다. 총령재부는 여러 로에 걸쳐 광범한 재정권을 장악하고 군사에도 발언권을 가지고 있었다.[14] 이렇게 하여 대군(대 금국군)의 보급 유지를 한 손에 장악하고 문관에 의한 통제라는 역할을 다하였다.

백만 여진인의 중원이주

고려·서하와 군신관계를 맺은 금은 이제 송 황제에게도 신복臣服을 받아 동아시아의 최강자로 군림하게 되었다. 하지만 국력의 한계 때문에 금은 회수淮水를 한계선으로 삼을 수밖에 없었고, 회수 이북의 한인을 통치하는 일은 금에게 대사업이었다.

요의 경우, 한지 통치가 연운16주에 머물렀기 때문에 본거지는 장성 이북에 두고 연경지방의 한인과 발해인을 부려서 통치하면 되었다. 하지만 금이 지배하게 된 한지는 그보다 훨씬 광대하여 회수에까지 미쳤고, 이렇게 넓은 화북의 땅을 다스리려면 독자적인 방법이 필요했다.

이에 금조가 선택한 방법이 여진인을 한지로 이주시키는 것이었다. 즉 1142년 강화 후 새로이 회수 이북의 토지·주민을 직접 통치하게 되자, 이에 대응하기 위해 여진인을 그들의 고유한 맹안·모극 조직 그대로 중원으로 이주시켰다.

앞서 말했듯이 여진 사회에는 오래 전부터 병농일치의 군사·사회조직인 맹안·모극이라는 제도가 있었다. 아구타阿骨打는 즉위 전 이것을 행정조직으로 확대하여, 여진인을 300호 단위인 모극으로 나누고 10모극으로 1맹안을 편성했다. 수장인 맹안·모극은 세습시키고, 평시에는 그 지배 하에 있는 여진인을 수렵과 농경 등에 종사시키고, 유사시에는 건장한 자를 모두 병사로 삼고 무기와 병량을 스스로 부담케 하여 종군시켰다. 이 병제에 입각한 군대를 동원해서 금은 요를 무너뜨리고 송을 굴복시켰다.

그 후 흥안령 동쪽 기슭에 거주하는 거란인·해인奚人에게도 이 제도를 시행하여, 거란인과 해인의 유력자를 맹안 또는 모극에 임명하고 이를 세습하게 하여 그들을 선무함과 동시에 서북면의 몽골 유목민에 대비케 했다. 또한 요동의 한인과 발해인에게도 이 제도를 적용한 적이 있다.

당시 중원으로 이주한 여진인은 모두 백만을 넘었다고 한다. 그야말로 민족의 대이동이라 하겠다. 그들은 주로 지금의 하북·산동 및 하남 북부로 이주하여 일정한 토지를 지급받고 평상시에는 농업에 종사하면서 군사훈련을 받고, 일부는 주둔지·수도·국경지대의 경비에 종사했다. 이는 여진인의 고유한 병농일치 제도를 한지의 한민 통치에 활용한 것으로, 금조가 통치를 확립하는 데 효과를 거두었다.

그러나 고도로 발달한 중국 문명사회 속에서 생활하는 동안 여진인은 점차로 한인 사대부의 생활을 모방하고, 국가의 보호 아래서 사치하고 안이한 풍조에 빠져 여진 고유의 실질적이고 강건한 기풍이 사라지고 여진인의 빈궁화 문제도 나타나게 된다.

3) 전쟁과 평화-송·금관계의 추이

금 황제 완안량의 토송討宋작전

송·금 강화 후 금의 희종은 과도한 음주로 광폭해져 황후, 황제의 동생, 신료를 살해하는 등의 비상식적인 행동으로 인심을 잃었다. 종실 완안량完顔亮(태보령삼성사太保領三省事·해릉왕海陵王)이 희종을 죽이고 1149년(금 천덕 원, 송 소흥 19) 황제(재위 1149~1161)가 되었다. 해릉왕 완안량은 아구타의 서장자庶長子이자 태종·희종 양대에 걸쳐 중요한 인물이었던 종간宗幹의 둘째 아들이다. 즉 희종과는 사촌 사이로 둘 다 태조의 손자에 해당한다. 중원전투에 참가하여 중경유수中京留守가 되고 재상에까지 오른 실력자였다.

황제 완안량(해릉왕)은 잔인한 야심가로 자기 마음에 들지 않는 종실의 여러 왕들과 원로대신, 공신의 자손들을 잇따라 죽였다. 또 중국문화를 애호하여 여진의 고유한 것을 버리고 중국적인 것을 적극 받아들였다.

1153년 수도를 상경 회령부(흑룡강성 아성현阿省縣 백성白城)에서 연경으로 옮겼는데, 이는 전통적으로 여진 보수세력이 남아 있던 옛 수도를 버리고 중국문화의 본무대로 나선 것이었다. 이와 더불어 종실과 맹안·모극도 대거 화북으로 옮기고, 제도를 바꾸어 중국식 독재군주권을 확립하고자 했다. 여진의 옛 풍속을 버리고 중국적 국가를 목표로 삼은 것은 이미 희종 때도 채택하였던 바인데, 완안량은 이를 더욱 철저히 시행하였던 것이다.

금은 정치·군사적으로는 남송과 대립했지만, 경제·문화 면에서는 도저히 송의 상대가 되지 못했다. 당대 이래 강남 개발이 착착 진행되어 남송대에는 강남 경제물자의 힘이 화북을 압도했다. 송·금 무역에서 금의 수입초과 상태는 일상적이었다. 문화 면에서도 남송이 금을 능가한 것은 말할 것도 없다. 야심가 완안량이 이러한 상황에 결코 만족할 리 없었다. 바야흐로 국내에 독재권력을 수립한 그는 남진하여 남송을 무너뜨리고 중국 전토를 영유하여 명실공히 사해四海의 군주가 되고자 했다. 군대를 이끌고 송을 정벌하여 그 임금을 붙잡아 죄를 묻는 것이 그가 의도하는 바였다.

송·금 전투

대규모 계획 하에 송을 칠 준비를 하던 금 황제는 1161년(송 소흥 31, 금 정륭正隆 6) 9월 대거 송을 공격했다. 대병을 32군으로 나누어 절동浙東·한남漢南·서촉西蜀의 삼도도통제三道都統制(총사령관)에게 통솔하게 하고, 수군은 바다를 따라 직접 임안을 공격하고, 또 한 군대는 운하를 따라 내려와 강소 방면을 습격한다는 계획이었다. 병사의 수는 60만 명에 달해, 백만이라 일컬어졌다.

그러나 전쟁준비를 위한 대규모 장정의 징집, 병선의 건조, 무기와 마필의 징발 강행, 요역과 징세의 강화로 인한 괴로움이 인민에게 그대로 전가되어 곳곳에서 반란이 일어나고 사회불안이 증대되었다. 특히 서북 변경에 살고 있던 거란인은 장정이 모조리 징집당한 상태에서 몽골 유목민의 침입까지 받게 되자 불안한 나머지 반란을 일으켰다. 완안량(해릉왕)은 이러한 배후의 동요를 무시하고 군대를 진군시켜 장강의 중요한 나루터 과주도瓜州渡에 이르러, 도강하는 금군을 기다리고 있던 송의 우윤문虞允文과 싸워 크게 패하고(채석기采石磯의 전투), 양군은 강을 사이에 두고 대치했다.

이때 금국 내에는 불평불만이 겹겹이 쌓이고 있었다. 완안량(해릉왕)은 반대세력의 핵심이 될 우려가 있는 요·북송의 종실 자손과 금의 종실을 모두 죽였다. 전쟁에 염증을 느끼고 북으로 돌아온 발해인 1군軍 및 완안량에게 박해당하고 있던 여진인·발해인[15] 등은 결국 금의 종실과 함께 동경유수東京(요양遼陽)留守인 오록烏祿을 황제로 옹립하였다. 오록은 태조 아구타의 아들인 종보宗輔의 큰아들로 완안량과는 사촌형제였다. 그의 중국식 이름은 옹이며 세종으로 불린다.

과주에서 강을 건널 기회를 엿보고 있던 완안량은 앞뒤로 적의 공격을 받아 진퇴양난에 빠졌지만 도강을 강행하여, 1군은 강남으로 들여보내고 자신은 군대를 이끌고 북쪽으로 돌아가려고 하였지만 11월 부장에게 살해당했다. 금군은 송에게 화평을 제의하고 군대를 북으로 철수했고, 송군은 금군을 쫓아 강북으로 진군하여 금의 영토 안으로 진출했다.

송·금의 새로운 화약

송 고종은 아들이 어려서 죽어 후사가 없었으므로 태조의 아들인 진왕秦王 덕방德芳의 6세손을 태자로 삼고 1162년 6월 그에게 자리를 물려주었다. 그가 바로 효종(재위 1162~1189)이다.

효종은 화북의 회복을 염원하여 장준을 추밀사·도독강회동서군마都督江淮東西軍馬(군부대신겸 총사령관)에 임명하고 그 일을 맡겼다.[16] 이에 주전파가 힘을 얻었다.[17] 장준은 건강建康(남경시)에 근거를 두고 강을 건

효종孝宗

너 북벌을 강행하여 숙주宿州(안휘성 숙현宿縣)를 빼앗았지만, 그 북쪽인 부리符離에서 대패하고 회수를 건너 남으로 퇴각했다. 이렇게 되자 강화파가 세력을 회복하였다.

금의 새 황제 세종은 금조가 흥기한 땅인 회령부에 집착하는 보수파의 의견을 물리치고, 연경으로 진출하여 수도로 정하고, 당면 문제인 거란인의 반란을 진압하고 금의 영토로 진격해오는 송군을 방어하는 데 전념했다. 거란인의 반란은 곧 진정되었고, 대송전쟁에서는 방어에 힘쓰면서 동시에 강화를 도모하였다. 앞서 말한 바와 같이 송 측에서도 강화의 기운이 일어나, 1165년 송·금화약이 성립했다.[18)]

이 화약에 의하면, 국경선은 1142년 화약대로 하고, 기존의 군신관계는 숙질(숙부와 조카)관계로 변경하며, 세공은歲貢銀 25만 냥·비단 25만 필을 세폐은歲幣銀 20만 냥·비단 20만 필로 각각 5만씩을 줄였다. 이는 송에게 다소 유리한 개정이었다.

그 후 1206년 송·금이 또다시 다투게 되기까지 40년 동안 양국은 평화 상태를 유지하였다. 송 효종은 원래 북방의 회복을 꿈꾸었으나 인재와 기회를 얻지 못해 내정에 전념했다. 완안량의 뒤를 이은 금의 세종 역시 국내사정상 내정의 정비에 힘을 쏟을 수밖에 없었다. 계속되는 금과의 화평 속에서 남송은 문화와 경제에서 두드러진 발전을 이룩하였고, 금 역시 그 영향을 받아 동아시아는 태평성세를 누렸다.

당시의 남송사회

남송에서는 장강 하류 델타지대를 중심으로 개발이 진행되어 농업 생산이 크게 향상되고 운수교통이 발달했다. 상공업이 활발해지고 도시는 공전의 번영을 이룩하였다. 도시를 중심으로 상업거래가 활발해지고, 거래수단으로서 화폐가 대량으로 필요해졌다.

순희통보(좌)와 건염통보(우)

남송의 철전　　남송의 철패鐵牌

통화의 기준이 된 것은 북송 때부터 이어져온 엽전이었다. 엽전에는 동전과 철전이 있었는데, 철전은 북송 이래 사천지역 외에도 금과 국경을 접하는 회남과 호북의 여러 로에서도 발행 유통되고 있었다. 그러나 엽전 특히 동전의 주조는 전혀 발전을 보이지 못해 북송시대의 성대한 주전鑄錢은 이미 과거의 꿈이 되어 있었다.

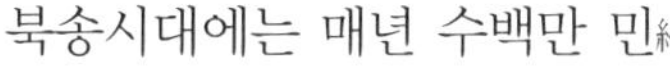

북송시대에는 매년 수백만 민緡(관貫)씩 동전을 주조하는 실적을 올렸지만 남송에서는 매년 주조액이 겨우 10만 민대에 불과했다. 이 같은 상황은 주요 재료인 금속, 특히 동의 산출이 격감한 데 가장 큰 이유가 있을 것이다. 이미 동전은 통화의 방대한 수요를 감당할 수가 없었다. 이에 엽전을 대신하여 수요에 응한 것이 지폐였다.[19]

지폐는 북송시대에 사천에서 만들어져 이 지방의 주요 통화로 쓰이고 있었다. 사천에서는 남송 때도 전인錢引이라고 하는 지폐가 통화로 쓰이고 있었다. 철전을 쓰는 회남과 호북에서도 마찬가지로 각각 회남

교자淮南交子와 호북회자湖北會子가 유통되었다.

남송의 가장 중추 지대를 포함하는 그 밖의 지역(동남)에서는 임안회자臨安會子가 주요 통화로 쓰이고 있었다. 임안회자는 수도에서 중앙정부가 발행한 것으로 행재회자行在會子[20] 또는 동남회자라고도 불리며 동전을 대신하였다. 이 지폐들은 재정적 필요에 따라 남발되기 쉬워 가격을 유지하는 일이 역대 재무행정의 난제였다.[21]

지폐의 유통과 함께 남송시대에는 은을 화폐로 사용하는 일도 점점 많아졌는데 주로 대량의 거래나 고액의 지불에 사용되었다.

금 세종의 내정

금의 내정은 재정난에 시달리고 있었다. 대송전쟁과 거란인 반란의 토벌에 필요한 군비를 조달하기 위해 입속보관入粟補官(부자에게 곡물을 납부하게 하고 대신 관직을 내려주는 것)을 행하였고, 또 불교의 성행에 눈을 돌려 도첩度牒(승려면허장) 등을 매매하거나 물력전을 징수했다. 물력전은 민유재산을 조사하여[통검투배通檢推排] 그 다소에 따라 부과한 세금이다. 이 통검추배는 대개 10년마다 실시되었다.

중원으로 이주한 여진인은 채 20년도 되지 않아 급속히 타락하고 빈궁해졌다. 그들은 국가의 보호에 익숙해지고 중국문명에 빠져 나태하고 사치스러워졌다. 주어진 토지의 경작에 힘쓰지 않고 이를 한인에게 소작을 주어 놀고 먹다가 이윽고는 지급받은 토지를 상실한 자도 나왔고, 농경기술이 낮았던 까닭에 가난해진 자도 있었다. 그 사이에 여진인 권력자가 토지를 겸병하는 현상도 나타났는데, 이것도 빈궁화의 한 요인이 되었다.

이 같은 상황에 대해 세종은 여진 정신의 부흥을 부르짖고 근면검약을 장려하여 간소하고 소박한 여진인의 본래 모습으로 되돌리고자 노력했다. 또 본래 관유지로서 맹안모극의 땅임에도 불구하고 한인과 여진 권력자가 부당하게 차지한 것을 접수하여 가난한 여진호에게 지급함으로써 생활을 다시 바로잡고자 했다. 그러나 이러한 노력들은 충분한 효과를 거두지 못해 여진인의 타락화·빈궁화를 방지한다는 목적을 달성하지 못했다.

송의 금국 토벌 준비

금 세종은 28년 동안 제위에 있으면서 국가의 난제들에 열심히 대처하며 명군이라 할 만한 치적을 남기고 1189년 사망했다. 그의 뒤를 이은 것은 황태손 경璟으로, 바로 장종章宗(재위 1189~1208)이다.

같은 해 송에서는 효종이 황태자에게 자리를 물려주었는데, 바로 광종(재위 1189~1194)이다. 당시 63세의 효종은 2년 전 사망한 태상황(고종)의 3년상을 치르기 위해 퇴위하고, 43세의 황태자에게 자리를 물려주었다. 1194년 광종은 상황 효종이 죽자 시름에 잠겨 정무도 제대로 보지 못하고 상제喪祭에까지 지장을 주었기 때문에 신하들의 뜻에 따라 황태자 확擴에게 자리를 물려주었다. 그가 바로 영종寧宗이다.

이리하여 송과 금 모두 새로운 황제의 시대가 열리고, 국내 상황도 새롭게 전개되었다. 이에 화평의 균형은 깨어지고 세 번째 전쟁이 시작되었다. 이번에 전쟁을 일으킨 것은 송의 한탁주였다.

한탁주韓侂冑는 북송의 명신 한기韓琦의 5세손으로, 어머니는 고종의 황후인 오씨吳氏의 여동생이었다. 영종의 즉위에 공을 세운 그는 전권을 장악할 야심을 품고 도당을 지어 자신에게 방해가 될 사람들을 정계에서 내쫓고자 했다. 우선 첫 번째 적수인 종실 출신의 재상 조여우趙汝愚를 참언으로 실각시키고, 조여우의 신임을 받고 있던 시강侍講 주희朱熹를 파면시켰다. 그리고 주희를 따르는 학파(주자학파朱子學派)를 위학僞學이라 해서 관직에 등용하는 것을 금했다. 이것을 당시의 연호를 따서 '경원위학慶元僞學의 금禁'이라고 한다.

이렇게 해서 반대자와 비판자를 탄압하여 조정에서 쫓아낸 한탁주는 자신의 심복들을 정부 요직에 앉히고 정권을 장악하였다. 하지만 이렇게 도리에 어긋난 방법으로 잡은 권력을 유지하려면 특별히 큰 공을 세울 필요가 있었다. 당시 그만한 가치가 있는 것은 숙적 금을 무찔러 잃어버린 땅을 회복함으로써 조종 이래의 국치를 씻는 일이었다. 이는 분명 남송인에게 가장 큰 특별한 공이었고, 그는 이 대업에 뛰어들었다.

이 결정은 장종 치하의 금국 내정에 관한 한탁주의 판단과 관련이 있었다. 금의 장종은 조부인 세종이 내세운 치국의 대방침인 여진 중심주의를 이어받았다. 하지만 흥안령 서쪽에 거주하는 몽골 유목민의 움직임이 점차 활발해지더니 자주 금의 서북변경을 침입했다.

금은 군대를 파견하여 이들을 토벌하고 동시에 계호界壕를 쌓아 침입에 대비했다.(오늘날 이 계호는 치치하얼齊齊哈爾 북방에서 시작하여, 흥안령을 비스듬히 가로질러 둬룬多倫 북쪽을 통과하여 서쪽으로 뻗쳐 후허하오터呼和浩特의 아득한 북방에 도달하는 유적으로 남아 있고, 칭기스칸성成吉思汗城 또는 고려성高麗城으로 불리고 있다)

이러한 토벌전쟁과 계호의 구축은 방대한 국비가 요구되는 사업이었다. 게다가 세종 무렵부터 가끔 범람하던 황하가 1194년 마침내 하남 양무陽武에서 무너져, 동으로 흘러 양산박으로 들어가고, 다시 남청하·북청하로 나뉘어 바다로 들어가는 큰 변화를 일으켰다. 이렇게 범람한 물은 광대한 땅을 덮쳐 이로 인한 손해와 구제비가 막대하였다. 또한

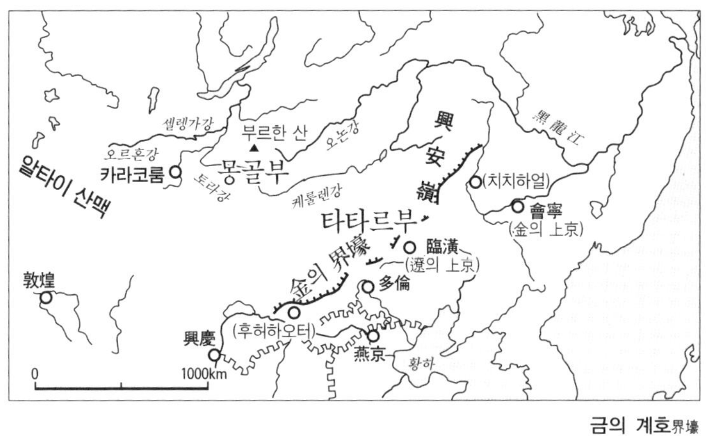

금의 계호界壕

중국문명에 동화되면서 나타나는 여진인 군대(맹안·모극)의 질적 저하도 더욱 더 심해져 갔다.

금국이 처한 이러한 어려운 상황과 국력 저하에 대한 정보를 얻은 한탁주는 40년 동안 지속되었던 금과의 화약을 파기하고, 금을 무찔러 국가의 치욕을 씻을 대업을 달성하기 위해 개전 논의를 일으키고 전쟁 준비에 착수하였다.[22)]

송·금 교전과 화약

촉(사천)에서는 북송 말 이래로 오개吳玠·오린吳璘 형제가 금군과 싸워 종종 공을 세우고 그 용감함으로 명성을 떨쳐 이후 대대로 촉의 무장으로서 변방을 담당했다. 이들이 이끄는 군대를 오가군吳家軍이라고 불렀는데, 장병들은 세상에 오가吳家가 있는 것은 알아도 조정이 있는 것은 모른다고 할 정도로 세습군벌 세력을 형성하고 있었다.

중앙집권을 고수하던 송조는 이 세력을 없애기 위해 오린의 손자 오정吳挺(이주안무사利州按撫使)이 죽자 그의 아들인 오희吳曦[23)]를 다른 곳으

흥안령 일대의 금대 계호界壕 금의 장종이 북변을 방호하기 위해 구축한 장성과 참호다.

로 전출시켰다. 이 조치에 불만을 품은 오희가 한탁주에게 빌붙어 흥주興州 도통제都統制(사령관)라는 직을 받고 촉으로 돌아가는 데 성공했다. 한탁주는 그에게 은혜를 베풂으로써 촉의 땅을 자신의 세력 하에 두려고 했던 것이다.

송군은 1204년 이후 국지적으로 국경을 침범하고 있었다. 다음 해 한탁주가 군정·국정의 최고책임자인 평장군국사平章軍國事가 되어 전시 국가의 대권을 장악했다.

금이 화평을 원하여 쉽게 결단을 내릴 수 없었지만 다음 해 1206년(송 개희 2, 금 태화 6) 5월 진격을 결정하여 양국은 본격적으로 전면전에 돌입했다. 전쟁 국면은 각 방면에서 모두 금군이 우세를 보이며 진행되었다.

한편 촉에서 이변이 일어나 이 전쟁 국면에 큰 영향을 주었다. 즉 금의 꾀임에 빠진 오희(사천선무부사四川宣撫副使)가 금에 항복하고 금으로부터 촉왕으로 봉해져(1206년 12월) 송을 떠나 자립해 버린 것이다. 촉의 이 같은 배신을 기회로 금은 군비 증대를 피하려는 재정적인 고려에 따라 회남으로 진출한 군대를 회북으로 철수시켰다. 그러나 다음 해

2월 오희가 송의 수군전운사隨軍轉運使 안병安丙 등에게 살해당하면서 촉의 전선은 이제 반대가 되어 송군이 세력을 되찾고 기세를 올렸다.

이 같은 전쟁 국면의 변화와 함께 다른 한편으로는 화평 교섭도 진행되었다. 금으로서는 당시의 전국이 자신에게 유리하게 돌아가고는 있었지만 그럼에도 불구하고 전비의 지불이라는 재정 곤란을 고려해야 했고, 송은 전면적으로 불리한 전황 때문이었다. 그러나 개전의 주모자인 한탁주의 머리를 보내라는 금의 요구를 한탁주로서는 도저히 수용할 수 없었기 때문에 화평교섭은 정체되었다.

송에서는 화의의 성립을 막는 한탁주에 대한 비난이 높아져, 한탁주는 평장군국사를 그만두고 재상직을 내놓았다. 그러나 예부시랑 사미원史彌遠 등이 한탁주 살해계획을 진행시켜 황후 양씨陽氏의 동의와 영종의 승낙을 얻어 그를 죽이고 일당을 처벌하여 조정에서 그의 세력을 일소했다.

양국의 화약 조항은 한탁주의 목을 함에 넣어 금으로 보낸다는 것을 전제로 하여 1208년 다음과 같이 정해졌다.

① 금군이 점령한 회남지방과 대산관 등을 송에게 돌려준다.(1142년에 약정한 국경선으로 환원)
② 종래(1165년 약정)의 숙질叔姪관계를 백질伯姪관계로 바꾼다.
③ 1142년 약정한 세공액에 은·비단 5만씩을 늘려 세폐를 은 30만 냥, 비단 30만 필로 한다.
④ 송은 호군전犒軍錢(전비배상금) 300만 관을 금에게 제공한다.

이렇게 하여 한탁주가 주동이 되었던 송·금 교전은 막을 내리고 한동안 화평 상태가 계속되었다. 그런데 금국은 거란인 군대의 반란에 이어 수년간 계속된 대송전쟁으로 재정난이 더욱 심각해지고, 몽골부에서 일어난 칭기스칸의 공격을 받아 완전히 궁지에 몰리게 되었다.

4) 이종의 옹립과 대금관계

황제 후보를 찾아서

사미원은 한탁주를 죽이고 금과의 화평을 실현한 공으로 이후 영종의 치세 17년 동안 재상 자리에 앉아 독단적으로 행동하는 일이 많았다. 1224년 영종이 죽자 사미원은 다음 황제(이종)를 옹립하고 전권을 유지하고자 하였다.

영종의 나이 31세 때 아들 연왕兗王이 요절하고 그 후 후사가 없었다. 이에 태조의 아들 연의왕燕懿王 덕소德昭의 9세손인 여원與愿(당시 6세)을 궁중에서 키워 1207년 15세가 되자 황태자로 삼고 이름을 순詢이라 하였다. 하지만 그 역시 1220년 28세의 나이로 사망했다. 이보다 앞서 1206년 영종에게는 종형제가 되는 위혜헌왕魏惠獻王 개愷의 아들 병柄(기정혜왕沂靖惠王)에게 후사가 없었기 때문에, 조칙에 따라 태조 10세손에 해당하는 균均을 양자養子[24]로 삼고 귀화貴和라는 이름을 주었다. 황태자 순이 사망하자 균을 황자로 삼고 이름을 횡竑으로 고쳤다. 횡이 황제 즉위후보가 된 것이다.

사미원은 일찌감치 자신의 구미에 맞는 황제의 후사를 찾고 있었다. 당시 재상부의 교사로 여천석余天錫이라는 자가 있었는데 성실하고 올곧아 사미원의 신임을 받았다. 여천석이 향리 경원부慶元府(절강성 영파시)로 내려가게 되었는데 사미원이 그를 몰래 불러서 "지금 기왕沂王에게는 후사가 없다. 종실의 핏줄을 이은 아들 중에 똑똑한 자가 있으면 데리고 오라"라고 말했다.

여천석이 전당강錢塘江을 건너 소흥부紹興府 서문에 이르렀을 때였다. 소나기를 만나 어느 집 처마 밑에서 비를 피하였는데, 그곳은 전보장全保長의 집이었다. 전보장은 여천석이 승상 사미원의 사람이라는 것을 알고 집으로 초대하여 음식을 대접하고 환대했다. 이때 두 아이가 서서 시중을 들고 있는 것을 보고 여천석이 묻자, 전보장은 "이 아이들은 제 외조카들인데, 점쟁이가 이 아이들을 보고 장래 매우 귀한 사람이 될 것이라고 했습니다"라고 대답했다. 이름을 물어 보니 형은 조여거趙與莒, 동생은 조여예趙與芮였다. 이 집은 두 아이의 어미인 전씨의 집이었는데, 두 아이의 아버지인 희로希盧가 송 태조의 아들인 연의왕 덕소의 먼 후예로서 태조의 10세손에 해당하였다.

사미원의 당부를 떠올린 여천석은 임안으로 돌아가 이 이야기를 전했고, 사미원은 두 아이를 불러들일 것을 명했다.

이 소식을 들은 전보장이 크게 기뻐하며 전답을 팔아 자금을 마련하여 아이들의 의관을 갖추고 친인척을 모아 배웅하여 두 아이를 수도로 떠나보냈다. 사미원은 관상을 잘 보았는데, 두 아이를 만나보고 마음에 들어했다. 그러나 이 일이 소문나면 곤란해질 것이라고 생각하여 아이들을 일단 전보장의 집으로 돌려보냈다. 아이들을 마음에 들어하지 않아 되돌려보낸 것이라고 여긴 전보장은 크게 부끄러워하였고, 마을 사람들도 이 일을 두고 뒤에서 비웃었다.

몇년이 흘러 상황이 좋아졌다고 판단한 사미원은 여천석을 시켜 두 아이를 다시 불러올렸다. 그러나 이전의 일에 질린 전보장이 아이들을 떠나보낼 생각이 없다며 거절하였다. 이에 사미원이 여천석을 시켜 "두 아이 중 여거가 제일 귀하니 아버지의 집으로 돌려보내 양육시키자"고 보장에게 전했다. 여기에서 아버지의 집이란 송 황실을 의미할 것이다. 이 이야기를 전해듣고서야 전보장도 겨우 승낙을 했다. 사미원은 이렇게 하여 임안으로 데리고 온 여거의 이름을 귀성貴誠으로 바꾸고 기왕가沂王家의 귀화貴和가 황자가 된 이후를 대비했다. 이때 귀성의 나이 17세였다.

조여거趙與莒(貴誠)에게 황제교육

황자 횡竑은 고금古琴(칠현금) 연주를 좋아하였다. 이에 사미원이 고금을 잘 타는 여자를 구하여 횡의 곁에 두고 그의 동정을 살피는 첩자로 삼았다. 이 여자는 현명하고 일정하게 문학적 소양도 갖추고 있어 횡의 총애를 받았다.

당시 양황후의 세력이 강해 사미원은 오랫동안 그 아래에서 국정을 담당하였다. 황제의 측근이건 정부 요직이건 모두 사미원을 받들거나 그의 후원을 받은 사람들뿐이었기 때문에 이를 두고 누구 하나 이의를 제기하지 않았다. 황자 횡은 황후와 사미원을 매우 싫어하여, 벽에 걸린 전국지도에서 경주도瓊州島(해남도海南島)를 가리키며, "언젠가 뜻을 이루면 사미원을 이곳으로 보내버리겠다"고 했다고 한다. 횡의 이런 언동은 곧 첩자를 통해 사미원의 귀에도 들어갔다.

사미원은 황자 횡을 어떻게든 처리하지 않으면 자기 신변이 위험해질 것이라고 생각했다. 동궁의 교육을 담당하는 궁교宮敎 진덕수眞德秀[25]가 황자를 걱정하며 "어머니께 효행하고 대신을 공경하면 천명天命이 당신에게 내릴 것이고, 그렇지 않으면 근심스러운 일이 생길 것입니다"라고 간언하였으나, 횡은 들으려 하지 않았다.

사미원은 국자학록國子學錄(태학의 학생 담당관)인 정청지鄭清之에게 주목하고 그를 자기 사람으로 끌어들여 이렇게 말하였다. "황자 횡은 황제의 자리를 감당할 만한 재목이 못 된다. 기왕부沂王府의 후계자가 매우 현명하다고 하니, 자네가 그를 훈도해 주지 않겠나! 이 일만 성공하면 지금의 내 지위가 곧 자네 것이 될 걸세. 단, 지금 나눈 이야기는 듣기만 하고, 절대로 입 밖에 내선 곤란하네. 들키면 자네도 나도, 일족 모두 죽임을 당할 걸세."

정청지는 이 요청을 받아들여 위혜헌왕부학교수魏惠獻王府學教授를 겸하고 매일 귀성貴誠을 교육하였다. 사미원은 귀성을 황제의 후계자로 삼겠다는 뜻을 굳히고 횡의 실언을 영종에게 전하며 횡을 폐하고 귀성을 세우라고 충동질 했다. 그러나 영종은 이를 눈치채지 못했다. 진덕수는 궁교宮教직을 사퇴하고 떠났다.

영종寧宗

1124년(가정 17) 8월 영종이 병이 들었다. 사미원은 정청지를 기왕부로 보내 귀성에게 드디어 황제가 될 때가 왔다는 뜻을 전하였다. 귀성은 가만히 입을 다문 채 아무말도 하지 않았다. 이에 정청지가 간절하게 말하길, "사史 승상과 저는 오랜 친분으로 속마음까지 다 털어놓는 사이인데, 한 마디도 답하지 않으시니 제가 승상께 어찌 말씀 올려야 할지 모르겠습니다"라고 하였다. 이에 귀성이 비로소 두 손 모아 절하며 천천히 말했다. "고향 소흥에 노모가 계십니다."

영종의 황후 양楊황후

정청지가 사미원에게 이 일을 보고하니 사미원은 점점 더 그의 비범함에 감탄하였다. 그로부터 약 엿새 후 황제가 위중해졌다. 조칙이라고 칭하여 귀성을 황자로 삼고, 새로이 윤昀이라는 이름을 주고 성국공成國公에 봉하였다.

윤8월 영종이 사거했다. 사미원은 황후 오빠의 아들인 양곡楊谷 등을

양황후의 글씨 영종과 서체가 비슷하여 영종의 글을 대필하기도 했다고 전한다.

황후에게 보내 횡을 폐하고 다른 이를 황제로 삼자고 설명하였으나 황후가 꺼리며 받아들이지 않았다. 황자 횡은 선제가 세운 사람인데 지금 그것을 거역하여 고칠 수 없다는 것이었다. 하룻밤 새 일곱 차례씩이나 왕복하며 설명을 되풀이했으나 황후의 거절은 완강하였다. 결국 양곡 등이 "내외 군민軍民의 민심이 이미 기울었습니다. 그를 세우지 않으면 난이 일어날 것이 이미 자명한데, 양씨도 어찌 될지 모르겠습니다"라고 하며 다그쳤다. 황후가 한참 동안 침묵하더니 "그는 어디에 있는가"라고 물었다. 이에 곧바로 급사急使를 불러 윤의 처소로 보내며 "기정혜왕부沂靖惠王府의 황자가 계신 곳으로 가거라. 만세항萬歲巷의 황자(횡竑)가 아니다. 일이 잘못되면 참수형이다"라고 말했다.

이종理宗의 등장

황자 횡은 황제의 붕어 소식을 전해듣고, 이제나 저제나 자신을 불러주기를 고대하였으나 아무 연락도 오지 않았다. 누군가 장벽(토담) 저쪽으로 급하게 지나갔다. 뭔가 좀 이상하다고 생각하고 있는데, 이윽고 한 사람이 이끌려 다급히 사라졌다. 그러나 아직 동도 트기 전이라 어두워서 그가 누구인지는 알 수 없었다.

윤은 부름을 받아 입궁하고 황후를 알현했다. 황후가 윤의 등을 가볍게 두드리며 "이제부턴 그대가 내 아들이다"라고 말했다. 사미원이 윤을 대동하고 황제의 관 앞에 이르러 애도하게 하고, 애도가 끝나자 횡을 불렀다. 이 부름에 횡이 바로 궁중으로 달려왔는데, 궁문을 지나칠 때마다 위병이 그의 종자를 검문하니 어찌 된 일인가 싶어 당황하였다. 사미원이 횡을 데리고 관 앞으로 가서 애도를 표하게 하고, 그것이 끝나자 횡을 장막 밖으로 내보낸 후 전수殿帥 하진夏震에게 그를 지키게 하였다. 길고 백관이 도열하여 유제遺制를 듣는 단계가 되자 횡에게 예전 자리로 돌아가라고 했다. 횡이 깜짝 놀라 "여기는 내 자리가 아니다"고 말했다. 하진은 "아닙니다. 선제宣制가 내려지기 전에는 여기에 있어야 하고, 선제가 내려진 뒤에 자리에 오르는 것입니다"라고 속였다. 횡은 그 말도 일리가 있다고 여겼으나, 멀리 궁전 위쪽을 보니 촛불 빛을 받으며 옥좌에 누군가 앉아 있는 것이 아닌가. 이미 윤이 즉위해 있었던 것이다. 이어 선제가 끝나 합문사閤門使의 선창으로 만세를 부르고, 백관의 인사와 축하가 이어졌다. 그제야 자신이 속았음을 알고 횡이 절을 하지 않으려 하자 하진이 그의 머리를 강제로 눌러 절을 올리게 하였다. 유조라고 칭하며 횡을 개부의동삼사開府儀同三司 제양군왕齊陽郡王 판녕국부判寧國府로 삼고, 양황후는 황태후로 높여 함께 정사를 보는 것으로 하였다. 이어서 횡을 제왕濟王으로 삼아 호주湖州로 옮겼다. 새로운 황제는 이종이라 불린다.

이종의 책립은 위에서 말한 바와 같이 사미원의 오랜 음모의 결과였다. 자신의 세력을 유지하기 위해 폐립을 감행하고, 조칙을 고치고, 제멋대로 뜻을 이루자 사미원을 비난하는 인사가 적지 않았다. 호주 사람 반임潘壬은 제왕 횡을 황제로 세우기 위해 이전李全과 내통하여 일을 벌였으나 그의 병사가 오지 않았다. 반임은 소금을 밀매하는 무리 천 명을 이전의 병사처럼 보이게 꾸미고, 밤에 호주성에 진입하여 횡을 찾아냈다. 그리고 주의 관청으로 가서 그에게 황포黃袍(천자의 옷)를 억지로 입혀 황제로 옹립하고자 했으나 횡이 울면서 따르려 하지 않았다.

이종理宗

그를 억지로 협박하여 횡이 내건 "양태후 집안은 건들지 않는다"는 조건을 수용하고 그의 동의를 얻어냈다. 그리고 나서 주의 금고를 열어 병사를 위무하고, 거짓으로 이전李全의 이름으로 게시판을 세워 사미원의 폐립의 죄를 다그치며, 지금 20만 정병을 이끌고 수륙으로 아울러 공격해 들어갈 것이라고 밝혔다. 지주 사주경謝周卿도 축하차 부하를 이끌고 왔다.

그런데 날이 밝으면서 이전의 군대는 가짜이고 실제로는 태호太湖의 어부와 하급 병사들이라는 사실이 밝혀지자 제왕 횡은 이 일을 조정에 보고하고 아울러 주의 병력을 이끌고 가 반임을 쳤다. 반임은 패하여 초주楚州로 도망치고 그 일당은 모두 패사했다. 반임은 회수를 건너 금의 영내로 도망치려다 붙잡혀 임안으로 송환되어 사형당했다.

사미원은 횡을 살려두었다간 언제 제2의 반임이 또 나타날지 모른다며 두려워했다. 그래서 거짓으로 횡이 병에 걸렸다고 하여 의사를 대동하여 여천석을 호주로 보내 횡을 독살하게 하였다.

이렇게 되자 사미원의 지나친 악행에 여론이 들끓었다. 기거랑起居郞인 위요옹魏了翁,[26] 고공원외랑考功員外郞인 홍자기洪咨夔, 예부시랑인 진덕수眞德秀 등이 교대로 상소를 올려 횡의 억울함을 말하였고, 등약수鄧若水는 사미원을 죽여야 한다는 상소를 올렸다. 그러나 이 반대론자들은 탄압 파면당하고 사미원의 전횡은 계속되었다. 사미원은 영종 때 17년 동안 재상직에 있었고 이어 이종을 옹립하여 9년 동안 전권을 휘둘렀다.

금국을 토벌하기 위한 송·하 연합

금에서는 1208년 장종이 죽고 위소왕衛紹王(폐제廢帝 윤제允帝)이 즉위했다. 그러나 그는 평범하고 유약한 인물이었다. 몽골 지방을 통일하고 서하를 복종시킨 칭기스칸의 침략을 받았으며 거란인도 각지에서 반란을 일으켰다. 야율유가耶律留哥가 동북지구에서 병사를 일으켜 몽골[27]에 복속하고 요왕遼王이라 하였다. 금의 우부원수右副元帥 흘석렬호사호紇石烈胡沙虎는 몽골군과의 전투에서 패하자 처벌당할 것을 두려워하여 반란을 일으켜 위소왕을 죽이고 1213년 장종의 형을 옹립하였다. 그가 선종이다.

선종宣宗은 즉위 후 호사호를 죽여 후환을 없앴다. 그러나 몽골군의 진격을 막지 못해 중도中都(북경)가 포위당하고, 하북·산동·산서가 넘어갔으며 금의 본거지인 동북지구까지 야율유가가 이끄는 몽골군에게 제압당했다.

금의 황제는 위소왕의 여자를 칭기스칸에게 바치고 황금과 비단을 보내 화의를 청했고, 몽골군은 이를 받아들여 철수했다. 금은 중도가 몽골과 가까워 지키기 어려웠으므로 변경汴京으로 천도했다. 칭기스칸은 이 천도에 대해 몽골을 적대시한 조치라고 보고 전쟁에 나서서 중도를 함락(1215년)하여 금군을 완전히 압도했다.

송에서는 금이 곤경에 처한 틈을 타서 금을 쳐야 한다는 논의가 일어나, 진덕수의 상주에 따라 1213년부터 금에게 보내던 세폐인 은과 비단의 제공을 정지했다.[28] 금으로서는 몽골의 중압에 시달리고 있던 터라 송이 이러한 태도를 취해도 어찌해볼 도리가 없었다. 그러나 이윽

칭기스칸

고 칭기스칸이 서방 원정에 나서면서 금에 대한 공격이 완화되자 이를 계기로 1217년 송을 쳐서 세폐 제공을 중지한 일을 나무라고, 남방 영토를 획득하여 북방의 잃어버린 땅을 채우려는 전쟁을 시작했다. 양군 모두 승패를 주고받았는데, 당시의 금은 북방으로는 몽골, 남방으로는 송과 전투를 치러야 했고 아울러 서방의 서하로부터도 공격을 받고 있는 상태였다.

서하는 몽골에게 공격을 받고 있는데도 금이 도와주지 않는 것에 대해 불만을 품었다. 이에 1214년 송에 사신을 보내 함께 금을 공격하자고 제의했다. 송은 이 제의에 응하지 않았으나 1219년 두 번째로 제의가 들어오자 이에 응하여 금에 대한 협공에 나섰다.

금의 상황은 좋지 못했다. 선종이 죽고 황태자가 애종哀宗으로 즉위하여 다음 해 1224년 송에 화의를 청했다. 송에서도 영종이 죽고 이종이 즉위하였는데, 사미원이 금의 제의를 받아들여 전쟁을 중지하였다. 10년이나 계속된 금과의 전투에 지친 서하도, 몽골의 공격이 다시 시작되자 금과의 화해를 강구하여 금을 형의 나라로 섬기고, 각자 자국의 연호를 사용하게 되었다.29)

이렇게 하여 송·금·하의 삼국 사이에 화의가 성립했으나(1224년), 서방 원정에서 개선한 칭기스칸이 또다시 동아시아 여러 나라를 공격하기 시작하면서 이 평화는 오래 가지 못했다. 1225년 서방 원정에서 돌아온 칭기스칸은 서하를 공격하여 1227년 서하왕 현睍에게서 항복을 받아냈고 이로써 서하는 이원호 이래 10대 194년으로 멸망했다.

칭기스칸이 사망하고 우구데이 카안은 1230년 군사를 이끌고 산서로 남하하고, 별군別軍은 섬서로 들어가 변경汴京을 목표로 삼아 길을 나누어 진격했다. 금은 주력을 하남에 두고, 북쪽은 황하 선, 서쪽은 동관潼關을 고수할 계획이었다. 몽골군은 동관을 피해 하남으로 쇄도하여 우산禹山·균주鈞州 전투에서 금군을 격파하고 금의 수도 변경을 포위 공격했다.

송·몽골 연합과 금의 멸망

몽골군의 포위 공격으로 양식이 바닥나자 금의 애종은 황하를 건너 하북으로 달아나려 했으나 실패하고 후퇴하여 귀덕歸德으로 도망쳤다. 변경은 서면원수西面元帥 최립崔立이 몽골군과 내통하여 함락되었다. 몽골군은 금의 후비后妃와 종실을 사로잡고, 두 왕과 종족들을 살해하였으며 태후·황후·황비들을 카라코룸으로 보냈다. 애종은 귀덕에서 더 남쪽으로 내려가 채주蔡州(하남성 여남현汝南縣)로 들어갔다. 이곳은 송의 국경과 매우 가까웠다.

금을 공격할 때 견고한 동관은 피하고 송에게 길을 빌려 당주唐州·등주鄧州 2주를 거쳐 변경을 친다는 전략은 칭기스칸의 유언이었다고 한다. 우구데이 카안은 변경을 공격하기 위해 송의 영토를 통과하게 해달라고 요청하였으나 송에게 거절 당했다. 그러나 다음 해 몽골 사신이 송의 양양襄陽에 이르러 송과 몽골이 연합하여 금을 협공하자고 제안했다. 경서형호제치사京西荊湖制置使 사숭지史嵩之(사미원의 조카)는 이 제안을 임안에 보고했다. 조정 대신들이 모두 이 제안에 호의적인 반응을 보이며 이것으로 복수를 할 수 있다고 기뻐하였으나, 조범趙范만은 달가워하지 않고 "선화해상맹宣和海上盟(휘종 때 금과 동맹하여 요를 친 것)은 매우 견고하였지

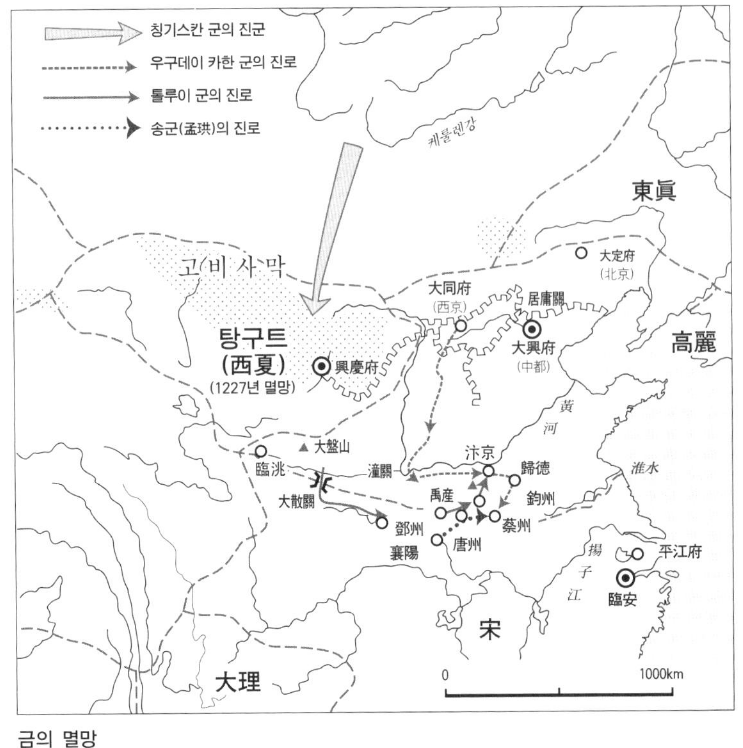

금의 멸망

만 결과는 불행하였다. 이 전례를 돌이켜보아야 한다"며 반대했다. 당시 금도 송에게 연합을 요청하였으나 송 조정의 의견은, 성공할 경우 송이 하남을 돌려받는다는 조건 하에 몽골과 연합하는 쪽으로 결정되었다.

1233년 몽골군의 채주蔡州 공격에 사숭지는 장군 맹공孟珙에게 병사 2만, 쌀 3만 석을 주어 협공하게 했다. 송·몽연합군에 포위당한 채주는 양식이 바닥나 3개월 동안 말 안장과 신발, 찢어진 북의 가죽을 삶아먹고, 사람과 가축의 뼈를 미나리 무침에 섞어 먹고, 심지어는 노약자와 패배한 군사를 죽여 그 고기로 굶주림을 채우는 참상을 연출하였다. 금의 애종은 자신의 자리를 원수인 승린承麟에게 물려주었다. 승린은 태조의 부친인 세조 핵리발劾里鉢의 후예였다. 애종은 "짐이 경에게 자리를 물려주는 것은 어찌할 수 없는 것이다. 짐은 살이 많이 쪄서 말을 타고 돌격하는 것이 불편하나 경은 평소부터 몸이 가볍고 장수다운 지략을 갖추었다. 만일 이 포위를 뚫고 나갈 수 있다면 금 황실의 혈통을 이을 수 있을 것이다"라고 말하고, 사퇴하려는 승린을 강제로 승낙시켰다.

연합군의 공격이 점점 거세져 성문은 계속 부숴져나가고 그 칼날이 바로 눈앞까지 다가왔다. 애종은 시중에게 "내가 죽으면 불을 지르라"고 명한 후 자살하였고, 대신·장군·군사 500명이 모두 그를 이어 따라 죽었다. 자성子城을 지키고 있던 말제末帝 승린은 애종의 사망 소식을 듣고 군신을 이끌고 들어와 곡을 하였으나, 어찌해 볼 겨를도 없이 바로 성이 함락되었다. 승린은 밀치고 들어온 병사의 손에 살해당하고 이로써 금은 태조 아구타가 황제를 칭한 이래 10대 120년으로 멸망했다.

「문회도文會圖」(송, 휘종 작)

제7장

남송의 멸망

1) 전쟁과 가혹한 세금

송·몽골의 개전

금이 멸망(1234년)하고 송은 몽골과 국경을 접하게 되었다. 송에서는 황하 이남에 있는 원래의 도읍인 삼경三京(개봉開封·낙양洛陽·귀덕歸德)을 수복해야 한다는 논의가 일어났다. 송은 몽골과 연합하여 금을 협공할 때 하남 땅은 송이 돌려받는다는 조건을 내걸었는데, 현실적으로 금이 멸망하였으니 몽골과의 합의를 기다릴 것 없이 이 기회에 하남 땅으로 진격하여 무력을 써서 일방적으로 점유하자고 한 것이다. 이에 대해 일단 몽골과 평화를 유지하면서 내정의 정비를 우선해야 한다는 점, 지금 하남의 빈 성을 얻더라도 이후 재정적으로 몽골과의 전쟁을 감내할 수 없다는 점을 들어 반대하는 자도 많았다.

그러나 재상 정청지鄭淸之는 수복론에 찬성하여, 송군은 변경(개봉)으로 진격하여 낙양을 함락시켰다. 변경에는 몽골에 항복한 최립이 있었는데 부하에게 살해당하여 낙양은 빈 성이나 마찬가지였으므로 쉽게 수복할 수 있었던 것이다.

육화탑六和塔 절강성 항주시

이것이 1234년(단평 원) 6월부터 7월에 걸친 일이었는데, 8월에 몽골군이 침입하여 낙양과 변경을 연달아 빼앗았다. 몽골은 송이 맹약을 배반한 일을 꾸짖으며 송에 대한 군사행동에 나섰다.

1235년 6월 몽골군이 대거 남하하였다. 몽골군의 일부는 지금의 하남성 남부에서 강회 방면으로 향했고, 일부는 호북성 한수漢水 유역을 침범하고 일부는 섬서성 남부에서 촉을 공격했다. 중앙아시아·서남아시아를 석권하고 서하와 금을 연달아 멸망시킨 몽골 대군이 이제 질풍처럼 남송 공격에 나선 것이다.

송에서는 대외교섭에서 공을 세운 바 있는 경서형호제치사京西荊湖制置使 사숭지를 회서제치사淮西制置使에 임명하고 이어 재상·추밀사로 삼았다. 채주를 공격하여 함락시킬 때 명성을 떨쳤던 맹공孟珙이 그를 이어 형호제치사가 되어 몽골군의 침입에 맞섰다. 송군은 각 방면에서 잘 싸웠는데, 특히 맹공의 분투는 눈부셨다. 맹공은 사천선무사四川宣撫使가 되어 둔전을 일으켜 지구전에 대비했다.

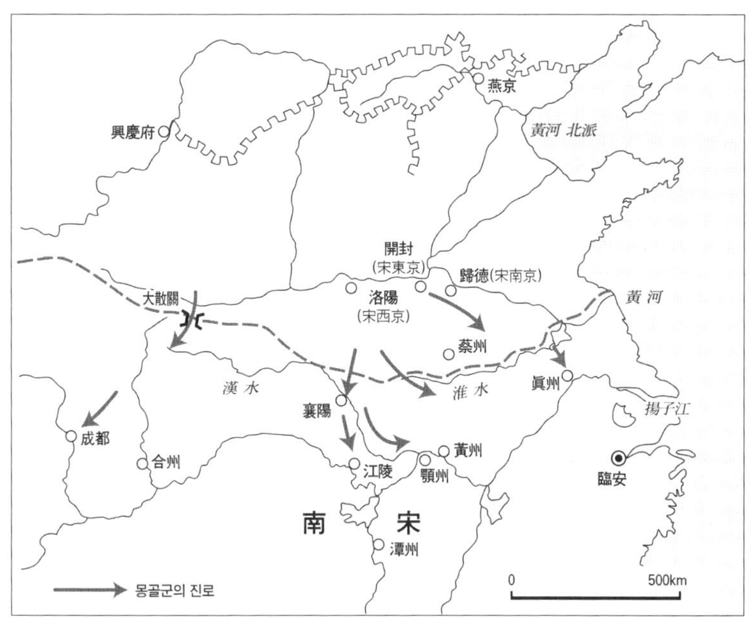

몽골군의 제1차 침입 지도

몽골에서는 1241년 우구데이가 죽자 황후가 섭정을 하였고, 1246년 구육이 뒤를 이었으나 1248년에 죽고, 모후의 섭정이 이어졌다. 1251년 쿠릴타이를 통해 구육의 종형제인 뭉케가 카안의 지위를 이었지만 그동안 태후의 섭정에 대해 불평하는 분위기였기 때문에 국내 상황은 그다지 안정되지 못하였다. 그러다 보니 송에 대한 공격의 기세도 약해질 수밖에 없었다.

남송의 재정

종래 남송은 북쪽에 금이라는 강적을 두고, 동쪽으로는 강회, 서쪽으로는 촉으로 이어지는 장대한 방위선을 국경지대에 펼쳐 두어야 했다. 그동안 금과 전투를 주고받으며 평상시에 방대한 군대를 양성하여 이에 대비하지 않으면 안 되었다. 따라서 이에 필요한 지출은 국가재정에서 큰 부분을 차지했다.

남송시대에는 강남 개발이 현저히 진행되어 생산력이 크게 신장하였다. 국토는 절반으로 줄어들었지만 강남지방을 중심으로 한 생산의 확대로 국가 재력은 총량에서 보면 오히려 북송을 앞질렀다. 그럼에도 불구하고 방대한 군비 지출[1)]이 남송 재정을 크게 압박하였고 따라서 농민은 가혹한 수탈에 시달려야 했다.

〈표 10〉 북송·남송의 국력비교

	북송		남송	
국토면적(추정면적)		260만km²	170만km²	
호수	10,307,640호 (1042)	20,264,307 (1102)	11,575,733 (1160)	12,670,801 (1223)
인구수	22,926,101명 (1042)	45,324,154 (1102)	19,229,008 (1160)	28,320,085 (1223)
국고세입민전	3,680만 민 (1060경)	6,000만 민 (1080경)	6,004만 민 (1160경)	3,500만 민 (1215경)
주전매수입 염전매수입	1,710만 민 715만 민 (경력 연간)		1,400만 민 2,100만 민 (소흥 연간)	

일찍이 북송에서 국가 재정수입의 기둥은 양세와, 소금·차·술 등의 전매였다. 남송은 가중되는 군비를 조달하기 위해 전매 가격을 올리고, 경제전經制錢·총제전總制錢·판장전板帳錢·월장전月椿錢 같은 새로운 세수 항목을 만들어 재정의 어려움을 타개하려고 하였다. 이들 새로운 세금은 따로 새로이 과세 대상을 설정한 것이 아니라, 대부분 종래부터 있던 세금을 더 거두는 부가세의 성격을 띠었고, 여기에 자투리 수입을 더해서 만든 세수 항목이었다.

예를 들면 경제전이라는 세수 항목 내용을 보면, 처음에는 양첨주전量添酒錢(전매품인 술 가격의 증가분)·양첨매조전量添賣糟錢(주조 가격의 증징)·증첨전

택아세전增添田宅牙稅錢(토지·가옥을 거래[2])할 때 징수하는 아세의 증징)·관원등청급두자전官員等請給頭子錢(관원 급여의 공제분)·누점무증첨삼분방전樓店務增添三分房錢(관유 건조물의 임대료[3])의 3푼 증징분)의 5개 항목으로 이루어졌는데 나중에 제로무액전諸路無額錢(여러 로의 수입의 잉여)과 초방정첩전鈔旁定帖錢(증서용지 판매 수입)의 두 종목이 추가되어 모두 7개가 되었다.

총제전은 그 내용이 더 잡다하여, 영세한 관청의 잡수입들을 끌어모은 것이었다. 12세기 말 무렵, 동남의 여러 로에서 거둔 경제전 수입은 660여만 민, 총제전은 780여만 민에 이르렀다. 당시 정부 수입전의 총액(양세, 전매 등의 수입)은 6,530여만 민이었다. 즉 경제전과 총제전을 합한 수입이 전 수입의 20% 이상에 달했던 것이다. 이 밖에 사천도 경제전과 총제전을 합쳐 540여만 민이었다.

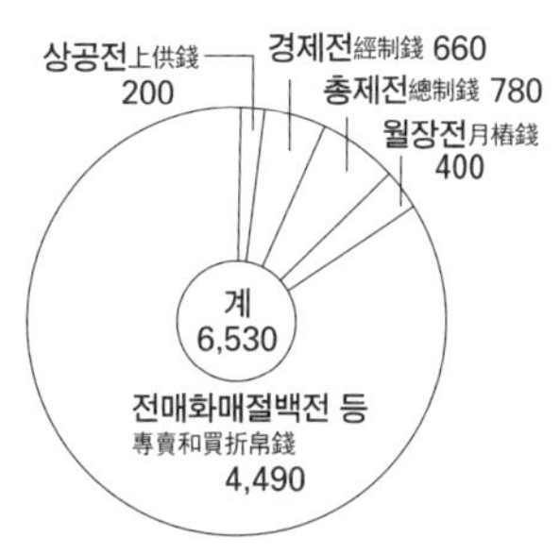

효종 순희淳熙 말 국고 세입 민전緡錢의 내용 단위: 만민

남송은 이런 잡다한 세목들까지 만들어 농민을 수탈하고 모든 잉여유재余利遺財를 망라해서 끌어모으지 못하면 다급한 군비를 충당할 수 없었다. 물론 어떻게든 재정을 꾸려 나갈 수 있었던 것은 말할 것도 없이 남송의 생산력 증진이라는 기반이 있었기 때문이다. 그렇다고는 해도 수탈당하는 농민들의 부담은 무거웠고 고통도 컸다.

조세와 다름없는 화적

농민의 부담을 무겁게 한 것으로 앞에서도 언급한 화적和糴이라는 것이 있다. 화적이란 정부가 군량 등의 미곡을 농민에게 사들일 때 강제가 아닌 합의에 따라 사들이는 것을 말한다. 그러나 합의는 표면적인 원칙일 뿐, 정부라는 권력자는 재정이 궁핍해지면 저가로 사들일 수밖에 없었고 아예 그 싼 대가마저도 지불하지 않게 된다. 이렇게 되면 화적은 사실상 세금과 다를 바 없게 된다.

회자會子**의 동판**銅版 길이 16cm, 폭 9cm. 남송의 지폐인 회자의 동판. 이것으로 인쇄하여 지폐가 만들어진다.

남송 말에 화적의 수량은 자그마치 500만~800만 석에 달하여 인민들에게 무거운 부담이 되어 있었다. 그러나 군량을 조달하려면 화적을 그만둘 수 없었다. 정부로서는 화적을 하려면 매입자금이 필요했고 따라서 회자 같은 지폐를 대량으로 발행하였다. 이러한 지폐의 남발은 인플레이션을 불러일으켰고, 이것은 물가등귀를 초래하여 재정난을 가중시키는 악순환에 빠지게 되어 남송의 고민은 더욱 깊어졌다.

남송에서는 토지 겸병과 대토지 소유의 경향이 더욱 진행되었다. 관호·형세호는 광대한 경작지를 장원으로 경영하였고, 일반 농민은 소유지를 잃고 전호가 되어 장원에 들어가는 자가 많았다. 게다가 권세를 가진 대토지 소유자들은 화적에서 빠질 수가 있었다. 이래서는 국방에 필수적인 화적도 충분할 수 없다. 이런 상태가 남송 말기의 실정이었다.

이미 말했듯이 북송 말 이래, 한전면역법이 실시되면서 관호의 직역면제는 일정액의 경작지로만 한정되고, 그 한도를 넘는 소유 경작지에 대해서는 민호와 마찬가지로 역이 할당되었다. 남송에서는 이 법이 강화되었으나 한도 이상의 토지를 정부가 사들인 것은 아니었다. 그러나 남송 말에 대토지 소유가 점점 진행되자 이들 한도 이상의 토지를 정부가 사들여 여러 폐단을 없애자는 의견이 나왔다.

가사도賈似道의 공전법

이종은 황제 자리에 40년 동안이나 있었는데, 만년에는 염비閻妃를 총애하여 정사를 게을리하고 독단적인 성향이 강해졌으며 간사한 자들을 가까이 했다고 전해진다. 먼저 동송신董宋臣과 정대전丁大全 등이 권세를 휘둘렀고, 이어 가사도가 국정을 장악하여 내외의 정치에서 권력을 농단하였다.

가사도

동송신은 환관으로, 황제의 비위를 맞추면서 권력을 키워 민전을 강탈하고 뇌물을 바쳐 국정을 문란케 하였다. 정대전은 황제 외척의 여종婢의 사위로, 염비와 환관에게 아첨하여 마침내 황제의 총애를 얻어 벼슬을 하더니 동괴董槐를 재상 자리에서 내쫓았다. 그리고는 우승상 겸 추밀사 자리에까지 올라 자의적으로 상벌을 내리고 국가 규율을 어지럽히고 충신들을 쫓아내고 언로를 막았다. 간사하고 아첨하는 이 두 사람을 비난하는 공격의 목소리가 높아지자 이종은 두 사람을 파직하고 지방으로 유배했다. 쫓겨난 이들을 대신해서 권력을 장악한 인물은 가사도였다. 그는 외척이라는 지위를 이용하여 더 한층 권력을 휘둘렀고, 이는 다음 황제인 도종의 치세에까지 미쳤다.

당시의 재정난과 그 대책으로서 한전限田을 주장한 것에 대해서는 이미 앞에서 언급했다. 남송 말에는 이 한전 주장이 공전으로 진전되어 가사도의 공전법公田法이 실현되는데, 그 사이 영종 가정 연간(1208~1224)에 섭적葉適의 섬군매전贍軍買田 설이 나왔다.

이 주장은 절동로 온주溫州에서 민유전토民有田土를 주 당국이 사들여 그 토지에서 거둔 수입으로 주의 군사비를 조달하고자 한 것이었다. 이 주장이 전반적으로 실현되지는 않았지만, 이종 초기에 사천 노주瀘州에서 짧은 기간이나마 2년에 걸쳐 실시되었다.

가사도의 공전법은 이러한 전례들에 입각하여 1263년(경정 4) 4월 부국강병책의 묘책으로서 실시되었다. 그때까지 화적이 실시된 주된 지역인 절동·절서浙西·강동·강서·형호남 5로의 관호·민호의 경작지에 한전법을 적용하여 200무를 한도로 해서 그 한도를 넘는 토지의 3분의 1을 사들이고, 이것을 공전으로 돌려 거기에서 얻은 수입으로 군비를 조달한다는 것이었다.

공전으로 군량을 충족시킬 수 있게 되면 화적으로 인한 피해는 없어진다. 화적이 폐지되면 화적 때문에 남발되던 회자의 발행고도 억제할 수 있고, 회자의 발행고가 줄어들면 통화팽창도 막고 물가를 안정시킬 수 있다. 물가가 안정되고 화적이 폐지되면 백성들은 휴식을 할 수 있게 된다. 이것이 공전법이 노린 효과였다.

공전법은 먼저 절서로에서 실시해 보고 점차 다른 로로 확대할 예정이었지만 실제로 실시된 곳은 절서의 6부주군(호주湖州·수주秀州·소주蘇州·상주常州의 네 주와 진강부鎭江府·강음군江陰軍)이었고, 같은 절서로라고 해도 엄주嚴州는 산지라는 이유로, 또 임안부는 수도라는 이유로 제외되었다.

공전에는, 당시 절서지방에서 일반적인 관습이었던 장원 경영이 행해졌다. 즉 전호(이 경우 관전官佃으로 불렸다)에게 경작을 시키고 소작료인 전조佃租를 납부시키는 방법인데, 이것이 공전의 수입이 된다. 이 공전을 관리하기 위해 장관莊官을 두고, 전호가 조를 체납하거나 혹은 전호가 도망쳤을 경우 원래의 토지 판매자에게 대신 납부하게 했다.

나중에 장관이 전호를 수탈했기 때문에 장관제도는 폐지하고 상등호를 모집하여 경영을 위탁했다. 상호上戶는 종호種戶(경작농민)에게 경작을 시키고 조를 징수하여 거기서 정부가 정한 조액을 납부했다. 이 상호를 전주佃主라고 불렀다. 이리하여 공전의 경영에는 관-전주-종호라고 하는 관계가 생겨났다. 원래의 판매자가 경영을 청부하고 전호에게 경작을 시키는 경우도 있었다. 이 경우에는 관-원래 판매자(전주)-종호(전호)라는 관계가 된다. 종호가 실제 경작에 종사하여 직접 노동자가 되는 셈이다.

공전법의 공과 죄

경정 4년, 공전법이 시행되어 절서의 6부주군에서 350여만 무를 사들였는데, 이는 상주의 경우 경작지 총액의 약 2할, 진강부는 약 1할에 해당했다. 같은 해에 화적을 폐지하고 회자의 발행고도 줄일 수 있었다. 이종의 뒤를 이어 도종 때 공전의 조미 수입이 증가하여 국고인 풍저창豊儲倉(임안부)을 확장하고 함순창咸淳倉을 신설하여 쌀 600만 석을 비축하기에 이르렀다.

공전법은 남송의 재정과 사회의 실정에 입각한 부국강병의 묘안으로 채용되어 가사도의 강권 아래 실시되었는데, 이것은 관호·형세호 등 권세 계층의 기득권을 침해하였기 때문에 그에 대한 비판이나 반대도 강했다.

실시 기술의 측면에서도 문제점이 많았다. 관련된 관이 공을 탐하여 한도 내의 경작지 소유자에게 땅을 강제로 사들이는 일도 있었고, 판매

대금을 지불할 때 주로 회자(지폐)·도첩이나 관고官告(하급관의 사령서)를 이용하였는데, 이것은 실제 가치가 평가절하된 허권虛券이어서 말이 사들인 것이지 몰수한 것이나 마찬가지라고 평가되었다.

1264년 7월 혜성이 나타났다. 이것이 무엇을 뜻하는지 조칙을 내려 신하에게 직언을 구하자, 대간臺諫(어사御史·간관諫官)들과 많은 사민士民이 상소하여 공전법이 좋지 않기 때문이라고 말하고, 혜성의 출현은 공전법 실시에 대한 민간의 원망의 결과라고 논했다.

그러나 가사도가 상소하여 애써 변명하고 공전법을 옹호하며 재상직의 사임을 황제에게 청하니, 이종이 "공전법에 의하지 않고서 국계國計를 어떻게 꾸려 나가겠는가"라고 하면서 사임을 허락치 않았기 때문에 여론도 가라앉았다. 9월에는 가사도의 청에 따라 경계추배법經界推排法을 여러 로에서 실시했다. 이것은 새로이 경지를 측량 조사해서 적정 수준의 과세를 도모한 것인데, 이 법이 실시되면서 얼마 안 되는 땅까지 모두 과세의 대상이 되어 인민이 받는 고통은 더욱 심해졌다. 이후에도 공전법에 반대하는 논의는 끊이지 않았다. 그러나 이 법은 남송이 멸망할 때까지 계속 시행되었으며 원나라까지 이어지게 되었다. 비록 가사도와 이종이 기대했던 만큼의 성공을 거두지는 못했다 해도 일정하게 효과를 본 것은 분명하며, 전란이 빈번하던 남송 말의 재정을 일시 지탱해주었기 때문이다.

2) 몽골에 대한 전투의 재개와 임안 함락

몽골의 포위태세와 송의 방위

앞서 말한 바와 같이 몽골에서는 우구데이가 죽은 후 뭉케 카안(헌종)

이 즉위하기까지 대 카안大汗의 교체를 둘러싸고 국내정세가 불안정하여 송에 대한 공격도 중단하였다. 그러다가 1251년 뭉케가 대카안에 오르면서 몽골은 대송 공격을 재개하였다. 뭉케 카안은 동생 쿠빌라이에게 막남漠南 지역의 총괄을 맡겼다. 쿠빌라이는 한인 요추姚樞를 초빙하여 고문으로 삼고, 그의 이야기에 귀를 기울였다. 즉 요추의 조언을 받아들여 경략사經略司(군사기관)를 변경汴京에 설치하고 병사를 나누어 둔전屯田을 운영하고 방위 시설을 정비하여 송에 대비하는 방책을 채택하였다.

쿠빌라이

1252년 뭉케 카안은 한지漢地에 종족宗族들을 분봉했다. 이때 쿠빌라이는 관중과 하남의 땅을 영유하게 되어 화북에 그 근거를 굳혔다. 이어 남방의 대리大理와 교지交趾를 정벌하여 남송을 포위하는 형세를 만들어 나갔다.

대리는 지금의 운남성에 있던 나라로, 당나라 때의 남조南詔의 후예다. 오대 후진 때 단씨段氏가 왕이 되어 대리국大理國이라 불렀으나 송과는 그다지 교섭이 없었다.[4] 1252년 쿠빌라이가 장군 우량카다이에게 이곳의 정복을 명하였다. 우량카다이 군은 사천 서쪽 경계의 산골짜기로 남하하여 금사강金沙江을 건너 사신을 대리로 보내 복종시키려 했지만, 대리가 사신을 죽여버렸다. 이에 몽골군이 대리성을 공격하여 함락시키고 대리의 왕 단지흥段智興을 포로로 사로잡아 대리국을 무너뜨렸다. 나아가 부근의 여러 부족을 복속시키고, 교지交趾를 불러들였으나 따르지 않자 교지의 정벌에 나섰다.

교지[대월大越]는 베트남 북부에 있던 나라로 송 초부터 이씨가 지배하고 있었다. 1174년 제6대 왕 이천조李天祚가 송 효종으로부터 안남安南국왕으로 책봉되었다.[5] 그러나 그 후 권신인 진씨陳氏의 세력이 강해져 1225년 진경陳煚이 왕위에 올랐다. 그가 바로 태종으로, 그는 송에 사신을 보내 안남국왕으로 봉해졌다.[6] 1257년 몽골의 우량카다이가 대리 방면에서 진격하여 교지성을 공격하였다. 태종은 성을 버리고 섬으로 도망쳤다가 항복하고 3년에 한 번 몽골에 조공하기로 하였다.

몽골은 이미 화북·고려·대리·교지를 정복하고 남송을 에워싸는 포위망을 완성했다. 송은 전력을 다해 이 몽골 대군에 맞서 싸워야 했다. 뭉케 카안이 직접 군사를 인솔하고 사천으로 들어가 합주合州(사천성 파현巴縣)를 포위하였고, 우량카다이 군은 교지에서 광서를 거쳐 호남으로 들어가 담주潭州(호남성 장사시)를 포위하였으며, 쿠빌라이는 하남에서 남하하여 회수를 건너 호북으로 들어갔다. 송은 가사도를 총수로 삼아 몽골군의 남진을 저지했다.

그런데 뭉케 카안이 합주를 공격하는 진중에서 사망하는 바람에 포위망이 풀렸다. 뭉케의 부음이 쿠빌라이에게 도착하여 북쪽으로 돌아갈 것을 재촉했으나, 쿠빌라이는 "명령을 받들어 남쪽으로 왔는데 공도 못 세우고 돌아갈 수는 없다"고 하면서 장강長江 수비선을 강행돌파하여 악주鄂州(호북성 무한시武漢市)[7]를 포위하고 맹공을 가했다.

송에서는 여러 로에 조칙을 내려 군대를 계속 투입함으로써 몽골군을 막게 하고, 가사도를 우승상 겸 추밀사(재상 겸 군부대신)로 삼아 한양漢陽(호북성 무한시)에 진을 치고 악주를 후원하도록 했다. 연달아 변경의 소식이 전해지자 수도 임안에서는 주민이 의용군을 편성한다, 신병을 모은다 하며 부산했고, 평강부平江府(강소성 소주시蘇州市)·소흥부紹興府(절강성 소흥

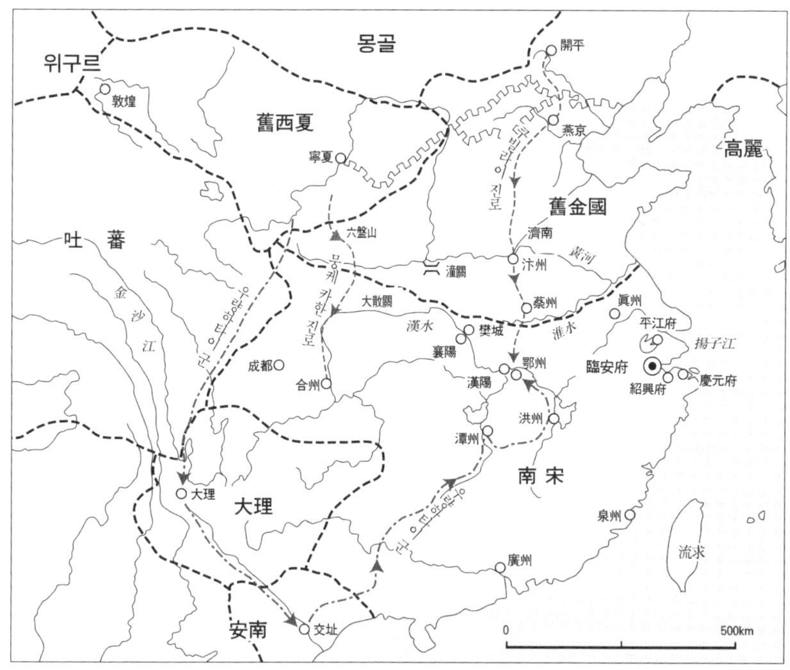

악주 전투–몽골군의 제2차 진격

현)·경원부慶元府(절강성 영파시)[8]에서는 성벽을 증축하는 등 조야 모두 큰 소동이 벌어졌다.

내시 동송신董宋臣이 수도를 경원부로 옮겨 적의 습격을 피하자고 청하였으나 반대론이 강하였고, 황후도 황제가 임안에 머물면서 민심을 안정시켜야 한다고 하여 천도는 이루어지지 않았다.

가사도의 독단적인 강화

몽골군의 기세에 놀란 가사도는 칙허도 받지 않은 채 마음대로 몽골에 재물을 제공하고 군신의 예로 대하겠다는 조건을 걸고 화평을 제의하였다. 그때 마침 합주의 송군을 통해 뭉케 카안의 사망 소식을 접하고는 조건을 다음과 같이 고쳐 강화를 청하였다(1259년, 개경 원년 12월).

① 송은 신臣을 칭한다.

② 장강 이북의 땅을 몽골에 제공한다.

③ 매년 은 20만 냥과 비단 20만 필을 몽골에 보낸다.

쿠빌라이는 대 카안이 사망하자 막내동생 아릭부케를 후계자로 삼으려는 움직임이 있음을 알고 북으로의 회군을 서둘렀다. 이에 송의 요청을 받아들여 악주에 대한 포위를 풀고 급히 군사를 철수하였다.

가사도는 자기 독단으로 강화한 사실을 숨긴 채 전투에서 대승을 거둬 악주 포위가 풀렸다고 보고했다. 이에 가사도를 불러들여 칙명으로 관작을 올려 소사少師(원훈元勳에게 주는 칭호)·위국공衛國公이라 하고, 여러 장수에게도 각각 논공행상을 행하였다.

강화가 가사도의 독단에 의한 것이었다는 사실을 몰랐던 쿠빌라이는 학경郝經에게 국서를 들려 송으로 보내 국교를 열고자 했다.[9] 가사도는 학경이 도착할 경우 모든 사실이 들통나게 될 것을 우려하여 그를 진주眞州(강소성 의징현儀徵縣)에 억류하고, 몽골의 강회대도독江淮大都督 이단李壇이 제남濟南 땅을 들고 귀복하자 이를 받아들여 제군왕齊郡王에 봉하였다. 송의 이 같은 태도에 노한 쿠빌라이는 다음 해 1261년, 대송 정벌을 명하여 또다시 전투가 시작되었다.

1264년(함순 원) 이종이 사거하고 그의 동생인 영왕英王 조여예趙與芮의 아들인 충왕忠王 기禥가 황제에 올랐다. 그가 도종度宗(재위 1264~1274)이다. 이보다 앞서 이종은 자신에게 후사가 없으니 충왕을 황태자 자리에 앉히고자 재상인 오잠吳潛에게 의견을 물었는데 오잠은 "신에게는 사미원과 같은 재능이 없고, 충왕에게는 황제가 될 복이 없습니다"라고 하여 추천할 뜻이 없음을 몰래 아뢰어 이종의 화를 샀다. 가사도가 이것을 듣고 선배인 오잠을 누르고 권세를 잡을 호기라고 여겨 충왕을 추천했다. 오잠이 재상직에서 물러난 후 가사도는 1인 재상이 되고, 충왕은 황태자가 되어 이종의 뒤를 이었다.

원대의 동인銅印 문자는 파스파문이다.

도종은 자신을 추천한 가사도에게 전혀 꼼짝을 못해 그를 태사太師 위국공魏國公에 봉하고 평장군국중사平章軍國重事로 삼아 얼굴을 마주 대하고는 사신師臣이라 불렀다. 조정 신하들 역시 아첨하여 가사도를 주공周公이라 불렀다.

가사도의 사저가 서호西湖 갈령葛嶺에 있었는데 정부 관리들이 이곳으로 찾아와 결재를 받는 형편이 되니 그의 교만함은 날로 높아졌고 조정을 무시했다. 정의로운 사인들은 하나같이 쫓겨나고 신료와 장군은 다투어 뇌물을 들고 가사도의 집을 찾았다.

몽골과의 전투가 갈수록 격렬해지고 전황은 송군에게 불리하였음에도 가사도는 갈령의 저택에 기거하며 미녀들을 모아 유흥을 즐기고, 도박사를 불러들여 도박을 일삼으며 전쟁 관련 소식은 황제의 귀에 일체 들어가지 않도록 엄히 통제하였다.

양양襄陽 전투와 수도 임안의 함락

원 세조 쿠빌라이는 대 카안의 자리에 올라 대도大都(북경)를 수도로 정하고 남정을 계획하여 우선 양양 공략을 추진하였다. 양양은 한수漢水 남안에 위치한 남북교통의 요충으로 맞은편의 번성樊城[10]을 전위로 하는 중요한 전략지점이었다.

1268년(원 지원 5, 송 함순 4) 원의 대군이 양양과 번성으로 쳐들어갔다.

양양은 여문덕呂文德[11] 군대가 지키고 있었는데, 같은 해 여문덕이 병사하자 동생 여문환呂文煥[12]이 그의 뒤를 이어 분전하였다. 원군元軍의 공격은 격렬하였지만 양양과 번성은 10년치 병량을 모아두고 농성전을 펼치며 성을 지켰다. 송군은 이 두 성을 구원하기 위해 애썼으나 원군의 저지로 성공하지 못하였고, 결국 원군의 화포火砲를 동반한 수륙 양면 공격에 번성은 만 4년 만에 함락되었다. 전위인 번성을 잃게 되자 양양을 지켜내기란 불가능했다. 여문환은 성문을 열고 원군에게 항복했다.

양양을 손에 넣은 원군은 한수를 타고 내려가 장강長江 유역으로 진출할 수 있게 되었다. 1274년 6월, 세조 쿠빌라이는 대송 남벌군을 일으켜 바얀을 형호행성좌승상荊湖行省左丞相으로 삼고 남송 경략에 나섰다.

당시 송에서는 도종 황제가 사망하고 그의 네 살난 태자 현㬎이 즉위했다. 그가 공제恭帝(재위 1274~1276)이며 사태후謝太后가 섭정을 하였다. 가사도는 도독제로군마都督諸路軍馬(국군총사령관)가 되어 임안에 도독부를 설치하고 군을 배치하였으며 봉장고封樁庫의 금 10만 냥·은 50만 냥·관자關子 1천만 관을 내어 도독부 비용으로 삼고, 천하에 조칙을 내려 근왕군을 모집했다. 그러나 원군이 큰 강을 따라 동쪽으로 진군하니 연도의 송군은 마치 바람에 풀잎 쓰러지듯 항복하였고 원군을 저지하는 자는 적었다. 가사도가 13만 명의 병사를 인솔하고 무호蕪湖에 이르러 바얀에게 사절을 보내 개경開慶 화약에 따라 강화를 청했으나 받아들여지지 않았다.

원군은 진격하여 가사도가 이끄는 7만의 송군을 지주池州 하류의 정가주丁家洲(안휘성 동릉현銅陵縣 동북쪽)에서 격파하고 이어 건강建康으로 들어갔다. 송 조정이 근왕군을 모집했으나 여기에 응한 자는 겨우 장세걸張世傑·문천상文天祥·이비李芾 등에 불과했다.

원군이 쳐들어오자 임안은 계엄을 내렸지만, 정부 요직의 대신들은 몰래 수도를 탈출해 버리고 조정은 쥐죽은 듯 고요했다. 가사도는 패전의 죄를 물어 면직되고 진의중陳宜中이 그를 대신하여 도독제로 군마가 되었다. 진의중은 사신을 원군에 보내 송국을 조카 혹은 신하로 칭하며 세폐를 주고 화평을 맺어 어떻게든 국가를 유지해 보려 했으나 받아들여지지 않았다.

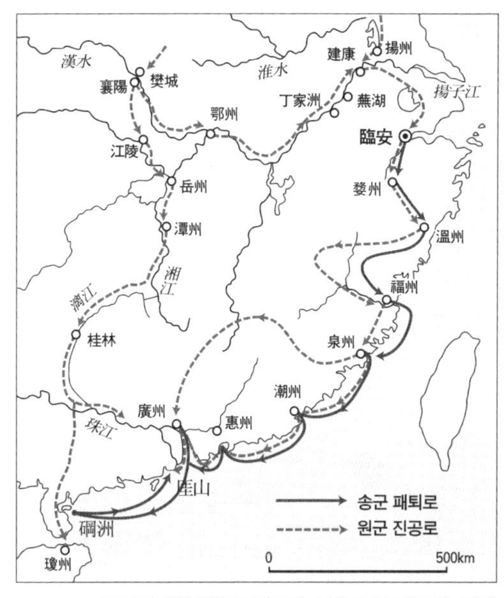

몽골의 1274년도 진공과 남송군의 패주와 궤멸

한편, 문천상·장세걸 등이 천도·항전을 논하고 진의중이 주저하는 태후를 설득하여 천도 주장을 겨우 납득시켰으나 이 또한 착오가 생겨 실현되지 못했다. 1276년(송 덕유 2, 원 지원 원), 모든 계책이 수포로 돌아가자 전국새傳國璽(황제위를 상징하는 도장)를 헌상하고 원군에 항복했다.

원군은 임안으로 들어와 정부의 창고를 봉하고, 사관史館·궁중의 도서와 백관의 부인符印·고칙告勅을 접수하고, 송의 관부官府·시위군侍衛軍을 폐지했다. 바얀은 송의 모후와 어린 공제를 포로로 붙잡아 상도上都로 보냈다. 세조는 황제를 폐하여 영국공瀛國公으로 강등시키고 출가시켜 중이 되게 했다.

이렇게 하여 1276년 송은 일단 멸망했다. 그러나 공제의 형제인 두 왕과 근왕의 유신遺臣 등이 아직 남방 연안지방을 전전하면서 계속 원군에 저항하고 있었다.

3) 송 말 두 왕의 활동

단종과 남송의 잔당들

방반정方飯亭 문천상은 해풍 오파령에서 기습을 당하여 점심 식사 중에 원나라 장수 장홍범에게 붙잡혔다. 후세에 사람들이 이곳에 정자를 건립하고 방반정이라 하였다.

전국새와 항복문서를 바얀에게 제출한 날 밤, 재상 진의중이 밤을 틈타 임안을 탈출해서 온주로 도망하였다. 도종 황제의 두 아들 시昰와 병昺도 온주로 피하고, 문천상·장세걸·육수부陸秀夫 등도 두 왕에게 달려와 가담했다. 그들은 우선 민閩(복건)13)으로 들어가 복주福州를 근거지로 삼고 익왕益王 시昰를 황제(단종端宗)로 세워 왕조의 회복을 도모했다. 진의중은 좌승상 겸 추밀사 도독제로군마가 되었다.

당시 장강長江 이북에 있던 송의 잔존세력은 이미 일소된 상태였고, 호남의 담주(호남성 장사시)를 지키던 호남진무사湖南鎭撫使 이불李芾은 원군의 포위 속에서 분전을 계속하다 결국 전사하여 강서·호남도 원군에게 평정되었다. 이제 송군에게 남아 있는 곳은 겨우 복건·광동 지방뿐이었다. 원군은 광주廣州를 공략하는 한편, 강서에서 복건으로 진입하여 복주를 공격했다. 진의중과 장세걸은 단종을 호위하여 해선을 타고 천주14)로 피했다.

당시 천주泉州15)에서는 대식인大食人(아라비아인) 출신 포수경蒲壽庚이 초

무사招撫使로서 세력을 잡고 있었는데, 송군을 찾아와 단종을 알현하며 천주에 체재할 것을 청원했다. 포수경은 천주의 제거시박提擧市舶로 임명되어 30년을 남해南海무역에 종사하면서 큰 이익을 보고 있었다. 그런데 배가 부족했던 송군이 포수경의 배와 짐을 몰수하자, 이에 분노한 포수경이 천주에 있던 송의 종실과 사인 병사들을 잡아 죽이고 원군에 항복했다.

복주까지 원군에게 넘어가고 단종을 모시고 있던 진의중은 혜주惠州와 조주潮州를 전전한 끝에 점성占城(남베트남)으로 숨어 들어간 후 결국 행방불명되었다. 장세걸이 모시던 단종은 원군이 추격해 오자 남베트남으로 옮기려다 뜻을 이루지 못하고 해상을 유랑하며 강주碙州(광동성 오천현吳川縣 남쪽의 섬)에 체재하다 병사했다. 그때 나이 11세였다.

황제 병昺과 애산厓山 전투

단종이 사망하자 여러 신하는 모두 흩어지려고 했다. 이에 육수부가 나서서 "도종 황제의 아들 한 분이 아직 살아계신다. 이를 어떻게 하려고 하는가. 옛날 일군일성一軍一城으로도 중흥한 예가 있다. 지금 우리는 백관유사百官有司를 모두 갖추고 있고 사졸도 수만 명이다. 하늘이 혹 송을 멸망시키려는 것이 아니라면 나라를 부흥시키지 못할 것도 없다"라고 하며 사람들을 격려하여, 당시 8세인 위왕衛王 병昺을 황제로 삼았다. 양태비楊太妃가 섭정이 되고 장세걸이 정치를 담당하였으며 육수부가 이를 도왔다. 이어 강주碙州에서 신회현新會縣 애산으로 옮겼다. 애산은 신회현에서 남쪽으로 80리 떨어져 있는 섬으로, 기석산奇石山과 서로 마주 보고 두 섬 사이가 문처럼 되어 있어 조류가 매우 거세어 드나들기 험하고 방어에 적당한 형세를 갖추고 있었다.

장세걸과 육수부 등이 이곳으로 황제를 옮기고 사람을 산으로 보내 나무를 베어 행궁 30간, 군대막사 3천 간을 지었다. 그러나 관민 20여만 명은 대부분 배 안에 있었다고 한다. 그래서 한편으로는 배를 건조하고, 무기를 제조하여 군비강화에 힘썼다.

원 세조의 명에 따라 장홍범張弘範은 주력군을 이끌고 해로로 진군하고, 이항李恒은 보병과 기마병을 인솔하여 애산을 압박해 들어갔다. 1278년 장홍범·이항이 이끄는 양군이 애산에 도착하여 장세걸의 수군을 남북으로 협공하였다.

송군은 장시간에 걸친 격렬한 사투에 지친 나머지 한 배의 깃발이 넘어지자 여러 배의 깃발이 연달아 모두 쓰러졌다. 장세걸이 전투에 패한 것을 알고 정병을 뽑아 중군中軍에 넣어 수비를 굳히고 있던 차에, 원군이 공격해 왔다. 날은 어두워지고 비바람은 불고 어두운 안개에 둘러싸인 해상은 한치 앞도 보이지 않았다.

장세걸은 작은 배를 띄워 황제가 타고 있는 배에서 황제를 데리고 탈출을 기도했다. 그러나 육수부는 황제가 원군에 붙잡힐 것을 두려워하여 따르지 않고, 먼저 자신의 처자를 바다에 투신시킨 후 황제에게 "일이 이 지경에 이르렀습니다. 폐하, 죽는 것 외에 달리 도리가 없습니다. 덕우황제德祐皇帝(공제)와 같은 모욕을 당해서는 안 됩니다"라고 하며 황제를 업고 바다에 뛰어들어 익사했다. 그때의 황제 나이 9세였다. 후궁과 여러 신하가 그를 따라 바다에 빠져 죽으니, 바다에 떠오른 사체가 십여만 명이었다고 한다.

양태후가 황제의 익사 소식에 가슴을 치고 통곡하면서 "어려움을 감내해 온 것은 오직 조씨 육친 때문이었는데, 이젠 희망이 없다"라고 말하고 역시 바다에 투신해서 죽었다. 때는 1279년, 송은 북송·남송을 합쳐 18대 320년을 끝으로 멸망하였다.[16)]

장세걸은 탈출하여 점성占城으로 향하려 했지만 사람들의 만류로 광동 연안으로 돌아와 패잔병을 모아 광주 공격을 기도했으나 폭풍우로 바다에 떨어져 익사했다.

이보다 앞서 문천상[17]이 강서를 회복하고자 하였으나 해풍海豊의 오파령五坡嶺에서 붙잡혔다. 대도大都로 압송된 그는 항복을 권유받았으나 따르지 않고 땅속 지하감옥에서 3년 동안 유폐된 후 참형당했다.

「경획도耕獲圖」(송, 양위楊威 작)

제8장
송대 농업의 발전

1) 벼농사의 발전

수리전水利田의 조성

송대에는 산업이 크게 발달했다. 특히 농업의 진보가 눈부셨다. 농업생산의 향상은 수리전의 조성에 힘입은 경지면적의 증가, 이를 경영하는 장원제의 보급, 벼의 품종개량, 벼·밀의 이모작, 농기구의 개량보급 등을 통해 이루어졌다.

수리전水利田은 우전圩田·위전圍田·호전湖田 등을 총칭한 것으로, 강동(강남동로)·회남·절강동로 등 장강長江 하류의 델타지대를 중심으로 한 강남지역에 설치되었다. 이 지역은 전체적으로 지대가 낮고 땅에 수분이 많아 사방을 제방으로 둘러쌓고 그 안을 논으로 만들었다. 이것이 우전이다. 제방은 외부 수위가 높으므로 두문斗門을 설치해서 수로를 통하게 하였는데, 두문을 열고 닫아 관개를 하였다.

우전·위전·호전은 이름을 달리하지만 그 실체를 구별하기는 어렵다. 원래 우전은 대규모이고, 위전은 소규모였는데 남송시대에 가면 그 구별이 사라졌다. 단, 강동에서는 관유지를 우전이라고 불렀고 지목

맷돌을 돌려 곡식을 빻는 모습

명地目名이 되었다.

우전에는 관유지와 사유지가 있고, 많은 것이 장원 조직에 의해 경영되었다. 관우전은 사우전에 비해 규모가 큰 것이 많은데, 예를 들면 태평주太平州 무호현蕪湖縣의 만춘우萬春圩는 둘레가 84리, 제안堤岸의 넓이가 6장, 높이가 1장 2척, 논 1,270경이었고, 건강부建康府 율수현溧水縣의 영풍우永豊圩는 둘레가 84리, 논 1,000경 84우圩로 이루어져 있었다. 이에 비해 사우전은 규모가 작되 수가 많았다.

강남에서는 이미 오대 남당 때 우전이 상당히 개발된 것으로 보이는데, 북송 중기 이후 점차 활발해졌다. 남송 초에는 전쟁으로 황폐해지기도 했으나 점차 회복되었고 새로이 만들어진 것도 있어 수리전 면적이 크게 증가하여 강남지방의 생산 향상에 크게 공헌하였다.

우전을 이야기할 때 "풍년은 있고 물 걱정은 없다"라고 한다. 토질이 강과 호수의 진흙이라 비옥하였기 때문에 풍부한 수확을 거둘 수 있었다. 그러나 물을 걱정하지 않아도 되는 상태를 유지하려면 제안堤岸 같은 수리를 게을리해서는 안 되었다. 그래서 관은 사우에 돈과 쌀을 빌려주어 수리하게 했고, 매년 자치적으로 우안을 수선하는 경우도 있었다.

우전 가운데 관우는 장원으로 경영되었는데, 그곳의 전호는 전권佃權(소작권)을 인정받았다. 사우는 관호·형세호가 많이 소유하였고, 마찬가지로 장원 조직으로 경영되어 주로 전호가 경작하였다. 그러나 경작자

등에는 중소농민도 포함되어 있었고, 이 경우 정부는 돈과 쌀을 빌려주고 우안의 수리에 힘쓰게 했다.[1)]

벼의 품종개량

중국에서 벼는 주로 남방에서 재배하고, 밀 등의 잡곡은 북방에서 경작하는 것이 지금까지의 대세다. 이는 말할 것도 없이 강우량·기온·수리 등 여러 가지 조건에 입각한 것이다. 벼는 주로 장강長江 연안 이남에서 재배되었고, 북방의 황하 유역에서는 섬서의 위수渭水·경수涇水 등 수리水利를 갖춘 지역에서만 재배되었다. 황하 유역에서 재배된 주요 곡물은 기장·수수·밀·콩 등의 잡곡이었다.

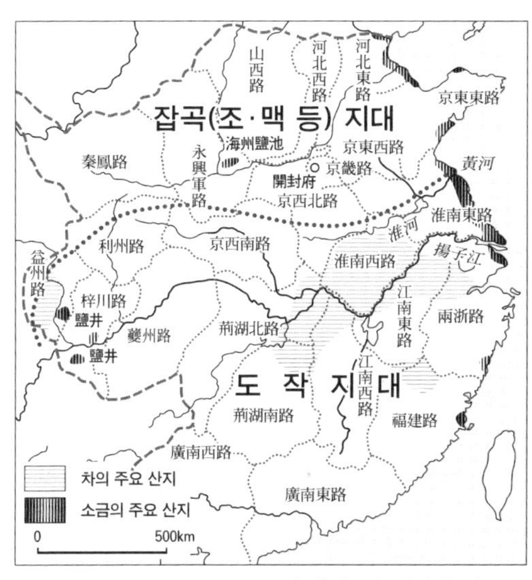

송대의 곡물재배와 차·소금

남방에서는 수전을 만들어 벼를 재배하고, 북방에서는 육전에 잡곡을 재배하였다. 그 경계선은 대개 회하淮河였던 것으로 보인다. 북방에서의 수전 개발, 남방에서의 밀 종류의 재배는 시대의 흐름에 따라 진전은 있으나 재배되는 주요 곡물의 분포 흐름은 변하지 않았다. 반면, 벼 품종은 큰 변화와 발전을 보였다. 벼 품종의 발전은 당~북송·남송에 걸쳐 두드러졌는데, 남송 말이 되면 그 주요 품종이 모두 등장한

농촌 풍경 양위楊威 「경획도耕獲圖」에서

것으로 보인다.

벼 품종의 분류 기준으로는 쌀알의 찰기 여부, 성숙기가 이른지 늦는지 등이 있다. 찰기가 있는 것과 없는 것은 모두 예로부터 있었지만, 남북조 시대까지의 벼는 파종시기가 빠르고 따라서 수확도 빨라 조도早稻에 속했던 것 같다. 이러한 사실은 후한의 농서 『범승지서氾勝之書』, 진晉 곽의공郭義恭의 『광지廣志』, 북위 가사협賈思勰의 『제민요술齊民要術』 등에 벼는 3~4월(음력)에 심고 7월에 익는다고 한 서술을 통해 알 수 있다.

그런데 송대가 되자 벼의 품종은 보통 조도와 만도晩稻로 나뉘고, 남송도 말기에 가까워지면 절동로와 임안부에서는 조도·중도中稻·만도로 나뉘어졌다. 중도는 7~8월에 익고 가장 많이 심는 중요한 품종이었다.

명주明州(절강성 영파)의 지방지 『보경사명지寶慶四明志』에 의하면 "명주의 곡穀에는 조화早禾·중화中禾·만화晩禾가 있는데, 조화는 입추를 기하여 익고 중화는 처서處暑에 익는다. 중화가 가장 많고 조화가 그 다음이다. 만화는 8월에 익고 조화보다도 더 드물다"라고 되어 있어, 조도는 7월 7일 무렵, 중도는 7월 23일 무렵, 만도는 8월 무렵에 익고, 중도가 가장 많이 재배되고 조도가 그 뒤를 이었음을 알 수 있다.

그러나 중도와 만도의 성숙기는 지역에 따라 달랐던 것 같다. 조도와 만도의 두 가지로 나뉘는 지역에서는 일반적으로 조도를 많이 심었다.

복건로2)와 광남동로 등 남중국 연안지대는 조도와 만도를 교대로 심어 이기작二期作을 했으나, 그 밖의 지방에서는 일모작이 보통이었고 산기슭에 있는 논에는 조도를, 바다에 가까운 논에는 만도를 심는 지방도 있었다.

점성미占城米의 보급

진종은 1012년(대중상부 5)에 사신을 복건으로 파견하여 점성도占城稻 3만 곡斛을 가져오게 하고 가뭄에 시달리던 강남·회남·양절 3로에 이것을 나누어주어 파종시켰다. 점성도란 지금의 남베트남에 해당하는 점성, 즉 참파를 원산지로 하는 벼 품종이다.

점성도는 한발에 강하고 경지의 비옥도와 관계없이 잘 자라며 생산성이 비교적 높다는 이점을 두루 갖춘 우량품종이었기 때문에 진종의 시도는 성공을 거두었다. 이후 점성도의 재배가 보급되어 남송시대에 강남동로·서로에서는 경지의 8~9할을 차지하고, 양절로에서도 많이 재배되었다. 복건·광동 방면에서는 진종 이전의 송 초기부터 이미 점성도가 재배되었던 것으로 보인다. 송 이후에도 점성도 계열의 여러 품종이 전국으로 보급되어 쌀농사에서 중요한 지위를 차지하였다.

조도에 속하는 점성도는 3~4월에 심고 3~4개월 지나면 익으므로 만도와 교대로 재배하는 이기작이 성행하였고, 밀과 함께 이모작의 보급에도 크게 공헌하였다.

찰기가 많은 찹쌀도 각지에서 재배되었다. 이것은 술을 만드는 양조의 원료로 많이 쓰여, 정부는 술 전매를 위해 양조의 원료인 이 찹쌀을 조세로 징수하고 사들이기도 했다.

2) 맥작麥作의 발달

맥작지역의 확대

밀은 원래 화북이 주산지였는데 남북조~당 시대에 걸쳐 강남에서도 육전陸田, 즉 밭에서도 많이 경작했다. 북송에 들어와서도 각지에서 밀을 경작했는데, 중엽에는 소주蘇州에서 밀을 베고 벼를 심어 1년에 재숙再熟했다고 하는(이모작) 사료도 보인다.(원풍 7년 朱長文『吳郡圖經續記』卷上 物產)

남송이 되자 화북인이 대거 강남으로 유입되면서 북방의 면류를 먹는[면식麵食] 풍조가 강남에서도 일반화되어 밀에 대한 수요가 늘고 밀 가격이 등귀했다. 이에 따라 강남에서 맥작이 발달했다고 한다.

남송시대는 북송을 계승하여 도시가 크게 발달했고 이 도시를 무대로 하여 화려한 소비생활이 전개되어 술에 대한 수요가 상당히 증가했다. 송에서는 술을 정부의 전매품으로 삼아 주무酒務(관영 양조기관)를 두고 수익을 올렸다. 특히 남송에서는 섬군주고贍軍酒庫를 두고 술을 양조 판매하여 거기에서 나는 이익을 군비로 충당하였다.

술의 원료는 찹쌀[나미糯米]과 밀인데, 밀은 누룩으로 사용한다. 주무酒務·주고酒庫의 증설과 함께 찹쌀과 밀이 대량으로 소비되었고, 이 수요에 응하기 위해 밀이 활발하게 재배되었다.

보리[대맥大麥]는 군마에게 먹일 사료로서 수요가 컸다. 남송은 금군에 대항하기 위해 마군馬軍을 많이 두었는데, 군마의 사료로 쓰인 것이 대부분 보리였고, 정부는 이 말먹이용 보리를 조달해야 했다. 그래서 인민에게서 보리를 사들이거나 양세兩稅[3]의 추세를 보리로 절납하게 하고, 영전營田·둔전屯田을 설치하여 보리를 경작하게 하고, 황전荒田[4]을 개간할 경우 보리 재배를 권장하기도 했다.

남송에서는 북방인구가 유입된 것도 있고 해서 인구가 크게 증가하여 기근이 들면 종래처럼 쌀만 가지고 굶주린 인민을 구제하기가 어려워졌다. 그래서 맥류로 구제를 하는 정책을 마련하며 정부 관헌이 맥작을 장려하고 그 보급을 촉진시켰다.

도稻·맥麥 이모작의 보급

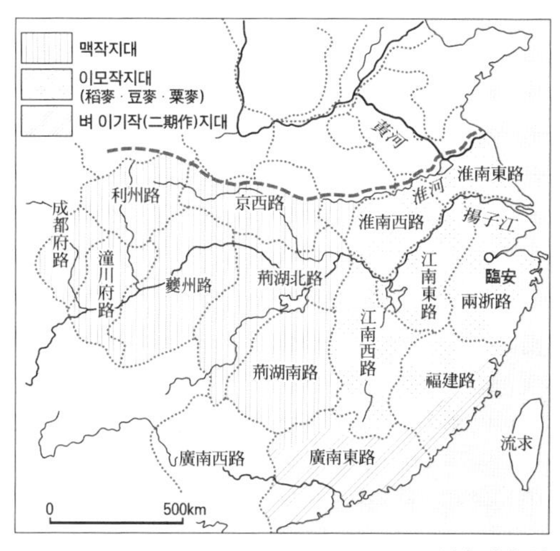

남송의 농업

장원 내의 논에서도 미·맥 이모작이 행해졌다. 민유장원에서는 일반적으로 전호는 쌀은 갈라서 지주에게 조租로써 납부하고, 밀은 자기의 수입으로 삼았다. 즉 맥작은 전호가 차지하였으므로 그들은 기꺼이 이모작을 행하였다. 지주도 노복을 시켜 맥작을 직접 경영하였다.(관유장원의 경우, 전호가 도·맥을 조로써 관에 납부하는 것이 보통이었다)

이상과 같은 여러 사정으로 남송에서는 맥작이 보급되어 양절[5]·강남동서·복건[6]·형호남 등 여러 로에서 맥작이 행해졌다.(광남동서로에서는 맥작이 별로 행해지지 않았는데, 기후와 관계 있을 것이다)

또 장강長江 이북에서도 회남동서·경서·형호북로에서 맥작이 행해지고 사천에서도 많이 재배되었다. 이 가운데 양절·강동서·복건·회남 등 여러 로의 논에서는 도·맥 이모작이 상당히 행해졌고, 밭에서는 두豆(콩)·맥, 속粟(조)·맥 등의 이모작이 행해져 생산력 증진에 공헌했다. 보리·밀은 양세로서도 징수되었다.

남송에서는 지주와 중소농민으로부터 전호에 이르기까지 보리와 밀을 경작하여 자가소비하거나 세금으로 납부하고, 남는 것은 시장에 내다팔았다. 정부는 미·맥의 경우 상세를 면제하여 유통을 장려하였고, 상인들 중에는 이를 상품으로 매매하여 많은 이익을 거두어 부를 축적하는 자도 출현했다.

맥작 기술의 진보

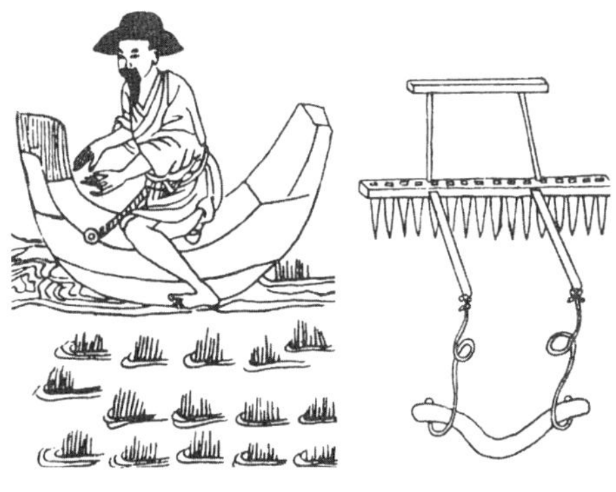

남송의 농기구 왼쪽은 모 심을 때 사용하는 타는 이앙마移秧馬, 오른쪽은 소에게 끌게 하는 써레다. 왕정王禎의 『농서農書』에서

남송에서는 맥작 기술이 진보했다. 맥은 주로 산지·육전·모래땅 같은 밭에서 경작되고 맥·두 이모작이 행해졌다. 논에서도 맥이 경작되어 도·맥 이모작[7]이 행해졌는데, 수확 시기가 빠른 조전早田, 지대가 높은 고전高田에 도·맥 이모작이 행해지는 경우가 많았다. 당시 조도早稻의 대표 품종은 점성도였고, 만도晩稻는 메벼 즉, 갱도粳稻(秔稻)였다.

갱도는 비옥한 논에서 경작되고 단당 수확량은 많지 않았으나 보존이 쉬워 조세로 징수되었고, 가격이 비싸 상호上戶의 식량이 되었다. 점성도는 논의 비옥도와 관계없이 경작이 가능하고 수확량도 많고 가격도 저렴하여 중·하호의 식량이 되었다. 조전 내지 고전에서는 조도를 경작한 후, 맥 농사를 짓는 이모작이 행해졌다. 일반적으로 맥의 파종시기는 음력 8~9월이었고 다음 해 4~5월에 수확했다.

보리[대맥大麥]의 품종에는 조早·중中·만晩의 여러 품종과 봄보리[춘맥春麥]가 있고 음식용에 적합한 것, 양조용에 적합한 것 등이 있었다. 밀[소맥小麥]의 품종에도 조·중·만의 여러 종류가 있었다. 밀기울이 두껍고 가루가 적은 것, 물기가 적은 것이 있고, 봄밀[춘소맥春小麥]도 있었다. 보리와 밀 외에 쌀보리[광맥穬麥]도 있었다.

남송에서 맥은 벼 다음가는 중요 작물로서 강남에서도 중요한 식량이었다. 맥작의 발전은 강남의 생산력 발전에 일익을 담당했던 것으로 중국농업의 발전에 기여하였다.

3) 강남의 개발

화북문화의 강남이동

중국문명은 황하 중류지역에서 일어나, 그 후 시대가 내려오면서 사방으로 확대되었다. 특히 남방의 장강長江 하류지역, 즉 강남지방으로의 발전은 중국 역사상 큰 의의를 지닌 것이었다.

강남은 은·주를 거쳐 춘추전국시대에도 중국문명권 밖에 위치하는 이른바 남만화외南蠻化外의 땅이었지만, 황하유역의 화북보다 훨씬 고온다습하여 농업생산의 가능성이 적지않았다. 이곳이 개발되면서 화북농경에 기초한 중원문명이 이식되고 전 중국의 주요 생산지대가 되어 문화의 중심이 되는 것은 중국사의 대세였고 여기에 강남개발의 의의가 있다.

강남개발은 진한秦漢 시대 이후 차츰 진행되지만, 역사상 특히 획기적인 진전을 보인 시기는 전후 두 차례다. 첫 번째가 육조六朝시대고, 두 번째가 남송南宋시대다. 이 두 시기에는 모두 북방민족이 화북을 점령 지배하면서 한족왕조가 강남으로 쫓겨 내려와 도읍을 강남에 두고 그 개발에 힘을 기울였다. 강남개발의 진전은 시대의 큰 흐름이었다. 남조시대의 비약기를 이어받아 수·당·북송 때 발전을 거듭하고 남송 때 다시 비약기를 맞이하였다.

강남개발에 대해서는 일찍이 구와바라 지쓰조桑原隲藏가 논문 「역사상으로 본 남북중국」에서, 회수·한수 선을 경계로 삼아 중국의 남과 북을 호구·생산력·문화 등의 여러 면에서 비교하여 역사적으로 연구한 바 있다. 그 후 가토 시게시加藤繁가 논문 「송대의 호구」에서 당·송의 호구 분포에 대해 언급하였다.

호구의 증대

〈표 11〉 북송 호구의 변천

		로	주(부·군·감)	호 수	구수	비고
북송	태종 지도 3(997)	15		4,132,576		전국통일 980년
	인종 천성 7(1029)			10,162,689	26,054,238	
	신종 원풍 3(1080)	23	302	16,732,504	23,830,781	
	휘종 대관 4(1110)			20,882,258	46,734,784	송대 최고기록
남송	고종 소흥32(1162)			11,139,854	23,112,327	
	효종 건도 2(1166)			12,335,450	25,378,648	
	영종 가정16(1223)	15	196	12,670,801	28,320,085	

가토 시게시의 논문에서 언급된 호수를 통해 강남개발의 진전 상황을 북 : 남의 비율로 살펴보면, 전한 원시元始 2년(서기 2)에 9 : 1, 서진 태강太康 원년(280)에 7 : 3, 당 천보天寶 원년(742)에 6.5 : 3.5로, 예로부터 인구는 황하유역 지방이 조밀하고 양자강 이남은 희박했다. 이 같은

형세는 당 중엽까지 유지된다.

그런데 북송 원풍 3년(1080)이 되자 그 비율은 3.5 : 6.5로 역전되었고, 당대의 강남·영남嶺南 2도道에 해당하는 장강長江 이남지역을 보면 북송의 호수는 당의 세 배가 되었다. 또 북송 원풍 3년에는 전국 호수의 절반이 양자강 이남지역에 존재했다. 즉, 당·송에 걸쳐 장강 이남지역의 인구가 급증하여 전국 인구의 반을 차지하게 된 것이다.

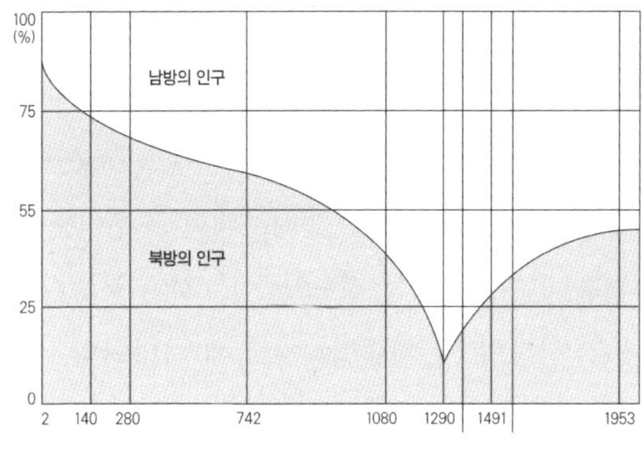

중국 남방과 북방의 인구 비례변화

남송은 회수 이북을 상실하여 영토가 절반 가까이 줄었다. 남송의 영토 중에서도 회남로·형호북로 같은 국경지역은 금군과의 전쟁터로 바뀌었고 이로 인해 인구가 상당히 줄어들었으나 장강 이남의 땅과 사천지방은 호수가 증가했다. 따라서 인구 수도 증가했을 것이다. 그 가운데에서도 강남서로·복건로·양절로 및 사천의 인구 증가가 두드러졌다. 따라서 국토가 반감되었음에도 불구하고 북송 대관 4년에 전국의 호수가 2,088만 호였던 데 비해, 남송은 가정 11년(1218)에 1,367만 호를 보유할 수 있었던 것이다.

화북을 능가하는 경제와 문화

옛날 아직 강남이 개발되지 않았던 시대에 화북은 식량을 자급자족했다. 그러나 강남의 개발이 진전되고 농업생산이 증대하면서 수·당

이후 강남에서 생산된 쌀은 화북으로 보내져, 정치의 중심인 수도 장안·낙양과 군사력이 집중된 국경지대로 보내지게 되고, 그 수송로로서 운하가 건설되어 활용되었다. 이것을 조운漕運이라고 부른다. 당대唐代에 강남에서 화북으로 올려보내는 조운미는 해에 따라 차이는 있지만 대략 매년 200만 석 정도였다. 그것이 북송시대에 620만 석에 달했다는 것은 심괄의 『몽계필담夢溪筆談』에 나타난다. 당대에 비해 북송 때 강남의 쌀 생산액이 크게 약진했음을 알 수 있다.

이 같은 조운 상공미上供米의 증가는, 송대에 이루어진 강남 수리전의 개발이 가져온 경지면적의 증가, 도·맥의 품종개량, 이모작의 실시 등에 기초한 생산력 향상에 의한 것이다. 이러한 경향은 남송 때 더욱 심화되었고 맥작[8] 등도 보급되어 남송의 경제력은 북송을 능가하게 되었다.

〈표 12〉 복건 출신 학자

	북송	남송
도학(道學)	유초(遊酢), 양시(楊時)	나종언(羅從彦), 이동(李侗), 【주희(朱熹)】, 황간(黃幹), 진순(陳淳), 이방자(李方子)
유림(儒林)	임개(林槩), 왕회(王回), 진양(陳暘)	임지기(林之奇), 임광조(林光朝), 유자훈(劉子暈), 채원정(蔡元定), 채침(蔡沉), 호안국(胡安國), 호인(胡寅), 호굉(胡宏), 호령(胡寧), 정초(鄭樵), 진덕수(眞德秀), 요덕명(廖德明)
문원(文苑)	전희(錢熙), 황이간(黃夷簡), 황항(黃亢), 황감(黃鑑), 장망지(章望之), 황백은(黃伯恩), 왕무구(王無咎), 유선(劉銑)	웅극(熊克)

* 『송사(宋史)』 도학전(道學傳)·유림전(儒林傳)·문원전(文苑傳)에서 뽑음. 도학 22명 가운데 7명, 유림 78명 가운데 15명, 문원 75명 가운데 9명이 복건 출신이다.

경제적 진보를 바탕으로 문화적인 면에서도 강남은 그 중요도가 높아졌다. 예로부터 문무 양면에서 역사상 유명한 인물은 대개 화북에서 배출되었다. 정치가와 문인 역시 대부분 화북 출신자가 독점하는 경향을 보였다. 이러한 흐름은 당에서 송 초기까지도 변함이 없었다.

그러나 경제적 개발과 함께 강남에서도 점차 인재가 배출되어, 북송 중기 이후가 되면 남방 출신의 정치가와 학자들의 진출을 볼 수 있게 되었다. 이에 대해서는 이미 <과거제 개혁의 추이>에서 언급하였다. 특히 강남서로 출신의 왕안석을 비롯한 신법정치가들 중에 강남인이 많았고, 이어서 채경 같은 복건 출신자도 나왔다.[9]

송학의 중심 복건지방

남송에서는 복건지방의 개발이 두드러져,[10] 양시楊時(구산龜山)와 주희朱熹가 등장하여 송학의 중심을 이루었다. 주자학파를 민학閩學이라고도 부르는데, 이는 복건의 다른 이름인 민閩에서 나온 것이다. 송학의 대학자들 가운데는 복건지방 출신이 많았다.

전통중국에서 학문·교육[11]의 주요 목표는 과거科擧였다. 당시는 과거에 합격하여 벼슬길에 오르기 위해 학문에 힘썼고, 과거 합격자 수의 다과는 그 지방의 문화수준을 보여주는 지표로 간주되었다.

앞서도 언급했듯이 송대의 과거는 지방 각 주에서 실시하는 해시解試와 중앙정부에서 실시하는 성시省試, 천자가 직접 시험하는 전시殿試[12]의 3단계로 이루어져 있었다. 즉 지방에서 해시에 합격한 자들이 중앙에 모여 성시를 치르고, 성시에 합격한 자들이 전시를 치렀다.

각 주의 해시 합격자 수는 주해액州解額이라 하여 정원이 정해져 있었다. 정원은 그 지방(주州) 수험생의 수와 과거시험 합격자 수의 실적 등을 감안해서 정했는데, 해액의 수는 그 주가 가진 인재의 다과를 나타내고 문화수준을 나타내는 데 매우 적절한 것이라 할 수 있겠다.

교토京都 도후쿠지東福寺 리쓰교쿠안栗棘庵에는 남송 말에 작성된 귀중

『여지도』 왼쪽 윗부분에 남송 부주府州의 해액解額 정원이 기재되어 있다. 도후쿠지東福寺 리쓰교쿠안栗棘庵 소장

한 고지도인 『여지도輿地圖』(위의 그림)가 소장되어 있다. 이 지도의 정면 왼쪽 위쪽에 "제로주부해액諸路州府解額"이라고 해서 남송시대 여러 부주의 해액 정원 수가 기재되어 있다. 이에 따르면, 전국 해액 총수는 1,907명인데 그 중 복건로가 325명으로 1위를 차지하고, 강남서로·양절로가 그 뒤를 잇고 있다. 부주별로 보아도 복건로에 속하는 건녕부가 83명으로 전국에서 1위이고, 복주와 흥화군興化軍처럼 상위를 차지한 곳이 복건로에 많은 것을 알 수 있다. 복건은 남송 말기에 천하 제일의 문화의 땅이었던 것이다. 그리고 이 복건의 문운文運은 서쪽으로 이웃한 광남동로로 점차 파급되어 영남嶺南 도학道學으로 발전했다.

제9장

상업의 발달과 도시의 발전

1) '시市'제의 붕괴와 '행行'의 변질

'시'제의 붕괴

상업 거래가 주로 도시에서 이루어지고, 더욱이 상업구역이 원칙적으로 도시 내부의 한 구획으로 한정되어 있다는 것은 진·한에서 당대까지 변함이 없었다. 이 성 안의 한정된 한 구획을 '시市'라고 불렀다. 지역적으로 한정된 '시'와 한정된 시간 속에서 관의 규제 아래 상업활동이 이루어졌던 것이다.

그런데 이 제도는 당말부터 점차 느슨해지더니 오대를 거쳐 송대에 들어오면서 장소와 시간에 대한 속박이 완전히 없어졌다. '시'제의 붕괴로 상업활동이 자유로워지면서 거래가 활발해졌고, 이 같은 상

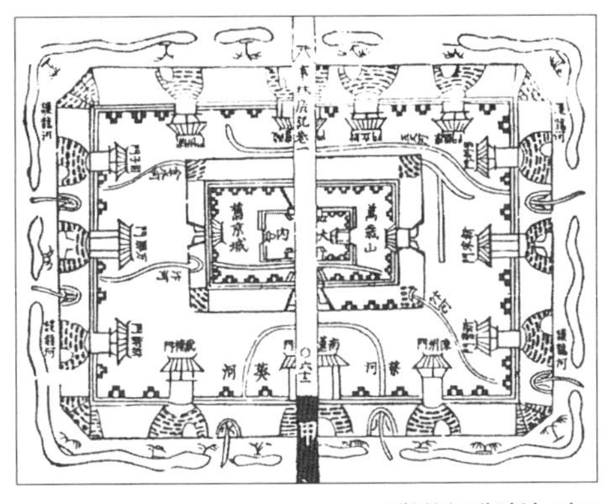
개봉부 내외성 지도

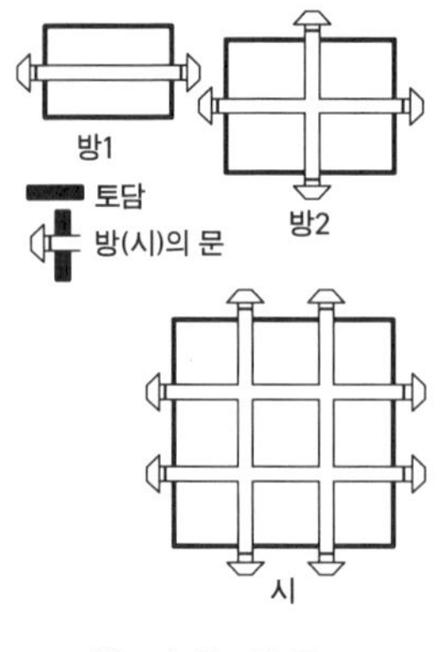

방坊과 시市의 구조

태는 도시에서 농촌으로까지 파급되었다.

당왕조 초기의 제도에 의하면 '시'제는 방坊제도에 입각해 있었다. 방坊이란 도성 내에 큰 도로로 사방이 구분된 사각형 모양의 한 구획을 말한다. 이 방 주변에는 방장坊墻이라고 부르는 토담을 두르고, 동서남북으로 네 개의 방문坊門(동서의 두 개만 있는 경우도 있다)을 설치하였다. 방 내의 주택은 직접 큰 도로를 마주하여 문을 설치할 수 없게 되어 있었다. 방문은 해가 지면 닫히고 해가 뜨면 열렸다. 장안과 낙양 등에는 가고街鼓라는 제도가 있어서 방문의 누각 위에 북을 두고 이것을 두드려 방문을 여닫는 신호로 삼았다.

'시'가 설치된 방도 당연히 이러한 방제에 입각한 시제市制의 규제를 받았다. 시 주위는 담으로 에워싸고 사방에 시문市門을 내어 정해진 시간에 열고 닫았다. 시문이 열려 있는 동안이 영업시간이었고 야간영업은 행해지지 않았다. 야간에는 성문과 방문, 시문이 모두 닫히고 큰길은 일반통행이 금지되었다. 이것을 '범야犯夜의 금禁'이라고 한다. 야간은 완전한 휴식 수면 시간으로서, 활동은 주간으로만 한정되었다. 이것이 당시 도시생활의 실태였다.

도시생활에 대한 이러한 규제는 앞서 말했듯이 당 중엽부터 느슨해지기 시작하여 상점이 시 구역이 아닌 여러 방에도 조금씩 설치되었다. 그러나 방제가 여전히 존재하고 있었기 때문에 상점은 방문 안, 즉 담[장벽墻壁] 안에 설치되어 있었다.

그러던 것이 북송 인종 중엽, 즉 11세기 중엽에 가고街鼓 제도도 쇠퇴하고 방 제도도 완전히 붕괴되었다. 상점은 길가로 진출하여 큰 거리에서 점포를 열고 영업을 하게 되었다. 북송 말에서 남송에 걸쳐 각 도시의 어느 곳에나 상점들이 설치되었고, 거리를 따라 점포가 생기고 영업을 하였다. 또 방제의 붕괴와 함께 야간영업 금지도 지켜지지 않아 주야간 모두 영업을 할 수 있었다.

'행'의 변질–동업상점가에서 동업조합으로

당나라의 수도인 장안과 낙양을 비롯하여 주·현 등의 지방도시에는 앞서 서술한 것과 같은 상업구획으로서 '시'가 만들어져 '시' 안에는 수많은 상점이 들어서고 동업상점이 한데 뭉쳐 동업상점가를 형성하였다. 이것을 '행'이라고 하였는데, '행'의 출입구에는 팻말을 세워 각 '행'의 이름을 표시했다. 금은방 동네에는 금은행金銀行, 생선가게가 있는 곳은 어행魚行,[1] 미곡상이 있는 곳은 미행米行이라고 불렀다.[2]

동업자는 특정 구역인 '시' 안에서 행이라는 동업상점구역에 모여 장사를 하고 도시의 해당 상업을 독점하였으므로, 공동의 이익을 추구하기 위해 당연히 동업자들끼리 협력을 꾀하고 단결하였다. 행은 동업상점가이면서 동시에 동업상인조합이라는 성격과 의미를 아울러 띠고 있었다고 보인다.

그런데 당말·오대에 시제가 붕괴되면서 동업상점은 반드시 같은 장소에 모여 있는 상태를 유지할 수 없게 되었다. 동업상점이 같은 장소에 모이는 경향은 송대에도 보이지만, 이는 영업의 편리를 위해서이지 당대 이전처럼 관의 규제 때문은 아니었다. 상점은 동업상점가라는 형식을 취하였지만 그렇지 않은 경우도 많았으며, 종류를 달리하는 상점들과 뒤섞여 있는 예도 적지 않았다. 상점 개설에 제한이 없어진

도시의 성문 「청명상하도」 중

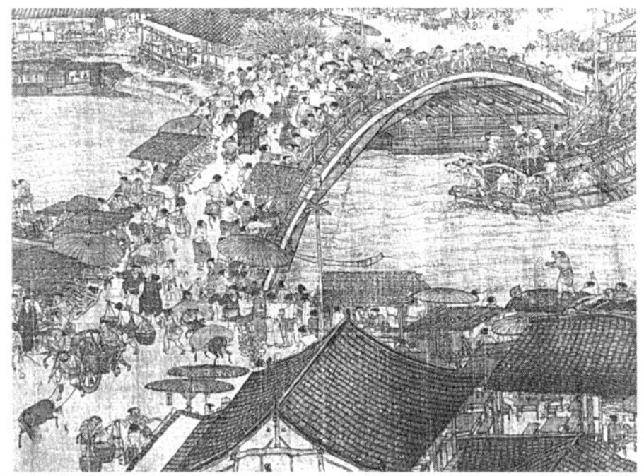

다리 위의 즐비한 노점들 「청명상하도」 중

것이다.

종래의 동업상점가='행' 제도를 통해 보장받고 있었던 상업독점권은 이때가 되면 위기에 직면하였다. 이 같은 상황에 대응하여 행의 조합적 결합이라는 성격이 강화되고 명료해지면서 새로운 행이 탄생하게 된다. 즉 동업상점구획으로서의 행을 탈피하여 동업상인조합으로서의 결속을 꾀하고, 시가 쇠퇴하여 동업상점구획 제도가 없어진다고 해도 동업조합으로서의 행의 결합을 통해 상업독점권을 유지하고자 하였던 것이다.

상인들은 같은 행에 속해 있다고 해서 반드시 각각의 이해가 일치하는 것은 아니었다. 부유한 상인과 가난한 상인들 사이에는 반드시 모순이 존재한다. 행은 부유하고 힘있는 상인이 지배하였고, 행의 성격이 조합적으로 변해 가는 것도 부유하고 힘있는 상인이 행 안에서 세력을 유지하는 것과 연결되어 있다고 볼 수 있다.

행역行役 – 정부와 행의 관계

송대의 동업상인조합인 행行에게는 정부에 필요한 물품을 조달할 의무가 있었다. 행에 속한 상인들이 순번에 따라 이 임무를 맡았는데, 이것을 행역이라고 한다. 관은 조달받은 물품에 대해 대가를 지불했지만, 이것이 시가보다 저렴한데다 운송비까지 상인이 직접 부담하였기 때문에 그 부담이 적지 않았다. 게다가 관리가 행역으로 요구한 것이 관품의 조달로 그치지 않고, 관유물이나 관리의 소유물을 매각하는 등 재물과 관련된 여러 가지 업무에도 이용되었다. 이때 관리의 주구誅求는 늘상 있는 일이었기 때문에 행에 속한 상인들의 고통은 더욱 컸다.

관의 입장에서 본다면 행은 행정을 위해 존재하는 것이었지만, 행의 상인이 굳이 행역이라는 무거운 부담을 짊어진 것은 관으로부터 상업독점권을 인정 받는 대가였을 것이다. 즉 행은 행역을 부담하고 그 대신 관으로부터 상업독점권을 허가받은 것이다. 그 한 예로서 사천 익주益州(성도成都)의 교자포交子鋪 행을 들 수 있다.

송대 초기, 익주의 호상豪商 16호가 관으로부터 특권을 인정받고, 연합해서 교자포 행을 만들고 교자를 발행하였다. 이는 민간에서 철전을 휴대하는 데 따른 불편에 대응한 것으로, 교자조합은 매년 여름과 가을 두 차례 양세로서 관에 납부하는 미곡을 계량하는 인부와 미조언縻棗堰이라고 하는 관개용수의 둑을 수리하는 인부의 비용을 부담하게 되어 있었다. 이것은 교자조합에 부과된 행역으로, 교자를 발행할 특권을 받는 대가였던 것으로 보인다.

송대에는 동업조합인 행의 조직 아래 많은 상인들이 업종별로 결합하여 상업활동을 하고 상업을 발전시켰다. 동업조합 조직은 상인들뿐 아니라 수공업자 사회에서도 보이는데, 이는 '작作'이라는 이름으로 많이 불렀다.

2) 지방상업도시의 발달

초시草市

앞서 말한 바와 같이 당대에는 수도인 장안·낙양과 지방의 주·현에 '시'가 설치되었다. 시의 구역은 하나의 특정 구획으로 한정되었고 원칙적으로 상점은 여기에만 설치해야 했다. '시' 안의 상점들은 취급하는 품목의 종류에 따라 무리를 지어 '행'(동업상점가)을 형성하였다. 시에서 이루어지는 모든 영업은 영업시간이 정해져 제한을 받았다. 그리고 현 이하의 소도시나 집락에서는 시를 설치할 수 없었다.

그러나 이는 주·현의 시 이외 지역에서의 상업거래를 금한 것이 아니라, 법으로 정해진 시를 주·현 이외의 곳에 설치하는 것을 금한 것이다. 법으로 정해진 시는 장소와 영업시간에 제한을 받았으며, 행에는 행두行頭라고 하는 구획 관리자를 두고, 시령市令과 시승市丞 이하의 관을 두어 관의 규제 아래 운용하였다. 그리고 시 안의 상인에게는 일정한 세금을 부과하였다. 현 이외의 소도시와 촌락의 상업구역에는 이러한 법정 시를 둘 수 없었고, 시 법제가 적용되는 범위 밖에 설치되어 법정 시로 인정받지 못했다.

이러한 소도시·촌락의 상업구역을 초시草市라고 불렀던 것 같다. 초시라는 명칭은 멀리 동진東晉 무렵으로까지 거슬러 올라가는데, 명칭의 본래 뜻은 가토 시게시加藤繁의 추정에 따르면, 초료草料(여물) 시장이다. 주·현성 이외의 곳에서 초료를 매매하였던 데서 그러한 이름이 생겨났는데, 나중에 초료가 아닌 물품도 취급하게 되고서도 그 이름이 계속 사용되었다. 아마도 초草를 '변변치 않다'라는 의미로 사용하여 정식 시가 아닌 변변치 못한 시라는 뜻으로 일반적으로 통용되었을 것으로 생각된다.

초시가 열리는 장소는 주현의 성벽에서 별로 멀지 않은 곳일 수도 있고 멀리 떨어진 곳일 수도 있으나, 어느 곳이나 모두 '시'제를 적용받지 않아 정식 시로 취급받지 못했고, 이곳에서 상인과 농민, 농민들 상호간에 매매거래[3]가 이루어졌다.

진시鎭市

당 말부터 오대를 거쳐 송에 이르는 동안 상업의 발전과 함께 시제가 붕괴하고 상업이 더욱 촉진되었다는 것은 앞에서 지적한 바 있다. 이와 함께 초시의 활동도 왕성해져 그 수도 증가했다. 그래서 송대에는 초시 취락이 향촌의 소도시로 발전된 경우가 많이 발견된다. 이 소도시들을 진鎭 또는 시市라고 부르며 이는 지방제도의 한 단위를 형성하게 되었다. 대개 진은 시보다 큰 도시였다.

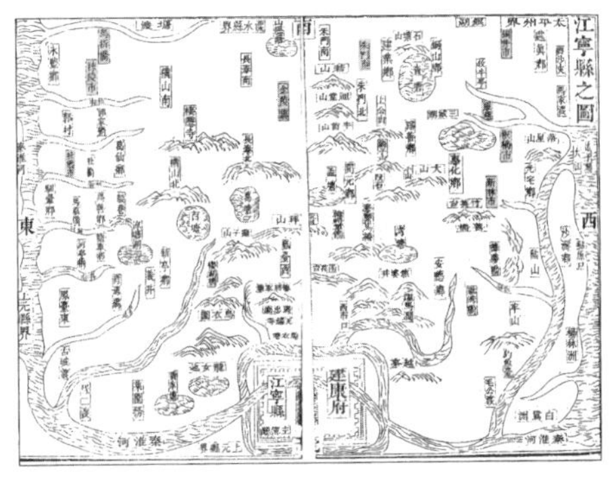

진시 건강부(현재의 남경) 부근의 진시 장소가 표시되어 있다. 남송 말 『경정건강지景定建康志』에서

진이라는 명칭은 북위北魏 무렵부터 보이는데, 대군이 주둔하는 주·현에 부여된 칭호였다. 그 후 진이라는 이름이 계속 사용되었지만, 그 내용은 변화하였다. 즉, 당말오대 무렵 절도사가 관내에 진을 많이

설치하고 진사鎭使 또는 진장鎭將을 두어 부병部兵을 거느리고 병량과 무기의 비용을 백성으로부터 징수하게 했다. 이렇게 되자 지방행정의 실권은 주·현 장관인 자사刺史·현령縣令에서 진사·진장에게로 옮겨갔고, 이것이 절도사 무인정치의 기반이 되었다.

이어 송 통일시대가 되어 태조·태종이 절도사 권력을 회수하면서 진사·진장을 폐지하고 그들이 맡아보던 업무를 지현知縣에 귀속시켜 진을 대부분 폐지했다. 단 인구가 많아 상업이 활발한 지역만은 진을 그대로 두고 감관監官을 두어 도적·화재를 관리하고 상세를 징수하고 술 전매업무를 보게 했다.

이에 따라 진은 이제 종래와 같은 군사적·행정적 의의를 탈피하고 순수하게 지방의 소상업 도시로 바뀌게 되었다. 교통의 요충을 차지하여 상업·수공업이 활발하였던 진은 점차 발달하여 지방도시를 형성하였다. 진 수준에까지 이르지 못한 소상업 도시는 '시'로 불렸다.

정기시定期市

일시를 정하여 상인과 손님이 일정한 구역에 모여 거래를 하는 정기시는 예로부터 존재하였다. 이는 당나라의 '시'(두 수도 및 주·현의 한정된 상업구역)에서도 보이며, 송대에는 장소와 시간의 제약에서 벗어나 점차 활발해지면서 일반화되었다. 이를 단순히 '시'라고 하였는데, 시집市集·회집會集·허墟(虛)·허시虛市 같은 이름으로 더 많이 불렸다.

정기시는 주·현처럼 비교적 큰 도시에서 열리고 동시에 진 이하의 소도시와 농촌에서도 열렸다. 이들 지방 정기시는 지방 주민들의 생산품과 도시의 상품을 교환하는 역할을 수행했다.

도시의 번화상 「청명상하도」 중

3) 도시의 발달

성벽

송대의 상업 발달은 도시의 발전을 촉진했다. 옛날부터 전국적인 정치적·행정적 기능을 갖추고 도시로 존속해 온 대도시와, 각 지방의 정치적 중심을 이루는 주州·현치縣治는 이 같은 상황 속에서 상업적인 기능에 힘입어 새로운 발전을 이룩하게 되었다.

한편, 앞서 말했듯이 초시의 발달로 생겨난 진시 등의 소상업 도시도 각지에서 발생하였다. 도시를 무대로 하여 서민의 소비생활이 진전되고, 개방적인 오락세계도 전개되었다.[4]

예로부터 중국의 도시는 성벽으로 둘러싸여 있었다. 성벽은 벽돌 또는 토석을 쌓아 축조하였는데, 한 겹 또는 이중으로 둘러쌌다. 오대에서 송에 걸쳐서는 삼중의 성벽도 출현했다. 이중 성일 경우 내부의 성은 자성子城·소성小城으로 불렸고, 외부의 성은 나성羅城·대성大城으로 불렸다. 자성 안에는 도시에서 가장 중요한 건물인 황거皇居·주청州廳·

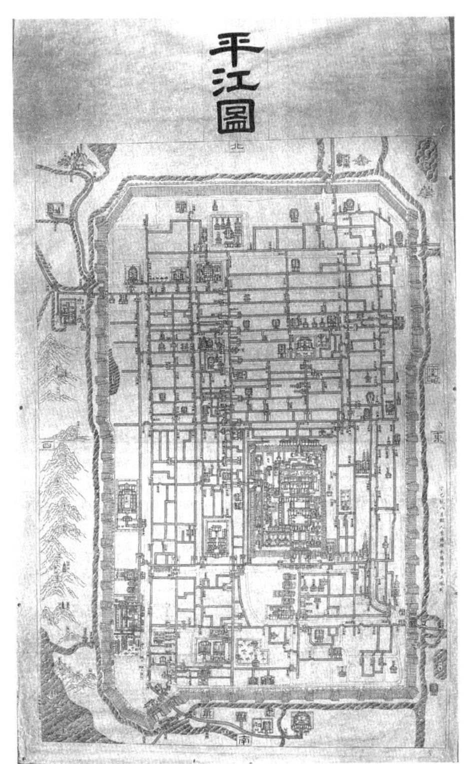

평강부도비平江府圖碑 **탁본**拓本 평강부는 지금의 소주蘇州시. 비는 남송 이종 소정 2년(1229)에 만들어졌으며, 남경부학南京府學에 있다. 길이 약 2m, 폭 약 1.4m다. 성벽, 성호城湖, 성문, 자성, 도로, 물길, 관청사원 등 주요 건축물의 교량과 방坊의 이름을 표시한 방표 등이 상세히 나타나 있다.

현청縣廳 등이 들어섰고, 자성의 바깥 즉 나성 안에는 민가·상점·사원과 자성에서 다 수용할 수 없는 관청 등이 있었다.

송은 동경東京 개봉부開封府[5]·서경西京 하남부河南府·남경南京 응천부應天府·북경北京 대명부大名府의 4경四京을 두었는데, 적어도 개봉부와 응천부는 성벽을 삼중으로 둘렀다. 개봉부의 경우, 내부의 성은 황성皇城으로 불렸는데 이는 당나라 변주汴州의 자성을 확장한 것이었다. 다음 중간 성벽은 구성舊城(내성內城)이라 불리며 당나라 변주의 나성에 해당하였다. 외부의 성은 신성新城(외성外城)이라 불리고, 오대 말의 후주 세종이 축조하였다. 남경 응천부 외에 금나라의 중도中都 연산부燕山府(북경)도 성벽이 삼중으로 되어 있었다. 부·주의 성벽은 보통 이중이었지만, 복주福州는 삼중이었다. 복주가 오대 왕씨(민국閩國)의 도읍이었기 때문이다. 반대로 드물게 부·주에도 성벽이 없는 곳이 있었다. 광주廣州 등이 그렇다. 현縣 단계로 내려가면 성벽이 없는 경우도 상당히 있었던 것 같은데, 성벽을 갖추는 것이 원칙이었기 때문에 성벽이 있는 예가 더 많았다. 단 보통은 나성뿐인 한 겹이었고, 가끔 이중으로 된 경우도 있었다. 임안부臨安府[6]는 나성 둘레가 70리, 평강부平江府(소주)는 47리로 장대함을 자랑했으나, 현의 경우는 매우 작아 통상 2~3리에 불과했다.

성벽에는 성문이 나 있었다. 나성의 문에는 종종 옹성甕城(옹문甕門)이라고 부르는 방어시설이 설치되었다. 이것은 성벽에 난 본문의 외부에 다시 동그란 모양으로 벽을 튀어나오게 만든 것인데 여러 겹으로 된 것도 있었다. 튀어나온 벽은 둥글고 위가 좁아지는 형태로 되어 있어서 그 모습이 마치 항아리 같다고 하여 옹성이라고 불렀다. 나성 외부에는 해자垓字를 만드는 것이 통례였고, 자성도 그 주위에 해자를 두르는 것이 있었다.

방坊과 상廂

자성과 나성 사이에 있는 지역이 바로 시가市街였다. 여기에는 직각으로 교차하는 큰 도로[가街]가 많이 나 있고, 이 큰 도로로 사면을 가른 구획이 '방'이 되었다. 나성 내부는 그러한 수많은 방들로 나누어져 있었다. 당나라의 제도인 방제坊制가 붕괴되어 가면서도 계속 이어져 내려와 송 초까지 존재했다는 사실은 앞의 '시'제의 붕괴에서 지적한 바 있다. 당 이래 방제가 붕괴된 후에도 방은 성내의 거리 이름으로서 그 의미를 가지고 남아 있었다.

송대에는 도성 내부 혹은 외부를 합쳐 일괄해서 크게 몇 개의 구획으로 나누어 이것을 상廂이라 부르고, 이 상을 단위로 해서 도시행정을 펼치기도 했다. 북송 때는 수도 개봉에서 이러한 행정이 실시되었고, 남송의 경우 행도行都 임안臨安 외에 주요한 부·주에서도 실시되었다.[7]

상제廂制는 송대 때 도시에서 방제가 붕괴하고 도시인구가 증가하는 새로운 상황에 대응하여 정해진 것이다. 즉 성 안의 인구가 성 밖으로 흘러나가 성벽 바깥에도 가옥과 초시가 많이 들어서게 되자 성 안팎을 하나로 묶을 수 있는 도시행정구획이 필요하게 되었고, 상은 이 같은 도시의 발전에 대응하여 생겨났다.

주루酒樓와 와자瓦子

도시는 상업거래가 이루어지는 무대임과 동시에 소비·오락의 장이기도 했다. 『동경몽화록東京夢華錄』[8]에는 북송 말 개봉의 번성한 모습이 묘사되어 있고, 『몽량록夢粱錄』[9]에는 남송의 행재 임안부의 융성함이 잘 그려져 있다.

주루酒樓 풍경 '십천각점十千脚店'이라는 점포 이름과 2층에서 술을 먹는 손님의 모습이 보인다. 「청명상하도」 중

송의 도성 안에는 도처에 큰 거리를 따라 주루酒樓가 들어서 당당히 그 모습을 드러내고 있었다. 주루에는 관영과 민영의 두 종류가 있었는데, 관영은 관고官庫로 불리고 민영은 시루市樓로 불리면서 기녀를 두고 술과 음식을 제공하는 오락의 장소로서 번창했다.

극장(희장戲場), 즉 연예가 시연되는 곳은 구란勾欄이라고 했는데, 이런 곳이 모여 있는 번화가를 와자瓦子(와시瓦市)라고 불렀다. 『동경몽화록』에 의하면 개봉에는 신문新門·상가桑家·주가교朱家橋·주서州西·보강문保康門·주북州北 6곳의 와자가 있었고, 『함순임안지咸淳臨安志』에 의하면 임안에 남와南瓦 등 17개의 와자(그 중 와자 하나는 폐지)가 있었다고 한다. 『무림구사武林舊事』에는 이 밖에 가회문嘉會門 등 6개의 와자 이름이 거론되고 있다.

잡극雜劇의 광대 1958년 하남성 언사현에서 발견된 북송 말기 묘비석에 새겨진 잡극의 한 장면

개봉의 상가와자桑家瓦子에는 크고 작은 50여 개의 구란이 있었는데, 연화붕蓮花棚·모란붕牧丹棚 같은 곳은 수천 명의 관객을 수용할 수 있을 정도로 그 규모가 컸다. 구란에서는 잡극과 꼭두각시·구장탕농毬杖踢弄·강사講史·소설·어린아이 씨름·도도만패掉刀蠻牌·영희影戲·농충弄蟲 ·제궁조諸宮調·설원화說諢話 등 여러 종류의 연예가 상연되어 시민들의 볼거리로 제공되었다.

와자에는 구란 외에도 여러 종류의 음식점과 점집 등의 점포가 들어서 있었고, 남송대에는 주루酒樓도 있었던 것으로 보인다. 시민들은 이곳에서 해가 지는 것도 잊고 즐거움을 만끽하며 하루를 보냈다.

4) 외국무역 – 육로

북방국가와의 국경무역

송조는 외국무역에 적극적이었다. 그것은 사이四夷의 내조內朝를 환영하고 왕화王化를 선포한다고 하는, 전통적인 중화사상 이념에 기반한 것이면서도 실질적으로는 무역을 통해 이익을 얻어 국가재정을 풍족하게 만들기 위해서였다. 그러므로 외국무역은 정부가 독점하거나 혹은 정부의 통제 아래서 이루어지게끔 엄중 규제하였다.

송대의 외국무역은 육로를 통한 무역과 해로를 통한 무역 두 가지가 있었다. 국가재정에 크게 도움을 준 것은 남해무역을 주로 하는 해로무역이었다. 송조는 서역을 전혀 경영할 수 없었기 때문에 대립하고 있던 인접 국가인 요·금·서하와의 사이에 있는 국경지점에서 육로무역을 실시하였다. 그런데 이 무역은 오히려 인접한 북방국가들이 송에게 요구한 것으로, 송의 입장에서 보면 다분히 정치적·외교적 요소가 포함되어 있었다.

그렇지만 인위적인 정치적 경계를 넘어 물자가 거침없이 유통되는 것은 사회의 자연스러운 이치다. 요·서하·금과 송이 대립하여 국경을 만들어 다른 나라를 이루고 있기는 해도, 사람들 상호간에 서로 필요로 하는 것을 찾아 무역을 행하는 것은 당연한 추세다. 그러나 민간무역의 이익은 정부와는 무관하다. 그래서 송조는 이것을 정부의 통제 아래 두어 그 이익을 장악하고자 했다. 그리고 민간무역은 밀무역으로 간주하여 단속의 대상으로 삼았다.

북방민족이 중국의 물자에 대해 갖는 갈망은 중국인이 북방 물자에 대해 갖는 갈망보다 훨씬 강했다. 따라서 양자 사이의 무역에서는 자연스럽게 북방국가가 더 능동적으로 나올 수밖에 없었다. 송은 정치적·외교적인 고려를 염두에 두고 이 요구에 응하는 입장이었고, 나아가 무역이라는 무대를 이용하여 수익을 올려 송조의 재정수입을 확보하는 것을 게을리하지 않았다.

송은 국경의 요지에 관영 무역장을 설치하고 이것을 각장榷場이라고 불렀다. 무역은 모두 이곳에서 이루어졌으며 관이 직접 무역을 실시하였다. 동시에 상인의 무역은 통제하고 세금을 부과하여 수입을 올렸다. 각장은 요를 대상으로 해서는 웅주雄州(하북성 웅현)·패주覇州(하북성 패현)·안숙군安肅軍(하북성 서수현徐水縣)·광신군廣信軍(하북성 서수현 서쪽), 서하를 대

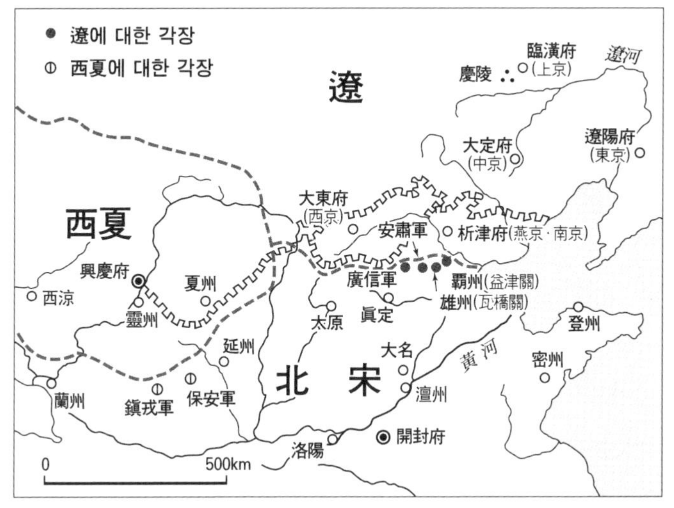

북송의 요·서하에 대한 각장

송·금 각장

상으로 해서는 진융군鎭戎軍(감숙성 고원현固原縣)·보안군保安軍(감숙성 지단현志丹縣) 등의 국경지방에 설치하였는데, 무역 규모도 크고 제도도 잘 정비되어 있었던 것은 송·금 무역이었다. 이하 송과 금나라 사이의 무역 상황에 대해 살펴보자.

송·금 무역

1142년(송 소흥 12) 진회의 추진으로 송·금 사이에 화의가 성립하자 송 측은 우이군盱眙軍(안휘성 우이현)을 비롯하여 초주楚州 북신진北神鎭·양가채楊家寨, 회음현淮陰縣 마반磨盤, 안풍군安豊軍 수채水寨·화엽진花靨鎭, 곽구현霍丘縣 봉가도封家渡, 신양군信陽軍 제모진齊冒鎭, 조양군棗陽軍, 광주光州에 10개의 각장을 설치하였고, 금 측은 우이군과 회하를 사이에 두고 마주하는 사주泗州를 비롯하여 수주壽州·영주潁州·채주蔡州·당주唐州·등주鄧州·봉상부鳳翔府·진주秦州·공주鞏州·조주洮州·밀주密州 교서현膠西縣에 11개의 각장을 설치했다.(단 교서현 각장은 송 상인의 해로통상에 대비한 것이다)

송의 우이군盱眙軍 각장에 대한 규제를 보면 다음과 같았다.

【송 각장의 관제와 기능】

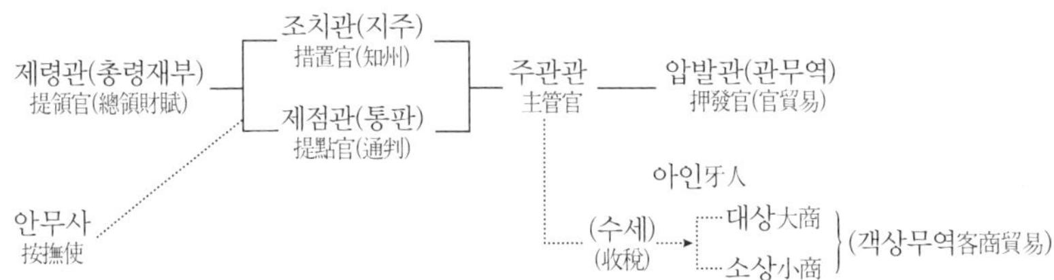

상인은 대상大商과 소상小商으로 나뉘는데, 화물 가격이 100관 이하이면 소상, 그 이상이면 대상이라고 한다. 소상은 허가를 받아 화물을 가지고 회수를 건너 금나라의 각장(사주泗州)으로 가서 무역하고, 대상은 우이에 머물면서 금나라 상인이 오는 것을 기다렸다가 거래를 한다. 금인과 송인은 각각 다른 건물에 머물러야 하며, 두 건물 사이를 왕복하며 알선하는 중개인인 아인牙人을 통해 가격을 정해 거래하고 직접 거래를 해서는 안 된다. 화물의 가격에 따라 상세商稅의 일종인 과세過稅와 식전息錢·아전牙錢을 징수한다.

이 우이군 각장 규칙은 밀무역과 탈세, 금지품의 수출 등을 방지하고 나아가 양국 상인의 접촉을 제한하여 사단이 나는 일을 막는 것이 목적이었는데, 다른 각장의 규제 역시 대개 비슷하였을 것이다.

각장에는 주관관主管官을 두어 사무를 맡게 하고, 주(또는 군)의 지사知事는 조치관措置官, 통판은 제점관提點官이 되어 지배를 하며, 총령재부總領財賦는 제령관提領官으로서 감독을 하고, 안무사按撫使도 여기에 관계하였다. 주관관은 상인의 무역을 관리하고 동시에 지급된 본전을 이용해서 직접 무역을 하기도 하였다.

송·금 무역품

송·금 양국 간의 무역품을 살펴보면 <표 13>과 같다. 송에서 금나라로 수출된 주요 품목은 차[10]·상아·서각犀角(코뿔소 뿔)·향약鄕藥(유향乳香·단향檀香 등)·화남산 생강·진피陳皮 등의 약물, 비단·칠기·죽목기竹木器·필묵 등의 물품, 화폐[전錢]·소·쌀 등이 있고, 금나라에서 송으로 수출된 것으로는 북주北珠·담비[초貂]가죽·인삼·감초

〈표 13〉 송·금 무역품 일람

송 → 금	차(납차·초차·말차) : 관무역
	향약(유향·단향 등) : 관무역
	상아·서각 : 관무역
	약물(생강·진피 등)
	비단·목면·칠기
	죽목기·필묵
	소*·쌀*·화폐*·차*
금 ← 송	북주·담비가죽
	약물(인삼·감초 등)
	비단(北綾·北絹)
	말*

* 표시는 밀무역품

같은 약물과 화북산 비단·말 등을 들 수 있다.

차茶[11]는 송나라 최대의 수출품으로 초차草茶·말차末茶·납차臘茶[12]가 모두 관의 손을 거쳐 수출되었다. 상아·서각·향약은 남해 여러 나라에서 수입한 것으로 다음 항목에서 기술할 해로무역과 결부된다.

송대의 비단 주산지는 하북·경동(오늘날 산동성 방면)과 양절·강남(장강 하류지방) 및 사천의 세 지역인데, 이 중 하북은 면기록태투배綿綺鹿胎透背·능綾 등의 고급 비단으로 유명한 산지였고 하북과 경동은 금나라 영토에 속해 있었다.

일반적으로 금나라의 비단 값은 송에 비해 저렴했다. 송 건도 연간(12세기 후반)에 비단 1필이 송에서는 4관문인데, 금에서는 2관 500문이었다. 송의 경우 75문을 100문으로 치고, 금나라의 경우 60문을 100문으로 쳤기 때문에, 금나라의 비단 값은 사실상 송의 절반에 불과하였다. 그래서 하북·경동에서 생산되는 금나라의 비단이 송으로 대량 수입되어 금나라의 대송 수출품 중 가장 주요 품목이 되었다.

북주北珠는 중국 동북지구의 송화강과 현재의 러시아 연해주에서 산출되는 진주로, 동북에서 나는 담비가죽과 함께 고가의 물건이었지만 송에서 수입하는 향약류에는 비할 바가 못 되었다. 송은 무기 및 그 제조 원료품, 경서經書 이외의 서적과 함께 화폐·미곡을 금으로 수출하는 것을 금했다. 그러나 화폐가 모자랐던 금나라로서는 그 요구가 강했기 때문에 송의 금지 조치에도 불구하고 송의 화폐는 금나라로 활발히 흘러들어갔으며 그 양은 막대했을 것이다. 말은 금나라의 수출 금지품이었지만, 송의 요구 때문에 역시 밀수출되었다. 송에서 금나라로 밀수된 차도 적지 않았다.

양국 무역의 대세는 허가든 비허가든 상관없이 송의 수출초과, 금나라의 수입초과였고, 금나라는 차와 그 밖의 수입품을 은으로 결제한 것으로 보여 다량의 은이 금나라에서 송으로 흘러들어가게 되었다.

5) 외국무역 – 해로

무역항과 시박사市舶司

당대에 아라비아[대식大食]인의 활동을 중심으로 남해무역이 융성하여, 광주와 함께 장강長江에 가까운 양주揚州가 무역항으로 번영했다. 광주는 남해 무역항 가운데 최고의 자리를 차지하였는데 여기에 무역사무를 맡아보는 시박사市舶司가 설치되었다. 강절 지방에서는 양주가 외국무역의 중심이 되었고, 명주明州는 고려[13]·일본 등 동방의 여러 나라와 관련한 항구로서 중요했다.[14] 그런데 양주는 당 말의 동란으로 파괴되어 외국무역의 중심이라는 지위를 상실하고, 오대가 되자 광주를 비롯하여 천주泉州·항주杭州 등이 각각 남한南漢·민閩·오월吳越 등 여러 나라의 해구海口로서 번영했다.

송 통일시대에 해외무역은 더욱 번성하는데, 외국 상선의 내항과 함께 중국 상선 역시 남해로 진출하여 자바·수마트라로 항해하고 실론(스리랑카)을 거쳐 페르시아 만으로까지 항해하기도 했다.

송은 중요 항구에 시박사 혹은 시박무市舶務라고 하는 관아를 두고 외국무역 사무를 다루게 했다. 시박사가 설치된 곳으로는 광주·천주泉州·명주·온주溫州·항주·수주秀州·강음군江陰軍과 산동반도 밀주密州 판교진板橋鎭(교서현膠西縣)을 들 수 있다. 이 가운데 광주가 가장 번성하였고 그 다음이 천주였다. 두 항구는 남해 여러 나라와의 무역을 주로 담당했고, 강절 방면의 여러 항구와 밀주 판교진은 고려와 일본과의 동방무역을 주로 담당하였다.[15]

시박조제市舶條制

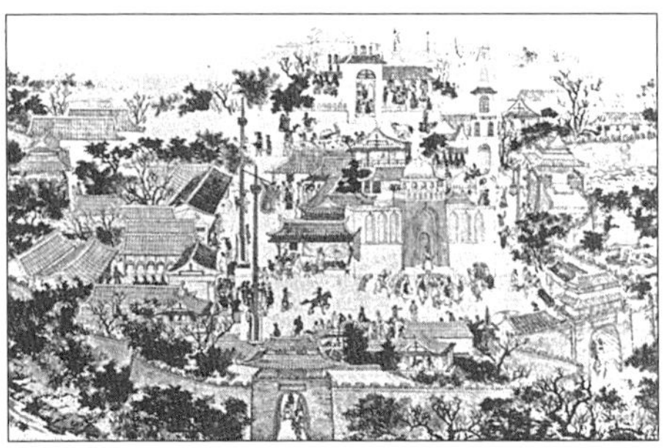

천주泉州 거리 남해무역의 근거지에 어울리는 이슬람풍 사원과 거기에서 예배를 올리는 사람들의 모습이 그려져 있다. 송말 원초의 아라비아 상인 포수경蒲壽庚이 여기에서 활동하였다.

시박사市舶司 제도는 시대에 따라 변천이 있지만 송 초기에는 시박사가 소재하는 주의 장관(지주)이 시박사를 겸임하였다. 통판은 이 업무를 돕고, 로의 재정장관인 전운사와 함께 시박 관련 업무를 담당했다. 그 밑에 중앙정부에서 파견한 경조관京朝官(문관) 또는 삼반사신三班使臣(무관)·내시(환관)가 전임專任 시박관으로서 사무를 보았다.

1080년 원풍 관제개혁 후 시박사는 지주와 통판의 손을 떠나 전운사가 완전히 겸임하게 되었다. 나아가 1102년(숭녕 원)에는 제거시박사提擧市舶司라고 하는 전임장관을 따로 두어 전운사에서 독립하고 이후 대체로 이 제도를 따랐다. 이것은 시박 행정의 중요성이 증대하였음을 반영한 것이라 하겠다. 시박사에는 장관으로서 제거시박을 두고, 그 아래에 감관監官·전고專庫·수분手分 등을 두었다.

시박사의 임무

선박이 물자를 싣고 오면 시박사는 먼저 세금16)을 징수하는데, 이것을 추해抽解라고 한다. 여기에서 추抽란 추분抽分으로서 일정 부분을 거둬들이는[추취抽取] 징세를 뜻하는데 대개 10분의 1의 세율을 적용하였다. 추해를 끝내면 관은 수매에 들어간다. 금각화물禁榷貨物 즉 전매품은 시박사가 독점적으로 사들였다.

북송 초기 태평흥국 원년에는 진주·대모瑇瑁(바닷거북)·서각상아犀角象牙·빈철鑌鐵·벽피鼊皮·산호·마노瑪瑙·유향乳香의 여덟 종류가 전매하는 금각품禁榷品이었고, 나중에 여기에 자광紫礦과 유석鍮石이 추가되었다. 금각품목은 시대에 따라 변화하는데, 『평주가담萍洲可談』에 의하면, "진주·용뇌龍腦처럼 세색細色(용적에 비하여 가치가 높은 것)은 1할을, 대모·소목蘇木과 같은 추색麤色(용적이 큰 것)은 3할을 세금으로 징수(추해)하고 그 나머지를 관이 수매한다. 물자의 종류에 따라 그 비율은 각각이며, 무게가 30근 이상 나가는 상아와 유향은 각화 즉 전매 규정을 어긴 물품으로 간주하여 세금으로 징수한 나머지를 전부 관이 사들인다"라고 되어 있어 남송 말의 제도가 송 초와는 상당히 다른 것을 엿볼 수 있다.

전매품 이외의 물자도 관이 양질의 것을 골라 사들인 후 그 나머지를 상인이 사들였다. 시박사는 관본官本(구매 자본)으로 준비한 금·은·화폐·연鉛·석錫·비단·도자기 등으로 물자를 수매하였다. 화폐는 중요 지불수단으로서, 나중에 기술하듯이 수출 금지품목이었으므로 주로 사용 대상은 중국 상인이었을 것이다.

선박을 검문하고 적재된 화물에 세금을 부과하고 수매하는 사무를 주관하는 관리가 감관監官이고, 추해수매抽解收買한 물자랑 수매를 위한 관본 창고에 보관된 것을 담당하는 관리가 전고專庫로서 감문관監門官이라고도 불렸던 것 같다. 시박사고市舶司庫에 넣어 보관하는 물자는 일정 기일까지 중앙정부로 보냈고, 일부 물자, 특히 추색 물자는 시박사가 현지에서 판매하였다. 이 모든 것이 시박사의 임무였다.[17] 그 밖에 선박의 출항 허가, 금지제품의 수출 단속, 수입품의 판매허가증 교부, 외국 및 외국선의 마중과 배웅, 번방蕃坊(외국인 거류지) 관련 사무 등을 시박사가 맡아보았고, 제거시박사(또는 시박사)는 장관으로서 이 모든 것을 총괄했다.

전금錢禁과 시박의 막대한 이익

병기 및 병기의 재료는 수출금지품목이었는데, 특히 동전은 엄격한 금지품이었다. 동전 수출금지령(전금錢禁)[18]은 송 초엽부터 반포되어, 송 태조는 수출량이 2관에 이르면 도徒 1년, 3관 이상이면 기시棄市라고 하는 극형을 규정하여 위반을 방지하고자 했다. 그러나 동전은 외국상인이 바라는 것이었고 이익이 남는 무역품이었기 때문에 엄격한 금지에도 불구하고 밀수출이 성행했다.

1074년(희령 7) 왕안석의 신법 아래서 동전 수출을 금지하는 전금이 해제되자 동전은 국외로 활발히 수출되어 "변방의 관關에서는 (동전을) 가득 실은 수레가 나가고, 바다에서는 선박이 (동전을) 가득 싣고 나간다"("邊關重車 海舶飽載", 張方平의 上奏)라고 하는 상황이 벌어졌다. 희령 연간의 전금 해제는 구법시대인 1091년(원우 6)에 폐지되어 재금지되었고 이후 전금은 남송 말까지 존속했다. 그러나 밀수출이 그치지 않아 송 국내에서는 돈이 부족한 전황錢荒 상태가 만성화되면서 경제에 심각한 영향을 미쳤다. 국외로 수출되어 빠져나간 송전은 이를 수입한 나라들의 통화로 유통되는 경우가 많아, 송은 일종의 동아시아의 화폐 주조소(소가베 시즈오曾我部靜雄 박사) 같은 상황이 연출되었다.

시박의 이익

송 정부는 추해 및 수매를 통해 물자를 거둬들여 이것을 전매하거나 상인에게 판매하여 막대한 이익을 올렸다. 그 수익은 남송 초기 소흥 연간에 100만~200만 민에 달하였고 그 양이 재정 수입의 상당 부분을 차지할 정도였다. 시박사에 대한 기대는 컸다. 외국 사절 및 상선의 초치招致는 송조의 변함없는 대외방침이었다. 송을 방문하는 사절과 상인을 우대함과 동시에 자국 사절을 적극적으로 해외로 파견하였으며, 국서를 무역상인에게 들려보내 여러 나라에 조공朝貢[19]과 통상을 권유하기도 하였다.

송·일宋日 사무역의 발전

이 같은 정책은 대외적으로 적극적인 정책을 취하고 무역진흥을 중시한 북송대의 신종 때 두드러졌다.[20] 그 효과로서 고려와 불니국佛泥國(보르네오 섬의 부르나이)과의 국교가 회복 재개되었고, 새로이 조공을 하게 된 나라와 부족도 많았다. 사절의 조공과 함께 그 나라들과의 무역도 발전했다.

일본에도 빈번하게 공문서를 보냈으며, 명주(영파)는 고려 및 일본과의 무역항으로 지정되었다. 송이 일본으로 수출한 물자로는 비단·도자기·향료류·차·경서·문방구 등이 있었는데, 향료류의 경우 송이 남해 여러 나라로부터 수입한 것을 재차 일본으로 수출하였다.[21] 송의 화폐는 대량으로 일본으로 수출되어 통화로 유통되었다. 일본에서 송으로 수출된 품목으로는 금·진주·유황·미술공예품(나전칠기·부채 등) 등이 있었고, 남송 때는 목재도 많이 수출되었다.

송 조정은 종종 일본으로 공문서를 보냈는데, 이에 대한 일본의 반응은 소극적이었다. 국가간의 공적 사절은 파견되지 않았다. 일본은 가끔 공문서나 선물을 보내곤 했지만 원칙적으로는 쇄국을 방침으로 삼

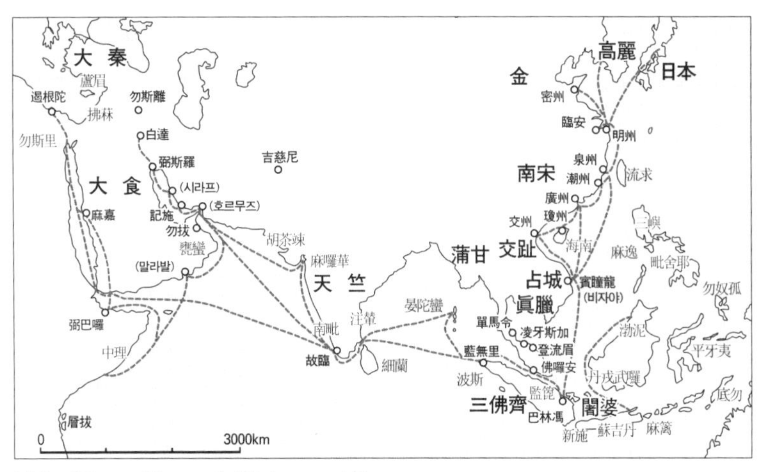

남해 제국 조여괄趙汝适 『제번지諸蕃志』 수록

았다. 그러나 송·일 양국관계는 극히 평온하였고, 양 국민의 사무역도 평화롭게 발전하였다.

원양항행遠洋航行 송선의 구조

송대에는 아라비아인 등의 외국 상인이 내항하여 활약하고, 중국 상인 역시 중국선을 통해 활발히 왕래하였다. 중국에서도 기술적인 진보를 보이며 원양항행선[해박海舶]이 건조되었고 이 중국선은 동아시아·동남아시아·인도양에 걸쳐 활약하게 되었다. 자침磁針을 항해에 응용한 나침반 지식도 실용화되어 원양항해의 발전에 기여했다.

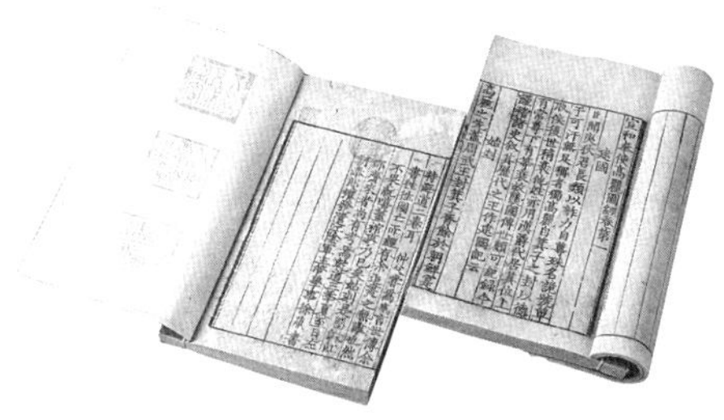
『선화봉사고려도경』

원양항행선의 건조는 복건·광동 방면에서 활발했고 기술이 발달하였다. 『선

화봉사고려도경宣和奉使高麗圖經』[22]에서는 그 규모를 다음과 같이 기술하였다.[23]

“길이는 10여 길[장丈]이고, 높이는 3길이며, 너비는 2길 5자로 2천여 곡斛의 곡식을 실을 수 있다. 선원은 60명이다. 뱃전은 통나무와 커다란 박달나무를 엮어서 만들고, 배 아래는 칼날처럼 날카롭게 기울어지게 만들고, 커다란 대나무를 묶어 자루로 만든 것을 배 양편에 고정시켜 파도에 완충 작용을 하게 함으로써 저항력을 증대시킨다. 배의 앞뒤는 비워서 배에 부력을 부여한다. 배 가운데는 세 부분으로 나누어, 앞의 선창에는 갑판을 설치하지 않고 바닥에 화덕과 물독을 안치한다. 그 아래는 선원의 선실로 사용한다. 가운데 선창은 네 개의 방을 만들어 화물을 싣고, 또 그 뒤 선창은 선실로 층집 모양의 객실을 설치하여 전망과 거주에 편리하게 한다. 선구船具로는 뱃머리에 수레바퀴를 두고, 등나무 동아줄을 감아 둘러놓고, 닻 모양의 나무 갈고리에 돌을 끼운 닻돌을 내려뜨리고, 좌우에는 유정遊矴

남송의 무역선 ‘남해1호선’이라는 이름이 붙여진 침몰선으로, 배에 적재된 동전들을 배경으로 한 그림은 무역선의 모사도다.[24]

송대의 군선 『무경총요武經總要』 중

수부법水浮法 **나침반 복원모형** 그릇에 자석을 띄워 정지한 후 자석이 가리키는 쪽을 보고 방향을 알 수 있게 한 것으로, 선박에서 많이 사용하였다.

(보조닻)을 두어 닻으로 쓴다. 선미船尾에는 대소의 키 두 개를 두고, 추진용으로 노[도棹]와 상앗대[장槳]를 둔다. 그러나 추진용으로 쓰는 주된 도구는 돛이다. 돛대(마스트)는 두 개로, 두장頭檣은 높이 8길, 대장大檣은 높이 10길로, 순풍이 불면 포범布颿 50폭을 펼치고, 조금 치우쳐 바람이 불면 이봉利篷(뜸)을 사용하고, 대장 꼭대기에는 다시 작은 범颿 10폭을 덧대어 바람의 저항력을 높인다."

해선解船[25] 가운데 큰 배는 5천 석에 이르기도 했고, 적재 능력이 크고 승무원 수도 수백에서 천 명에 이르는 것이 있었다. 돛대[장檣]의 개수도, 원대에 중국에 왔다가 해로로 귀국한 마르코 폴로의 『동방견문록東方見聞錄』에 의하면 네 개가 보통이고 대여섯 개인 배도 있었다고 한다. 마찬가지로 원대에 해로를 통해 중국에 온 이슬람 여행가 이븐 바투타는 제일 많은 것은 그 수가 12개에 이른다고 기술하고 있다. 돛은 석범席帆이 많이 사용되었고, 계절풍을 이용하여 항해하면 복건·고려 간은 5~7일 내지 20일, 복건·절강 간은 약 3일, 명주·밀주 간은 3일이 소요되었다.

이처럼 조선술[26]과 항해법이 발달하여, 아라비아인과 함께 중국인도 멀리 외국으로 항해하며[27] 무역에 종사하여 동중국해와 남중국해에서 활약했다.

제10장

송대의 문화

1) 출판문화의 융성

귀족문화로부터의 결별

오대의 분열시대를 거쳐 송조는 중국통일을 이룩하였다. 북방에 강적을 가까이 두고 끊임없이 그 중압에 시달리기는 했지만 국내적으로는 대체로 평화를 유지하였다. 때로 농민반란도 일어났지만 국지적인 한때의 사건으로 진정되고 전국의 안녕이 계속적으로 유지되었다. 수도 개봉부는 정치의 중심이자 상업의 생생한 무대로서 번영했다.

정강의 변은 송조 국가에게는 사활을 건 대파란이었지만, 곧 남송이 부흥하면서 국가 경제력의 발전은 북송을 넘어섰다. 수도 임안의 번영은 북송의 수도 개봉을 능가하였으며 인구 150만 이상의 대도시로 성장했다. 개봉은 관료·군인을 주로 하고 상인을 포괄한 일대 소비도시였다. 송의 문화는 이러한 평화와 번영을 구가하는 사회를 기반으로 해서 꽃을 피웠다.

송대 문화의 전개는 학술·사상·종교·미술공예·산업기술, 그 밖의 각 방면에 걸쳐 나타난다. 이 문화는 그동안의 전통적인 귀족문화에

문희귀한도文姬歸漢圖

대해 새 시대를 담당하게 된 관료와 사인층, 그리고 상업의 번영을 배경으로 한 상인 서민층의 문화였다. 그 신선한 모습을 미야자키 이치사다宮崎市定[1]는 서양의 르네상스에 대비시켰는데, 이는 훌륭한 착상이었다. 그러나 국가조직을 살펴보면, 송은 황제 전제권력 하의 관료제 국가로서, 유럽처럼 정치권력과 시민사회가 연결되는 모습은 전혀 보이지 않는다. 현상은 유사해 보였지만 근저를 이루는 사회가 달랐던 것이다.

융성의 요인

송대의 학문과 사상의 발달, 종교 활동에 공헌한 것은 인쇄술의 발달과 출판사업의 성행이다. 당대의 불경·역본曆本·자서字書 등의 출판을 이어받아 오대 시대에 사천 성도를 중심으로 『구경九經』, 『문선文選』 등이 출판되었고, 중앙에서도 후당 이후 국자감을 통해 관판官版 『구경』이 출판되었다. 문교文敎를 중시한 송조에 들어와서는 인쇄 출판 문화가 더욱 발전했다. 그 원인으로서 나가사와 기쿠야長澤規矩也는 자신의 저서 『일본 한적漢籍의 인쇄와 역사』에서 다음의 7개 조항을 들었다.

① 송대 인쇄술의 융성, ② 오대의 경서 관각을 이어받아 정경正經·정사正史의 관각을 촉진한 송조의 문치주의, ③ 학문의 흥륭, ④ 지묵판목紙墨板木의 충분한 공급, ⑤ 수험 준비서에 대한 필요성과 출판사업의 영리기업화를 낳은 과거제도, ⑥ 출판 서적업의 독립, ⑦ 대장경 등의 불서 출판을 촉진한 불교의 흥성.

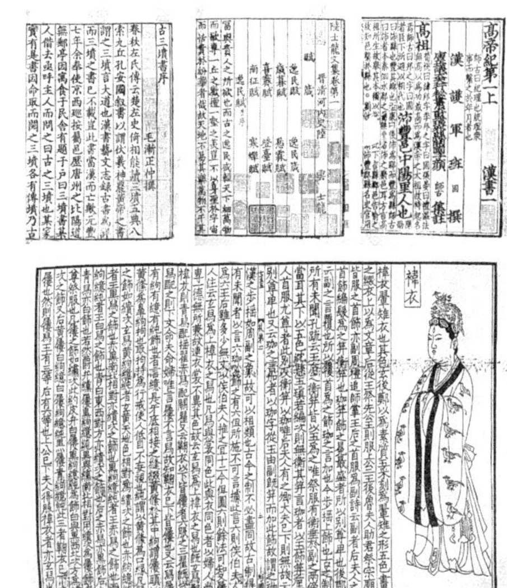
古三墳書序
陸士龍文集卷第一
高帝紀第一上
漢書一
褘衣

남송의 관학 및 서원에서 목판인쇄로 펴낸 책들

관각본官刻本에는 중앙 관각본과 지방 관각본이 있다. 중앙 관각본으로는 국자감 간본刊本이 중요하다. 북송과 남송에 걸쳐 국자감에서 많은 정경正經·정사正史가 출판되었다. 의서醫書[2]도 많이 출판되어 1096년에는 『맥경脈經』, 『천금익방千金翼方』, 『금궤요략방金匱要略方』, 『보주본초補註本草』, 『도경본초圖經本草』 같은 의학서[3]와 본초서가 출판되었다. 국자감 간본 즉 감본監本은 사인士人의 경우, 지묵紙墨 비용만 내면 손에 넣을 수가 있었다.

지방 관각본은 각 로의 전운사·안무사·제형사·차염사茶鹽使 등의 관청이 공금인 공사고전公使庫錢[4]을 들여 출판한 것이 주를 이루는데, 간행 지역을 보면 강절 지방이 많다.

사각본私刻本에는 가각본家刻本과 방각본坊刻本이 있다. 가각본은 개인이 출판한 것으로 악가岳珂의 상태가숙간본相台家塾刊本이 가장 유명하고, 오경과 그 밖의 것들이 출판되어 교과서로 사용되었다. 방각본은

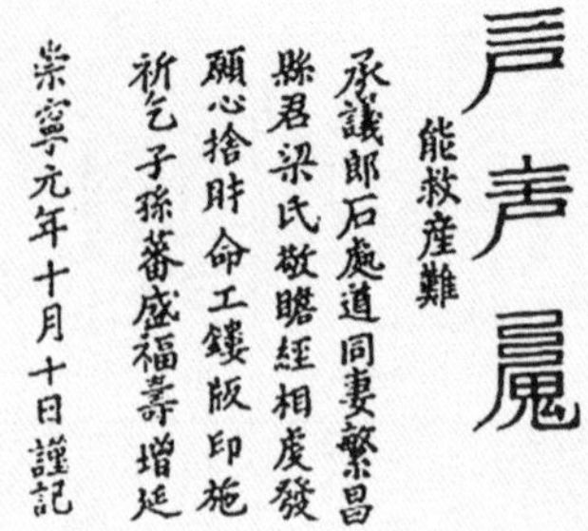

하남성 침현郴縣 구 시가지 봉황산 불탑에서 발견된 불교경권 불정심관세음보살대다라니경佛頂心觀世音菩薩大陀羅尼經 권3의 끝부분이다. 제기題記에 의하면 가우 8년(1063), 강서성 감贛현에서 인쇄되었다고 한다. 송대의 불교 인쇄사 연구에 중요한 자료다.

민간의 출판업자가 간행한 것으로 건안 여씨建安余氏·임안 진씨臨安陳氏·임안 윤씨臨安尹氏가 가장 저명하다.

출판 지역은, 송 초기에는 오대를 계승한 촉(사천)이 최고였으나, 북송 말기에 임안·복건이 대두하면서 임안·사천·복건·개봉이 출판업의 중심지가 되었다. 남송 시대에 접어들어 임안의 출판도 점점 번영했으나 양적으로는 건녕建寧(복건)이 제일이었다. 이 지방에서는 '(활자를) 새기기 쉬운 나무[용수榕樹]'를 생산하여 대량출판에 유리했다고 한다. 새기기 쉬웠던 것은 목질이 부드러웠기 때문인데, 이 때문에 당연히 쉽게 마멸되기도 하였다. 따라서 대량출판의 이면에는 오각誤刻과 선명하지 못하다는 단점도 많았다.

남송에서 출판은 영리 기업화되어 있었다. 과거 시험 공부를 하는 사람들에게 서적을 제공할 목표로 대량출판이 이루어진 것이다. 복건로 건녕부建寧府 건안현建安縣은 민간 출판업의 중심이 되었고, 특히 그 중에서도 건안현 마사진麻沙鎭이 유명했다. 이른바 마사본麻沙本의 산지다. 그러나 다른 한편 마사본은 조악본의 대명사이기도 하였다.

활자인쇄의 단서

출판은 대개 목판으로 이루어졌다. 한 장의 판목에 문자를 조각하여 판목을 만들고 손으로 움직여 인쇄를 한 것이다. 북송 경력 연간(1041~

1054) 필승畢昇이 활자活字를 만들어 활판 기술을 개발한 것은 문명사에서 유명한 이야기다.

이 기술에 대해서는 동시대의 인물인 심괄沈括의 저작 『몽계필담夢溪筆談』[5])에 나와 있다. 즉 점토의 일종인 교니膠泥에 문자를 파서 글자를 하나씩 도장으로 만들고 불로 구워 굳혀서 만든 수많은 활자를 배열하여 인쇄를 하는 방식으로 대량출판을 할 수 있게 된 것이다. 그러나 필승이 사망한 후 활자는 쓸데없이 소중한 보관의 대상으로만 그치고 활용은 되지 않았다고 심괄은 말하고 있다.

귀중한 기술 개발이 출판업에 충분히 활용되지 못한 채 끝나버린 주된 이유에 대해 요시다 미쓰쿠니吉田光邦는 잉크 문제를 들었다. 종래의 목판용 먹은 교니 활자에 흡수되기 쉬워 얼룩 없는 깨끗한 인쇄물을 얻기 힘들었다. 또 교니 활자는 구운 것이기 때문에 수축성이 크고, 활자의 형태와 크기를 가지런하게 만들기 어려웠을 것으로 보았다.(『중국과학기술사논집』 제8장)

이렇게 하여 필승의 교니 활자는 세계적으로 활판인쇄의 원조였으나 더 이상은 발전하지 못했다. 그러나 이는 이후 목활자와 금속활자 출현의 단서를 열었다고 볼 수 있을 것이다.

2) 사상계의 혁신

신유학=송학의 발생

송대에는 유·불·도儒佛道 3교 모두 혁신의 기운이 높아졌다. 특히 유교는 송학으로 불리는 신유학이 사변적 우주관에 의거하는 철학으로 구축되었다.[6]) 송학은 후에 조선·일본·베트남 등 주변의 동아시아 여

【송학의 계보】

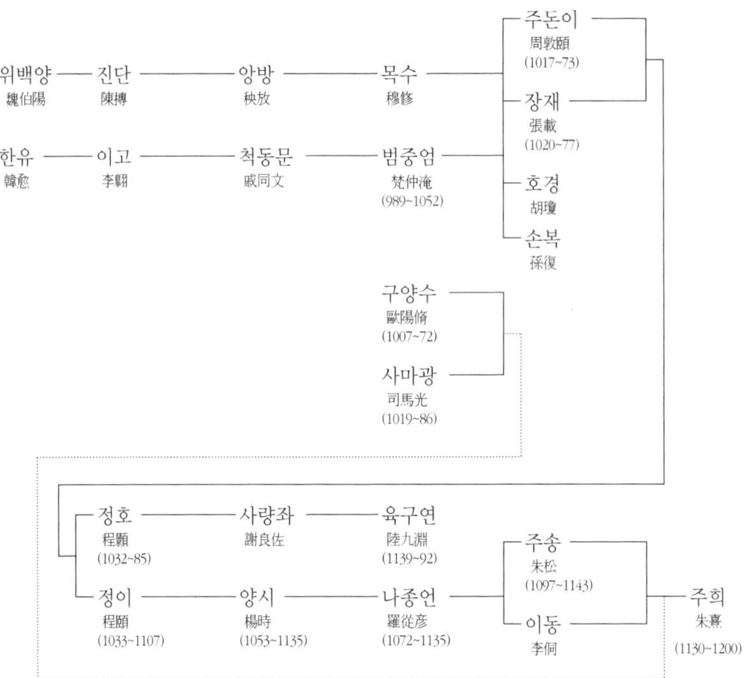

러 나라로 전해져 각 나라의 사상계와 정계에 큰 영향을 미치게 된다.[7]

당대에는 유[8]·불·도 3교 사이에 교의를 둘러싸고 빈번한 논쟁이 오갔다.[9] 당시의 유교는 한漢 이래의 훈고訓詁를 주로 하여 논리에 약했으므로 불·도의 논리에서 배울 점이 많아 한유韓愈·이고李翺 등이 등장해서 불·도의 두 이론을 섭취하면서 신유학[10]을 제창하고, 불교를 배척하였다. 이러한 논쟁과 대립의 이면에서는 3교 융합[11]이라는 현상도 생겨났다.

송대에 들어 통일정치의 시대가 되자 문치주의 아래에서 유학은 새로운 기운을 만났다. 유학 본래의 목적인 경륜經綸(도의道義에 의거하는 정치)·정명正名(명분을 바로함)·수양의 자각을 심화시키고, 유학을 국가의 정치,

개인 생활의 실제와 연결시키고자 했다.

즉 한·당 시대에 유행한 경전의 주석에 몰두하던 훈고학訓詁學에서 벗어나 불교의 흥륭으로부터 자극을 받아 심오한 철학적 사변을 전개하였다. 또 외적外敵으로 인한 어려움에 대응하여 정치사상을 진흥시키고, 정명론에 의해 화이華夷의 구별을 바로잡는 민족주의를 고취시켰다. 이러한 신유학을 송학이라고 불렀는데, 천리天理와 인성人性을 명확히 했다고 해서 성리학性理學이라고도 하고 이학理學이라고도 하며 도학道學이라고도 한다.

신유학의 이 같은 전개는 송의 새로운 정치지배체제와 관련이 있었다. 이미 지적한 것처럼 당대의 귀족정치체제는 막을 내리고 그 대신 황제의 독재권력 아래 사인층에 사회적 기반을 둔 관료들에 의한 관료정치가 행해졌다.

이 새로운 시대의 정신으로서 새로운 유학 즉 송학이 의의를 지니는 것이다. 따라서 그것은 당연히 독재군주제를 지탱하는 논리가 되었다.

송학의 시조로 추앙받는 이는 주돈이周敦頤(렴계濂溪)[12]다. 그는 범중엄范仲淹[13]에게 도통을 전수받고 동시에 도사道士와 선승禪僧의 가르침에 영향을 받아 『태극도설太極圖說』을 저술하고 우주 생성의 원리를 설명했다.

그에 따르면, '태극'이라는 우주의 본체에서 음양이라는 두 가지 기氣가 나오고, 또 오행인 목화토금수木火土金水가 나오는데, 오행의 결합으로 남녀의 두 기운이 생겨나고 교감 조화한 결과 모든

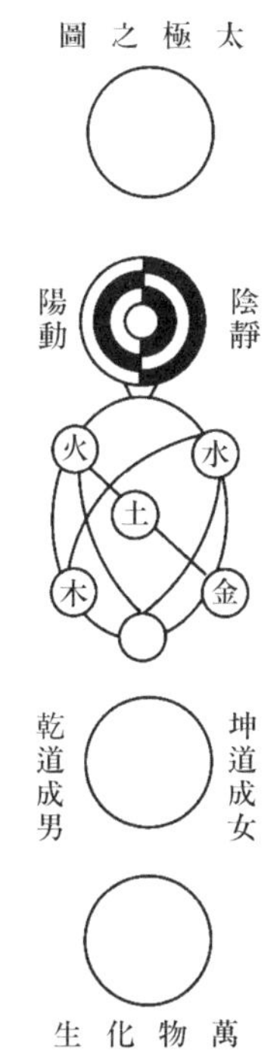

「태극도」 송의 유학자들은 이러한 도식을 사용하여 근본원리인 태극에서 모든 물物과 현상 등이 생성 발전하는 법칙을 설명했다.

현상과 만물이 발생한다. 그리고 인간 도덕인 인의仁義를 이 우주 생성의 원리에 의거하여 설명하고, 인간이 도덕을 실천하는 것은 우주 생성 조화의 이치에 따르는 것이라고 했다.

한편, 주돈이와 마찬가지로 범중엄에게 가르침을 받은 장재張載(횡거橫渠)는 만물의 생성을 기의 집산集散으로 설명하는 일원적 우주관을 전개했다. 주돈이에게 배운 정호程顥(명도明道)와 장재의 설을 발전시킨 정이程頤(이천伊川) 형제(두 정자二程子)는 도교와 불교의 두 종교를 받아들여 본체론·심성론으로 정리했다.

정이천은 우주의 본체를 '이理'라고 하고 '이'가 작용하여 모든 현상이 나타난다고 보아 '이'와 현상은 불가분의 관계에 있으며 '이'를 나타내는 것이 역易이라고 했다.

주周·정程 학파는 철학적 사색으로 우주의 본체를 명확히 하고, 성인의 도를 널리 떨치고 도덕의 근원을 추구하는 이른바 철학파다. 이에 대해 경서, 특히 『춘추』를 연구하여 명분을 바르게 하고(정명正名), 올바른 역사를 확인하여 정치도덕을 혁신하고 화이華夷를 구분하여 중화中華를 나타내 보인다는 이른바 역사학파라고 할 일파가 있다.[14)]

구양수歐陽脩는 이 역사학파의 선구자로서 경서를 대담하게 비판하고, 『신당서新唐書』와 『신오대사新五代史』를 편집했다. 그의 문하에서 증공曾鞏·소식蘇軾(동파東坡)·소철蘇轍·왕안석王安石(개보介甫) 같은 뛰어난 수재들이 배출되어 문장계와 정치계에서 활동했다. 구양수와 어깨를 나란히 한 역사학파의 실력자는 사마광司馬光(온공溫公)으로, 『자치통감資治通鑑』의 저자다. 이 책은 『춘추』의 체제를 본받아

구양수歐陽脩

사마광(오른쪽)과 좌복야고신左僕射告身(왼쪽) 1086년

명분名分을 바르게 하고, 군신君臣의 대의大義를 명확히 하려 한 사서로서 현재 정치의 지침을 제시하려고 한 것이다.

주자학=송학의 집대성

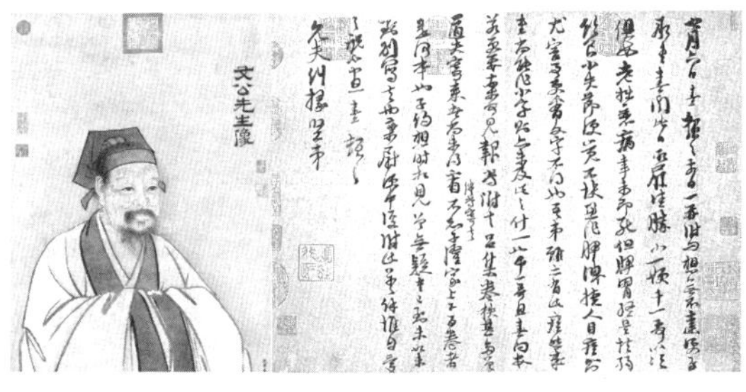

주희와 그의 서한

북송 후기, 왕안석이 신법을 실시한 것을 계기로 벌어진 신법과 구법 사이의 정쟁은 심각한 당쟁으로 발전하여 북송 말기의 정계를 뒤흔들고, 많은 학자들도 그 소용돌이에 휩싸였다.[15] 정이천程伊川이 추방되어 학문을 금지당했고, 왕안석의 '신의新義'[16]가 반대파의 반론을 불러일으키는 등 파란만장한 모습을 연출하며 송학도 그 발전이 순조롭지 않았다. 그러나 남송 때 주희朱熹가 등장하여 도통道統[17]을 계승하고, 당시까지 분화·발전해 온 유학의 목적 분야를 통합 정리하여 송학을 집대성시켰다. 이것이 주자학으로, 주희는 그 창시자다.

주희朱熹(회암晦庵)는 본적이 휘주徽州 무원현婺源縣(강서성)이고, 출생지는 복건 우계현尤溪縣으로, 1148년(소흥 18) 19세 때 진사에 급제했다. 고종·효종·광종의 3대에 걸쳐 지방관으로 근무하며 정치적 실적을 쌓았고, 봉사奉祀의 관(국립도관國立道觀의 장관, 명목직으로서 실직은 아니다)에도 올랐다. 1194년 영종이 즉위하고 조여우趙汝愚가 재상이 되자 시강侍講에 임명되어 천자의 고문으로서 정치 이상을 실현할 기회를 잡게 되었다.

그러나 외척인 권신 한탁주韓侂胄의 책모로 조여우가 재상직에서 쫓겨나면서 주희도 재직 45일 만에 파면되었다. 그 뒤에도 한탁주 일파의 끊임없는 박해로 주희의 제자들은 벼슬길에 오르지 못했고, 그의 학문은 위학僞學으로 취급당하고 저술도 유포할 수 없었다(경원위학慶元僞學의 금禁). 그러나 이후 이종 때 태사휘국공太師徽國公으로 추증되었다.

송대의 신흥 도학은 주자(주희)에 의해 집대성되었다. 정호·정이 두 정자程子의 제자인 양시楊時(구산龜山)의 문인으로 나종언羅從彦이 있고, 나종언의 문인으로 주송朱松·이동李侗이 있다. 주송은 주희의 아버지다. 주희는 주송·이동 등을 사사師事하여 도학의 정통을 계승하고 앞서 말한 것처럼 이것을 통합 정리하여 주자학의 시조가 되었다.

【도통상전도道統相傳圖】

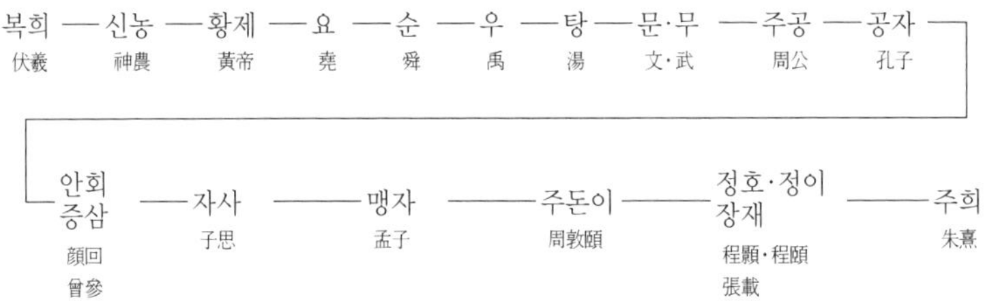

* 주자학의 도통道統이 고대의 성현에 연원을 두고 있음을 표시한 것이다. 이원강李元綱, 「성문사업도聖門事業圖」

주자는, 최고지상最高至上의 윤리인 '도道'가 요순우탕문무주공堯舜禹湯文武周公에서 공자孔子·맹자孟子로 이어졌고, 송 왕조에 들어와서는 주돈이가 부흥하여 장재와 두 정자로 계승되었으며, 이 '도'의 정통을 자신이 이어받았다고 자처했다.

성즉리性卽理와 심즉리心卽理

주자는 이기이원론理氣二元論을 세우고, 만물은 '기氣'에 의해 구성되지만 그것을 성립시키는 원리는 '이理'라고 설명했다. '이'는 초감각적 형이상학적인 것으로 '도'이며 태극이다. 사람은 이 '이'에 의해 '성性'을 이루고 '기'를 받아 '형形'을 이룬다. '이'에는 선악이 없으므로 본연의 성에 선악이 없으나, 기에는 청탁이 있어 기질의 성에 선악이 있다. 즉 본연의 성과 기질의 성은 구별이 있다는 것이다. 본연의 성의 입장에서 보면, 인간은 선하지만 기질의 성인 정情에 의해 선악의 차이가 생긴다. 정을 떠나 이로 돌아가는 것이 인간의 도덕이므로, 사람은 사물의 이를 다해 덕德을 양성해야 하며[격물치지格物致知], 군신·친자·형제의 사회·가족 윤리를 절대적인 것이라고 하였다. 이것은 송의 황제전제체제를 떠받치는 원리가 되었다.

주자는 유교 경전 이외에 도교·불교[18] 경전을 포함한 여러 책에 대한 해박한 지식을 바탕으로 주석과 편집을 행하였는데[19] 특히 사서집주四書集注의 편찬에 큰 힘을 기울였다.[20] '사서'란 『대학』·『중용』·『논어』·『맹자』를 말하며, 『대학』과 『중용』은 『예기』에서 뽑아 낸 것이다.

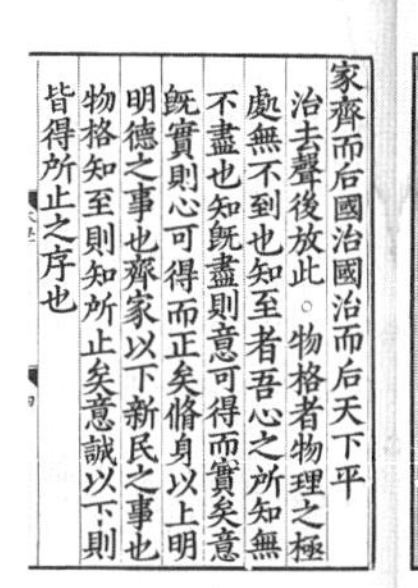
주자의 사서집주

주자학은 '사서'를 중시하였는데, 후에 주자학이 유행하면서 이 사서는 오경과 마찬가지로 유학의 경전으로서 존중받게 된다. 또 주자가 저술한 『자치통감강목資治通鑑綱目』은 공자의 『춘추』를 본떠 엮은 것으로, 상대上代로부터 오대五代까지의 역사적 사실을 강綱과 목目으로 나누어 편년체로 편집하고, 그 사이에 도덕적 평가를 내리고 화이華夷의 구별을 명확하게 하였다.

이것은 도덕주의적 역사학의 전형이라고도 할 수 있는데, 그의 명분론과 정통론은 조선시대의 사학과 일본 도쿠가와德川 시대의 사학에 큰 영향을 주었다. 또 이 체재는 후에 강목체綱目體 역사서가 유행하는 단서가 되었다.[21)]

주자의 학설은 공자·사서를 중심으로 하고 불교·도교의 두 종교에 영향 받으면서도[22)] 동시에 이것에 대항하는 호교護敎적 교설로서, 합리적 사변을 철저화한 이론으로 경륜經綸과 정명正名과 수양修養 등을 종합 집대성한 것이었다.

그러나 같은 시대 사람인 육구연陸九淵(상산象山)은 주자학이 궁리주지窮理主知에 치우쳐 공리공론에 빠지는 것을 비난하면서 유심론唯心論을 주창했다. 즉 우주의 본체인 '이'는 심心(마음)이라고 하여 '심즉리'를 설파하고 '성즉리'를 주장한 주자의 설과 대립했다. 그리고 심을 탐구하고 '이'를 인식하는 방법으로서 정좌靜坐를 권장했는데, 이는 선禪[23)]의 영향을 많이 받았다고 한다.

육구연은 주희와 평생 좋은 토론의 맞수로 활약했다. 1175년, 두 사람이 아호사鵝湖寺(강서성 연산현鉛山縣)에서 만나 토론을 벌인 '아호의 만남'은 유명하다. 육학陸學 세력은 주자학과 함께 당시의 사상계를 이분하고 있었다.

선종과 정토종의 성행

불교는 당나라 무종(회창 연간)과 뒤이은 후주 세종의 불교 배척[배불排佛]으로 타격을 입었으나 송조에 들어서 황실의 보호 아래 부흥했다. 많은 종파가 존재하였지만 당시 종교계의 일반 경향에 따라 여러 종파들이 서로 융합 조화하는 흐름이 강했다.

여러 종파들 가운데 가장 성행한 것은 선종禪宗으로 명승도 많이 배출하였다. 천태선天台禪·염불선念佛禪이 성행하고 문자선文字禪의 경향이 강해졌지만, 한편으로는 사인층 사이에 선이 행해지면서 거사선居士禪이 일어나 선의 본 모습으로서 수련을 중시하고 사인의 교양 형성에 이바지하였다.24) 그러나 민중들 사이에서는 정토종淨土宗이 보급되면서 아미타 신앙을 바탕으로 한 염불 결사가 일어났다. 선종과 정토종의 성행은 중국불교의 형성에 그 계기를 부여한 것이었다.25)

송대에는 『대장경大藏經』이 여러 차례 출판되었다. 제1차는 태조의 칙령으로 개보 연간에 익주益州에서 이루어진 판각(971~983), 제2차는 복주福州 동선사東禪寺 판본(1080~1112), 제3차는 복주 개원사開元寺 판본(1112~1151), 제4차는 1132년부터 호주湖州 왕영종王永從 일족의 발원으로 사계思溪의 원각선원圓覺禪院에서 간행된 사계판, 제5차는 1231~1349년까지 송·원 두

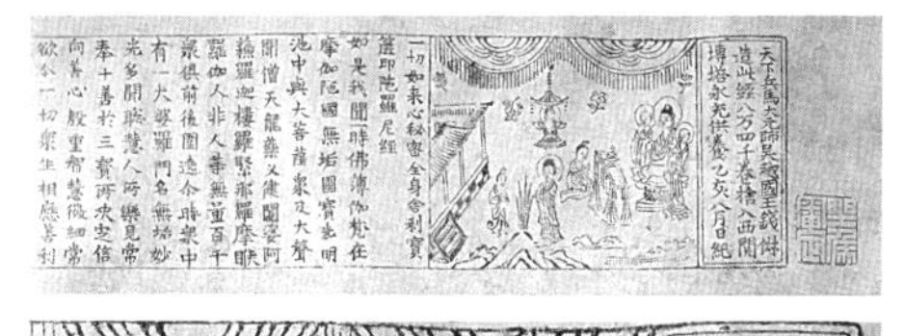

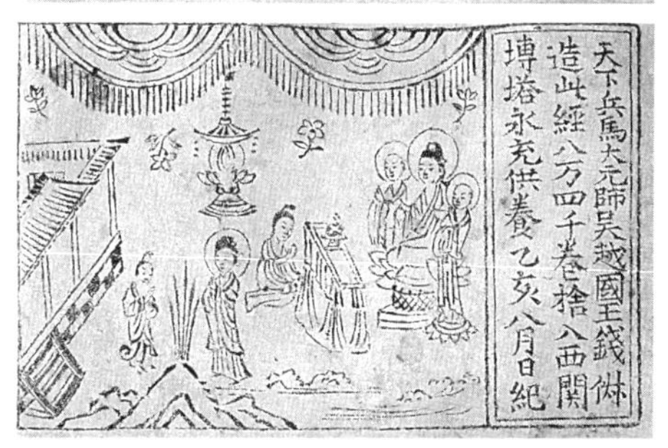

개보 연간에 간행된 대장경 『一切如來心秘密全身舍利寶篋印陀羅尼經』

왕조에 걸쳐 백여 년이 걸려 평강부平江府 적사연성원磧砂延聖院에서 간행된 적사본이다.

그 밖에 『석씨요람釋氏要覽』, 『불조통기佛祖統紀』, 『경덕전등록景德傳燈錄』, 『승사략僧史略』 등 불교사 연구에 중요한 서적들이 출판되었다. 이러한 불교 관련 출판물의 성행은 당시 출판문화[26]의 일환이었지만, 불교의 홍통弘通(교법을 널리 퍼뜨림)을 촉진시키는 효과가 컸다.

도교 혁신의 세 종파

도교는 진종 황제가 귀의한 이래 황실의 극진한 보호를 받았지만 교리적으로는 전대의 것을 계승했을 뿐 새로운 발전이 없었다. 교단의 경제적 발전과 함께 세속의 화려함에 빠진 도교는 종교적 실천을 잊고 교계가 부패하였다. 북송 말기에는 휘종이 특별히 도교를 보호하였는데 그것이 부패를 더욱 조장하는 결과를 낳았다.

설교하는 왕중양王重陽

도교계의 이 같은 폐해를 타개한 것이 남송 시대로, 금국 영내에서 왕중양王重陽(1112~1170)의 전진교全眞教, 유덕인劉德仁의 진대도교眞大道教, 소포진蕭抱珍의 태일교太一教가 창시되었다. 유·불·도 3교의 융합 사상에 입각한 이 종교들은 실천적이고 서민적이었다. 특히 전진교는 선종의 색채가 짙고 불로장생에 중점을 두지 않는다는 특징을 갖고 있었는데, 후에 크게 발전하여 강남의 정일교正一教와 대립하며 중국 도교계를 양분하는 대세력을 이루게 된다.

불교계의 『대장경』 출판을 모방하여, 진종 때 『도장道藏』이 성립되었고 『운급칠첨雲笈七籤』을 편집하여 도교의 보급에 공헌했다.

불교와 도교가 성행하면서 그 교단 세력이 신장되었고 사원과 도관은 광대한 전답과 수많은 전호佃戶를 소유하고 면세와 면역의 특권을 누리면서 경제력을 축적하고, 고리대 같은 영리사업을 운영하며 비대해졌다.

정부는 승려와 도사의 면허자격증인 도첩度牒의 발행권을 가지고 있었고 이것을 팔아 재정난을 타개하고자 했다. 면세와 면역의 특권을 노려 이것을 사는 자도 많았다. 그러나 이것에 의해 교단은 더욱 부패하고 타락해 나갔다.

이 같은 교계의 상황에 반대하여 불교계에서 백운채白雲菜[27]와 백련교白蓮教 같은 반체제적인 종교운동이 일어나게 되자 정부는 이것을 사교邪教로 취급하며 금압했다. 왕중양 등에 의해 신도교가 제창된 것도 이 같은 옛 도교의 폐습을 타파해서 개혁하고자 한 것이었다.[28]

3) 사학·지리학·문예

편년사編年史와 기사본말체사紀事本末體史·회요會要

송대에는 문치주의와 인쇄 출판의 성행으로 송학 이외의 여러 학술도 크게 번성했다.[29] 송의 사학史學은 송학과의 관련 속에서 전개되었다. 구양수의 『신당서』와 『신오대사』, 사마광의 『자치통감』의 편술에 대해서는 이미 기술했다.

송 초기에 설거정薛居正이 저술한 『구오대사舊五代史』는 정사의 하나로 남아 있다. 『자치통감』은 유서劉恕·유반劉攽·범조우范祖禹 등이 전국시대

〈표 14〉 송대의 주요 사서

	책이름	편저자	서술연대
편년사	구오대사舊五代史	설거정薛居正	오대
	오대사五代史	구양수歐陽脩	〃
	당서唐書	〃	당
	자치통감資治通鑑	사마광司馬光	전국~오대
	속자치통감장편續資治通鑑長編	이도李燾	북송 10대
	건염이래계년요록建炎以來繫年要錄	이심전李心傳	고종 1대
	삼조북맹회편三朝北盟會編	서몽신徐夢莘	휘종·흠종·고종
	자치통감강목資治通鑑綱目	주희朱熹	전국~오대
기사본말	통감기사본말通鑑紀事本末	원추袁樞	전국~오대
	춘추좌씨전사류시말春秋左氏傳事類始末	장충章冲	춘추시대
	속자치통감장편기사본말續資治通鑑長編紀事本末	양중량楊仲良	북송
회요	송회요宋會要	관찬官撰	북송·남송
	서한회요西漢會要	서천린徐天麟	전한
	동한회요東漢會要	〃	후한
	당회요唐會要	왕부王溥	당대
	오대회요五代會要	〃	오대

부터 오대까지의 기간을 분담해서 집필하고 여기에 사마광이 첨삭을 가한 편년사다. 이 저서를 저술하면서 역사적 사실史實의 다름과 같음[이동異同]을 고증하여 작성한 것이 『통감고이通鑑考異』다. 『자치통감』은 편년체 정치사의 모범이 되어 후에 이를 본받은 사서가 많이 편찬되었다. 남송 때는 이도李燾의 『속자치통감장편續資治通鑑長編』, 이심전李心傳[30]의 『건염이래계년요록建炎以來繫年要錄』, 서몽신徐夢莘의 『삼조북맹회편三朝北盟會編』[31]이 편집되었다.

이도의 책은 북송 9대, 이심전의 책은 고종 1대의 편년사이고, 서몽신의 책은 휘종·흠종·고종 3대에 걸친 송·요·금 3국의 외교관계를 중심으로 한 편년사인데, 하나같이 방대한 저작으로서 남송 사학의 거봉을 이루었다.[32] 주희가 『자치통감』을 기초로 하여 엮은 『자치통감강목』에 대해서는 앞에서 기술하였다.

편년사가 활발히 저술되는 한편, 남송 시대에는 기사본말체 사서가 등장하였다. 이는 사건별로 제목을 짓고 그와 관련된 기사들을 모아 그 본말을 기술한 것으로, 사서의 새로운 체재가 되었다. 원추袁樞의 『통감기사본말通鑑紀事本末』은 『자치통감』을, 장충章冲의 『좌전사류시말左傳事類始末』은 『좌전左傳』을 기초로 한 기사본말사다. 양중량楊仲良은 『속자치통감장편』에 기초하여 『속자치통감장편기사본말續資治通鑑長編紀事本末』을 저술했다.

通鑑紀事本末卷第二十九
正觀君臣論治
唐高祖武德九年秋八月甲子太宗即皇帝位於
東宮顯德殿　九月己酉上面定勳臣長孫無
忌等爵邑命陳叔達於殿下唱名示之且曰朕叙
卿等勳賞或未當宜各自言於是諸將爭功紛紜
不已淮安王神通曰臣擧兵關西首應義旗今房
玄齡杜如晦等專弄刀筆功居臣上臣竊不服上
曰義旗初起叔父雖首唱擧兵蓋亦自營脫禍及
竇建德吞噬山東叔父全軍覆沒劉黑闥再合餘
燼叔父望風奔北玄齡等運籌帷幄坐安社稷論

『통감기사본말通鑑紀事本末』

기사본말체 사서와는 별도로 하나의 체재를 이루는 '회요會要'도 북송 이래 역대에 걸쳐 관찬 사서로서 편찬되었다. 이는 총칭 『송회요宋會要』라는 이름으로 불린다. 개인 저작으로는 북송 초기에 왕부王溥가 『당회요唐會要』와 『오대회요五代會要』를 저술하였고, 남송 때는 서천린徐天麟이 『서한회요西漢會要』와 『동한회요東漢會要』를 저술했다.

각종 지지地誌와 유서類書의 편집

지리학 분야에서는, 전국 지지로서 북송 태종 시대에 전국이 통일될 즈음 악사樂史가 『태평환우기太平寰宇記』를 저술하고, 신종 시대에 『원풍구역지元豊九域志』, 휘종 시대에 구양민歐陽忞의 『여지광기輿地廣記』가 등장하였다. 남송 시대에는 왕상지王象之의 『여지기승輿地紀勝』과 축목祝穆의 『방여승람方輿勝覽』이 저술되었다. 전국 지지와 함께 부주府州를 단위로 한 지방지도 만들어졌는데, 이는 명청대에 등장하는 지지地誌 성행의 선구가 되었다.

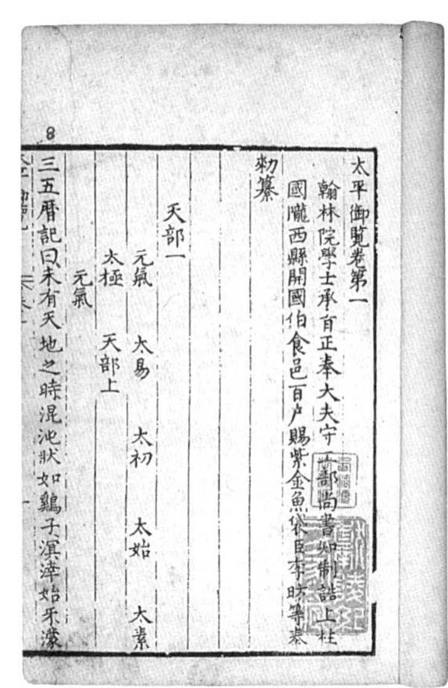

太平御覽卷第一
翰林院學士承旨正奉大夫守工部尚書知制誥上柱
國隴西縣開國伯食邑百户賜紫金魚袋臣李昉等奉
勅纂
天部一
元氣 太易 太初 太始 太素
太極 天部上
元氣
三五曆記曰未有天地之時混沌狀如鷄子溟涬始牙濛

『태평어람太平御覽』

송대 초기에 다수의 학자들이 동원되어 대규모의 편찬사업이 전개되었는데, 『태평어람太平御覽』, 『책부원귀冊府元龜』, 『태평광기太平廣記』,[33] 『문원영화文苑英華』 등의 방대한 유서類書(백과전서)와 문집이 만들어져 송조 문화의 개화에 공헌했다.[34]

이러한 문화적 기운의 융성은 출판문화의 발전과도 연결되는 것으로, 과학기술의 진보와 무관하지 않다. 앞서 말했듯 송대에는 활판 인쇄가 발명되고, 세계적으로도 선구적으로 나침반이 항해술에 이용되고, 화약이 무기로 개발되는 등 과학기술이 발달하였으므로 이러한 문화의 흥륭은 이상할 것이 없었다.

언문일치의 문체

송대의 신흥 사인 관료는 당 이전에 귀족들 사이에 인기를 끌었던 형식적이고 장식적인 변려체駢儷體 문장을 버리고, 생각한 바를 표명하고 전달하는 것을 주로 하는 새로운 문체를 중요시했다. 그것은 당대에 이미 한유韓愈와 유종원柳宗元이 부르짖은 바 있던 고문古文을 발전시킨 것이었다.

송 초에 유개柳開가 한유의 문체를 계승하고, 구양수가 등장하여 고문 부흥의 기치를 올렸다. 이어 증공·왕안석·소순蘇洵[35]·소식·소철 같은 대가들이 나와 송대 문장의 큰 흐름을 구축하였다. 명대에는 이들 구양수 이하 6명을 한유·유종원과 합쳐서 당송팔대가唐宋八大家라고 불렀다. 그들의 문장은 정치적 의견을 충분히 표명할 수 있는 명의통쾌明意通快한 것이어서 시대를 대표하는 문장이 되었다.

명의통쾌의 안목眼目은 더 나아가 백화白話, 즉 언문일치의 구어체 문장으로 가는 길과 연결된다. 백화문은 종래부터 불교를 선전하기 위해 사용되었다. 그러던 것이 송대에 이르면 유가들 사이에서도 쓰이게 되어 유가 사상가들의 언설이 그대로 기록 편집되어 어록도 만들어졌다. 그 유명한 예가 『주자어류朱子語類』다. 이러한 백화문의 유행은 도시 상인층에 의한 서민문화의 향상과도 밀접하게 관련되어 있다.

가창 문학-송사宋詞

한대의 문文, 당대의 시詩, 원대의 곡曲과 어깨를 나란히 하는 송대의 대표적 문학이 사詞다. 사는 당 중기에 일어나 오대에 번영하고 송대에 유행한 장르로서, 절구絶句에서 발원한 노래하는 문학이다. 절구는 오언 또는 칠언의 네 구절로 이루어진 단문장으로, 변화가 적고 가창의 정취가 옅은 편이다. 그래서 이것을 축소하거나 또는 늘려 억양과 완급을 가하여 일정한 보식譜式을 만들고, 보에 따라 글자를 채워 장단구를 배열하였는데 이것이 '사'다. 전사塡詞나 시여詩余라고도 한다.

오대 때의 사가詞家의 작품을 모은 것이 『화간집花間集』[36]이다. 위장韋莊·이욱李煜(남당의 후주後主)이 유명하고, 촉과 남당은 사의 중심이었다. 송대에는 우아함을 주로 하는 남파와 호방함을 특색으로 하는 북파로 나뉜다. 송의 문인·정치가들 가운데 사를 짓는 사람이 많았고, 북송 말에는 휘종·이청조李淸照[37] 같은 명수들이 배출되었으며, 남송 때는

신기질辛棄疾·육유陸游 등이 이름을 떨쳤다.[38)]

사는 서민 문화의 발전이라는 송대의 시대적 흐름에 따라 번영한 가창문학으로서, 민간 예능의 색채가 짙었다. 따라서 당연히 사대부가 여성들의 사랑을 받고 노래하는 기녀들이 이를 읊었으며, 술자리에서는 속어를 구사하여 사람의 미묘한 감정을 노래하였다. 그러나 점차 음률과 미사여구로 치우치게 되면서 생기를 잃어 쇠퇴하고, 원대에는 문학의 주된 자리를 희곡元曲에게 넘겨주게 된다.

민간 예능의 발전

송대의 잡극 예능인 벽돌 조각

송대가 되자 도시 상인을 중심으로 한 서민계층의 문화적 향상이 민간 예능의 발전을 촉진했다. 민간 예능에는 돈황에서 출토된 당말 오대 시기의 문헌에 보이는 속곡俗曲이나 변문變文 같은 것이 있다. 변문은 운문과 산문을 혼합한 것으로, 불경에 등장하는 고사를 대상으로 한 일종의 강창講唱 문학인데 민간 전설을 들려주는 문예다. 이것은 송대에 강창 문예로 계승되어, 책으로 인쇄되고 소설로 발전하였다. 강창 문예는 송대의 도시 오락센터 즉, 앞에서도 언급한 와자瓦子에서 상연되었다. 설화 연예의 텍스트는 화본話本으로, 현존하는 화본의 하나인 『대당삼장법사취경기大唐三藏法師取經記』는 소설 『서유기西遊記』의 원형으로 여겨지고 있다.

와자에서 상연된 예능으로는 또 강사講史·설경說經·합생合生 등이 있다. 강사란 오늘날의 강담을 말하는데, 역사에서 소재를 가져온 이야기다. 특히 『삼국지三國志』와 『오대사五代史』가 사랑을 받았고, 『신편오대사평화新編五代史平話』나 『전상평화全相平話』는 당시 강사의 텍스트가 어떤 것이었는지를 짐작케 해준다. 설경은 불경에서 소재를 취한 강창이고, 합생은 일종의 대화체 이야기였다.

강창 문예를 각색하여 상연한 것이 희곡이다. 당대唐代의 참군희參軍戲 같은 희극戲劇이 발전하고 복잡해져, 당의즉묘當意卽妙, 곧 즉석에서 골계滑稽(해학)를 연출하던 방식에서 더 나아가 각색을 하고 장면을 갖추어 창곡唱曲과 설백說白(대사)을 아우르는 문예가 발달하였다. 이 장르는 와자 중에서 구란勾欄(극장)에서 연출되었고 서민대중의 사랑을 받는 오락이 되었다.[39] 이것이 남송 시대에 들어와 더욱 발달하였고, 금나라 치하의 화북에서는 원본院本으로 발전하였다. 원본은 행원行院(배우·가기歌妓가 일하는 장소)에서 사용된 희곡의 텍스트를 말하는데, 이 금나라의 원본이 원대로 계승되어 원곡으로서 대성된다.

4) 미술공예의 획기

중국 역사상 최고의 회화계

중국 회화사에서 송대의 회화는 역대 최고봉이었다고 한다.[40] 이러한 성황은 이미 오대 시기에 준비되고 있었다. 오대의 혼란기에 당대 회화의 전통은 중원을 떠나 사천(촉)·강남(남당)에서 유지되었다.

즉, 전촉·후촉과 남당은 당나라 제도를 모방하여 화원畵院(한림도화翰林圖畵院)을 설치하고 회화의 명인들을 불러모아 관직을 내리고 회화를

송대의 벽화 의료 상황을 묘사한 섬서성 한성韓城 218호묘의 묘실벽화(11세기 후반~1125)

보호 장려했다. 후촉의 맹창孟昶, 남당의 이경李璟·이욱李煜 등 예술을 애호하는 군주가 이를 추진하였다. 촉에서는 승려인 관휴貫休·석각石恪·황선黃筌, 남당에서는 주문구周文矩·서희徐熙·동원董源·승려 거연巨然 등이 활동하였다. 그림의 소재도 화조花鳥[41]·인물·산수로 다양하였으며 전체적으로 자유롭고 활달한 것이 많았다.[42]

송에서는 국초부터 화원畫院을 설치하고, 후촉과 남당의 화원 화가들을 받아들였으며, 관직을 두어 화학생畵學生을 양성하였다. 송의 천자는 대대로 예술 애호자가 많았는데, 특히 풍류천자인 휘종 때 극에 달하여 화원이 성황을 이루었다. 휘종은 과거 기술관에게는 허용되지 않았던 비자복緋紫服·어대魚袋의 착용을 화원·서원의 관에게만은 허락하고, 궁중에서 서열을 매길 때도 화관을 기술관보다 위에 두고 우대했다. 또 화가를 양성하기 위해 화학畵學을 두고, 화가가 화원에 들어가고 화생이 화학에 입학할 때 과거에 준하는 시험을 실시하였으며, 화관의 승진도 시험을 치게 하였는데 천자가 직접 출제를 하고 선발하는 열성을 보였다.

이러한 보호와 장려 속에서 화원은 융성하였고, 뛰어난 화가들이 다수 배출되어 원체화院體畵가 형성되었다. 이를 계승한 남송의 화원도 계속 번영하여, 천하의 이름난 화가는 거의 모두 이 화원에서 배출되는 상황이었다.

휘종의 「도구도」

북송시대에 사관寺觀[43]·궁전宮殿의 벽화에는 불교·도교 관련 인물들을 그린 것이 많았는데, 태종 시대의 동우董羽로부터 신종 시대의 곽희郭熙[44] 등에 이르기까지 화원 작가가 구름같이 배출되었다. 휘종은 그 자신이 천재적인 화가로서 중국의 역대 제왕 가운데 최고의 화가로 꼽히는데, 특히 화조에 뛰어나 「도구도桃鳩圖」 같은 명작을 남겼다. 북송시대에는 화원에 속해 있지 않은 화가로서 산수의 범관范寬과 화조의 서숭사徐崇嗣 같은 뛰어난 인물들도 배출되었다.[45]

남송시대는 화원의 최전성기로, 초기에는 북송 말 선화 연간에 이어서 이당李唐·이적李迪·이안충李安忠 등이 있고, 광종 시대부터 영종 시대에 걸쳐 유송년劉松年·양해梁楷·하규夏珪·마원馬遠 등의 명인이 나왔다. 이당·유송년·하규·마원은 남쪽으로 천도한 후의 4대가四大家로 불린다.

원체화院體畫는 긴밀한 구도와 세련된 기법으로 회화 기술의 정점을 보여주었는데, 한편으로는 지나치게 형식적이어서 생동감 넘치는 묘사가 부족한 폐단도 나타났다. 또 벽화의 경우 장인에 의한 판에 박힌 상투적인 풍조에 대한 반동으로서 산수죽석山水竹石 등 자연의 관조에 의탁하여 풍아風雅한 심경을 표현하고, 속세를 떠난 분위기를 나타내고자 하는 파가 생겨났다. 바로 문인아사文人雅士가 수묵으로 그린 것으로

소식蘇軾과 적벽부

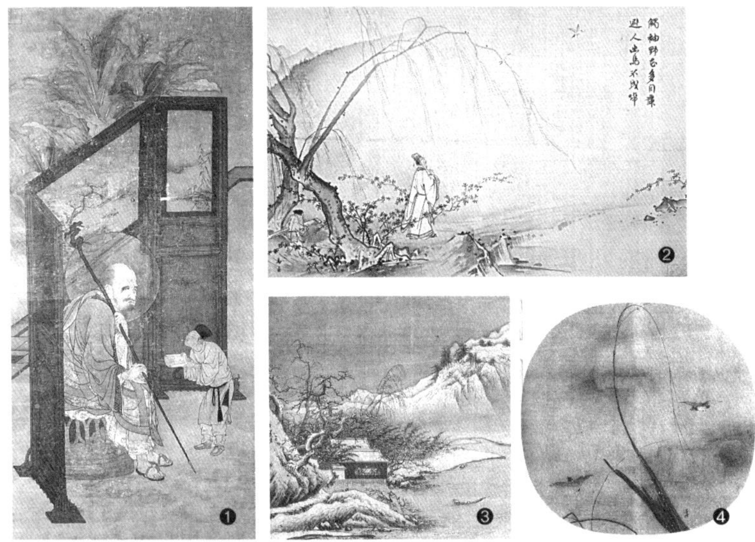

남송 4대가 ① 유송년劉松年「화라한도畵羅漢圖」② 마원馬遠「산경춘행도山徑春行圖」
③ 하규夏圭「설당객화도雪堂客話圖」④ 양해梁楷「추류쌍아도秋柳雙鴉圖」

서, 당대의 회화에 대비되는 송대 회화의 특징을 보여준다.[46] 북송 무렵에는 문동文同(여가與可)·소식(동파)·미불米芾(원장元章)·미우인米友仁 등의 문인화가[47]가 있고, 남도南渡[48] 후에는 불교의 선종문화와 관계하면서 화원을 떠난 양해梁楷와 목계牧谿·옥간玉澗 등이 나타났다. 목계·옥간의 경우 「소상팔경도瀟相八景圖」[49]가 있다. 「소상팔경도」의 수묵화법은 남송의 원체화에도 적지않은 영향을 끼쳤다.

회화의 흥륭과 함께 화사畵史·화론畵論도 많이 저술 편집되었다. 곽사

郭思의 『임천고치林泉高致』, 곽약허郭若虛의 『도화견문지圖畵見聞誌』, 미불의 『화사畵史』, 등춘鄧椿의 『화계畵繼』가 있고, 휘종은 고화를 수집·분류하여 『선화화보宣和畵譜』50)를 편찬하게 했다.

화원에 버금가는 서원書院 – 서도書道의 번영

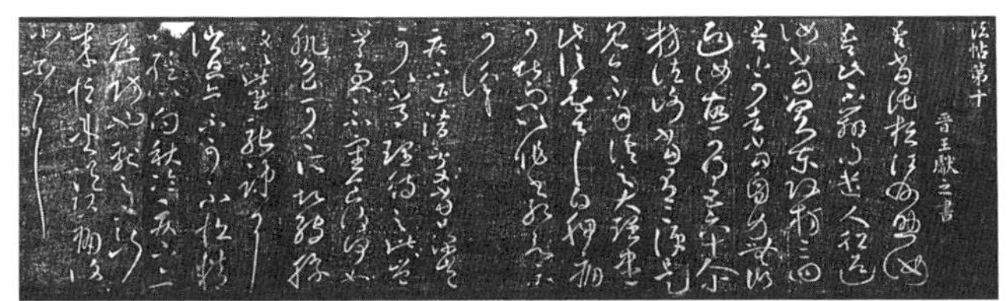

순화각첩 권10, 명대 복각본

송대에는 화원과 마찬가지로 한림원에 어서원御書院이 설치되어, 서도書道도 제실의 보호 아래 번영하였다. 992년(태종 순화 3)에는 고대~당대까지의 명필을 모아 10권의 책으로 만들고, 비각秘閣에 석각石刻을 세우게 했다. 이것이 『순화각첩淳化閣帖』으로, 현존하는 최고의 법첩法帖이다. 이후 남송까지 계속 법첩을 만들고 고인의 필적을 모아 이를 대부분 돌에 새겼다. 송은 법첩의 최전성기였다.

미불의 글씨
「오강주중시吳江舟中詩」

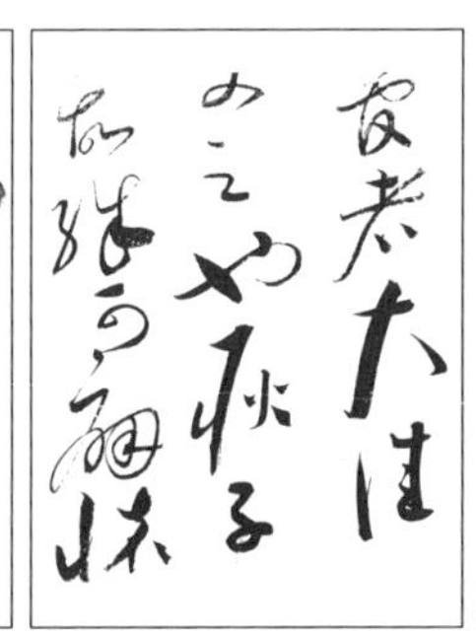

채양의 글씨
「척독尺牘」

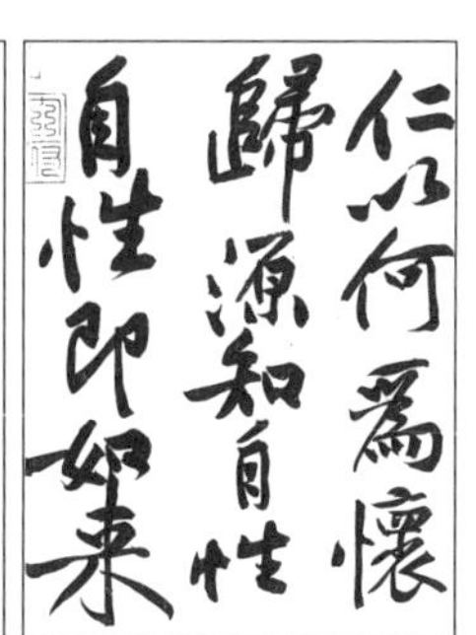

황정견의 글씨
「한산자방사시寒山子龐士詩」

북송의 능필가로는 채양蔡襄(군모君模)·황정견黃庭堅(산곡山谷)·소식·미불 등 네 명을 들 수 있다. 회화에서 보이는 수묵화의 특징과 마찬가지로 서도도 자유롭고 개성적인 표현을 특색으로 하였는데, 특히 선승禪僧의 묵적에서 두드러져 회화와 긴밀한 관련을 가지며 발달해 나갔다.

건축·조각·칠기

건축 분야에서는, 철종의 칙령을 받들어 이성李誠(명중明仲)이 편수한 『영조법식營造法式』이 현존하는 것 중 가장 오래된 건축서다. 이 책은 고전 속에서 건축 관계 문헌기사를 수집하여 총례적인 사항에 대한 설명, 여러 공사의 시방서, 공사 기간, 재료의 견적을 기술하고 그림을 덧붙인 것이다.

보살칠금채회목조상菩薩漆金彩繪木彫像

불상 조각은, 송에서는 선종이 유행하였기 때문에 크게 열성을 보이지 않아 관음상觀音像·나한상羅漢像·조사상祖師像 등이 조성된 정도였고, 북위부터 당대까지의 활발함이나 높은 수준에는 미치지 못했다.51)

칠기 제작에서는, 조각이 중요한 척홍剔紅이 송대에 발전했다. 척홍이란 나무 바탕에다 주칠朱漆을 수십 겹씩 덧칠하고 그 위에 인물·누대樓臺·화조 등을 조각하는 것이다. 바탕을 금·은·주석으로 하는 고급품도 있었고, 칠은 붉은색뿐 아니라 누런색 바탕에 붉은색을 겹칠한 것이 있고, 오색을 겹칠하고 조각의 깊고 얕음으로 여러 가지 색채와 문양을 표현하였는데, 그 기술이 정교함의 극치를 보여주었다. 나전에서도 명품이 생산되었다. 절강 온주를 중심으로 하는 지방은 칠기의 주산지였다.

도자기-양과 질에서 모두 역대 최고

송대의 공예 중에서도 중국 최고를 자랑하는 것은 도자기다. 송대 도자기의 대단한 성황은 차茶의 유행과 그에 따른 다기茶器 수요의 증대에 의해 촉진되었다고 할 수 있다. 거기에 동금銅禁 조치에 의해 동기의 제조가 금지되면서 종래의 동기 대신 도자기에 대한 요구가 더욱 커진 것도 한 원인일 것이다.

오대 때는 후주의 자요紫窯(정주鄭州), 오월국의 비색요秘色窯(월주越州)가 유명하였는데, 송대에는 정요定窯[52]와 여요汝窯 등이 등장했다. 정요 자기는 정주定州에서 구운 것으로 백자가 주를 이룬다. 여요는 하남 여주汝州에서 만들어진 것으로, 주로 담청색이고, 유약이 두터워 지방이 쌓인 것[퇴지堆脂] 같으며, 해조문蟹爪紋이라고 해서 갈라진 틈이 있는 것과 없는 것이 있었다. 수도 개봉에서 생산된 관요官窯[53]는 휘종 시대에 가마를 열어 청자를 구웠는데 두께와 유약이 얇고, 색은 월백月白·분청粉青·대록大綠을 귀히 여겼으며, 천자가 사용하는 우량품이었다. 남도南渡 후, 임안의 궁중 수내사修內司(궁중의 영선관청)와 교단郊壇(교외의 제천의 단) 아래에서 구운 것도 관요라고 불렸으며 모두 청자였다.

이상의 관영 요窯(가마)와 함께 민요民窯인 가요哥窯·용천요龍泉窯 등도 있었다. 모두 절강성 용천현龍泉縣에 있었고 장章씨 형제가 경영하였는데, 형인 장생일章生一의 가마를 가요(유전요硫田窯), 동생인 장생이章生二의

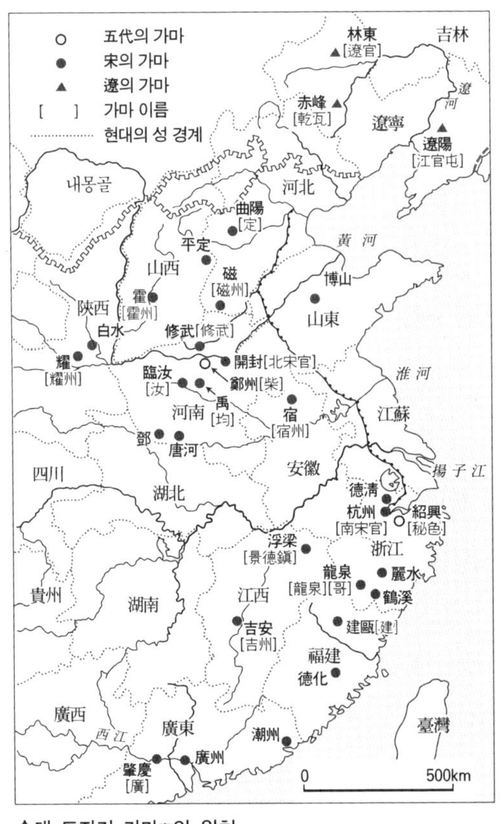

송대 도자기 가마窯의 위치

가마를 용천요(제요弟窯·장요章窯)라고 하였다. 가요는 관요와 비슷하되 수준이 다소 떨어졌다고 하며, 색은 담백(쌀색)·두록豆綠[녹두] 등이었다. 용천요는 단문斷紋이 없다는 점이 가요와 구별되며 색은 분청과 취청翠靑 등이 있었다.

균요均窯는 송 초에 균주均州(하남성 우현禹縣)에서 구운 것인데, 위에서 서술한 여러 가마들이 청자계통인 것과는 달리 유색이 오채五彩로 변화하여 아름다웠다. 길주요吉州窯는 강서성 여릉현廬陵縣 영화진永和鎭에 있던 것으로 정요定窯를 본받아 백자를 만들어 냈다. 자주요磁州窯는 하북성 자현磁縣에 설치되어 역시 정요를 본받아 백자를 만들었는데 획화劃花·철화凸花·묵화墨花를 그렸다. 때로 검은 유약을 사용하기도 했다. 곽주요霍州窯는 산서성에 설치되었고 이 역시 정요를 본받았다. 요주요耀州窯는 섬서성에 있었던 것으로 여요를 본받았다. 건요建窯는 복건성 건구현建甌縣에 있었고 자흑紫黑·오니烏泥 등 여러 가지 자질구레한 기물을 만들었으며, 광요廣窯는 광동성 조경肇慶(고요高要)에 있었고 남도 후에 일어나 균요를 본받았다.

길주요

용천요

요주요

정요

관요

여요

가요

송대의 도자기

강서성 경덕진景德鎭은 북송 진종 경덕 연간에 진鎭을 설치하고 자기를 구워내었다. 이 경덕진이 도자기의 산지로서 더욱 중요성을 띠게 된 것은 이어지는 원대 이후의 일이다. 고려에서는 강진康津에서 철화凸花·묵화墨花를 그린 고려백자를 구워내다가 마침내 세화문細花文을 상감한 청자를 만들었다.[54]

이와 같은 송대 도자기의 성행은 송대 문화의 한 상징으로서, 관요와 함께 민요가 함께 번영할 수 있었던 것은 송대 서민층의 문화와 경제력의 신장이라는 배경이 있었기 때문이다. 특히 도자기가 송대의 유력 무역품으로 활발하게 해외로 수출되었된 것은 기술해 둘 필요가 있다.

금직錦織과 극사剋絲

자수 산수도 남송의 유명한 자수공예가 심자번沈子蕃의 작품

금錦은 비단의 일종으로 송대에 크게 발전했다.[55] 육조에서 당대에 이르기까지 성도를 본고장으로 하여 생산된 금은 '촉금蜀錦'이라는 이름으로 알려져 있었다. 송은 이를 계승하여 1083년 이곳에 금원錦院을 세웠다. 금원은 관영 제조소로서, 여기에 기술자[직장織匠] 500명과 감관監官을 두어 금을 생산하였다. 특히 남송 시대에는 차마사茶馬司(사천의 차茶를 가지고 서방 이민족의 말을 사들이는 무역관청)[56]에도 금원을 두고 종래의 전운사 금원과 함께 조업하였다. 휘종 치세 때는 소주·항주에 관국官局을 두고, 직물과 아각牙角·서옥

犀玉·금은金銀·죽목竹木 공예품을 생산하여 천자의 필요에 충당하였다. 금錦 외에 능綾과 수繡 같은 고급 견직물들도 발달했다.

극사刻絲란 수·당의 직성금織成錦으로, 송대에 더욱 발전하여 화도畵圖를 직조하게 되었다. 정주定州는 그 명산지였다. 남송 시대에는 극사의 기술이 점점 더 정교해지면서 누각이나 산수 문양을 세밀하게 짜내고, 이것을 족자로 만들어 감상하거나 포장용으로도 사용했다. 후세에 나온 것들은 이 송대의 극사에 미치지 못했다고 한다.

자수 「백응도白鷹圖」

송대에는 미술 공예의 각 영역에서 두드러진 진보와 발전이 이룩되었다. 그 배경이 된 것 중 하나는 전제군주권의 확립에 따른 호사스러운 궁정 생활이었고, 다른 하나는 도시상인층이 가진 충실한 재력이었다. 회화에서의 화원, 도자기를 생산한 관요, 고급 견직물을 생산한 금원 등에서 제작한 작품은 궁정과 고급 관료층의 수요를 만족시키는 고도의 정교함을 자랑하는 한편, 부유한 사인·서민층의 취미 생활을 풍부하게 만든 것으로서 질적으로나 양적으로 모두 큰 발달을 이룩하였다.

전체 10장의 맺음말

제1장에서는 오대의 절도사체제가 송의 통일치세에서 전제군주권하의 관료정치체제로 이행하는 상황을 서술했다. 제2장에서는 북송과 남송을 통해 중국에서 국가적 중대사로 떠오른 대외관계를 요·서하·고려와의 관계를 통해 개관했다.

제3장에서는 관료체제의 사회적 기반이 된 관호형세호의 토지소유 문제를 취급하고, 인종조를 중심으로 화폐경제가 신장되어 재정이 확대되고 국가활동이 양적으로나 질적으로 모두 발전하였음을 설명하였다. 한편 국초 이래 누적되어 온 국가적 모순을 해결하기 위한 왕안석의 신법과 그에 기인한 당쟁에 관해서는 제4·5장에서 밝혔다.

남송시대에 관해서는 제6·7장에서 금국과의 관계를 축으로 서술하고, 그 멸망 과정은 제7장에서 논했다. 농업의 발달 및 상업의 진흥에 관해서는 제8·9장에서 각각 다루었다. 문화·미술공예의 발달에 관해서는 제10장에서 서술했다.

이처럼 총 10개 장에 걸쳐 송의 시대상을 명확히 하고 송이 중국사에서 차지하는 위치를 해명하고자 했는데, 돌이켜보건대 이러한 의도가 얼마나 실현되었는지는 확신할 수 없다. 이는 글쓴이의 부족한 능력 탓이며, 아직 해명되지 못한 문제들은 여전히 많다. 앞으로의 노력을 기대하는 바다.

이 책의 편술은 여러 선학들의 업적에 크게 의지하였는데 하나하나 그 이름을 언급하지 못한 데 대해서는 양해를 바라는 바이다.

나카지마 사토시中嶋敏 씀

참고문헌

[시대구분론·통사]

「첫머리에」 부분에서 언급한 당송간의 역사적 변혁기에 관해서는 다음과 같은 저술이 있다.

1) 『內藤湖南全集』 第10卷, 筑摩書房, 1969.
2) 宮崎市定, 『東洋的近世』, 教育タイムス社, 1950.
3) 宮崎市定, 『アジア史研究』 第2, 東洋史研究會, 1959.
4) 前田直典, 『元朝史の研究』, 東京大學出版會, 1973.
5) 鈴木俊·西嶋定生, 『中國史の時代區分』, 東京大學出版會, 1957.

1)의 『支那近世史』 제1장 「近世史의 意義」는 內藤 박사가 1922년에 잡지 『歷史と地理』에 연재했던 「槪括的唐宋時代觀」의 취지에 바탕한 강의 노트에 근거하였다. 3)의 「동양의 르네상스」는 잡지 『史林』에 1940~41년에 걸쳐 발표한 것이다. 4)에서는 1947년 잡지 『歷史』에 게재한 「東アジアに於ける古代の終末」이 別編으로 수록되었다.

6) 市村瓚次郎, 『東洋的近世』 卷2·3, 冨山房, 1940·42.
7) 宮崎市定, 『アジア史研究』 第1·2, 東洋史研究會, 1957·59.

第1에서는 「北宋史槪說」·「鄂州の役前後」 등, 第2에서는 「南宋政治史槪說」·「南宋末の宰相賈似道」 등의 관계논문이 수록되어 있다.

8) 吉田清治, 『北宋全盛期の歷史』, 弘文堂, 1946.
9) 『岩波講座 世界歷史(9) 中世(3)』, 岩波書店, 1970.
10) 和田清·守屋美都雄·村上正二, 『東洋中世史』, 有斐閣, 1953.
11) 『世界各國史Ⅸ 中國史』 第4章, 山川出版社, 1964(개정신판).
12) 外山軍治, 『岳飛と秦檜』(支那歷史地理叢書), 冨山房, 1939.

[제1장]

참고문헌 뒤의 ③·⑤는 제3·5장과도 관련 있음을 표시한 것이다.

13) 「宋代」, 和田清 編, 『支那官制發達史』 第6章, 中華民國法制研究會, 1942 / 汲古書院 1973재판.

14) 宮崎市定, 「宋代官制序說」, 左伯富 編, 『宋史職官志索引』(東洋史研究叢刊11), 東洋史研究會 1963.

15) 「宋代の皇城司について」, 左伯富 編, 『中國史研究』 第1(東洋史研究叢刊21), 東洋史研究會, 1969.

16) 「宋代」, 山本隆義, 『中國政治制度の研究 - 內閣制度の起源と發展』 第10章(東洋史研究叢刊18), 東洋史研究會, 1968.

17) 周藤吉之, 「社會構成史體系」 第2部·「東洋社會構成の發展」, 『宋代官僚制と大土地所有』, 日本評論社, 1950. ③·⑤

18) 周藤吉之, 「北宋に於ける三司の興廢」·「北宋の三司の性格」, 『宋代史研究』, 東洋文庫 1969.

19) 周藤吉之, 「北宋に於ける提擧在京諸司庫務司と提點在京草場所の興廢」, 『白山史學』 14.

[제3장]

20) 周藤吉之, 『中國土地制度史研究』, 東京大學出版會, 1954.

21) 宮崎市定, 「宋代以後の土地所有形態」, 『アジア史研究』 4(東洋史研究叢刊4-4), 東洋史研究會, 1964.

22) 曾我部靜雄, 『宋代財政史』, 生活史, 1941 / 大安, 1966再版.

23) 仁井田陞, 「中國社會の封建とフューダリズム」·「中國の農奴·雇傭人の法的身分の形成と變質」·「中國社會の農奴解放の段階」, 『中國法制史研究·奴隸·農奴法·家族村落法』 第1部 第4·5·6章, 東京大學出版會, 1962.

24) 加藤繁, 『支那經濟史考証(下)』, 東洋文庫, 1953.

25) 曾我部靜雄, 『紙幣發達史』 第1 〈宋の紙幣〉, 印刷廳, 1951.

26) 宮崎市定, 『五代宋初の通貨問題』, 星夜書店, 1943.

27) 加藤繁, 『唐宋時代に於ける金銀の研究』, 東洋文庫, 1926.

[제4장]

참고문헌 뒤의 ⑤는 제5장과도 관련 있음을 표시한 것이다.

28) 東一夫, 『王安石新法の研究』, 風間書房, 1970.

29) 左伯富, 『王安石』(支那歷史地理叢書), 冨山房, 1941.
30) 周藤吉之, 「王安石の靑苗法の起源について」, 『東洋學報』 53-2.
31) 中村治兵衛, 「王安石の登場 - 宋朝政權の性格」, 『歷史學硏究』 157.
32) 周藤吉之, 「王安石の靑苗法の施行過程」, 『東洋大學大學院紀要』 8.
33) 曾我部靜雄, 「宋代の役法」, 『宋代財政史』 第2篇.⑤
34) 周藤吉之, 「宋代州縣の職役と胥吏の發展」, 『宋代經濟史硏究』.⑤
35) 周藤吉之, 「王安石の免役錢徵收の諸問題」, 『宋代史硏究』.
36) 周藤吉之, 「宋代鄕村制の變遷過程」, 『唐宋社會經濟史硏究』, 東京大學出版會, 1965.⑤
37) 曾我部靜雄, 『中國および古代日本に於ける鄕村形態の變遷』, 吉川弘文館 1963.⑤
38) 曾我部靜雄, 「王安石の保甲法」, 『東北大學文學部硏究年報』 8.
39) 周藤吉之, 「北宋に於ける方田均稅法の施行過程」, 『中國土地制度史硏究』.⑤
40) 左伯富, 「王安石の淤田法」, 『中國史硏究』 第1.
41) 岡崎文雄·池田靜夫, 『江南文化開發史 - その地理的基礎硏究』 第2編 別說, 弘文堂書房, 1940.
42) 周藤吉之, 「宋代浙西地方の圍田の發展」, 『宋代史硏究』.⑤
43) 周藤吉之, 「宋代の陂塘の管理機構と水利規約」, 『唐宋社會經濟史硏究』.
44) 式守富司, 「王安石の市易法」, 『歷史學硏究』 6-10.
45) 周藤吉之, 「北宋中期に於ける戶部の復立」, 『東洋大學文學部紀要』 22.⑤

[제5장]

46) 周藤吉之, 「宋代の圩田と莊園制」, 『宋代經濟史硏究』.
47) 小沼正, 「北宋末の均糴法」, 『東洋學報』 25-1.
48) 周藤吉之, 「北宋末の公田法と華北の諸叛亂」, 『唐宋社會經濟史硏究』.
49) 宮崎市定, 「宋江は二人いたか」, 『東方學』 34.
50) 重松俊章, 「宋代の均産一揆とその系統」, 『史學雜誌』 42-8.
51) 三上次男, 『金史硏究(1) - 金代女眞社會の硏究』, 『金史硏究(2) - 金代政治制度の硏究』, 『金史硏究(3) - 金代政治·社會の硏究』, 中央公論美術出版, 1970~73.
52) 外山軍治, 『金朝史硏究』(東洋史硏究叢刊13), 東洋史硏究會, 1964.
53) 三上次男, 「金の盛衰」, 『世界史大系(8)』, 誠文堂新光社, 1957.

[제6·7·8·9장 (법제 : 사회경제)]

54) 仁井田陞, 『中國法制史硏究』 4冊, 東京大學出版會, 1959~64.
55) 仁井田陞, 『唐宋法律文書の硏究』, 東方文化學院東京硏究所, 1937 / 大安, 1967재판.
56) 仁井田陞, 『支那身分法史』, 東方文化學院, 1942.

세 책 모두 송대에 관한 법제사적 연구를 수록하고 있다.

57) 荒木敏一,『宋代科擧制度研究』, 東洋史研究會, 1959.

58) 加藤繁,『支那經濟史考證(上)』, 東洋文庫, 1952.

59) 加藤繁,『支那經濟史概說』, 弘文堂, 1944.

58)에는 송대의 도시·시 등, 24)에는 지폐·상업·외국무역·호구 등에 관한 논문을 수록하고 있다. 농업에 관해서는 59)에서 취급하였는데, 모두 周藤吉之의 다음 책에도 수록되어 있다.

60) 周藤吉之,『宋代經濟史研究』, 東京大學出版會, 1962.

여기에는 남송의 農書·稻作·麥作·苧麻 생산 등에 대한 논문들을 수록하고 있다. 위전과 우전 등의 수리전 개발에 관해서는 46) 외에

61) 周藤吉之,『宋代史研究』, 東洋文庫, 1969에 42)가 수록되어 있지만, 거슬러 올라가서

62) 玉井市博,『支那經濟史研究』, 岩波書店, 1942에「宋代水利田の一特異相」이 수록되어 있고, 41)도 이 문제를 취급하였다. 강남 개발과 관련한 桑原隲藏,「歷史上より觀たる南北支那」는『白鳥博士還曆記念東洋史論叢』(1952년)에 게재되었는데, 후에

63) 桑原隲藏『東洋文明史論叢』, 弘文堂, 1934.

64) 桑原隲藏,『桑原隲藏全集(2)』, 岩波書店, 1968에 수록되었다. 또 같은 전집 제1권에는「歷史上より觀たる南北支那」가 수록되었다.

宋代의 戶口 문제에 관해서는 加藤繁 씨의 논문이 59)에 수록되어 있지만 통계상 1호의 평균인구수가 2인 전후로 되어 있고, 송대의 特異한 현상의 원인에 대해서는 여러 논의가 있다. 宮崎市定 씨의 설은 7)의 제1책「讀書箚記」에, 日野開三郎 씨의 漏口詭戶說은『史學雜誌』47-1(1936)에, 曾我部靜雄 씨의 설은 22)와「宋代の戶口統計に就いての新研究·同續·同續々」(「東亞經濟研究」26-3·4, 27-3, 1942·43)에 보인다. 主客戶의 문제에 관해서는 柳田節子의「宋代の客戶について」(『史學雜誌』68-4, 1959), 中川學의「唐·宋の客戶に關する諸研究」(『東洋學報』43-3, 1960) 등이 있다. 22)는 송대 재정 일반, 役法, 月椿錢, 紙幣, 和買絹, 折帛錢, 身丁錢과 戶口數 문제, 雜徭, 官戶와 限田 문제를 다루고 있다.

화폐에 관해서는 24), 25), 26)이 있고, 24)에는 지폐에 관한 여러 논문이 수록되어 있다. 화폐로서의 금은에 관한 연구로서는 27)이 있다.

65) 曾我部靜雄,『日宋金貨幣交流史』, 寶文館 1947.

이 책은 송의 鑄錢을 중심으로 하는 동아시아 日·宋·金 3국의 동전 이동을 구명하였다.

66) 斯波義信,『宋代商業史研究』, 風間書房, 1928.

이 책은 송대의 상업발전을 정치 사회경제 문화 전반에 걸친 시대적 변화 가운데에서 파악하고 해명한 것이다. 교통에 관해서는,

67) 靑山定雄,『唐宋時代の交通と地誌地圖の研究』, 吉川弘文館, 1963.

68) 桑原隲藏, 『蒲壽庚の事績』, 岩波書店, 1935 / 『桑原全集(5)』, 1968.
69) 藤田豊八, 『東西文明交涉史の硏究』 南海篇, 岡書院, 1932.
68)은 大食을 위주로 남해 교통무역을 구명하였고 69)는 市舶司 무역 남해 일본과의 무역에 관한 여러 논문을 수록하였다.

[제10장(문화)]

70) 長澤規矩也, 『和漢書の印刷とその歷史』, 吉川弘文館, 1952.
오대·송의 출판문화에 대한 적확한 지식을 제공하고 있다.
71) 武內義雄, 『中國思想史』, 岩波書店, 1936.
72) 島田虔次, 『朱子學と陽明學』, 岩波書店.
73) 諸橋轍次, 『儒學の目的と宋儒の活動』, 大修館書店, 1929.
71)을 통해 송대 유학에 대한 대강을 살펴볼 수 있다.
74) 大村西崖·田邊孝次, 『東洋美術史』 上·下, 平凡史, 1930·33.
宋은 하권에 수록되어 있다.
75) 『書道全集』 卷15·16(宋), 平凡社, 1954~55.
76) 小山富士夫 編, 『世界陶磁器全集 卷10 - 宋·遼』, 河出書房, 1955.
77) 藪內淸 編, 『宋元時代の科學技術』, 京都大學人文科學硏究所, 1967.
78) 吉田光邦, 『中國科學技術史論集』, 日本放送出版協會, 1972.
77)은 자연철학(송학)·수학·천문학·의료·본초·군사기술·생산기술·주조의 논설들로 이루어져 있다.

[제2장 (외국관계)]

79) 愛宕松男, 『契丹古代史の硏究』, 東洋史硏究會, 1959.
80) 島田正郞, 『遼代社會史硏究』, 三和書房, 1952.
81) 田村實造, 『中國征服王朝の硏究』 上·中, 東洋史硏究會, 1964·71.
契丹(요)에 대해서는 상권, 金朝에 대해서는 중권에 서술되어 있다. 또한 52)에는 송금관계사 연구상 중요한 논문이 포함되어 있다.
82) 岡琦精郞, 『タングート古代史硏究』, 東洋史硏究會, 1972.
唐代·五代의 탕구트 연구, 서하 건국 전의 李繼遷·李德明시대, 탕구트·위구르 교섭사 등의 연구를 수록하고 있다.
83) 山本達郞, 『安南史硏究』, 山川出版社, 1950.
84) 木宮泰彦, 『日支交通史』 上·下, 金剌芳流堂, 1926·27.
북송과의 교통은 상권, 남송과의 교통은 하권에 기술되어 있다.

85) 森克已, 『日宋貿易の研究』, 國立書院, 1948.
86) 森克已, 『日宋文化交流の諸問題』, 邊江書院 1950.
87) 池內宏, 『滿鮮史研究』 中世 第1冊, 岡書院 1933 / 中世 第2冊, 座右寶刊行會 1937 / 中世 第3冊, 吉川弘文館, 1963.
88) 旗田巍, 『朝鮮史』, 岩波書店, 1952.
89) 旗田巍, 『朝鮮中世社會史の研究』, 法政大學出版社, 1972.
90) 周藤吉之, 『高麗初期の官吏制度』, 東洋大學大學院紀要11.
91) 內藤雋輔, 「高麗兵制管見」, 『朝鮮史研究』(東洋史研究叢刊之10), 東洋史研究會, 1961.
金에 관해서는 51), 52), 53)에 있다.

[한국어로 쓰여진 연구서](번역 포함)

가와무라 야스시 지음, 임대희 옮김, 『송대 양자법』, 서경문화사, 2005.

고석림, 『송대사회경제사연구』, 형운출판사, 1991.

김경수, 『북송 초기의 삼교 회통론』, 예문서원, 2013.

김영제, 『당송재정사』, 신서원, 1995.

김위현, 『거란사회문화사연구』, 경인출판사, 2005.

김위현, 『契丹東方經略史硏究』, 명지대학교출판부, 2004.

김위현, 『요금사연구』, 괴풍출판사, 1985.

도나미 마모루 지음, 허부문·임대희 옮김, 『풍도의 길』, 소나무, 2003.

孟元老 지음, 김민호 옮김, 『동경몽화록』, 소명출판사, 2010.

미야자키 이치사다 지음, 차혜원 옮김, 『중국사의 대가 수호전을 역사로 읽다』, 푸른역사, 2006.

박영철 옮김, 『명공서판 청명집 호혼문』, 소명출판, 2008.

박지훈 외, 『宋史 外國傳 譯註Ⅰ(외국전 상)』, 동북아역사재단, 2011.

박지훈 외, 『宋史 外國傳 譯註Ⅱ(외국전 하)』, 동북아역사재단, 2012.

박지훈 외, 『宋史 外國傳 譯註Ⅲ(만이전)』, 동북아역사재단, 2013.

박지훈 외, 『遼史·金史·元史 外國傳 譯註』, 동북아역사재단, 2014.

배숙희, 『송대 과거제도와 관료사회』, 삼지원, 2001.

서은미, 『북송 차 전매 연구』, 국학자료원, 1999.

신채식, 『송대관료제연구』, 삼영사, 1981/국학술정보, 2008.

신채식, 『송대대외관계연구』, 한국학술정보, 2008.

신채식, 『송대정치경제사연구』, 한국학술정보, 2008.

신채식, 『송대황제권연구』, 한국학술정보, 2010.

쓰치다 겐지로 지음, 성현창 옮김, 『북송 도학사』, 예문서원, 2006.

李京圭, 『中國民間信仰 硏究－媽祖를 중심으로』, 대구가톨릭대학교출판부, 2015.

이계지 지음, 나영남·조복현 옮김, 『요(遼)·금(金)의 역사; 정복 왕조의 출현』, 신서원, 2014.

이근명, 『남송시대 복건사회의 변화와 경제개발』, 서울대 박사학위논문, 1997.

이근명, 『남송시대 복건사회의 변화와 식량 수급』, 신서원, 2013.

이근명 외, 『송원시대의 고려사 자료』 (1)·(2), 신서원, 2010.

이하라 히로시 지음, 조관희 옮김, 『중국 중세 도시 기행; 송대의 도시와 도시생활』, 학고방, 2012.

이희관, 『황제와 瓷器; 송대 관요 연구』, 경인문화사, 2013.

임대희 엮음, 『판례로 본 송대 사회』, 민속원, 2018.

임대희 옮김, 『명공서판 청명집 징악문』, 소명출판사, 2018.
장동익, 『高麗史 세가 초기편 보유』 1·2, 경인문화사, 2014.
장동익, 『高麗時代 對外關係史 綜合年表』, 동북아역사재단, 2009.
장동익, 『宋代麗史資料集錄』, 서울대학교출판부, 2000.
함현찬, 『張載; 송대 氣철학의 완성자』, 성균관대학교출판부, 2003.
박영철 옮김, 『명공서판 청명집 호혼문』, 소명출판사, 2008.
John W. Chaffee 지음, 양종국 옮김, 『송대 중국인의 과거생활－배움의 가시밭길』, 신서원, 2001.
Kuhn, Dieter 지음, 육정임 옮김, 『유교 원칙의 시대』, 너머북스, 2015.
P. B. 이브리 지음, 배숙희 옮김, 『송대 과거제도와 관료사회』, 한국학술정보, 2009.

[한국어로 쓰여진 연구논문](번역 포함)

가와무라 야스시(川村康) 저, 임대희 역, 「송대 折杖法 초고」 (I) (II) 『아시아연구』 1~2, 경북대 아시아연구소, 2008.
강길중, 「范仲淹의 吏治法에 對한 改革論」, 『경상사학』 11, 1995.
강길중, 「범중엄(范仲淹)의 현실인식(現實認識)과 경세사상(經世思想)」, 『역사학연구』 63, 2016.
강길중, 「北宋時期 社會經濟發展과 商業」, 『역사문화연구』 27, 2007.
강길중, 「송요의 전연의 맹약에 관한 일연구」, 『경상사학』 6, 1990.
강장희, 「송대 무역의 발달과 향료(香料)－남송시대 해상무역을 중심으로」, 『해양환경안전학회지』 13, 해양환경안전학회, 2007.
강진석, 「북송시대 관중(關中)지역 관학학파의 시대정신과 철학운동」, 『국제지역연구』 12, 2008.
강춘화, 「송대의 삼교합일사조」, 『원광대한국종교』 18, 1993.
강희정, 「오대(五代), 북송(北宋), 요(遼)의 미술」, 『중국사연구』 43, 2006.
高　楠, 「북송대 결혼지참금 법률 조항－법률문본(法律文本)에 근거한 고찰」, 『중국사연구』 59, 2009.
고석림, 「남송 토지경계법상에 보이는 침기부(砧基簿)에 대하여」, 『대구사학』 16, 1978.
고석림, 「송대 佃戶의 제 유형과 그 성격」, 『대구사학』 10, 1976.
고석림, 「송대의 對佃戶政策과 憑由制度－佃戶의 이전문제와 관련하여」, 『대구사학』 2, 1970.
고석림, 「송대의 隨田 佃戶에 대한 일 소고－전호의 경제적 전락과정을 중심으로」,

『대구사학』 1, 1969.
고석림, 「송대의 지배계급-관료계급과 형세호를 중심으로」, 『경북사학』 4, 1982.
고석림, 「李椿年의 土地經界法에 대하여」, 『경북사학』 1, 1979.
郭東旭, 「宋朝計贓論罪法略述」, 『역사문화연구』 19, 2003.
郭志安·錢俊嶺, 「宋代糧種的運用與管理」, 『역사문화연구』 46, 2013.
喬東山, 「南宋吳氏家族和呂氏家族比較硏究」, 『역사문화연구』 54, 2015.
구경수, 「『名公書判淸明集』을 통해 본 南宋代 地方官들의 祠廟信仰에 대한 인식과 대응」, 『역사민속학』 31, 2009.
屈超立 지음, 임대희·서지영 옮김, 「전운사(轉運司)의 사법기능」, 『法學論攷』 28, 2008.
屈超立, 「남송(南宋) 민사심판(民事審判)에서의 '단유(斷由)' 제도 연구(硏究)」, 『중국사연구』 58, 2009.
屈超立, 「송대 재우(宰牛) 금지 법령과 판례 연구」, 『중국사연구』 81, 2012.
권수전, 「李淸照의 삶과 작품세계」, 『중국학』 20, 대한중국학회, 2003.
길현익, 「송대 면역법의 성격」, 『역사학보』 24, 1964.
김경희, 「宋代 孤兒 後見과 檢校, 『法史學硏究』 36, 2007.
김기섭, 「당·송 호등제의 변화와 고려적 변용」, 『역사와 경계』, 2010.
김기욱·박현국, 「南宋時期 의학(醫學)에 관한 硏究」, 『대한한의학원전학회지』 17-1, 대한한의학원전학회, 2004.
김대기, 「송대 재해구조의 절차와 진제 원칙」, 『인문과학연구』 22, 강원대, 2009.
김민성, 「唐宋代 台州의 城隍神과 地域 엘리트」, 『송요금원사연구』 8, 1993.
김민호, 「남송(南宋) 항주(杭州)의 늦여름과 가을 풍경-『몽량록(夢梁錄)』 권사(卷4) 역주(譯註)」, 『중국어문학지』 41, 중국어문학회, 2012.
김민호, 「북송(北宋) 개봉(開封)의 풍속과 번영의 기록-맹원로(孟元老)의 『동경몽화록(東京夢華錄)』 읽기」, 『중국어문학』 47, 영남어문학회, 2006.
김병규, 「송학과 불교」, 『불교학논집』 1, 1959.
김병환, 「북송 성리학-유가의 부흥과 '도(道)', '불(佛)'의 영향」, 『중국철학』 6, 1999.
김보영, 「송대 女戶의 입호와 국가관리」, 『법사학연구』 35, 한국법사학회, 2007.
김상기, 「고려와 금송과의 관계」, 『국사상의 제문제』 5, 1959.
김상범, 「북송(北宋) 개봉(開封)의 사묘신앙(祠廟信仰)과 도성사회(都城社會)」, 『중국학보』 75, 2016.
김상범, 「북송(北宋) 도성(都城) 개봉(開封)의 의례공간(儀禮空間)과 도시경관(都市景觀)」, 『이화사학연구』 51, 2015.
김성규, 「거란의 '國母' 對 송의 '황태후'-賀慶使 교환으로 보는 송 거란 외교의 일면」, 『사림』 50, 수선사학회, 2014.
김성규, 「契丹國使宋皇帝 알현의식의 주요 특징과 그 의의」, 『역사문화연구』 21, 2012.

김성규,「契丹의 國信使가 宋의 황제를 알현하는 의례」,『역사학보』 214, 2012.
김성규,「고려 외교에서 의례와 국왕의 자세」,『역사와 현실』 94, 한국역사연구회, 2014.
김성규,「高麗, 西夏, 베트남의 국제 지위에 관한 일측면－'진봉사현사의'의 비교를 통해서」,『국제중국학연구』 11, 한국중국학회, 2008.
김성규,「高麗前期의 麗宋關係－宋朝 賓禮를 中心으로 본 高麗의 國際地位 試論」,『국사관논총』 92, 2000.
김성규,「근세 중국의 동서교섭사」,『역사학연구』 33, 호남사학회, 2008.
김성규,「『金史』「新定夏使儀注」의 의의와 특징」,『대동문화연구』 84, 성균관대 대동문화연구원, 2013.
김성규,「金朝의 '禮制覇權主義'에 대하여－外國使入見儀의 분석을 중심으로」,『중국사연구』 86, 중국사학회, 2013.
김성규,「대당개원례 소재 외국사 관련 제의례의 재검토」,『중국고중세사연구』 27, 중국고중세사학회, 2012.
김성규,「미국 및 일본에서 '傳統中國의 世界秩序'에 관한 硏究史와 그 특징 비교」,『역사문화연구』 32, 한국외국어대 역사문화연구소, 2009.
김성규,「寶元用兵과 戰後의 國境問題」,『埠村申延澈先生退任紀念史學論叢』, 日月書閣, 1995.
김성규,「北宋의 開封과 外交」,『중국사연구』 13, 2001.
김성규,「北宋朝貢年表考索」,『전북사학』 25, 전북사학회, 2002.
김성규,「北宋朝貢年表考索(續)－조공품, 회사품, 관작」,『전북사학』 26, 전북사학회, 2003.
김성규,「北宋後期 蕃兵制의 전개」,『역사교육』 66, 역사교육연구회, 1998.
김성규,「사마천에서 볼테르까지: '趙氏孤兒' 이야기의 進化 略史」,『역사교육 141, 2017.
김성규,「西南 蠻夷 對宋 朝貢의 契期와 貢期」,『송요금원사연구』 8, 송요금원사연구회, 2003.
김성규,「誓書, 10~13세기 동아시아의 안전보장책」,『중국사연구』 99, 중국사학회, 2015.
김성규,「선화봉사고려사절단의 일정과 활동에 대하여」,『한국중세사연구』 40, 한국중세사학회, 2014.
김성규,「3개의 '트라이앵글'－北宋時代 동아시아 국제 관계의 大勢와 그 특징에 관한 試論」,『역사학보』 205, 2010.
김성규,「송대 개봉의 외교적 기능」,『중국의 사회와 도시기능』, 서울대학교출판부, 2003.
김성규,「宋代 東아시아에서 賓禮의 成立과 그 性格」,『동양사학연구』 72, 2000.

김성규, 「宋代 蕃兵制度 成立史攷 - 將兵制의 成立과 關聯해서」, 『송요금원사연구』 2, 송요금원사연구회, 1998.
김성규, 「송대 西南 蠻夷의 분포 諸相과 조공의 추이」, 『역사문화연구』 19, 2003.
김성규, 「宋代 迎賓機關의 性格을 中心으로 본 唐宋變革의 一面」, 『中國學報』 41, 한국중국학회, 2000.
김성규, 「宋代에서 國境問題의 意義와 國境의 형태」, 『역사학보』 162, 1999.
김성규, 「宋代 朝貢秩序의 再編과 그 樣相」, 『역사학보』 185, 역사학회, 2005.
김성규, 「宋王朝 對安南國王 책봉의 형식과 논리」, 『동양사학연구』 115, 2011.
김성규, 「宋·遼·金 및 高麗 帝王 生日考」, 『역사교육』 126, 2013.
김성규, 「宋의 國信使가 契丹의 황제, 황태후를 알현하는 의례」, 『동양사학연구』 120, 동양사학회, 2012.
김성규, 「10~12세기 동아시아의 국제환경」, 『중국학보』 59, 한국중국학회, 2009.
김성규, 「악비(岳飛)와 문천상 小傳」, 『건지인문학』 11, 전북대 인문학연구소, 2014.
김성규, 「여금의 국교 수립과 '誓表' 문제」, 『한국사연구』 173, 한국사연구회, 2016.
김성규, 「外國朝貢使節宋皇帝謁見儀式復元考 - 開元禮의 繼承과 變容」, 『송요금원사연구』 4, 2000.
김성규, 「入宋高麗國使의 朝貢儀禮와 그 주변」, 『전북사학』 24, 전북사학회, 2001.
김성규, 「중국 왕조에서 빈례의 연혁」, 『중국사연구』 23, 중국사학회, 2003.
김성규, 「'패장'에서 '武神'으로 - 중국왕조에서 '관우 이미지' 변천사 소고」, 『역사교육』 135, 역사교육연구회, 2015.
김성규, 「하버드대학의 동아시아 연구소들; 연혁과 특징」, 『역사문화연구』 29, 한국외대 역사문화연구소, 2008.
김성규, 「황제입조의례(皇帝入朝儀禮)를 통해 본 송대 '외국(外國)'의 국제지위 - '서남번이(西南蕃夷)'와 '해외진봉번객(海外進奉蕃客)'을 중심으로」, 『중국학보』 61, 한국중국학회, 2010.
김양섭, 「遼, 金, 宋 三史編纂에 대하여」, 『중앙사론』 6, 1989.
김영관, 「송초 교육개혁과 胡瑗의 교육사상」, 『중앙사론』 30, 2011.
김영제, 「고려사절(高麗使節)에 대한 북송정부의 예우(禮遇) - 신종대(神宗代) 고려사절에 사행여정(使行旅程)과 관련하여」, 『중국사연구』 84, 2013.
김영제, 「교역에 대한 宋朝의 태도와 高麗海商의 활동」, 『역사학보』 213, 2012.
김영제, 「南宋代 江西路 撫州의 兩稅額과 財政收支 - 天一閣藏 『弘治撫州府志』의 記錄을 中心으로」, 『역사학보『 176, 2002.
김영제, 「南宋의 地方財政에 대해서 - 浙東路 慶元府(明州)의 財政收支를 中心으로」, 『중국사연구』 21, 2002.
김영제, 「南宋 中後期 地方財政의 一側面 - 慶元府의 酒稅收入과 '府'財政의 擴大過程을

中心으로」, 『동양사학연구』 85, 2003.
김영제, 「唐代의 私鑄錢과 貨幣需要에 對해서」, 『卞麟錫교수정년논총』, 2000.
김영제, 「唐代의 兩稅와 元稹의 同州奏均田狀」, 『東洋學』 26, 1996.
김영제, 「唐末·五代의 貨幣問題-銷錢을 端緖로 하여」, 『중국사연구』 8, 2000.
김영제, 「唐宋時代의 兩稅와 沿徵」, 『동양사학연구』 24, 동양사학회, 1990.
김영제, 「浮梁에서 橋梁으로-宋代 江南의 橋梁建設과 景觀變化의 一面」, 『동양사학연구』 76, 2001.
김영제, 「北宋代 元豊年間의 帳法에 關하여-그 內容과 意義를 中心으로」, 『송요금원사연구』 8, 2003.
김영제, 「북송의 강장(强壯) 의용(義勇)에 대하여」, 『사학지』 18, 단국대 사학회, 1984.
김영제, 「北宋의 錢荒에 對해서」, 『송요금원사연구』 4, 2000.
김영제, 「송대 발운사의 역할과 그 지위의 변화」, 『중국사연구』 50, 1996.
김영제, 「宋代 兩稅의 賦課體系에 對하여-兩稅와 關聯된 몇 가지 補論을 兼하여」, 『송요금원사연구』 1, 1997.
김영제, 「송대 양세의 운송; 동남 상공미의 운송과 운송비를 중심으로」, 『동양사학연구』 101, 2007.
김영제, 「宋代 兩稅의 財務會計에 關하여」, 『송요금원사연구』 3, 1999.
김영제, 「宋代의 物價와 兩稅負擔」, 『동양사학연구』 91, 2005.
김영제, 「송대 전반창(轉般倉)의 위치와 그 기능」, 『사학지』 38, 2006.
김영제, 「송대 錢荒의 배경-화폐유통과 관련하여」, 『동아시아의 지역과 인간』, 지식산업사, 2005.
김영제, 「宋代 地方州縣에 있어서 兩稅의 減免行政에 對하여-特히 自然災害를 中心으로」, 『송요금원사연구』 2, 1998.
김영제, 「宋代 地方州縣에 있어서 兩稅의 徵收行政에 대하여」, 『史學志』 31, 1998.
김영제, 「10~13世紀 宋錢과 東아시아 貨幣經濟-特히 宋錢의 高麗流入을 中心으로」, 『중국사연구』 28, 2004.
김영제, 「王安石 신법과 지방재정-북송대 재정집권의 지역차 문제와 관련하여」, 『동양학』 40, 단국대 동양학연구소, 2006.
김영진, 「북송전기 京師米行商의 入中邊糧活動: 상업자본형성에 관한 일고찰」, 『역사학보』 101, 1984.
김영진, 「吳越王朝의 文治主義的 性向과 文臣, 文士의 動向-宋代 士大夫의 起源問題와 關聯하여」, 『東方學志』 89·90, 1995.
김영진, 「陸游; 南宋代 鄕居士大夫의 生活과 活動」, 『黃元九敎授停年紀念論叢 東아시아의 人間像』, 1995.
김용완, 「南宋 高宗代 戰功者의 出身地 分析」, 『忠南史學』 6, 1994.

김용완,「南宋 高宗時代의 鎭 研究」,『濟州大論文集』 38, 1994.
김용완,「南宋 南渡人의 社會經濟的 貢獻研究」,『湖西史學』 21·22합, 1994.
김용완,「南宋時代 范汝爲 亂에 관한 小考」,『역사문화연구』 48, 2013.
김용완,「南宋時代 西南部地域 少數民族 變亂研究－高宗·孝宗時代를 中心으로」,『송요금원사연구』 8, 1993.
김용완,「南宋初期 民間 武裝集團 研究－紹興11年 以前의 反政府 集團을 中心으로」,『湖西史學』 25, 1998.
김용완,「南宋 초기의 變亂集團에 관한 연구－鍾相, 楊幺集團을 中心으로」,『인문학연구』 28-2, 충남대 인문학연구소, 2001.
김용완,「宋代의 宗教性 變亂 研究」,『역사문화연구』 25, 2006.
김용완,「劉豫의 齊國과 南宋과의 關係」,『湖西史學』 27, 1999.
김용완,「齊國皇帝 劉豫에 관한 小考」,『湖西史學』 23·24합, 1996.
김위현,「契丹, 高麗間的女眞問題」,『明知史論』 9, 1998.
김위현,「契丹文化의 高麗傳播와 그 影響」,『北方民族史研究』 1, 1995.
김위현,「高麗와 契丹과의 關係」,『韓民族과 北方의 關係史 研究』, 1994.
김위현,「금건국과 발해유민」,『고구려연구』 29, 고구려발해학회, 2007.
김위현,「북송의 대서역 정책」,『명지사론』 2, 1988.
김위현,「西夏與宋·契丹之關係(986~1048)」,『明知史論』 7, 1995.
김위현,「宋代의 高麗文物」,『송요금원사연구』 3, 1999.
김윤정,「북송대(北宋代) 공자(貢瓷)에 대한 인식과 정요(定窯)와 여요(汝窯)의 성격」,『중국사연구』 98, 2015.
김종박,「중국 향촌조직의 변천과정과 행정구획화－당대에서 청대까지」,『중국사연구』 7, 1999.
김학권,「주돈이 철학의 연구」,『원광대학교논문집』 31-1, 1996.
김한신,「北宋 朝廷의 民間信仰 統制－民間信仰의 改革과 儒家的 禮的 秩序의 確立」,『동양사학연구』 130, 2015.
김한신,「宋代 民間祠廟의 牛肉 犧牲－廣德軍 祠山張大帝 祠廟祭祀의 사례를 중심으로」,『史叢』 84, 2015.
김한신,「張王 信仰의 발전과정－唐末·兩宋代 민간신앙 발전과정에 대한 새로운 모색」,『중국사연구』 89, 2014.
나영남,「契丹의 渤海遺民에 대한 移住政策」,『동양사학연구』 124, 2013.
나영남,「契丹의 社會構造와 二重支配體制의 確立」,『역사학연구』 56, 호남사학회, 2014.
나영남,「渤海靺鞨의 再解釋－대조영의 出自와 발해의 주민구성」,『전북사학』 39, 전북사학회, 2011.
나영남,「渤海復興運動에 대한 再檢討－後渤海와 定安國에 대한 理解를 중심으로」,

『중앙사론』 35, 중앙사학연구소, 2012.
나영남,「北宋時期 商稅制度와 西北 入中商人의 原價分析」,『역사문화연구』 35, 한국외대 역사문화연구소, 2010.
나영남,「10세기 동북아 국제정세와 契丹의 요동정책－東丹의 설립과 그 통치정책」,『역사문화연구』 39, 2011.
나영남,「遼代 部族制度의 樣相과 그 性格」,『동양사학연구』 131, 2015.
나영남,「遼代 女眞의 起源과 分類」,『역사학연구』 62, 호남사학회, 2016.
나영남,「遼代 皇位 繼承을 둘러싼 權力鬪爭의 樣相」,『중국사연구』 98, 중국사학회, 2015.
남은혜,「南宋代 여성의 持參財産 所有 實態」,『法史學硏究』 40, 2009.
남은혜,「宋代 家族制度에 대한 연구동향」,『法史學硏究』 38, 2008.
남현정,「宋代 刺字刑의 시행과 사회적 인식의 변화－『名公書判淸明集』을 중심으로」,『法史學硏究』 35, 2007.
唐　曄,「價値規律與宋代錢荒－與葛金芳·常征江二位先生商榷」,『역사문화연구』 38, 2011.
레이지아셩,「숙권(熟劵), 생권(生劵)과 남송(南宋) 총령소(總領所)의 재정 문제」,『중국사연구』 81, 중국사학회, 2012.
레이지아셩,「총령소(總領所)와 남송시대 지폐의 발행과 관리」,『중국사연구』 82, 중국사학회, 2013.
류봉국,「송대 성리학 형성의 연원적 고찰(상)」,『대동문화』 1, 1963.
劉馨珺,「史家之道 : 李心傳與『建炎以來繫年要錄』」,『역사문화연구』 40, 2011.
武金山,「宋代家伎와 宋代士人의 여가 생활」,『중국사연구』 68, 2010.
米玲·丁建軍·崔勇,「北宋北方陶瓷業興衰之硏究－以定窯系爲中心的考察」,『역사문화연구』 44, 2012.
민병훈,「서하·금의 交聘 관계에 대하여」,『중앙아시아연구』 1, 중앙아시아학회, 1996.
민병희,「道統과 治統, 聖人과 帝王: 宋~淸中期의 道統論을 통해 본 士大夫社會에서의 君主權」,『역사문화연구』 40, 2011.
민병희,「북송(北宋)시기 보편 원리의 추구와 사대부(士大夫)의 위상(位相)－소옹(邵雍), 왕안석(王安石), 정이(程이)를 중심으로」,『중국사연구』 83, 2013.
민병희,「朱熹의 四書章句集注와 士大夫社會의 변화」,『역사학연구』 53, 호남사학회, 2014.
바이건싱,「고구려 발해 유민 관련 유적 유물」,『중국학계의 북방민족·국가 연구』, 동북아역사재단, 2008.
박경희,「徐兢과 『선화봉사고려도경』」,『퇴계학연구』 4, 단국대 퇴계학연구소, 1990.
박구철,「청명집 호혼문에서 본 업소송(業訴訟)－저당 소송을 중심으로」,『대구사학』

73, 2003.
박구철,「청명집 호혼문에서 본 업소송(業訴訟)－전(典) 소송(訴訟)을 중심으로」,『계명사학』 14, 2003.
박순곤,「『名公書判淸明集』을 통해 본 宋代 地方胥吏의 모습」,『法史學硏究』 31, 2005.
박영철,「名公書判淸名集의 版本과 讀解」,『역사문화연구』 22, 2005.
박영철,「『名公書判淸明集·戶婚門』校勘」,『역사문화연구』 30, 2008.
박영철,「宋代 法書의 禁書와 粉壁의 條法－宋代 王法主義의 一考察」,『중국사연구』 68, 2010.
박영철,「宋代의 法과 訟師의 향방」,『동양사학연구』 107, 2009.
박영철,「송대 差役의 糾論과 소송사회」,『중국사연구』 100, 2016.
박영철,「訟師의 출현을 통해 본 송대 중국의 법과 사회」,『법사학연구』 27, 한국법사학회, 2003.
박영철,「전제지배와 訟師의 향방－송대 르네상스 再考」,『동양사학연구』 123, 2013.
박영철,「중국소송사회와 전제지배」,『역사학보』 214, 2012.
박원길,「대몽골제국과 남송의 외교관계 분석」,『몽골학』 8, 한국몽골학회, 1999.
박은화,「『선화화보(宣和畵譜)』의 산수문(山水門)에 나타난 북송말(北宋末)의 산수화관(山水畵觀)」,『중국사연구』 71, 2011.
박은화,「오대(五代), 요(遼), 북송대(北宋代) 고분벽화(古墳壁畵)의 화조화(花鳥畵) 고찰(考察)」,『중국사연구』 91, 2014.
박재현,「송대의 시대정신과 선종 종파의 부침: 양기파와 황룡파를 중심으로」,『한국선학』 35, 2013.
박지훈,「구양수의 화이관」,『이대사원』 22·23합, 이화여대, 1988.
박지훈,「南宋 高宗代 主戰派의 華夷論」,『동양사학연구』 85, 2003.
박지훈,「南宋代 開禧北伐과 北伐論의 展開」,『京畿史論』 1, 1997.
박지훈,「南宋代 慶元黨禁과 韓侂冑」,『경기대학교논문집』 38-1, 1996.
박지훈,「南宋代 后妃와 女性의 政治參與」,『中國學報』 55, 2007.
박지훈,「南宋末期 眞德秀의 對外觀」,『경기사학』 3, 1999.
박지훈,「南宋中期 華夷論의 展開－葉適과 陳亮을 中心으로」,『송요금원사연구』 8, 2003.
박지훈,「南宋 孝宗代 隆興和議와 和戰論」,『동양사학연구』 61, 1997.
박지훈,「唐宋變革期 華夷觀의 理解」,『中國學報』 40, 1999.
박지훈,「북송대 대외경제관계와 화이론」,『이화사학연구』 19, 1990.
박지훈,「북송대 宣仁太后의 섭정」,『중국학보』 43, 한국중국학회, 2001.
박지훈,「북송대 禦戎論과 華夷論」,『역사문화연구』 30, 2008.
박지훈,「北宋代의 春秋學과 華夷論」,『京畿史論』 4·5합, 2001.

박지훈, 「북송대 전연의 맹약과 화이론」, 『경기사론』 8, 2004.
박지훈, 「北宋代 華夷論의 性格」, 『이화사학연구』 29, 2002.
박지훈, 「北宋 眞宗의 封禪과 道敎崇拜」, 『송요금원사연구』 4, 2000.
박지훈, 「西夏의 自國認識과 中國觀－元昊 治世期를 중심으로」, 『중국학연구』 56, 중국학연구회, 2011.
박지훈, 「宋代 士大夫의 高麗觀」, 『이화사학연구』 30, 2003.
박지훈, 「宋代 士大夫의 女性觀－家訓書를 中心으로」, 『中國學報』 46, 2002.
박지훈, 「宋代의 異民族 性情에 대한 認識」, 『경기대인문논총』 7, 1999.
박지훈, 「宋代 異民族 國家에 對한 認識」, 『역사문화연구』 12, 2000.
박지훈, 「12세기 南中國 地域社會의 書院 네트워크」, 『中國學報』 49, 2004.
박희진, 「南宋代 南方地域 稻麥 二毛作의 發展 情況－江南의 麥作 擴散을 中心으로」, 『중국사연구』 99, 2015.
방병선, 「고려청자의 중국 전래와 도자사적 영향」, 『강좌 미술사』 40, 2013.
배규범, 「서긍(徐兢)(1091~1153)의 『고려도경(高麗圖經)』 간행(刊行)과 내용상 특징」, 『동방문학비교연구』 6, 2016.
배수현, 「『名公書判淸明集』에 나타난 宋代 부동산거래 계약서의 위조 양상」, 『法史學硏究』 33, 2006.
배숙희, 「南宋高宗時期的策試研究」, 『국제중국학연구』 14, 한국중국학회, 2011.
배숙희, 「南宋代 四川의 類省試와 그 出身者의 社會的 地位」, 『송요금원사연구』 1, 1997.
배숙희, 「南宋初 對金關係의 변화와 河南·陝西 地域」, 『중국학연구』 40, 중국학연구회, 2007.
배숙희, 「宋代 高麗의 賓貢進士」, 『송요금원사연구』 8, 2003.
배숙희, 「宋代 科擧制度와 地方敎育」, 『中國學報』 41, 2000.
배숙희, 「송대 동아 해역상 표류민의 발생과 송환」, 『중국사연구』 65, 2010.
배숙희, 「宋代 士大夫의 女性觀과 女性敎育論」, 『송요금원사연구』 4, 2000.
배숙희, 「宋代 殿試策題에 關하여」, 『동양사학연구』 49, 1994.
배숙희, 「宋代 宗室의 應擧와 授官」, 『중국사연구』 23, 2003.
배숙희, 「송대 進士科와 관인층의 형성」, 『성신사학』 12·13, 1995.
배숙희, 「宋代 特奏名制의 實施와 그 性格」, 『동양사학연구』 58, 1997.
배숙희, 「송원대 과거를 매개로 한 동년관계와 동년간의 교류」, 『동양사학연구』 132, 2015.
배숙희, 「10세기부터 13세기에 이르는 운남의 '백만화'와 '한화'」, 『동양사학연구』 126, 2014.
서원남, 「송대의 문헌정리와 장서(藏書)에 대한 고찰」, 『중국어문학논집』 50, 2008.
서은미, 「茶書와 宋代 茶文化」, 『중국사연구』 2, 2004.

서은미, 「北宋代 福建 臘茶와 茶法」, 『역사학보』 173, 2002.
서은미, 「北宋代 四川茶와 茶馬貿易」, 『부산사학』 37, 2000.
서은미, 「北宋代 園戶와 13山場의 性格」, 『송요금원사연구』 4, 2000.
서은미, 「북송 神宗代 四川茶의 專賣」, 『부산사학』 36, 1999.
서은미, 「北宋前期 東南地域 茶專賣機構의 特徵과 生産量」, 『송요금원사연구』 1, 1997.
서은미, 「북송전기 東南茶 전매의 運營方式과 茶의 積滯問題」, 『동양사학연구』 61, 1997.
서은미, 「송대의 음차생활과 차생산의 발전」, 『동양사학연구』 90, 2005.
서은미, 「陸羽와 茶經」, 『송요금원사연구』 8, 1993.
서은미, 「茶의 普及과 茶專賣의 役割－宋代 茶專賣의 施行基盤에 對한 硏究를 中心으로」, 『송요금원사연구』 1, 1998.
서은숙, 「송대 사대부의 審美意識 小考－송대 사대부의 회화관을 중심으로」, 『중국어문학회논집』 13, 2000.
서장원, 「太平廣記東傳之始末及其影響」, 『중국어문학』 7, 영남중국어문학회, 1984.
서지영, 「宋代 提點刑獄司에 대한 연구동향」, 『法史學硏究』 38, 2008.
서지영, 「宋代 提點刑獄司의 機能變化와 그 意味」, 『法史學硏究』 40, 2009.
송동림, 「한반도 근해 출수 송원도자(宋元陶瓷)의 양상과 최종 수요처」, 『문물연구』 29, 2016.
송일기, 「소주(蘇州) 서광사탑(瑞光寺塔) 출토(出土) 북송초기(北宋初期)의 불교문헌(佛敎文獻) 연구(硏究)」, 『한국도서관 정보학회지』 45, 2014.
송재윤, 「황제(皇帝)와 재상(宰相) : 남송대(南宋代)(1127~1279) 권력분립리론(權力分立理論)」, 『퇴계학보』 140, 2016.
송희경, 「남송의 瀟相八景圖에 관한 연구」, 『미술사학연구』 205, 한국미술사학회, 1995.
須江隆 저, 강판권 역, 「사묘와 종족－북송 말 이후 '지역사회'의 형성과 재편」, 『중국사연구』 27, 2003.
신만리, 「송원(宋元)교체기 여문환(呂文煥)과 그 가족(家族)」, 『중앙아시아연구』 19-2, 2014.
신채식, 「唐末五代의 東南沿海地域과 韓半島의 海上交涉」, 『東國史學』 34, 2000.
신채식, 「北宋時代의 墾田에 관하여」, 『역사학보』 75, 1977.
신채식, 「北宋의 蔭補制度 硏究」, 『역사학보』 42, 1969.
신채식, 「北宋의 財政改革論에 관하여」, 『역사교육』 14, 1971.
신채식, 「북송 인종조에 있어서의 대서하정책의 변천에 관하여」, 『역사교육』 8, 1964.
신채식, 「북송 초기 농촌부흥책과 간전(墾田) 통계」, 『이대사원』 22-2, 1988.
신채식, 「宋代 '君主獨裁體制說'에 대한 異論」, 『동양사학연구』 111, 2010.
신채식, 「宋代 文臣官僚의 陞進에 대하여」, 『동양사학연구』 8·9합, 1975.

신채식, 「宋代 新儒教(道學)의 宗教性에 關하여」, 『송요금원사연구』 8, 2003.
신채식, 「宋·麗의 文化交流에 對해서」, 『이화사학연구』 25·26합, 1999.
신채식, 「宋, 范仲淹의 文教改革策」, 『역사교육』 13, 1970.
신채식, 「10~13世紀 東아시아 文化交流－海路를 통한 麗宋의 文物交易을 中心으로」, 『中國과 東아시아 世界』, 국학자료원, 1996.
신채식, 「王安石 改革의 性格檢討－特히 新法의 保守性에 關하여」, 『동양사학연구』 51, 1995.
신채식, 「王安石의 人間性에 대하여」, 『東國史學』 38, 2002.
신채식, 「王應麟」, 『黃元九教授停年紀念論叢 東아시아의 人間像』, 혜안, 1995.
신채식, 「陳橋驛 政變의 疑案」, 『송요금원사연구』 2, 1998.
신태광, 「南宋前期의 胥吏」, 『동국사학』 27, 1993.
신태광, 「南宋後期의 胥吏」, 『金甲周教授華甲紀念論叢』, 1994.
신태광, 「북송 變法期의 對高麗政策」, 『동국사학』 37, 2002.
신태광, 「북송의 變法과 胥吏」, 『동국사학』 25, 1991.
신태광, 「北宋 전기의 中央胥吏」, 『동국사학』 23, 1989.
신태광, 「송대 사대부 사회와 정복왕조」, 『동양의 역사와 문화』, 국학자료원, 1998.
신태광, 「宋代 胥吏의 政治的 機能」, 『중국사연구』 6, 1999.
신태광, 「王安石의 胥吏政策」, 『송요금원사연구』 4, 2000.
심영환, 「南宋 淳熙5年(1178) 呂祖謙 勅授告身」, 『사림』 36, 수선사학회, 2010.
심영환, 「『蔡行勅』과 북송대 詔書·勅書의 운용」, 『역사와 실학』 45, 역사실학회, 2011.
쑨 쉬, 「북송(北宋) 사관(寺觀) 관리정책 초탐－『담원(談苑)』 "금삼만구천사(今三萬九千寺)"의 "금(今)"자 검토」, 『중국사연구』 73, 2011.
안성현, 「과거를 비추는 거울 『折獄龜鑑』」, 『복현사림』 31, 경북사학회, 2013.
안준광, 「북송군의 充員制度」, 『역사교육논집』 17, 1992.
안준광, 「북송 금군의 형성과 그 운용」, 『대구사학』 32, 1987.
안준광, 「北宋 武臣官僚의 任用과 陞進遷補」, 『慶北史學』 21, 1998.
안준광, 「북송 廂軍의 조직과 역할」, 『경북사학』 11, 1988.
안준광, 「북송의 武學와 武學」, 『역사교육논집』 13, 1990.
안준광, 「北宋의 蓄兵에 대하여」, 『경북사학』 15, 1982.
안준광, 「北宋 政治權力과 武臣官僚」, 『역사교육논집』 23·24합, 1999.
안준광, 「北宋初期 對外政策의 基調」, 『송요금원사연구』 4, 2000.
안준광, 「북송 초 태조, 태종 정권의 성격」, 『육군제삼사관학교 논문집』 20, 1985.
안준광, 「宋夏戰爭에 대하여」, 『육군삼사관학교 논문집』 39, 1994.
楊小敏·王中良, 「試析宋代'無名醫'的緣由」, 『역사문화연구』 38, 2011.
양종국, 「과거제도의 성립과 北宋 仁宗 嘉祐六年 殿試運營의 실례」, 『역사와 역사교육』

3·4합, 웅진사학회, 1999.
양종국,「북송대 당쟁의 전개 과정과 성격 고찰」,『중국학논총』 4, 고려대 중국연구소, 1988.
양종국,「북송대(北宋代) 사천사대부사회(四川士大夫社會)의 형성에 관하여」,『史叢』 29, 고려대 사학회, 1985.
양종국,「北宋初 三大疑案의 내용과 성격」,『송요금원사연구』 3, 송요금원사연구회, 1999.
양종국,「北宋初 實力者 晉王 趙光義와 帝位繼承問題」,『동양사학연구』 66, 1999.
양종국,「북송초 政爭의 주인공 趙普와 盧多遜의 인물 평가」,『호서사학』 32, 2002.
양종국,「北宋初 帝權確立과 太宗政權의 性格」,『송요금원사연구』 4, 송요금원사연구회, 2000.
양종국,「北宋初 趙普와 盧多遜의 政爭: 권력관계의 변화를 중심으로」,『중국사연구』 21, 2002.
양종국,「송대 계층이동과 사대부의 성격형성」,『역사와 역사교육』 1, 웅진사학회, 1996.
양종국,「송대 독서인층의 팽창과 '사대부'의 개념변화에 대하여」,『동양사학연구』 33, 동양사학회, 1990.
양종국,「송대 사대부사회의 형성과 사대부의 활동유형 분석」,『역사와 역사교육』 11, 웅진사학회, 2005.
양종국,「송대의 사대부」,『한국사시민강좌』 29, 일조각, 2001.
양종국,「송대 '特奏名'의 성립과 사회사적 의의」,『歷史學報』 14, 역사학회, 1995.
양종국,「宋王朝 建國期 陳橋驛政變과 天命思想」,『湖西史學』 48, 호서사학회, 2007.
양종국,「송왕조 건국이전 조광윤의 군사기반 확립과정과 천명사상」,『중국사연구』 39, 2005.
양종국,「심괄(沈括)의 몽계필담(夢溪筆談)과 인쇄사화(印刷史話)」,『역사와 역사교육』 2, 웅진사학회, 1997.
양종국,「중국대륙학계 송대사연구의 흐름과 전망—사대부 문제와 관련하여」,『송요금원사연구』 1, 송요금원사연구회, 1997.
양종국,「중국인 학자가 본 '新安朱氏世譜'」,『역사와 역사교육』 5, 2000.
양종국,「天命思想을 통해 본 宋 太祖 趙匡胤의 皇帝卽位 記錄」,『역사와 담론』 57, 호서사학회, 2010.
양종국,「John W. Chaffee, *The Thorny Gates of Learning in Sung China - A Social History of Examinations* (State Univ. of New York press, Albany, 1995(초판 1985))」,『中國史硏究』 8, 2000.
여승환,「송대 "瓦舍, 勾欄"의 유래 고찰」,『중국문학연구』 31, 한국중문학회, 2005.

閻孟祥,「宋代宏智正覺禪思想研究的幾個問題」,『역사문화연구』 33, 2009.
오상훈,「北宋 佛教思想의 한 基調－儒, 佛, 道教의 한 基調」,『경북사학』 21, 1998.
오상훈,「宋代 民間信仰 槪況」,『釜大史學』 27, 2003.
오상훈,「王安石의 自我－特히 그의 詩篇들을 통해 본 思惟의 軌迹」,『釜大史學』 23, 1999.
오원경,「開封 茶館을 통해 본 北宋朝 都市茶文化」,『중국사연구』 42, 2006.
오원경,「漏澤園을 통해 본 北宋代 국가 葬禮支援制度」,『역사문화연구』 57, 2016.
오원경,「唐宋代 '茶風'의 形成과 發展」,『중국사연구』 7, 1999.
오원경,「北宋朝 茶法－國防과의 關係를 中心으로」,『淑大史論』 21, 1999.
오원경,「宋代 孤兒救濟 政策과 機構」,『역사교육논집』 48, 2012.
오원경,「宋代 四川榷茶와 茶馬貿易」,『淑大史論』 20, 1998.
오원경,「宋代 茶葉生産에 關한 一考察」,『淑大史論』 19, 1997.
오원경,「宋代 婚禮儀式中 '聘禮'에 關한 一考察」,『송요금원사연구』 4, 2000.
오원경,「宋代 婚姻의 '不顧門戶, 直求資財'的 特徵에 대한 再考」,『송요금원사연구』 8, 1993.
오원경,「臨安 茶館을 통해 본 南宋朝 도시 都市茶文化」,『중국사연구』 70, 2011.
오원경,「中國의 敬老 傳統과 北宋代 老人救濟 政策」,『역사교육논집』 53, 2014.
오원경,「鬪茶를 통해 본 송대 차문화」,『중국학보』 48, 2003.
오원경,「婚禮, 喪祭禮中의 茶禮俗」,『중국사연구』 22, 2003.
왕무화,「南宋 말기 무장의 상황－呂文德과 呂家軍을 둘러싼 분석」,『인문학연구』 12, 2007.
왕서뢰,「南宋的砧基簿」,『인문학연구』 78, 충남대 인문과학연구소. 2009.
王善軍,「從耶律倍到耶律希亮」,『역사문화연구』 36, 2010.
王曉龍·滕子赫,「論宋代法律文明對社會歷史發展的積極作用」,『역사문화연구』 51, 2014.
우성숙,「『名公書判淸明集』을 통해 본 宋代 女性의 再婚과 財産問題」,『法史學硏究』 31, 2005.
遠藤隆俊 저, 김종건 역,「북송 사대부의 일상생활과 종족－范仲淹의『家書』를 통한 분석」,『중국사연구』 27, 2003.
유원준,「南宋 經界法에 대하여－이춘년과 주희의 경계안을 중심으로」(1) (2),『경희사학』 20·21, 1996·1997.
유원준,「北宋末 常勝軍과 義勝軍에 관한 硏究」,『중국사연구』 58, 2009.
유원준,「北宋前期 對民統治政策의 性格에 관한 一考－浙西地域 租稅問題를 中心으로」,『慶熙史學』 19, 1995.
유원준,「북송 초 송·서하 전쟁의 발발과 확전」,『동북아역사논총』 34, 2011.
유원준,「『三朝北盟會編』 板本 및 史料的 價値에 관한 硏究」,『중국사연구』 84, 2013.

유원준, 「宋代 福建一帶의 不擧子 習俗에 대한 硏究(1)－신정세 및 사원경제와의 관계를 중심으로」, 『東洋學硏究』 4, 1998.
유원준, 「朱熹의 人物評價에 關하여－王安石에 對한 評價를 中心으로」, 『송요금원사연구』 4, 2000.
육정임, 「宋代 共財槪念과 家産所有權」, 『송요금원사연구』 8, 1993.
육정임, 「宋代 分割相續과 家族」, 『동양사학연구』 83, 2003.
육정임, 「宋代 養子의 財産繼承權」, 『동양사학연구』 74, 2001.
육정임, 「宋代 遺囑에 의한 財産相續」, 『中國學報』 46, 2002.
육정임, 「宋代 贅婿 硏究」, 『송요금원사연구』 4, 2000.
육정임, 「宋代 戶絶財産法 硏究」, 『송요금원사연구』 5, 2001.
육정임, 「宋元代 族譜修撰과 그 사회사적 의의」, 『한국사학보』 22, 2006.
육정임, 「중국학계의 송금관계사 연구동향」, 『동북아 중세의 한족과 북방민족－최근 중국학계의 연구동향과 그 성격』, 동북아역사재단, 2010.
윤영인, 「10~13세기 동북아시아 다원적 국제질서에서의 책봉과 맹약」, 『동양사학연구』 101, 2007.
이개석, 「고려사 원종 충열왕 충선왕 세가 중 원조관련 기사의 주석연구」, 『동양사학연구』 88, 2004.
이개석, 「宋 徽宗代 紹述新政의 挫折과 私權的 皇權强化」, 『동양사학연구』 53, 1996.
이개석, 「元朝의 南宋倂合과 江南支配의 의의」, 『경북사학』 21, 경북사학회, 1998.
이개석, 「徽宗代 私權的 皇權强化와 側臣의 跋扈」, 『송요금원사연구』 4, 2000.
이경규, 「송대 천주의 해외무역」, 『인문과학연구』 5, 대구효성카톨릭대, 2004.
이경규, 「『香奩集』과 『花間集』의 詩語 비교연구」, 『중국어문학논집』 66, 중국어문학연구회, 2011.
이계지 저, 나영남·조복현 공역, 『요·금의 역사: 정복 왕조의 출현』, 신서원, 2014.
이근명, 「南宋建國期 福建一帶의 人口移動과 社會變化」, 『송요금원사연구』 4, 2000.
이근명, 「南宋末 蒙古軍의 南下와 襄陽·樊城의 戰鬪」, 『歷史文化硏究』 17, 2002.
이근명, 「남송-몽골관계사 연구의 주요 쟁점과 그 추이」, 『동북아 중세의 한족과 북방민족－최근 중국학계의 연구동향과 그 성격』, 동북아역사재단, 2010.
이근명, 「南宋時代 農村市場의 發達情況과 農民生活－福建地方을 中心으로」, 『外大史學』 8, 1998.
이근명, 「南宋時代 福建 經濟의 地域性과 米穀需給」, 『송요금원사연구』 1, 1997.
이근명, 「南宋時代 福建 讀書人의 科擧 應試狀況과 解額」, 『역사문화연구』 17, 2002.
이근명, 「南宋時代 福建民의 海上貿易活動과 그 性格」, 『역사문화연구』 14, 2001.
이근명, 「南宋時代 福建一帶의 農耕方式과 麥作」, 『中國學報』 42, 2000.
이근명, 「南宋時代 福建一帶의 商品作物 排作狀況과 그 性格」, 『역사문화연구』 12, 2000.

이근명,「南宋時代 福建一帶의 海賊과 地域社會」,『동양사학연구』 66, 1999.
이근명,「南宋時代 福建地方의 水利開發과 地域差」,『歷史學報』 156, 1997.
이근명,「南宋時代 社倉制의 實施와 그 性格－福建地方을 中心으로」,『歷史教育』 60, 1996.
이근명,「南宋시대 兩浙의 인구와 사회변화－麥作의 普及 문제를 중심으로」,『중국연구』 28, 한국외국어대 중국연구소, 2001.
이근명,「남송시대 荒政의 운용과 지역사회－淳熙 7년(1180) 南康軍의 기근을 중심으로」,『역사문화연구』 23, 2004.
이근명,「南宋初 范汝爲의 叛亂과 招安 問題」,『중국사연구』 70, 중국사학회, 2011.
이근명,「南宋初 福建一帶의 民衆反亂과 地域社會」,『中國學報』 38, 1999.
이근명,「南宋 後半期 福建地域 社會構造의 變化와 그 性格」,『歷史教育』 78, 2001.
이근명,「북송시대 胥吏制의 확립과 그 성격」, 서울대 석사학위논문, 1990.
이근명,「북송의 명장 양업(楊業)과 양가장(楊家將) 설화」,『사림』 38, 2011.
이근명,「宋代 社會救濟制度의 運用과 國家權力－居養院制의 變遷을 中心으로」,『동양사학연구』 57, 1997.
이근명,「『宋名臣言行錄』의 編纂과 後世 流傳」,『기록학연구』 11, 2005.
이근명,「『宋史』「王安石傳」의 譯註」,『역사문화연구』 23, 2005.
이근명,「송원시대 상업발전과 화폐경제」,『역사문화연구』(박성래교수 정년기념특별호), 2004.
이근명,「왕안석 신법 시기의 대외전쟁」,『인문학연구』 100, 2015.
이근명,「왕안석의 집권과 신법의 시행」,『역사문화연구』 35, 2010.
이근명,「王安石 政權의 成立과 制置三司條例司」,『近世 東아시아의 國家와 社會』, 知識産業社, 1998.
이근명,「朱熹의 '增損呂氏鄕約'과 朝鮮社會－朝鮮鄕約의 特性에 對한 檢討를 中心으로」,『中國學報』 45, 2002.
이근명,「11세기 후반 송·베트남 사이의 전쟁과 외교 교섭」,『동북아역사논총』 34, 2011.
이근명,「12세기 남중국 지역사회의 동태와 遏糴」,『역사문화연구』 22, 2005.
이기훈,「송대 족보문화와 소순(蘇洵)의『소씨족보(蘇氏族譜)』」,『중국문학연구』 45, 2011.
이범학,「近思錄과 朱子」,『韓國學論叢』 18, 1996.
이범학,「南宋後期 理學의 普及과 官學化의 背景－理學系 人士들의 政治社會的 行動을 中心으로」,『韓國學論叢』 17, 1995.
이범학,「北宋代 鹽政에 대하여－新法黨의 鹽法改革을 中心으로」,『한국학논총』 35, 국민대, 2011.

이범학, 「북송 후기의 정치와 당쟁사의 재검토－신법당의 입장을 중심으로」, 『한국학논총』 14, 국민대 한국학연구소, 1991.
이범학, 「송대의 사회와 경제」, 『강좌중국사Ⅲ』, 지식산업사, 1989.
이범학, 「魏了翁(1178~1237)의 經世理學과 道統論」, 『韓國學論叢』 22, 2000.
이범학, 「魏了翁의 先賢謚號奏請 事業과 理學官僚의 擡頭－道統確立의 政治史的 意義」, 『韓國學論叢』 23, 2001.
이범학, 「張載의 氣論과 明淸思想」, 『韓國學論叢』 19, 1997.
이범학, 「眞德秀 經世理學의 成立과 그 背景－南宋後期 理學의 官學化와 그 意義」, 『韓國學論叢』 20, 1998.
이범학, 「最近 朱子學硏究의 新動向과 展望」, 『韓國學論叢』 16, 1994.
이병욱·김기욱·박현국, 「南宋時期 醫學에 관한 硏究(2)」, 『대한한의학원전학회지』 17-1,대한한의학원전학회, 2004.
이석현, 「雇傭奴婢의 登場과 奴婢觀의 變化」, 『동양사학연구』 63, 1998.
이석현, 「北宋代 使行 旅程 行路考」, 『동양사학연구』 114, 동양사학회, 2011.
이석현, 「北宋 신종년간 대서하 경략과 영향, 인식」, 『역사와 세계』 39, 2011.
이석현, 「宋代 雇傭人 身分과 法的 地位」, 『송요금원사연구』 3, 1999.
이석현, 「宋代 不法的 隷屬民의 成立과 國家權力」, 『동양사학연구』 86, 2004.
이석현, 「宋代 隷屬民 名稱小攷」, 『송요금원사연구』 8, 1993.
이석현, 「宋代 隷屬民의 勞動形態－家內勞動을 中心으로」, 『동양사학연구』 80, 2002.
이석현, 「宋代 隷屬民의 生命權과 社會的 地位」, 『中國學報』 43, 2001.
이석현, 「宋代 隷屬民의 成立과 身分性格」, 『동양사학연구』 73, 2001.
이석현, 「宋代 佃僕의 諸類型과 身分 性格」, 『송요금원사연구』 4, 2009.
이석현, 「'澶淵의 盟'의 성립과 宋人의 認識」, 『동북아역사논총』 26, 2009.
이석현, 「'忠僕'과 '頑僕'－宋代 隷屬民像과 關聯하여」, 『중국사연구』 23, 2003.
李雪梅, 「學田碑와 宋元 學田 제도화 확립의 노력」, 『중국사연구』 69, 2010.
이세영, 「朱子의 『孟子集註』에 보이는 '井田制'의 성격」, 『역사문화연구』 32, 2009.
이승신, 「范仲淹과 歐陽脩의 交遊 關係 硏究」, 『중국학논총』 26, 2009.
이승준, 「복의(濮議: 英宗의 私親) 와 대간 세력의 대두－북송 구법당 형성의 정치적 맥락과 관련하여」, 『학림』 23, 2002.
이원석, 「송대 사대부의 춘추관에 대한 연구」, 『규장각』 30, 규장각한국학연구소, 2007.
이원석, 「『호원(胡瑗)의 인성론 연구」, 『범한철학』 59, 2010.
이종찬, 「『名公書判淸明集』을 통해 본 宋代 不動産 거래와 親隣法」, 『法史學硏究』 31, 2005.
이하라 히로시 지음, 조관희 옮김, 『중국 중세 도시 기행; 송대의 도시와 도시생활』,

학고방, 2002.
이효형, 「발해 유민 연구」, 『중국학계의 북방민족·국가 연구』, 동북아역사재단, 2008.
임대희, 「『청명집』을 통해 본 송대 '대이(對移)' 제도의 실행」, 『역사교육논집』 54, 2015.
임대희·박구철 옮김, 「역주 『청명집』 호혼문 권4상」, 『중국사연구』 33, 2004 ; 「호혼문 권5」, 『중국사연구』 34, 2005 ; 「호혼문 권6상」, 『중국사연구』 36, 2005 ; 「호혼문 권6하」, 『중국사연구』 38, 2005 ; 「호혼문 권7상」, 『중국사연구』 41, 2006 ; 「호혼문 권7하」, 『중국사연구』 42, 2006 ; 「호혼문 권8상」, 『중국사연구』 47, 2007 ; 「호혼문 권8중」, 『중국사연구』 55, 2008 ; 「호혼문 권8하」, 『중국사연구』 62, 2009 ; 「호혼문 권9상」, 『중국사연구』 73, 2011 ; 「호혼문 권9중」, 『중국사연구』 80, 2012 ; 「호혼문 권9하」, 『중국사연구』 84, 2013.
임명희, 「당송(唐宋)시기 도통(道統)내용의 전환-당말(唐末)에서 북송(北宋)시기 도의 전승 내용에 관한 담론을 중심으로」, 『한국철학논집』 36, 2013.
임명희, 「송대 '중화(中和)' 사상에 관한 일고찰-사마광(司馬光)과 한유(韓維)의 서신교환을 중심으로」, 『한국철학논집』 38, 2013.
임명희, 「송대 절학(浙學)의 유파와 그 사상적 특징에 관한 연구」, 『동양철학연구』 88, 동양철학연구회, 2016.
임승배, 「南宋 詞風의 변화」, 『중국인문과학』 18, 1999.
장경희, 「12세기 고려(高麗), 북송(北宋), 금(金) 황제릉의 비교 연구」, 『동방학』 30, 2014.
장동익, 「『金史』 高麗關係 記事의 語彙集成」, 『역사교육논집』 33, 2004.
장완석, 「郭熙, 郭思 '林泉高致' 美學思想」, 『한국철학논집』 17, 2005.
장용준, 「송대 소송제도에 대한 연구동향」, 『法史學硏究』 41, 2010.
저경하, 「高麗 義天과 宋 楊傑의 불교 교류에 대한 재검토」, 『역사문화연구』 49, 2014.
전영섭, 「10세기 전후 동아시아 교역체제의 변동과 내륙도시 장안(長安)-경조부(京兆府)의 호구(戶口) 실태와 인구이동을 중심으로」, 『역사와 경계』 78, 부산경남사학회, 2011.
丁建軍·田志光, 「宋代法治誠信缺失成因探析」, 『역사문화연구』 27, 2007.
정래동, 「李淸照의 詞와 生涯」, 『아시아여성연구』 15, 1976.
정우석, 「宋代 編管刑의 등장과 그 시행상의 특징-『名公書判淸明集』을 중심으로」, 『法史學硏究』 44, 2011.
정은우, 「遼代 佛像彫刻의 硏究」 Ⅰ~Ⅱ, 『미술사연구』 13~14, 1999~2000.
정의도, 「宋, 遼, 金, 元 묘시저(墓匙箸) 및 鐵鋏出土傾向-高麗墓副葬品과 關聯하여」, 『문물연구』 15, 2009.
정의도, 「宋, 遼, 金, 元 수저(匙箸) 編年硏究-어미형숟가락의 출현」, 『문물연구』 17,

2010.
정일교,「南宋代 銅錢 鑄造에 관한 고찰」,『동양사학연구』 132, 동양사학회, 2015.
정일교,「南宋時代 財政과 軍費 比重 硏究」,『동양사학연구』 136, 동양사학회, 2016.
정일교,「南宋時期 紙幣 發行 硏究」,『인문학연구』 89, 충남대 인문과학연구소, 2012.
정일교,「南宋時期 紙幣 發行 現況과 그 特徵」,『동양사학연구』 122, 동양사학회, 2013.
정일교,「남송초 금과의 전쟁 시기 물가 변동 연구」,『역사문화연구』 44, 2012.
정일교,「北宋 四川地域 紙幣 發行 背景과 流通狀況」,『역사문화연구』 52, 한국외국어대 역사문화연구소, 2014.
정일교,「宋代 僞造紙幣 연구-朱熹의 唐仲友 탄핵 사건을 중심으로」,『인문학연구』 96, 충남대 인문과학연구소, 2014.
정일교,「隆興北伐 時期 物價變動 硏究」,『중앙사론』 44, 중앙대 중앙사학연구, 2016.
정정애,「송 초기의 화폐정책-특히 철전의 회수와 동전 보급책에 대하여」,『숙대논총』 2, 1965.
정헌철,「花間詞考」,『중국문학』 6, 한국중국어문학회, 1979.
조국희,「북송시대 강서관료에 관한 일고찰」,『학림』 9, 연세대, 1987.
조동원,「南宋 儒學思想上 葉適의 位置-僞學之禁 背景의 一面」,『釜大史學』 22, 1998.
조동원,「宋代 州縣의 經濟統計」,『釜大史學』 21, 1997.
조복현,「宋代 絹價의 변동과 그 특징 연구」,『동양사학연구』 100, 2007.
조복현,「송대 관료사회에서 뇌물수수가 성행한 배경과 士風」,『동양사학연구』 95, 2006.
조복현,「송대 관리들의 뇌물수수에 대한 정책 연구」,『중앙사론』 21, 2005.
조복현,「宋代 官員들에 대한 賞賜制度 硏究」,『송요금원사연구』 8, 2003.
조복현,「宋代 官員들의 賂物授受 목적 硏究」,『송요금원사연구』 9, 2004.
조복현,「송대 관원수 연구」,『중앙사론』 14, 2000.
조복현,「宋代 官員의 公使錢 硏究」,『동양사학연구』 181, 2003.
조복현,「宋代 官員의 料錢 硏究」,『송요금원사연구』 5, 2001.
조복현,「宋代 官員의 添支硏究」,『중국사연구』 17, 2002.
조복현,「宋代 官戶의 商業經營과 그 收入」,『송요금원사연구』 4, 2000.
조복현,「송대 관호의 소유토지 來源 연구」『중앙사론』 12·13합, 1999.
조복현,「宋代官戶的概念和範圍硏究」,『중앙사론』 16, 한국중앙사학회, 2002.
조복현,「宋代 米價의 변동과 소비생활」,『역사학보』 194, 역사학회, 2007.
조복현,「宋代 福建의 社會經濟的 發展과 商人들의 네트워크 硏究」,『중국사연구』 31, 2004.
조복현,「宋代 城市에서 肉類의 消費와 價格 硏究」,『역사문화연구』 29, 한국외대 역사문화연구소, 2008.

조복현,「宋代 城市에서 住宅의 賃貸業과 賃貸價格 硏究」,『중앙사론』 29, 중앙사학연구소, 2009.
조복현,「宋代 城市의 住宅價格 硏究」,『역사교육』 110, 역사교육연구회, 2009.
조복현,「宋代 水産品의 價格과 그 特徵 硏究」,『역사학보』 198, 역사학회, 2008.
조복현,「宋代의 土地 價格 硏究」,『중국사연구』 56, 2008.
조복현,「宋代 中央과 地方의 物價 특징 연구」,『역사문화연구』 29, 2007.
조복현,「宋代 地價의 변동과 그 특징 연구」,『중국학보』 58, 한국중국학회, 2008.
조복현,「송대 지방관의 職田制度 연구」,『역사학보』 181, 2004.
조복현,「송대 채소재배업과 채소가격 연구」,『송요금원사연구』 5, 2001.
조복현,「12세기 초 국제정세와 麗金 간의 전쟁과 외교」,『동북아역사논총』 34, 동북아역사재단, 2011.
조복현,「12世紀 初期 高麗－金 關係의 전개와 상호인식」,『역사문화연구』 35, 한국외대 역사문화연구소, 2010.
조복현,「朱子家禮의 著述과 韓國傳來時期의 社會的 背景硏究－喪葬禮俗의 比較를 中心으로」,『중국사연구』 19, 2002.
조복현,「中國에서의 最近 宋遼金元史硏究 現況」,『송요금원사연구』 창간호, 1997.
조영록,「司馬光의 名分論－舊法黨 政論 形成의 時代背景과 그 本質」,『黃元九敎授停年紀念論叢 東아시아의 人間像』, 1995.
조점숙,「북송조의 견직업에 대한 일고찰」,『이대사원』 15, 1978.
趙晶,「『慶元令』 조문의 내력 고찰－以『河渠令』和『驛令』爲例」,『중국사연구』 80, 2012.
주경미,「남송대 정치 변동과 불사리장엄」,『미술사와 시각문화』 9, 2010.
주경미,「模倣과 再現－南宋 皇室의 寧波 阿育王塔 供養과 그 影響」,『中國史硏究』 93, 2014.
주경미,「北宋代 塔形舍利莊嚴具의 硏究」,『中國史硏究』 60, 2009.
주경미,「宋代 靜志寺塔 地宮의 佛舍利 再埋納과 莊嚴方式 硏究」,『미술사학』 23, 2009.
주경미,「吳越國王 錢鏐의 寧波 阿育王塔 공양과 그 의의」,『中國史學會』 77, 2012.
주경미,「오월왕 전홍숙의 불사리신앙과 장엄」,『역사와 경계』 61, 2006.
주경미,「遼寧省 朝陽地域의 遼代 佛舍利裝嚴 硏究」,『중국사연구』 53, 2008.
주경미,「遼代 朝陽北塔 出土 經幢 硏究」,『東岳美術史學』 10, 2009.
주경미,「遼代 八大靈塔 圖像의 연구」,『中央아시아硏究』 14, 2009.
주경미,「遼 興宗年間(1031~1055)의 佛舍利莊嚴 硏究」,『中國史硏究』 35, 2005.
주경미,「중국 절강성 항주 뇌봉탑의 불사리장엄」,『불교미술사학』 4, 2006.
주백겸 저, 장남원 역,「남송 교단하관요 간개(南宋 郊壇下官窯 簡介)」,『고문화』 54, 한국대학박물관협회, 1999.
陳朝雲,「북송 황릉 신도에 설치된 석상을 통해 본 북송과 주변지역의 문화교류」,

『중국사연구』 46, 2007.
최동순,「송 천태종 중흥과 의통의 역할」,『한국불교학』 50, 2008.
최성은,「고려후기 전환기의 미술 특집: 고려후기 불교조각과 남송조각 관계」,『강좌 미술사』 22, 2004.
최성은,「杭州 煙霞洞石窟 十八羅漢像에 대한 硏究」,『미술사학연구』 190·191, 1991.
최운봉·허일,「중국 송대 尖底船의 조선기술 및 그 구조에 관한 연구」,『해양환경안전학회지』 10-1, 2004.
최운봉·허일,「중국 송대 海船의 주요 유형에 관한 연구」,『해양환경안전학회지』 10-1, 해양안전학회지, 2004.
최종인,「宋代 北宗 山水畵의 연구」,『군산실전 논문집』 3, 1980.
최해별,「南宋代 '有夫者' 姦通의 처벌에 관한 연구: '姦從夫捕'를 중심으로」,『동양사학연구』 121, 2012.
최해별,「南宋 시기 婚姻節次의 법적 효력: 혼인관계의 증명 및 혼약 '翻悔'의 판결을 중심으로」,『이화사학연구』 43, 2011.
최해별,「唐·宋 시기 가정 내 妾의 位相 변화－夫妾 관계의 계약적 특성을 중심으로」,『동양사학연구』 113, 2010.
최해별,「宋代 檢驗 제도에서의 결과 보고－'驗狀'類 문서를 중심으로」,『이화사학연구』 47, 2013.
최해별,「宋代 檢驗 제도의 운영－'檢驗格目'을 중심으로」,『역사학보』 220, 2013.
최해별,「宋代 殺傷 사건 판례를 통해 본 '檢驗'의 실제」,『역사문화연구』 58, 2016.
최해별,「송대 '有夫者' 姦通에서의 '謀殺其夫' 처벌: '간처'의 처벌에 대한 법률논쟁을 중심으로」,『중국학보』 67, 2013.
하원수,「'孔門四科'에 대한 인식을 통해 본 士人의 自意識－魏晋南北朝~宋代를 중심으로」,『동양사학연구』 88, 2004.
허영환,「北宋末의 讀書人과 書院과의 관계」,『사총』 23, 1979.
胡　坤,「困惑與矛盾: 宋代薦擧法密弊多現象的討論」,『역사문화연구』 32, 2009.
황관중 지음, 이학로 옮김,「가족의 흥망성쇄와 사회 뉴대 관계－송대 사명고씨 가족의 사례를 중심으로」,『중국사연구』 27, 중국사학회, 2003.
황보윤식,「북송대 女口 不統計 原因 考察－北宋以前 典章制度上 女性人口의 取扱과 關聯하여」,『중국사연구』 18, 2002.
황보윤식,「北宋代 人口增加의 原因 考察－主로 農業生産性 向上과 關聯하여」,『仁荷史學』 9, 2002.
황보윤식,「北宋代 主客戶의 分布變化와 生活實相」,『송요금원사연구』 8, 1993.
황보윤식,「北宋代 戶口比에 關한 諸說의 考察」,『仁荷史學』 10, 2003.
황보윤식,「北宋代 戶口比와 實際人口數 考察」,『송요금원사연구』 6, 2001).

주

첫머리에

1) 김영제, 「唐代의 兩稅와 元稹의 同州奏均田狀」, 『東洋學』 26, 1996.
2) 고석림, 「송대 佃戶의 제(諸)유형과 그 성격」, 『대구사학』 10, 1976. 송대의 전호를 크게 ① 有力佃戶 ② 下等戶 佃戶 ③ 無籍佃戶 ④ 隷屬佃戶로 분류하고 ②와 ③을 전형적인 유형으로 간주하였다. 법적으로도 이들을 차별할 수 있는 것은 그 주인뿐이며 제3자로부터는 차별을 받지 않아 전호는 농노적이면서도 소작인의 성격을 동시에 띠었다고 보았다.
3) 김영진, 「吳越王朝의 文治主義的 性向과 文臣, 文士의 動向-宋代 士大夫의 起源問題와 關聯하여」, 『東方學志』 89·90, 1995 ; 김영진, 「陸游: 南宋代 鄕居士大夫의 生活과 活動」, 『(黃元九敎授停年紀念論叢) 東아시아의 人間像』, 혜안, 1995 ; 민병희, 「道統과 治統, 聖人과 帝王: 宋~淸中期의 道統論을 통해 본 士大夫社會에서의 君主權」, 『역사문화연구』 40, 2011 ; 민병희, 「북송(北宋) 시기 보편 원리의 추구와 사대부(士大夫)의 위상(位相)-소옹(邵雍), 왕안석(王安石), 정이(程頤)를 중심으로」, 『중국사연구』 83, 중국사학회, 2013.
4) 조복현, 『송대 관원의 봉록제도』, 신서원, 2006.
5) 조복현, 「송대 관원수 연구」, 『중앙사론』 14, 한국중앙사학회, 2000.
6) 신채식, 「송대 문관 관료의 승진에 대하여」, 『동양사학연구』 8·9합, 동양사학회, 1975.
7) 유원준, 「北宋前期 對民統治政策의 性格에 관한 一考-浙西地域 租稅問題를 中心으로」, 『慶熙史學』 19, 1995.
8) 이근명, 「왕안석의 집권과 신법의 시행」, 『역사문화연구』 35, 2010.
9) 이근명, 「왕안석 신법 시기의 대외전쟁」, 『인문학연구』 100, 2015.
10) 고려는 북송으로 약 53차례에 걸쳐 사절단을 파견하였다. 사료를 보건대 북송정부는 고려사절을 상당히 예우하였는데 특히 신종 때 각별하였다. 이것이 지나치다고 해서 실제로 哲宗 때는 적지 않게 논란이 일기도 하였다. 김영제, 「高麗使節에 대한 북송정부의 禮遇-神宗代 고려사절의 使行旅程과 관련하여」, 『중국사연구』 84, 2013.
11) 김성규, 「北宋朝貢年表考索」, 『전북사학』 25, 2002 ; 김성규, 「北宋朝貢年表考索(續)」, 『전북사학』 26, 2003 ; 김성규, 「10~12세기 동아시아의 국제환경」, 『중국학보』 59, 2009 ; 김성규, 「3개의 "트라이앵글": 北宋時代 동아시아 국제 관계의 大勢와 그 특징에 관한 試論」, 『역사학보』 205, 역사학회, 2010 ; 김성규, 「高麗, 西夏, 베트남의 국제 지위에 관한 일 측면-'진봉사현사의'의 비교를 통해서」, 『국제중국학연구』 11, 한국중국학회, 2008 ; 김성규, 「高麗前期의 麗宋關係-宋朝 賓禮를 中心으로 본 高麗의 國際地位 試論」, 『국사관논총』 92, 2000 ; 김성규, 「金朝의 '禮制覇權主義'에 대하여-外國使入見儀의 분석을 중심으로」, 『중국사연구』 86, 2013.
12) 유력한 학설에 따르면, 고려국왕은 요와 금 등의 외교사절을 대할 때 일반적인 대면 위치 즉 面位 방식과는 달리 동쪽에 서서 서쪽을 바라보는 자세를 취하였다. 이는 고려의 주체성을 반영한 것이다. 김성규, 「고려 외교에서 의례와 국왕의 자세」, 『역사와 현실』 94, 2014.
13) 나영남, 「10세기 동북아 국제정세와 契丹의 요동정책-東丹의 성립과 그 통치정책」, 『역사문

화연구』 39, 2011.

14) 윤영인, 「거란 요 연구」, 『중국학계의 북방민족·국가 연구』, 동북아역사재단, 2008 ; 조복현, 「중국에서의 오대 왕조와 거란의 관계사 연구 동향」, 『동북아 중세의 한족과 북방민족－최근 중국학계의 연구동향과 그 성격』, 동북아역사재단, 2010.

15) 송은 거란왕조와 120년 동안 700회 가까이 사절을 교환하였는데 거란사절단에 대한 송의 예우에 대해서는 김성규, 「거란의 國信使가 宋의 황제를 알현하는 의례」, 『역사학보』 214, 2012 ; 김성규, 「송대 동아시아에서 빈례의 성립과 그 성격」, 『동양사학연구』 72, 2000 참조.

16) 신채식, 「북송 인종조에 있어서의 대서하정책의 변천에 관하여」, 『역사교육』 8, 1964.

17) 박지훈, 「중국학계의 북송과 요의 관계사 연구동향」, 『동북아 중세의 한족과 북방민족－최근 중국학계의 연구동향과 그 성격』, 동북아역사재단, 2010.

18) 유원준, 「중국의 서하사 연구동향」, 『동북아 중세의 한족과 북방민족－최근 중국학계의 연구동향과 그 성격』, 동북아역사재단, 2010.

19) 김위현, 「금 연구」 ; 왕위링, 「거란 요 금 관련 유적 유물」. 모두 『중국학계의 북방민족·국가 연구』, 동북아역사재단, 2008.

20) 김상기, 「고려와 금송과의 관계」, 『국사상의 제문제』 5, 1959 ; 김성규, 「고려 외교에서 의례와 국왕의 자세」, 『역사와 현실』 94, 2014 ; 김성규, 「高麗前期의 麗宋關係」, 『국사관논총』 92, 국사편찬위원회, 2001 ; 김성규, 「高麗前期의 麗宋關係－宋朝 賓禮를 中心으로 본 高麗의 國際地位 試論」, 『국사관논총』 92, 2000.

21) 김성규, 「高麗, 西夏, 베트남의 국제 지위에 관한 일 측면－'진봉사현사의'의 비교를 통해서」, 『국제중국학연구』 11, 2008 ; 이근명, 「11세기 후반 송·베트남 사이의 전쟁과 외교 교섭」, 『동북아역사논총』 34, 동북아역사재단, 2011.

22) 이근명, 「11세기 후반 송·베트남 사이의 전쟁과 외교 교섭」, 『동북아역사논총』 34, 2011.

23) 박지훈, 「북송대 대외 경제관계와 화이관」, 『이화사학연구』 19, 이화사학연구소, 1990.

24) 김성규, 「皇帝入朝儀禮를 통해 본 송대 '外國'의 국제지위－'西南蕃夷'와 '海外進奉蕃客'을 중심으로」, 『중국학보』 61, 2010.

25) 김성규, 「3개의 "트라이앵글": 北宋시대 동아시아 국제관계의 大勢와 그 특징에 관한 試論」, 『역사학보』 205, 2010. 송대 국제관계의 한 특징을 송·요·고려 / 송·요·서하 / 송·서하·토번 등 다양한 삼각관계의 병존으로 보았다.

26) 박지훈, 『송대 화이론 연구』, 이화여자대학교 박사학위논문, 1990 ; 박지훈, 「북송대 禦戎論과 華夷論」, 『역사문화연구』 30, 한국외국어대학교, 2008.

27) 신채식, 「宋代 '君主獨裁體制說'에 대한 異論」, 『동양사학연구』 111, 2010. 유럽의 절대군주를 언급하며 송의 경우, 태조·태종을 제외하면 절대권을 행사한 제왕이 없어 송대 군주독재체제라는 시대구분론의 시대적 타당성에 대해 의문을 제기하고 있다.

28) 당송변혁론은 1950~70년대에 걸쳐 일본에서 가장 치열하게 진행되었다. 그러나 1980년대 이후에는 일본에서 더 이상 이에 관한 글이 거의 보이지 않는데, 거시적 담론에 대한 회의와 함께 1990년대 이후 사회주의권의 붕괴도 영향을 미쳤던 것으로 보인다. 이에 비해 최근 10여 년간 중국대륙에서는 일본의 견해를 소개하며 자신들의 논지를 추가하는 방식으로 당송변혁을 언급한 글들이 보이는데, 봉건사회를 정체기로 보던 견해에 대한 신선한 자극으로 여겨졌기 때문인 것 같다. 당송변혁에 관한 한국내의 논고는 민두기, 「중국의 역사인식과 여러 견해」(『강좌중국사 권4』)를 참조.

29) 송대 문화정책의 관용은 중국의 다원화 문화 국면과 관명한 문화정책의 우수한 역사 전승에 바탕을 두고 있다. 강길중, 「宋代 文化形成과 人文學의 發展」, 『역사문화연구』 35, 2010.

30) 신채식, 「唐末五代의 東南沿海地域과 韓半島의 海上交涉」, 『東國史學』 34, 2000.

31) 木宮泰彦, 『日華文化交流史』, 富山房, 1965.

32) 죄업을 씻은 후에야 진리에 도달하여 성불할 수 있다는 일본의 불교용어다.

33) 불교의 한 종파. 戒律藏으로써 교리를 삼아 계율을 지키는 것을 주로 하며, 唐의 도선 율사가 개창하였다.
34) 710년 겐메이 왕(元明天皇)의 나라(奈良) 천도 이후, 794년 간무 왕(桓武天皇)의 헤이안쿄(平安京: 교토) 천도까지 7대의 왕이 통치한 70여 년간을 가리킨다.
35) 794년 간무 왕의 헤이안쿄 천도 이후 1192년 가마쿠라(鎌倉) 막부 성립까지 약 400년간을 가리킨다.

제1장

1) 양종국, 「송왕조 건국 이전 조광윤의 군사기반 확립 과정과 천명사상」, 『중국사연구』 39, 2005 ; 양종국, 「宋王朝 建國期 陳橋驛政變과 天命思想」, 『湖西史學』 48, 호서사학회, 2007.
2) 안준광, 「북송 초 태조, 태종 정권의 성격」, 『육군제삼사관학교 논문집』 20, 육군제삼사관학교, 1985.
3) 안준광, 「북송 금군의 형성과 그 운용」, 『대구사학』 32, 1987.
4) 이범학, 「송대의 사회와 경제」, 『강좌중국사 3』, 지식산업사, 1989.
5) 송대 관원들의 봉록은 항목과 지급 방식이 대단히 복잡하다. 봉록을 대체적으로 살펴보면, 本官階에 따라서 지금의 본봉에 해당하는 料錢과 祿粟과 衣賜가 있고, 실제 직무를 가지고 있는 差遣官과 職名을 가진 관원들에게는 직책수당인 添支 혹은 職錢이 있어서 添支錢, 添支米, 麵, 羊, 傔人, 馬 등으로 지급되었으며, 중앙과 지방 관청에는 판공비에 해당하는 公使錢이 있었다. 그 밖에 지방관의 부족한 수입을 보충해주기 위해 職田을 주어 그 소작료로 수입을 삼게 하고, 郊祀 때 지급하는 郊祀賞賜, 명절 등에 지급하는 정기 보너스라 할 年節例賜와 비정기적이고 일회성의 賜錢과 賜田 등이 있었다. 조복현, 『송대 관원의 봉록제도』, 신서원, 2006.
6) 통속적으로 '漕司'라고 한다. 송대의 전운사는 路의 재정을 담당하는 관리이자 검찰기구로서 사법 심판의 기능도 갖고 있었다. 전운사의 지방 행정과 재정 및 검찰 작용 등에 대한 연구에 비해 사법 심판 기능에 대해서는 한국학계에서 연구논문이 드문 편이다. 屈超立, 「轉運司의 사법기능」, 임대희·서지영 옮김, 『法學論攷』 28, 2008 참조.
7) 송대 지방행정조직의 최고 단위는 路였는데, 路 지방관의 권한을 분산시켜 황제에 직속시킴으로써 중앙집권체제를 더욱 강화하고자 하였다. 따라서 路에는 독립된 장관이 없고 지방관을 감독하는 路官이 설치되었는데 이를 監司라고 하였다. 轉運司는 조세와 형옥사건 등 지방행정 업무 전반을 담당하였는데 그 업무가 너무 과중하였다. 특히 형옥사건은 번거롭고 복잡하여 특별히 사법을 맡아볼 기구로서 제점형옥사를 설치하였다. 서지영, 「宋代 提點刑獄司에 대한 연구동향」, 『法史學硏究』 38, 2008.
8) 장남식, 『북송 어사대에 관한 연구』, 전북대학교 박사학위논문, 1990.
9) 송대에는 과거제도가 '解試(州試)-省試(禮部試)-殿試(御試 혹은 親試)'의 3단계로 정착되고 문치주의 정책 하에 과거 응시를 장려하고 아울러 낙제자를 구제하기 위해 '特奏名'이라는 제도까지 새로 마련하여 합격자 수를 대폭 늘렸다. 양종국, 「송대 '특주명'의 성립과 사회사적 의의」, 『歷史學報』 14, 1995 ; 배숙희, 「宋代 特奏名制의 實施와 그 性格」, 『동양사학연구』 58, 1997.
10) 조국희, 「북송시대 강서관료에 관한 일고찰」, 『학림』 9, 연세대학교, 1987.
11) 양종국, 「북송대 당쟁의 전개 과정과 성격 고찰」, 『중국학논총』 4, 고려대학교, 1988 ; 양종국, 「북송대(北宋代) 사천사대부사회(四川士大夫社會)의 형성에 관하여」, 『사총』 29, 고려대학교, 1985. 양종국은 송대 당쟁의 발생 요인으로 혈연, 지연, 사제, 인척관계, 擧主와 被擧人 같은 일반적인 이유보다는 사대부 사회의 특수성을 더 중요하게 보았다. 이 특수성은

사대부 사회 내부의 지역감정에 의한 대립의식, 황제권 강화, 사대부 관료의 신분보장이라는 요소가 밀접히 결합하여 이루어졌다. 다만 당쟁 과정에서는 지역성보다 정치이념상의 문제가 더 중요하게 작용하였다고 보았다.

12) 양종국, 「天命思想을 통해 본 宋 太祖 趙匡胤의 皇帝卽位 記錄」, 『역사와 담론』 57, 호서사학회, 2010.

13) 송 태조는 줄기를 튼튼하게 하고 가지를 쇠약하게 한다(强幹弱枝)는 정책에 따라 무신을 철저히 통제하고 감시하는 군주독재체제를 확립하였다. 진종 이후에는 군령을 관장하는 추밀사까지 문신으로 충임하여 무신의 입지가 크게 약화되었다. 하지만 황족들이 무신가문과 통혼하고 외척과 종실에 무관직(武職)과 무관계급(武階)을 주어 정체적 고립을 방지하고 무신관료의 임용 승진 고쳐옮김(遷補)을 직접 관장하여 무신관료를 포용했다고 한다. 안준광, 「북송 정치권력과 무신 관료」, 『역사교육논집』 23·24합, 역사교육학회, 1999 참조.

14) 양종국, 「北宋 初 趙普와 盧多遜의 政爭: 권력관계의 변화를 중심으로」, 『중국사연구』 21, 2002 ; 양종국, 「북송초 政爭의 주인공 趙普와 盧多遜의 인물 평가」, 『호서사학』 32, 2002.

15) 오월왕 전숙은 독실한 불교신자로, 그의 치세 때 『보협인다라니경』을 중심으로 하는 독특한 불사리신앙과 장엄이 발전하였다. 그가 송에 귀순하는 데에는 그의 불교적 사상이 중요한 역할을 했을 것으로 추정된다. 주경미, 「오월왕 전홍숙의 불사리신앙과 장엄」, 『역사와 경계』 61, 부산경남사학회, 2006.

16) 송의 건국과 관련된 '陳橋驛政變'이나 태조 조광윤의 죽음, 그 동생 조광의의 즉위와 관련된 역사기록은 상호 모순된 내용이 많아 이미 전통왕조시대부터 논쟁이 되어 왔다. 양종국, 「북송초의 실력자 진왕 조광의와 제위계승문제」, 『동양사학연구』 66, 1999 ; 신채식, 「陳橋驛政變의 疑案」, 『송요금원사연구』 2, 송요금원사연구회, 1998.

17) 양종국, 「北宋初 三大疑案의 내용과 성격」, 『송요금원사연구』 3, 1999 ; 「北宋初 實力者 晉王 趙光義와 帝位繼承問題」, 『동양사학연구』 66, 1999 ; 「북송초 政爭의 주인공 趙普와 盧多遜의 인물 평가」, 『호서사학』 32, 2002 ; 「北宋初 趙普와 盧多遜의 政爭－권력관계의 변화를 중심으로」, 『중국사연구』 21, 2002 ; 「北宋初 帝權確立과 太宗政權의 性格」, 『송요금원사연구』 4, 2000. 양종국 교수는 趙普가 실무가 타입으로 두터운 인맥관계를 유지하고 매우 침착한 인물이었지만 한편으로는 거만하고 다른 사람의 재능을 시기하여 그에 앞서려 하였다고 보았다. 그에 비해서 盧多遜은 총명하고 문장의 표현이나 말주변이 좋았고 모략과 치밀한 처세술로 맡은 일을 잘 처리하는 인물로 보았다. 옮긴이로서는, 趙普와 盧多遜을 바로 대칭되는 인물로 표현하는 것은 두 인물의 경력이나 級에서 차이가 나 다소 문제가 있다고 본다. 趙普는 태조의 신임을 받으면서 자신의 권한을 계속 키우려고 했다. 이에 상황 판단에 빠르고 능수능란했던 趙匡義(태종)[張晨光, 「竹木案與太平興國年間政局」, 『아시아연구』 21, 2017]는 황권을 물려받기 위해 끌어들인 수많은 인물 가운데 盧多遜을 적당한 사안에 따라 활용한 데 비해, 조보를 가장 큰 장애가 되는 인물로 보고 그동안의 엄청난 뇌물수수 사실을 모두 밝혀내 지방관으로 내쫓아 보내야 했을 것이다.

太祖시대		
太祖(主役) 趙普(助役)	⇔	趙匡義(主役) (盧多遜 助役)

太宗시대		
太宗(主役) 趙普(助役)	⇔	盧多遜(主役) (秦王 趙廷美 助役)

盧多遜은 태종의 황권 장악 과정에서 큰 공을 세우고 차츰 정권의 중추부에 들어가 고위직으로 승진하였을 것이다. 그리고 태종을 皇位에 세워 본 경험을 토대로 다시 자신이 중심이 되어 태종의 동생인 秦王 趙廷美를 이용하여 권력을 키워보려 했다가 실패했다고 보는 것이 이해하기 쉬울 것이다.

18) 안준광, 「북송 廂軍의 조직과 역할」, 『경북사학』 11, 1988.

19) 북송 때 계속된 宋·西夏 간의 긴장관계로 많은 병사들이 가족과 함께 서북 변경으로 이동하면서 이곳이 상업지구로 발전하였다. 하지만 이곳은 생산시설과 상품경제가 발달하지 않아 대부분의 물품을 수입에 의존할 수밖에 없었다. 물품은 처음에는 관 주도하에 공급되었으나

점차 入中法이 확대되어 운수의 주체가 상인으로 바뀌었다. 원거리 상인들이 들여온 물품은 관에서 보장하는 加擡, 虛估 때문에 타 지역보다 값이 비쌌으나 지방정부로서는 군수 보급을 위해 감내할 수밖에 없었다. 입중 물품의 원가에는 직접생산비 외에 물류비 및 상세, 관원의 뇌물비용 등 많은 판매 간접비와 상인들의 생명수당까지 함께 계산되었다. 따라서 물가상승은 불가피하였다. 나영남, 「北宋時期 商稅制度와 西北 入中商人의 原價分析」, 『역사문화연구』 35, 2010.

20) 김영제, 「浮梁에서 橋梁으로－宋代 江南의 橋梁建設과 景觀變化의 一面」, 『동양사학연구』 76, 2001.

21) 남송 고종 때 관부에서 민사 판결을 할 때 반드시 당사자들에게 판결서인 '斷由'를 발급하게 했다. 이는 민사 판결이 주로 국가제정법에 의거함을 표명한 것으로, 송대에는 민사 절차법에서도 장족의 발전을 이루었다. 屈超立, 「南宋 民事審判에서의 '斷由' 제도 硏究」, 『중국사연구』 58, 2009.

22) 이 부분에 관해서는 최해별의 일련의 훌륭한 연구가 참고될 것이다. 「宋代 檢驗 제도의 운영－'檢驗格目'을 중심으로」, 『역사학보』 220, 2013 ; 「宋代 檢驗 제도에서의 결과 보고－'驗狀'類 문서를 중심으로」, 『이화사학연구』 47, 2013 ; 「송대 '有夫者' 姦通에서의 '謀殺其夫' 처벌: '간처'의 처벌에 대한 법률논쟁을 중심으로」, 『중국학보』 67, 2013 ; 「南宋代 '有夫者' 姦通의 처벌에 관한 연구: '姦從夫捕'를 중심으로」, 『동양사학연구』 121, 2012 ; 「南宋 시기 婚姻節次의 법적 효력: 혼인관계의 증명 및 혼약 '翻悔'의 판결을 중심으로」, 『이화사학연구』 43, 2011 ; 「唐·宋 시기 가정 내 妾의 位相 변화－夫妾 관계의 계약적 특성을 중심으로」, 『동양사학연구』 113, 2010.

23) 남현정, 「宋代 刺字刑의 시행과 사회적 인식의 변화－『名公書判淸明集』을 중심으로」, 『法史學硏究』 35, 2007.

24) 박영철, 「전제지배와 訟師의 향방－송대 르네상스 再考」, 『동양사학연구』 123, 2013. 송대에 출현한 訟師는 서리와 결탁하여 소송을 전문으로 하였는데, 중국 위정자는 소송을 개방하면서도 소송으로 인한 사회질서의 교란을 우려하여 송사 조직을 비밀결사로서 폭력적이고 불명예적이며 불법적인 존재로 낙인찍었다.

25) 김영제, 「南宋 中後期 지방재정의 一側面－慶元府의 酒稅收入과 '府'財政의 擴大過程을 中心으로」, 『동양사학연구』 85, 2003.

26) 양종국, 「北宋初 帝權確立과 太宗政權의 性格」, 『송요금원사연구』 4, 2000.

27) 장남식, 『북송 어사대에 관한 연구』, 전북대학교 박사학위논문, 1990.

28) 신채식, 「宋代 文臣官僚의 陞進에 대하여」, 『동양사학연구』 8·9, 1975. 송대의 문인관료는 진사과의 경우 성적이 초임에 중요하여, 성적 상위자는 品官인 京官으로, 그렇지 못한 자는 選人으로 관료 생활을 시작하였다. 선인은 지방의 幕職州縣官으로서 오랜 기간 선인7계를 밟아 경관으로 승진하였는데 중간에 조건이 갖춰지면 경관으로 改官하였다. 일반적으로 선인에서 경관으로 승진하는 데는 6~7년이 소요되고 유력자의 추천이 필요했다.

29) 『名公書判淸明集』은 남송의 名公들이 지방장관으로 재직하면서 맡아본 재판의 판결문들을 모아놓은 것으로, 재판 과정과 법의 실제 운용이 잘 드러나 당시 사회의 총체적인 모습을 복원할 수 있는 자료로서 진귀한 문헌이다. 하지만 이 자료는 지금은 전해지지 않는 생소한 용어(해당 지역의 방언 포함), 복잡한 재판행정체계, 드물게 보이는 재판관에 따른 법률 해석의 차이, 구체적으로 드러나지 않는 소송 배경 등 때문에 대단히 난해하다. 박영철, 「『名公書判淸明集』의 版本과 讀解」, 『역사문화연구』 22, 2005.

30) 唐代와 五代에도 존재하였고 송대에도 종종 여러 지역에 나타나는 관직이다. 송대 '東南지역'의 발운사는 市糴(上供米 부족분의 구입)과 上供物의 운송을 담당했을 뿐 아니라 이 지역의 차, 소금, 명반(礬)의 수입을 관장하고, 三司를 대신하여 入中商人에게 차와 소금을 지급했다고 한다(김영제, 「송대 발운사의 역할과 그 지위의 변화」, 『중국사연구』 50, 1996).

31) 김성규, 「北宋의 開封과 外交」, 『중국사연구』 13, 2001.

32) 신태광, 「北宋 전기의 中央胥吏」, 『동국사학』 23, 1989.

33) 唐代에는 영빈기관이 鴻臚寺를 중심으로 이루어져 있었던 데 반해, 송대에는 그 사무가 지역 또는 국가별로 세분화되면서 전문화·조직화가 이루어졌다(김성규, 「宋代 迎賓기관의 성격을 중심으로 본 唐宋變革의 一面」, 『중국학보』 41, 2000).

34) 송대의 사인들은 유가경전을 읽으면서 聖人의 道를 학습한 외에 여가에 거문고를 타거나 노래를 부르는 등 오락을 즐기고 기생들과의 연회에도 참여하였다. 그 일부는 도가 지나쳐 가기 구매에 많은 금전을 소모하고 연회에 빠져 정사를 외면하고 음탕한 생활에 빠지기도 했다. 이에 대한 비판도 있었지만 송 정부는 이러한 행위를 인정하였다. 武金山, 「宋代家伎와 宋代士人의 여가 생활」, 『중국사연구』 68, 2010.

35) 이 표에 따르면 通進銀臺司는 추밀원에 속하지만, 실제로는 태종 순화 4년 宣徽北院廳事에 소속되어 給事中의 封駁權으로 귀속되었다. 이후 진종 연간에 다시 銀臺司兼門下封駁事가 되어 문하라는 이름이 붙지만 사실상 봉박권을 행사하는 것은 아니었다.

36) 唐宋 법령은 이 元豊令을 분수령으로 하여 唐代 법령의 계보를 대표하는 현존하는 天聖令과, 宋代 법령의 계보를 대표하는 慶元條法事類에 남아 있는 慶元令의 두 계보로 나뉜다. 趙晶, 「『慶元令』 조문의 내력 고찰－以『河渠令』和『驛令』爲例」, 『중국사연구』 80, 2012.

37) 이근명, 「북송시대 서리제의 확립과 그 성격」, 서울대학교 석사학위논문, 1990.

38) 송대는 殺傷사건의 수사와 판결 과정에서 '檢驗'이 중요해진 시기다. 북송 중기부터 검험 관련 법률 규정이 정비되기 시작했고 검험 절차가 제도적으로 완비되었다. 최해별, 「宋代 殺傷 사건 판례를 통해 본 '檢驗'의 실제」, 『역사문화연구』 58, 2016.

39) 서지영, 「宋代 提點刑獄司의 機能變化와 그 意味」, 『法史學硏究』 40, 2009.

40) 안성현, 「과거를 비추는 거울 『折獄龜鑑』」, 『복현사림』 31, 경북사학회, 2013.

41) 조복현, 「宋代 福建의 社會經濟的 發展과 商人들의 네트워크 硏究」, 『중국사연구』 31, 2004.

42) 서은미, 『북송 차 전매 연구』, 국학자료원, 1999 ; 서은미, 「茶의 普及과 茶專賣의 役割－宋代 茶專賣의 施行基盤에 對한 硏究를 中心으로」, 『송요금원사연구』 1, 1998.

43) 배숙희, 『송대 과거제도와 관료 사회』, 삼지원, 2001.

44) John W. Chaffee 지음, 양종국 옮김, 『송대 중국인의 과거생활－배움의 가시밭길』, 신서원, 2001. 1985년 발표된 이래 높은 평가를 받고 있는 저서로 송대라는 科擧지향적인 시대가 지닌 역사와 사회구조의 두 측면을 밝혔다. 이 책은 첫째, 서구권 학자로서 방대한 사료 수집과 정리에 탁월한 능력을 보여준 점, 둘째, 송대 과거제의 제도사보다는 정치적·사회적·문화적 기능과 의의를 밝히는 데에 일차적 관심을 두었다는 점에서 크게 주목받았다. 이 책에 대한 서평으로 梁鍾國, 「書評, John W. Chaffee, *The Thorny Gates of Learning in Sung China - A Social History of Examinations* (State Univ. of New York press, Albany, 1995(初版 1985)」, 『中國史硏究』 8, 2000 참조.

45) 배숙희, 「南宋代 四川의 類省試와 그 出身者의 社會的 地位」, 『송요금원사연구』 1, 1997.

46) 배숙희, 「宋代 殿試策題에 關하여」, 『동양사학연구』 49, 1994.

47) 배숙희, 『송대 과거제도 연구』, 성신여자대학교 박사학위논문, 1997.

48) 양종국, 「과거제도의 성립과 北宋 仁宗 嘉祐六年 殿試運營의 실례」, 『역사와 역사교육』 3·4합, 웅진사학회, 1999.

49) 배숙희, 「송대 진사과와 관인층의 형성」, 『성신사학』 12·13, 1995.

50) 양종국, 「송대 독서인층의 팽창과 '사대부'의 개념변화에 대하여」, 『동양사학연구』 33, 1990.

51) 강길중, 「송요의 전연(澶淵)의 맹약에 관한 일 연구」, 『경상사학』 6, 1990 ; 박지훈, 「북송대 전연의 맹약과 화이론」, 『경기사론』 8, 2004.

52) 신채식, 「宋, 范仲淹의 文敎改革策」, 『역사교육』 13, 1970. 범중엄은 문교개혁을 시도하여 詩賦 위주의 과거시험에서 책·논·경의 등 실용과목을 중시하고 시험과목도 삼장으로 하여 올바른 인재를 뽑는 데 힘을 기울였다. 이는 왕안석의 신법에 보이는 문교혁신책과 매우

유사하며 왕안석의 신법에 영향을 준 것으로 보인다.

53) 김성규, 「거란의 '國母' 對 송의 '황태후'－賀慶使 교환으로 보는 송 거란 외교의 일면」, 『사림』 50, 2014 ; 김성규, 「宋의 國信使가 契丹의 황제, 황태후를 알현하는 의례」, 『동양사학연구』 120, 2012.

54) 김영진, 「陸游; 南宋代 鄕居士大夫의 生活과 活動」, 『(黃元九敎授停年紀念論叢) 東아시아의 人間像』, 혜안, 1995.

55) 양종국, 「송대 사대부사회의 형성과 사대부의 활동유형 분석」, 『역사와 역사교육』 11, 웅진사학회, 2005 ; 양종국, 「송대 '特奏名'의 성립과 사회사적 의의」, 『歷史學報』 14, 역사학회, 1995 ; 양종국, 「송대의 사대부」, 『한국사시민강좌』 29, 일조각, 2001 ; 양종국, 「북송대 사천사대부사회의 형성에 관하여」, 『史叢』 29, 1985 ; 양종국, 「송대 계층이동과 사대부의 성격 형성」, 『역사와 역사교육』 1, 웅진사학회, 1996 ; 신태광, 「송대 사대부 사회와 정복왕조」, 『동양의 역사와 문화』, 국학자료원, 1998 ; 서은숙, 「송대 사대부의 審美意識 小考－송대 사대부의 회화관을 중심으로」, 『중국어문학회논집』 13, 2000 ; 양종국, 「중국대륙학계 송대사연구의 흐름과 전망－사대부 문제와 관련하여」, 『송요금원사연구』 1, 1997 ; 遠藤隆俊 저, 김종건 역, 「북송 사대부의 일상생활과 종족－范仲淹의 『家書』를 통한 분석」, 『중국사연구』 27, 2003 ; 이원석, 「송대 사대부의 춘추관에 대한 연구」, 『규장각』 30, 규장각한국학연구소, 2007 ; 민병희, 「북송(北宋)시기 보편 원리의 추구와 사대부(士大夫)의 위상(位相)－소옹(邵雍), 왕안석(王安石), 정이(程이)를 중심으로」, 『중국사연구』 83, 2013.

56) 강길중, 「범중엄(范仲淹)의 현실인식(現實認識)과 경세사상(經世思想)」, 『역사학연구』 63, 2016 ; 강길중, 「范仲淹의 吏治法에 對한 改革論」, 『경상사학』 11, 1995 ; 遠藤隆俊 저, 김종건 역, 「북송 사대부의 일상생활과 종족－范仲淹의 『家書』를 통한 분석」, 『중국사연구』 27, 2003 ; 이승신, 「범중엄(范仲淹)과 구양수(歐陽脩)의 교유(交遊) 관계(關係) 연구(硏究)」, 『중국학논총』 26, 2009.

제2장

1) 이효형, 「발해 유민 연구」 ; 바이건싱, 「고구려 발해 유민 관련 유적 유물」. 모두 『중국학계의 북방민족·국가 연구』, 동북아역사재단, 2008.

2) 대조영의 출신 및 발해주민의 구성에 대해서는 의견이 분분한데, 무엇보다 발해인이 남긴 사료가 전혀 없어 중국왕조의 사적에 의존해야 하는 불균형 때문이다. 먼저 『舊唐書』와 『新唐書』에는 각각 "渤海靺鞨大祚榮者 本高麗別種", "粟末靺鞨附高麗者姓大氏"라는 기록이 나오는데, 이를 토대로 남북한 학자들은 발해 지배층을 대체로 고구려계로, 중국학자들은 말갈족으로 주장한다. 이런 차이는 각 문헌 기사의 상이성과 모호성 때문이기도 하지만 각 연구자가 소속된 각국의 정치상황 및 민족적 정서에 기인한다. 따라서 발해 민족사의 재구성에는 우선 사료 검증이 선행되어야 하고 개개 요소에 대한 면밀한 검토를 통한 귀납적인 접근이 요구된다. 나영남, 「渤海靺鞨의 再解釋－대조영의 出自와 발해의 주민구성」, 『전북사학』 39, 2011.

3) 동북아시아에서 10세기는 변화의 분기점이다. 당시 국제정세의 가장 큰 특징은 거란의 흥기인데, 거란은 요동을 확고히 지배하기 위해 한순간에 발해를 멸망시켰지만 그 지역을 어떤 형태로 통제할지에 대해서는 망설인다. 발해 유민의 격렬한 저항에 부딪힌 요 태조는 일단 국호만 바꾼 채 발해의 연속성을 인정한다. 동란(東丹)은 외견상으로만 독립국이었을 뿐 실질적으로는 과도기적 정치체제에 불과했다. 이는 거란이 처음에 발해지역을 직접 통치할 역량을 갖추지 못해 동군연합국가를 건설하려 한 결과였다. 하지만 거란 내부의 권력투쟁과 발해 유민의 끊임없는 반요투쟁으로 태종대에는 동란을 포기하고 이 지역은 지방행정단위로 축소된다. 동란의 성급한 폐지는 동만주 지배의 실패를 의미하며 이곳에

대한 통제력의 이완은 훗날 아골타의 등장과 함께 거란 멸망의 원인을 제공한다. 나영남, 「10세기 동북아 국제정세와 契丹의 요동정책－東丹의 설립과 그 통치정책」, 『역사문화연구』 39, 2011.

4) 이계지 지음, 나영남·조복현 옮김, 『요(遼)·금(金)의 역사; 정복 왕조의 출현』, 신서원, 2014.

5) 박지훈, 「북송대 西南 蠻夷에 대한 정책과 華夷論」, 『역사문화연구』 43, 2012.

6) 이근명, 「북송의 명장 양업(楊業)과 양가장(楊家將) 설화」, 『사림』 38, 2011.

7) 박지훈, 「송대 이민족 국가에 대한 인식」, 『역사문화연구』 12, 한국외국어대학교 역사문화연구소, 2000.

8) 거란은 동북아 역사상 소수의 유목민족이 주체가 되어 건립한 다종족국가로서 그 영역에 奚·漢·渤海·女眞·室韋 등 여러 종족이 포괄되었다. 이 여러 종족을 효율적으로 통치하기 위해 거란 통치자는 "以國制治契丹, 以漢制待漢人"을 기본으로 하는 '因俗而治' 정책을 채택하였다. 이에 따라 남북지구의 서로 다른 생산방식 및 생활습관과 민족구성에 맞추어 정치적으로 중앙은 北南面官制度를 실시하고 지방은 주현제와 부락제, 속국·속부제를 병존시켰을 뿐 아니라 경제적으로 牧農複合體制를 구축하였다. 나영남, 「契丹의 社會構造와 二重支配體制의 確立」, 『역사학연구』 56, 2014.

9) 발해 유민이 세운 나라는 後渤海, 定安國, 兀惹國, 烏舍城浮渝府渤海國 등으로 등장하고 있으나 관련 기록이 절대적으로 부족한데다 서로 뒤섞여 있어 상호관계를 추론하기 어렵다. 후발해는 전제와 추론을 거듭하며 만들어진 것으로 역사적 실체라기보다는 후세 학자들의 담론적 성격이 짙다. 이와 달리 명확히 역사적 실체인 정안국은 송과 교류하며 요에 대항하였으나 군사적 타격을 입고 요의 속부로 전락하였다. 나영남, 「渤海復興運動에 대한 再檢討－後渤海와 定安國에 대한 理解를 중심으로」, 『중앙사론』 35, 2012.

10) 김위현, 「契丹, 高麗間的女眞問題」, 『明知史論』 9, 1998 ; 김위현, 「契丹文化의 高麗傳播와 그 影響」, 『北方民族史研究』 1, 1995 ; 김위현, 「高麗와 契丹과의 關係」, 『韓民族과 北方의 關係史 研究』, 1994 ; 김위현, 「宋代의 高麗文物」, 『송요금원사연구』 3, 1999 ; 김성규, 「契丹의 國信使가 宋의 황제를 알현하는 의례」, 『역사학보』 214, 2012 ; 김성규, 「고려 외교에서 의례와 국왕의 자세」, 『역사와 현실』 94, 한국역사연구회, 2014.

11) 김성규, 「誓書, 10~13세기 동아시아의 안전보장책」, 『중국사연구』 99, 2015.

12) 김성규, 「송요금 및 고려제왕생일고」, 『역사교육』 126, 역사교육연구회, 2013.

13) 김성규, 「契丹의 國信使가 宋의 황제를 알현하는 의례」, 『역사학보』 214, 2012.

14) 김성규, 「북송의 개봉과 외교」, 『중국사연구』 13, 2001. 북송의 수도인 開封은 비록 당송변화에 따라 정치에서 경제·문화의 중심으로 변했지만, 개봉이 지닌 정치적·외교적 중심으로서의 기능은 여전히 유지되고 있었다.

15) 윤영인, 「10~13세기 동북아시아 다원적 국제질서에서의 책봉과 맹약」, 『동양사학연구』 101, 2007. 이 시기에 전통적 조공체제이론에 입각한 일원적 질서는 존재하지 않았으며, 상하관계 사이에는 명목적 조공-책봉이, 동등한 국가 사이에는 맹약이 성립되어 상호승인과 영토보전을 보장하는 현대적 조약 같은 역할을 하였다고 보았다.

16) 이석현, 「'澶淵의 盟'의 성립과 宋人의 認識」, 『동북아역사논총』 26, 2009.

17) 주경미, 「遼 興宗年間(1031~1055)의 佛舍利莊嚴 研究」, 『中國史研究』 35, 2005.

18) 218년간 존속한 요 왕조는 내부적으로 모반, 시해, 무고 등의 사건이 끊이지 않았다. 특히 전기에는 황위계승권을 둘러싼 권력투쟁으로 9명의 황제 중 2명(세종·목종)이 시해되었다. 나영남, 「遼代 皇位 繼承을 둘러싼 權力鬪爭의 樣相」, 『중국사연구』 98, 2015.

19) 북송시기에 서북변경에는 宋·西夏 간의 긴장관계가 지속됨으로써 많은 군대 및 병사들의 가족들도 함께 거주하도록 하였다. 이러한 인구의 이동은 서북지구를 상업지구로 발전시켰고 따라서 堡寨 등 군사시설의 배후지에는 시장이 형성되게 되었다. 하지만 오지에 가까웠던 서북변경은 그들의 수요를 충족시킬 만한 생산시설과 상품경제가 발달하지 못해 상당

부분을 외지에서 수입한 물품에 의지할 수밖에 없었다. 나영남, 「北宋時期 商稅制度와 西北入中商人의 原價分析」, 『역사문화연구』 35, 2010.

20) 김성규, 「3개의 "트라이앵글": 北宋時代 동아시아 국제 관계의 大勢와 그 특징에 관한 試論」, 『역사학보』 205, 2010.

21) 김위현, 「북송의 대서역 정책」, 『명지사론』 2, 명지사학회, 1988.

22) 유원준, 「북송 초 송·서하 전쟁의 발발과 확전」, 『동북아역사논총』 34, 2011.

23) 이범학, 「北宋代 鹽政에 대하여-新法黨의 鹽法改革을 中心으로」, 『한국학논총』 35, 국민대학교 한국학연구소, 2011.

24) 서하라는 명칭과 관련하여 『송사』 외국전에는 <하국전>, 『요사』와 『금사』에는 <서하전>으로 되어 있다. 사실 서하의 정식 명칭은 '하국'인데 '하국'을 비하하는 의미에서 서하라는 명칭이 주로 사용되었다고 할 수 있다.

25) 박지훈, 「西夏의 自國認識과 中國觀-元昊 治世期를 중심으로」, 『중국학연구』 56, 중국학연구회, 2011. 이원호는 아버지인 이덕명과는 달리 민족적 정체성을 지키고자 했으며, 끈질기게 송과 투쟁했는데 이를 중국 지배에서 벗어나려는 의지의 표명으로 보았다. 이원호는 송으로부터 인정을 받지 못했지만 독자적 연호를 사용하기도 했다.

26) 김위현, 「西夏與宋契丹之關係」, 『명지사론』 7, 1995.

27) 오원경, 「唐宋代 '茶風'의 形成과 發展」, 『중국사연구』 7, 1999.

28) 해외무역을 관장하는 전문기관을 설치하고 관세를 징수하여 재정에 커다란 도움으로 삼았다. 특히 북방 유목민족의 남침으로 영토의 반을 상실하고 남천하면서 稅收가 크게 감소되었으므로, 해외무역을 통한 관세 수입이 크게 중시되었다. 관세 징수는 크게 두 부분으로 나눌 수 있다. 첫째, 육로에 각장을 설치하여 징수하고, 둘째, 해로에는 市舶司를 두었다. 북방 유목민족과의 경제관계에서 중심이 된 각장무역의 운용과, 고려와 일본 그리고 20여개 남양제국과의 무역관계를 관리하는 시박사를 통해 징수 관리된 관세는 송조 재정에서 중요한 의미를 갖게 되었다. 강길중, 「宋代 關稅의 徵收體系와 그 財政的 比重」, 『역사문화연구』 22, 2005.

29) 송왕조가 허약하였고 주변 국가들과 어렵게 힘을 겨루고 있었던 점은 여러 가지 국면에서 잘 지적되고 있다. 어떤 학자는 송이 건국한 때부터 이미 '연운16'를 빼앗긴 상태였으므로, 제대로 된 국력을 발휘할 수 없었다는 주장을 부각시키기도 한다. 어떤 분들은 西夏 등의 주변국을 제대로 통제하지 못한 데에 송왕조의 나약함이 드러난다고 주장한다. 이 점에 관해서는 정순태의 『송의 눈물 ; 기마민족 국가에게 뜯어먹힌 경제문화대국』(조갑제닷컴, 2012)이 눈여겨볼 만하다. 역사를 가르치고 배우는 경우, 다양한 견해를 참고할 필요가 있을 것이다.

30) 이석현, 「북송 신종년간 대서하 경략과 영향·인식」, 『역사와 세계』 39, 효원사학회, 2011.

제3장

1) 신태광, 「송대 사대부 사회와 정복왕조」, 『동양의 역사와 문화』, 국학자료원, 1998.

2) 먹는 문제는 기본적으로 토지를 통해 해결이 가능했고, 농경위주의 사회에서 토지를 많이 보유한다는 것은 그만큼 많은 생산수단을 보유하였음을 의미한다. 일부 匠人이나 官僚등은 자신의 기술이나 지위 등을 이용하여 토지를 보유하지 않고도 생활할 수 있었지만 '송곳 꽂을 만한 땅'도 없는 사람들은 적어도 당시에는 사회적인 약자가 될 가능성이 높았다. 宋代의 地價變動은 다른 물품의 가격변동 추세와 매우 다르다는 특징이 있다. 송대 문헌에 기록된 지가의 추세를 살펴보면서 시기별 가격의 범위를 설정하고, 이러한 토지 가격이 실질적으로 어느 정도의 가치가 있는지 알아볼 수 있다. 다만 토지라고 함은 주택과 농경지 및 임야 등을 모두 포함한다. 조복현, 「宋代의 土地 價格 硏究」, 『중국사연구』 56, 2008.

3) 조복현, 「宋代 地價의 변동과 그 특징 연구」, 『중국학보』 58, 2008.
4) 남송대의 토지거래 방법 중 하나. 토지소유자인 業主가 토지담보 설정권자인 典主에게 토지에 대한 점유권·사용권·수익권을 담보설정 계약기간 동안 넘겨주는 것을 말한다. 따라서 이 거래는 계약기간이 끝나면 본래의 토지소유자에 돌려주어야 한다. 박구철, 「『淸明集』 戶婚門에서 본 業訴訟－典 訴訟을 중심으로」, 『啓明史學』 14, 2003.
5) 조복현, 「송대 관호의 소유토지 내원연구」, 『중앙사론』 12·13합, 한국중앙사학회, 1999.
6) 이석현, 「송대 고용인 신분과 법적 지위」, 『송요금원사연구』 3, 1999.
7) 王曉龍·滕子赫, 「論宋代法律文明對社會歷史發展的積極作用」, 『역사문화연구』 51, 2014.
8) 고석림, 「송대의 지배계급－관료계급과 형세호를 중심으로」, 『경북사학』 4, 1982.
9) 정일교, 「南宋時期 紙幣 發行 現況과 그 特徵」, 『동양사학연구』 122, 2013.
10) 사천은 특수화폐 지역이 되면서 다른 지역과는 달리 철전만 사용하였는데, 물가상승과 錢輕物重 현상으로 철전의 가치가 하락하면서 동전을 사용하는 지역과 경제적 차이를 보이게 된다. 이러한 과정을 거치며 교자가 탄생한다. 정일교, 「北宋 四川地域 紙幣 發行 背景과 流通狀況」, 『역사문화연구』 52, 한국외국어대학교 역사문화연구소, 2014.
11) 이근명, 「송원시대 상업발전과 화폐경제」, 『역사문화연구』(박성래교수 정년기념특별호), 2004.
12) 唐曄, 「價値規律與宋代錢荒－與葛金芳·常征江二位先生商榷」, 『역사문화연구』 38, 2011. 송대에 일어난 전황의 근본 원인은 정부의 경제독점과 관리제도가 금융시장의 발전을 저해하고 사회경제적 요구를 만족시키지 못한 데 있었다고 보았다.
13) 강길중, 「北宋時期 社會經濟發展과 商業」, 『역사문화연구』 27, 2007.
14) 김영제, 「唐宋時代의 兩稅와 沿徵」, 『동양사학연구』 24, 1990 ; 김영제, 「宋代의 物價와 兩稅負擔」, 『동양사학연구』 91, 2005 ; 김영제, 「송대 양세의 운송 ; 동남 상공미의 운송과 운송비를 중심으로」, 『동양사학연구』 101, 2007.
15) 양잠은 농경과 달리 정치적·자연적·사회적 요소들의 영향을 적게 받아 사직업의 생산과 공급이 꾸준히 증가하고, 포필류 소비의 다양화는 견 가격의 안정에 기여하였다. 조복현, 「宋代 絹價의 변동과 그 특징 연구」, 『동양사학연구』 100, 2007 ; 「宋代 米價의 변동과 소비생활」, 『역사학보』 194, 2007.
16) 이범학, 「北宋代 鹽政에 대하여－新法黨의 鹽法改革을 中心으로」, 『한국학논총』 35, 2011.
17) 서은미, 『북송 차 전매 연구』, 국학자료원, 1999.
18) 김영제, 「王安石 신법과 지방재정－북송대 재정집권의 지역차 문제와 관련하여」, 『동양학』 40, 단국대학교 동양학연구소, 2006.
19) 송대에는 중·하급 관원들을 중심으로 상업을 경영하였는데, 오대 이후 개인주의적 사상과 그에 따른 사풍의 변화, 상업발달에 따른 전통적인 상업관념과 국가의 상업정책의 변화가 그 배경에 있었다. 관원들의 이 같은 상업 경영은 당연히 전반적인 사회적 재부가 관료계층에 더욱 집중되는 문제를 낳았다. 조복현, 「宋代 官戶의 商業經營과 그 收入」, 『宋遼金元史硏究』 4, 2000.
20) 도나미 마모루(礪波護) 지음, 허부문·임대희 옮김, 『풍도(馮道)의 길』, 소나무, 2003.
21) 박영철, 「송대 差役의 糾論과 소송사회」, 『중국사연구』 100, 2016.
22) 신채식, 「北宋의 蔭補制度 硏究」, 『역사학보』 42, 1969. 송대의 음보는 국가적 대행사에 행하는 開元蔭補 등이 있고, 功臣에게 음보하는 공신음보와 고관의 致仕, 遺表, 轉品, 戰歿蔭補 등으로 크게 구별된다. 북송의 음보는 품계는 낮았지만 중요 職에 보임되어 정치사회에 비교적 큰 영향을 끼쳤다.
23) 배숙희, 「宋代 宗室의 應擧와 授官」, 『중국사연구』 23, 2003.
24) 지방관료를 보좌하면서 관의 행정·조세·소송 업무 전반에서 일반 서민과의 사이에 매개체 역할을 수행하였는데, 현직 사대부 관료들의 행정실무 능력의 결여라는 약점을 이용하여 소송 과정과 조세의 부과·징수 과정에서 많은 부정행위를 저지르며 국가재정을 어지럽히고,

일반 서민을 수탈하기도 하였다. 박순곤, 「『名公書判淸明集』을 통해 본 宋代 地方胥吏의 모습」, 『法史學硏究』 31, 2005.

25) 배숙희, 『송대 과거 제도와 관료 사회』, 삼지원, 2001.

26) 서원남, 「송대의 文獻정리와 藏書에 대한 고찰」, 『중국어문학논집』 50, 중국어문학연구회, 2008.

27) 서원남, 「송대의 文獻정리와 藏書에 대한 고찰」, 『중국어문학논집』 50, 2008.

28) 임채용, 「송대의 역사적 성격과 향촌사회」, 인하대학교 석사학위논문, 1999.

29) 屈超立, 「송대 재우(宰牛) 금지 법령과 판례 연구」, 『중국사연구』 81, 2012.

30) 稅戶에게 양세를 변경지대의 주현으로 운송하여 납입케 하는 것. 세호는 그 운임을 부담한다.

31) 세를 현물로 납입하던 것을 다른 것, 특히 돈으로 납입하게 하는 것. 일반적으로 현물을 시가 이상으로 환산하는 경우가 많았다.

32) 김영제, 「宋代 兩稅의 賦課體系에 對하여－兩稅와 關聯된 몇가지 補論을 兼하여」, 『송요금원사연구』 1, 1997 ; 김영제, 「宋代 地方州縣에 있어서 兩稅의 徵收行政에 대하여」, 『史學志』 31, 1998.

33) 고석림, 「송대의 지배계급－관료계급과 형세호를 중심으로」, 『경북사학』 4, 1982.

34) 고석림, 「송대 佃戶의 諸유형과 그 성격」, 『대구사학』 10, 1976.

35) 고석림, 「송대의 수전전호(隨田佃戶)에 대한 일 소고－전호의 경제적 전락과정을 중심으로」, 『대구사학』 1, 1969 ; 고석림, 「송대의 對佃戶政策과 憑由制度－전호의 이전문제와 관련하여」, 『대구사학』 2, 1970.

36) 이석현, 「'忠僕'과 '頑僕'－송대의 예속민상과 관련하여」, 『중국사연구』 23, 2003.

37) 이석현, 「宋代 佃僕의 諸類型과 身分 性格」, 『송요금원사연구』 4, 2009.

38) 정정애, 「송 초기의 화폐정책－특히 철전의 회수와 동전 보급책에 대하여」, 『숙대논총』 2, 1965.

39) 銷錢은 銅錢이 銅에 비해 상대적으로 많아서 발생한 矛盾의 한 단면이다. 이 같은 모순이 銅錢의 공급에 장애 요인으로 작용하여, 이로써 액면가에 비해 내재가치가 더욱 상승하게 되어 銷錢이 행해졌다. 당말오대의 銷錢의 일반적 현상을 확인한다면 唐代의 경우, 물가와 銅價의 추이, 화폐의 유통속도 등을 토대로 당시의 錢荒이 과연 '錢重貨輕'이었는지 재검토하여야 할 것이다. 김영제, 「唐末·五代의 貨幣問題－銷錢을 端緖로 하여」, 『중국사연구』 8, 2000.

40) 조복현, 「宋代 中央과 地方의 物價 특징 연구」, 『역사문화연구』 27, 2007.

41) 김영제, 「唐代의 私鑄錢과 貨幣需要에 對해서」, 『卞麟錫교수정년논총』, 2000 ; 나영남, 「北宋時期 陝西地域에서 盛行한 私鑄錢 問題의 所在」, 『송요금원사연구』 13, 2008.

42) 동의 생산량 감소로 동전의 주조량이 감소했다고 보기는 어렵다. 남송시기 동전의 주조량 감소의 주된 원인으로는 국가재정 문제와 물가상승 그리고 동전 유통지역의 감소를 들고 있다. 그러나 여기에서의 물가상승은 단순한 물가상승이 아닌 지폐의 가치하락에서 기인한 것으로 보고 있다. 정일교, 「南宋代 銅錢 鑄造에 관한 고찰」, 『동양사학연구』 132, 2015.

43) 김영제, 「10~13世紀 宋錢과 東아시아 貨幣經濟－特히 宋錢의 高麗流入을 中心으로」, 『중국사연구』 28, 2004.

44) 서은미, 「북송 신종대 사천차 전매」, 『부산사학』 36, 부산경남사학회, 1999.

45) 정일교, 「北宋 四川地域 紙幣 發行 背景과 流通狀況」, 『역사문화연구』 52, 2014.

46) 김상범, 「북송 都城 開封의 의례공간과 도시경관」, 『이화사학연구』 51, 2015.

47) 김영제, 「宋代 地方州縣에 있어서 兩稅의 減免行政에 對하여－特히 自然災害를 中心으로」, 『송요금원사연구』 2, 1998 ; 김영제, 「宋代 兩稅의 財務會計에 關하여」, 『송요금원사연구』 3, 1999.

48) 유원준, 「宋代 福建一帶의 '不擧子' 習俗에 대한 硏究(1)－身丁稅 및 寺院經濟와의 관계를 중심으로」, 『東洋學硏究』 4, 1998.

49) 김영관, 「송초 교육개혁과 胡瑗의 교육사상」, 『중앙사론』 30, 2011.
50) 민병희, 「북송(北宋) 시기 보편 원리의 추구와 사대부(士大夫)의 위상(位相)－소옹(邵雍), 왕안석(王安石), 정이(程頤)를 중심으로」, 『중국사연구』 83, 2013.
51) 이범학, 「張載의 氣論과 明淸思想」, 『한국학논총』 19, 1997 ; 함현찬, 『張載 ; 송대 氣철학의 완성자』, 성균관대학교출판부, 2003.
52) 김성규, 「寶元用兵과 戰後의 國境問題」, 『埠村申延澈先生退任紀念史學論叢』, 日月書閣, 1995.
53) 송대의 賞賜제도는 전체 혹은 일부 관원들에게 황제가 恩賞 형태로 무휼과 경제적 빈곤을 방지하여 관원의 충성심을 고조시키고 송왕조의 통치를 공고히 할 목적으로 시행되었다. 조복현, 「宋代 官員들에 대한 賞賜制度 硏究」, 『宋遼金元史硏究』 8, 2003.
54) 신채식, 「北宋의 財政改革論에 관하여」, 『역사교육』 14, 1971. 신채식은 왕안석의 신법을 혁신적인 것으로 보지 않는다. 즉 신법은 이미 진종대부터 논의가 되었고 인종 경력 연간에 시행도 되었는데 왕안석은 이를 과감히 실천한 것에 불과했다는 것이다.

제4장

1) 김영제, 「北宋代 元豊年間의 帳法에 關하여－그 內容과 意義를 中心으로」, 『송요금원사연구』 8, 2003.
2) 길현익, 「송대 면역법의 성격」, 『역사학보』 24, 1964.
3) 1142년(紹興 12) 실시된 토지의 경계를 획정한 법. 田産登記簿를 작성하고 이를 토대로 세금과 부역의 균등한 부과를 도모하였다. 고석림, 「李椿年의 土地經界法에 대하여」, 『경북사학』 1, 1979 ; 고석림, 「남송 토지경계법상에 보이는 침기부(砧基簿)에 대하여」, 『대구사학』 16, 1978 ; 유원준, 「남송 경계법에 대하여－李椿年과 朱熹의 경계안을 중심으로」(1) (2), 『경희사학』 20, 21, 1996~1997.
4) 신채식, 「王安石 改革의 性格檢討: 특히 新法의 保守性에 관하여」, 『동양사학연구』 51, 1995 ; 유원준, 「朱熹의 人物評價에 關하여－王安石에 對한 評價를 中心으로」, 『송요금원사연구』 4, 2000.
5) 김영제, 「南宋代 江西路 撫州의 兩稅額과 財政收支－天一閣藏『弘治撫州府志』의 記錄을 中心으로」, 『歷史學報』 176, 2002.
6) 이근명, 「지방관 역임 시기의 왕안석」, 『역사문화연구』 32, 2009.
7) 왕안석이 중앙관을 수락하고 조정에 나아가며 올린 復命書로 그의 대표적인 名文 중 하나로 꼽힌다. 이근명, 「新法 시행 이전의 王安石과 그 행적」, 『역사문화연구』 34, 2009.
8) 신채식, 「王安石의 人間性에 대하여」, 『동국사학』 38, 2002.
9) 남은혜, 「宋代 家族制度에 대한 연구동향」, 『法史學硏究』 38, 2008.
10) 이근명, 「왕안석의 집권과 신법의 시행」, 『역사문화연구』 35, 한국외국어대학교 역사문화연구소, 2010. 신종은 제치삼사조례사를 外征을 위한 개혁기구로 구상했지만, 왕안석이 주도하는 전반적인 개혁 주관기구로 변질되자 왕안석에게 그 폐지를 종용하였다.
11) 이근명, 「王安石 新法의 시행과 黨爭의 발생」, 『역사문화연구』 46, 2013.
12) 이근명, 「宋代 社會救濟制度의 運用과 國家權力－居養院制의 變遷을 中心으로」, 『동양사학연구』 57, 1997.
13) 시바 요시노부(斯波義信) 지음, 임대희·신태갑 옮김, 『중국도시사』, 서경문화사, 2008 <제3장 도시의 해부도> 참조.
14) 荒政에서 인근지역의 향배는 중요한 고려 대상이 되었고, 중앙정부에서도 알적을 행하는 지방관을 실제로 처벌하지는 못하고 상급 지방관을 통해 회유하는 방침을 취하는 것이 고작이었다. 이근명, 「12세기 남중국 지역사회의 동태와 遏糴」, 『역사문화연구』 22, 2005.
15) 조복현, 「宋代 米價의 變動과 消費生活」, 『역사학보』 194, 2007.

16) 송대에는 대가족적인 형태가 아니라 부부중심의 가족 형태를 이루어 고아의 재산에 대해서는 친척보다 살아있는 형제나 과부가 후견을 하였다. 이러한 경우를 제외하면 대부분 국가가 檢校를 시행하여 고아가 성년이 되면 후견이 종료되고 고아 스스로 재산을 관리하게 된다. 김경희, 「宋代 孤兒 後見과 檢校」, 『法史學硏究』 36, 2007.

17) 송 정부는 어린아이를 낳아 기르는 것을 적극 지원하고, 고아 발생을 막기 위해 자식을 버리는 행위를 엄히 금하는 법적 조치를 단행하였다. 또한 고아를 구제할 전문적인 기구로서 복전원·거양원·양제원과 함께 송대에 처음 등장하는 嬰兒局·慈幼局·慈幼莊을 설치하기도 하였다. 오원경, 「宋代 孤兒救濟 政策과 機構」, 『역사교육논집』 48, 2012.

18) 오원경, 「中國의 敬老 傳統과 北宋代 老人救濟 政策」, 『역사교육논집』 53, 2014.

19) 郭志安·錢俊嶺, 「宋代糧種的運用與管理」, 『역사문화연구』 46, 2013.

20) 조복현, 「宋代 福建의 社會經濟的 발전과 商人들의 네트워크 硏究」, 『중국사연구』 31, 2004.

21) 박구철, 「『淸明集』 戶婚門에서 본 業訴訟-抵當 訴訟을 중심으로」, 『대구사학』 73, 2003.

22) 이 부분의 원문은 "凡民之貸者, 與有司辨而授之, 以國服爲之息"(『周禮』 地官·泉府)인데, 漢의 經學家 鄭玄은 "以國服爲之息, 以其於國服事之稅爲息也. 於國事受園廛之田而貸萬泉者, 則期出息五百."이라고 하였다. 여기에서 '國服'이란 國服事로서, 九職 즉 일반 백성들의 農圃 등을 의미한다. 이것은 국가가 백성에게 생산자금을 빌려주고, 자금을 빌린 백성은 응당 국세가 정한 세율에 따라 이자를 납부해야 한다는 것이다. 이자는 "…期出息五百"이라 하여 1년에 5리로 규정하였다고 한다.

23) 김대기, 「송대 재해구조의 절차와 진제 원칙」, 『인문과학연구』 22, 강원대학교 인문과학연구소, 2009.

24) 길현익, 「송대 면역법의 성격」, 『역사학보』 24, 1964.

25) 송대 여성은 재혼할 때 자신의 지참금뿐 아니라 그로 인해 늘어난 재산, 심지어 전남편의 재산들까지 가져갈 수 있었다. 이러한 사실은 결혼제도에서 재산이 상당히 중요시되었음을 보여준다. 당시 여성이 재혼하면서 데리고 간 자식(隨母嫁子)은 친부의 재산에 대한 권리뿐 아니라 義父 집에서의 육체적·정신적 기여를 인정받아 의부의 재산에 대한 권리도 인정받았다. 또한 隨母嫁子가 그의 義父의 후계자가 될 가능성도 있었다. 우성숙, 「『名公書判淸明集』을 통해 본 宋代 여성의 再婚과 財産問題」, 『法史學硏究』 31, 2005.

26) 김기섭, 「당·송 호등제의 변화와 고려적 변용」, 『역사와 경계』, 2010.

27) 아들 없이 호주가 사망하여 '家絶'이 되는 현실적 상황을 '戶絶'이라고 한다. 송대에는 이전과 달리 '호절' 상황에서 딸이나 과부도 戶를 계승하여 '女戶'를 세울 수 있었다. 심지어 아들이 있어도 '여호'를 세울 수 있었다. 이때 중요한 조건이 토지를 비롯한 재산이었는데, 여호는 경제주체로 인식되어 주호로서 호등제에 편입되어 호등의 다과에 따라 국가에 세를 납부하였다. 김보영, 「송대 女戶의 입호와 국가관리」, 『법사학연구』 34, 한국법사학회, 2007.

28) 전통시대의 중국에서 변호사는 금지된 존재였지만, 송대에는 오늘날의 변호사와 같은 訟師가 등장하였다. 하지만 법치주의를 지향한 송조에서도 이 訟師를 탄압하는 정책을 폈고, 결국 訟師는 합법적으로 제도화되지 못했다. 박영철, 「訟師의 출현을 통해 본 송대 중국의 법과 사회」, 『법사학연구』 27호, 2003 ; 박영철, 「宋代의 法과 訟師의 향방」, 『동양사학연구』 107, 2009.

29) 안성현, 「과거를 비추는 겨울 『折獄龜鑑』」, 『복현사림』 31, 2013.

30) P. B. 이브리 지음, 배숙희 옮김, 『송대 중국 여성의 결혼과 생활』, 한국학술정보, 2009.

31) 조복현, 「宋代 官員들의 賂物授受 목적 硏究」, 『송요금원사연구』 9, 2004.

32) 신태광, 「북송의 변법과 서리」, 『동국사학』 25, 1991.

33) 송대의 호당구수 비율의 감소 원인을 둘러싼 논란에 대해서는 황보윤식, 「북송대 女口不統計 原因 考察-北宋以前 典章制度上 女性人口의 取扱과 關聯하여」, 『중국사연구』 18, 2002 참조.

34) 신태광, 「王安石의 胥吏政策」, 『송요금원사연구』 4, 2000 ; 신태광, 「북송의 變法과 胥吏」,

『동국사학』 25, 1991 ; 신태광, 「南宋後期의 胥吏」, 『金甲周敎授華甲紀念論叢』, 1994 ; 신태광, 「남송 전기의 胥吏」, 『동국사학』 27, 1993 ; 신태광, 「北宋 전기의 中央胥吏」, 『동국사학』 23, 1989 ; 신태광, 「宋代 胥吏의 政治的 機能」, 『중국사연구』 6, 1999.

35) 김영제, 「북송의 强壯·義勇에 대하여」, 『사학지』 18, 1984.

36) 안준광, 「북송군의 충원제도」, 『역사교육논집』 17, 1992 ; 안준광, 「북송의 무거(武擧)와 무학(武學)」, 『역사교육논집』 13, 1990 ; 안준광, 「북송 廂軍의 조직과 역할」, 『경북사학』 11, 1988 ; 안준광, 「북송의 축병(蓄兵)에 대하여」, 『경북사학』 15, 1982.

37) 송대의 추천법은 엄격하지만 폐단이 많았다. 이러한 두 가지 현상은 이 법만이 아니라 중국 고대의 거의 모든 법률의 제정과 실시 상황에 개괄적으로 적용 가능하다. 胡坤, 「困惑與矛盾: 宋代推擧法密弊多現象的討論」, 『역사문화연구』 32, 2009.

38) 송대의 토지 가격은 지역적 차이가 대단히 크고, 계절적 차이가 많지 않은 대신 소작료의 다소에 따라 차이가 많았으며 정부정책의 영향을 강하게 받았고, 전쟁과 자연재해 같은 외부 요인에 의한 가격변동 상황이 쌀이나 명주와는 다르게 나타난다는 특징이 있다. 조복현, 「宋代 地價의 변동과 그 특징 연구」, 『중국학보』 58, 2008.

39) 嫁資法規의 수정 목적은 쟁송을 줄여 사회안정을 도모한다는 데 있었다. 이 법규를 통해 재산권도 점차 분명해졌다. 이를 통해 송대 戶婚財産法의 발전 맥락을 이해할 수 있으며 나아가 중국 고대의 民事법규를 한층 더 명료하게 이해할 수 있다. 高楠, 「북송대 결혼지참금 법률 조항-법률문본(法律文本)에 근거한 고찰」, 『중국사연구』 59, 2009.

40) 지방관에게 봉록을 후하게 주어 관원들의 청렴한 직무 수행과 지방 임직을 권장할 목적으로 시행한 것이다. 조복현, 「宋代 地方官의 職田制度 연구」, 『역사학보』 181, 2004.

41) 신채식, 「北宋時代의 墾田에 관하여」, 『역사학보』 75회, 1977 ; 신채식, 「북송 초기 농촌부흥책과 墾田 통계」, 『이대사원』 22-2, 이화여자대학교 사학회, 1988.

42) 遠藤隆俊 저, 김종건 역, 「북송 사대부의 일상생활과 종족-范仲淹의 『家書』를 통한 분석」, 『중국사연구』 27, 2003 ; 신채식, 「宋, 范仲淹의 文敎改革策」, 『역사교육』 13, 1970 ; 이승신, 「범중엄(范仲淹)과 구양수(歐陽脩)의 교유(交遊) 관계(關係) 연구(硏究)」, 『중국학논총』 26, 2009 ; 강길중, 「范仲淹의 吏治法에 對한 改革論」, 『경상사학』 11, 1995 ; 강길중, 「범중엄(范仲淹)의 현실인식(現實認識)과 경세사상(經世思想)」, 『역사학연구』 63, 2016.

43) 과배란 정식 세금 외에 물품 징수를 위한 강제 배당을, 과매란 물품을 강제로 헐값으로 사들이는 것을 의미한다.

44) 김영제, 「남송의 지방재정에 대해서-절동로 경원부(명주)의 재정수지를 중심으로」, 『중국사연구』 21, 2002.

제5장

1) 박지훈, 「북송대 宣仁太后의 섭정」, 『중국학보』 43, 한국중국학회, 2001.

2) 조복현, 「송대 관료사회에서 뇌물수수가 성행한 배경과 士風」, 『동양사학연구』 95, 2006.

3) 박지훈, 「북송대 宣仁太后의 섭정」, 『중국학보』 43, 2001.

4) 쑨쉬, 「북송(北宋) 사관(寺觀) 관리정책 초탐-『담원(談苑)』 "금삼만구천사(今三萬九千寺)"의 "금(今)"자 검토」, 『중국사연구』 73, 2011.

5) 신태광, 「남송전기의 胥吏」, 『동국사학』 27, 1993 ; 신태광, 「南宋後期의 胥吏」, 『金甲周敎授華甲紀念論叢』, 1994.

6) 1070년 왕안석의 보갑법이 실시된 이후 1073년부터 일부 지역에서 보갑에게 무예교련을 시키고 이를 閱兵하는 敎閱保甲이 생겼다. 이들 지역에서는 보갑이 향촌을 자위하는 향병이 되었는데, 이를 兵部에서 관리하고 비용은 封樁錢에서 지불하였다. 또 보갑의 교련을 검열하기 위해 提擧按閱을 파견하였는데, 이것을 按閱法이라고 한다. 단, 안열법이라는 단어는

『續資治通鑑長編』 권395(元祐 2, 1087, 丁卯)에만 한 번 나타나는데, 哲宗이 즉위하여 보갑법을 중지시킨 후유증이 나타나는 시점의 기록이다. 이를 제외하면 대부분의 사료에 '閱法'으로 표기되어 있어, 위의 사료의 '按'을 글자 그대로 '따르다'나 '의해서'로 해석한다면 "閱法에 따라서"라고 읽을 수도 있다.

7) 송조는 중앙집권체제를 강화하기 위해 지방행정조직의 최고 단위인 路의 지방관들이 가진 권한을 분산시키고 이를 황제에게 직속시켰다. 따라서 路에는 독립된 장관이 없고 지방관을 감독하는 路官이 설치되었는데, 이를 監司라고 하였다. 提點刑獄司는 이러한 감사 가운데 하나로 지방의 刑獄사건을 처리하고 법을 위반한 관리들을 다스리기 위해 설치되었다. 원래 조세와 형옥사건 등 지방행정 업무 전반은 轉運司가 맡아보았는데 업무가 과중하여 제대로 대처하기 힘들었기 때문이다. 서지영, 「宋代 提點刑獄司에 대한 연구동향」, 『法史學研究』 38, 2008.
8) 조복현, 「송대 관리들의 뇌물수수에 대한 정책 연구」, 『중앙사론』 21, 2005.
9) 이개석, 「宋 徽宗代 紹述新政의 挫折과 私權的 皇權强化」, 『동양사학연구』 53, 1996.
10) 김영제, 「宋代 地方州縣에 있어서 兩稅의 減免行政에 對하여-特히 自然災害를 中心으로」, 『송요금원사연구』 2, 1998.
11) 明州(四明)는 남송시대에 정치·경제·문화의 중심지였다. 위치상 수도 임안에 가까워 송의 주요 대외무역항으로 발전하고, 경제발전과 교육보급 및 文風의 발흥, 인재배출 등 남송사회의 문화가 고도로 발전하였다. 북송 중엽 이후 史씨·袁씨·樓씨·汪씨 등 신흥 주요 士人 가문들이 잇달아 일어났고 서로 돕고 경쟁하며 명주의 사회 문화 발전의 기초를 세웠다. 남송 이후 다시 새로운 가문들이 여기에 가담하면서 명주 사회의 인적 유대관계는 더욱 발전하고 문화 요소가 풍부해졌다. 황관중 지음, 이학로 옮김, 「가족의 흥망성쇄와 사회 유대관계-송대 四明高氏 가족의 사례를 중심으로」, 『중국사연구』 27, 2003.
12) 冠婚喪祭禮中에서 '茶禮' 형식으로 酒와 함께 많이 사용된 것이 茶였고, 특히 혼인에서 茶는 가장 형식적인 儀禮品으로 사용되었다. 오원경, 「婚禮, 喪祭禮中의 茶禮俗」, 『중국사연구』 22, 2003.
13) 송대에는 토지소유에 대한 국가 규제가 완화되어 대토지 소유가 가능했고, 그에 따라 부동산 거래에서 위법 행위들이 많이 나타났다. 실제로 계약서를 위조하여 다른 사람의 토지를 침탈한 사례가 『清明集』에 많이 나타난다. 계약서의 위조사건들을 다루는 판관은, 書鋪를 소환하여 종이 색깔과 먹의 농담, 필적, 계약서의 글자 간격 등을 철저히 조사하고 上手契의 소유 여부, 離業, 官印 有無와 過稅에 이르기까지 세밀한 조사를 행하였다. 배수현, 「『名公書判淸明集』에 나타난 宋代 부동산거래 계약서의 위조 양상」, 『法史學研究』 33, 2006.
14) 미야자키 이치사다 지음, 차혜원 옮김, 『중국사의 대가 수호전을 역사로 읽다』, 푸른역사, 2006.
15) 김영제, 「북송의 강장(强壯) 의용(義勇)에 대하여」, 『사학지』 18, 단국대학교 사학회, 1984.
16) 이근명, 「남송시대 荒政의 운용과 지역사회-淳熙 7년(1180) 南康軍의 기근을 중심으로」, 『역사문화연구』 23, 2004.
17) 마니교(明敎)를 가리키는 송대의 속칭. 페르시아에서 유래하였다. 이들은 조직을 완비하고 齋堂을 세우고 주로 채식을 하였으며 밤에 모였다가 날이 밝으면 흩어졌고 많은 신자들을 농락하였다고 한다. 북송 말년에 일어난 兩浙지역의 方腊의 기의는 바로 이들이 무장하여 일으킨 것이다. 살생을 금하고 채식주의를 원칙으로 하는 끽채사마 신앙을 믿는 단체들은 중국의 유교적 예교에 벗어나는 행위를 많이 하여 북송시대부터 엄격한 박해의 대상이 되었다. 竺沙雅章, 「喫菜事魔について」, 『中國佛教社會史研究』, 同朋社, 1972 참조.
18) 육류 중에서도 소고기와 양고기, 돼지고기에 대한 宋人들의 인식은 매우 달랐고 이는 육류의 소비와 가격에도 영향을 미쳤다. 육류 가격은 공통적으로 1斤에 쌀로 1㪷 이상이어서 대단히 고가의 식료품이었다. 조복현, 「宋代 成市에서 肉類의 消費와 價格 研究」, 『역사문화연구』 29, 2008.

19) 김상범, 「북송(北宋) 개봉(開封)의 사묘신앙(祠廟信仰)과 도성사회(都城社會)」, 『중국학보』 75, 2016 ; 須江隆 저, 강판권 역, 「사묘(祠廟)와 종족-북송 말 이후 '지역사회'의 형성과 재편」, 『중국사연구』 27, 2003 ; 김한신, 「北宋 朝廷의 民間信仰 統制-民間信仰의 改革과 儒家的 禮的 秩序의 確立」, 『동양사학연구』 130, 2015 ; 김한신, 「宋代 民間祠廟의 牛肉 犧牲-廣德軍 祠山張大帝 祠廟祭祀의 사례를 중심으로」, 『史叢』 84, 2015 ; 김한신, 「張王 信仰의 발전과정-唐末·兩宋代 민간신앙 발전과정에 대한 새로운 모색」, 『중국사연구』 89, 2014.

20) 송왕조도 국가권력의 정당성을 확립하고 특히 민간 祠廟신앙을 국가 지배질서 안으로 편입시키고자 부단히 노력하였다. 구경구, 「『明公書判清明集』을 통해 본 南宋代 地方官들의 祠廟信仰에 대한 인식과 대응」, 『역사민속학』 31, 2009.

21) 김용완, 「南宋 초기의 變亂集團에 관한 연구-鍾相, 楊幺集團을 中心으로」, 『인문학연구』 28-2, 충남대학교 인문학연구소, 2001.

22) 강길중, 「송요의 전연의 맹약에 관한 일 연구」, 『경상사학』 6, 1990.

23) 나영남, 「遼代 部族制度의 樣相과 그 性格」, 『동양사학연구』 131, 2015.

24) 사료에 따르면 여진이라는 명칭은 거란이 오대시기에 처음 부르기 시작했으며 이후 송과 고려에 알려졌다. 여진에 대한 명칭은 각 나라의 처한 여건에 따라 다양하게 나타났다. 거란의 경우, 여진인을 奧衍女眞部, 乙典女眞部, 南女眞, 北女眞, 曷蘇館女眞, 黃龍府女眞, 順化國女眞, 鴨綠江女眞, 長白山女眞, 瀕海女眞, 回跋部, 生女眞, 瀕海女眞 등 속국·속부로 구분해서 통치하였다. 고려는 단순히 이들이 거주하는 위치에 따라 東女眞, 西女眞으로 양분하였고, 송은 경제문화의 발전 정도와 지리적 차이에 따라 熟女眞, 生女眞, 東海女眞, 黃頭女眞, 回霸 등으로 구분하였다. 나영남, 「遼代 女眞의 起源과 分類」, 『역사학연구』 62, 2016.

25) 권은주, 「말갈 연구와 유적 현황」, 『중국학계의 북방민족·국가 연구』, 동북아역사재단, 2008.

26) 발해 멸망 후 그 구성원이었던 濊貊系 주민과 肅愼系 주민은 요대에는 발해인과 여진인으로 분류되어 주현 내지는 屬部·屬國에 편입되었다. 여진의 명칭과 관련해서는 앞의 24) 참조.

27) 요나라 통치자는 발해를 멸망시키면서 그 유민을 대규모로 이주시켰는데 성종이 州縣制를 완성할 때까지 계속되었다. 因俗而治의 방식을 채택하여 농경민과 부락민을 구분해서 통치한 거란 통치자는 발해인 같은 농경이주민에 대해서는 대체로 주현제를 실시하고, 지역에 따라 일반 州縣 및 斡魯朶州縣, 奉陵邑, 頭下軍州 등으로 나누어 안치시켰다. 나영남, 「契丹의 渤海遺民에 대한 移住政策」, 『동양사학연구』 124, 2013.

28) 유원준, 「北宋末 常勝軍과 義勝軍에 관한 硏究」, 『중국사연구』 58, 2009. 북송대의 상승군과 의승군은 한인, 거란, 奚, 발해인 등 다양한 종족이 혼재되어 있어 조직의 공동 목표와 인식이 부재하였고, 따라서 송조에 대해 일관된 충성심을 갖기도 힘들었다.

29) 육정임, 「중국학계의 송금관계사 연구동향」, 『동북아 중세의 한족과 북방민족-최근 중국학계의 연구동향과 그 성격』, 동북아역사재단, 2010.

30) 김용완, 「南宋 高宗時代의 鎭 硏究」, 『濟州大論文集』 38, 1994.

31) 송대는 당말오대의 혼란한 사회상을 겪으면서 기존의 형벌체계를 현실에 맞게 개혁하고자 하였다. 그 과정에서 태조의 칙명 아래 折杖法이 시행되었는데, 이 법의 시행은 기존 오형제도를 중심으로 한 형벌체계의 구조를 무너뜨렸다. 결국 刑名을 절감하고 그 적용범위를 완화하겠다던 절장법의 애초 목적과는 다르게 編配, 刺字刑, 陵遲處死 등의 새로운 형벌들이 나타나게 되었다. 정우석, 「宋代 編管刑의 등장과 그 시행상의 특징-『名公書判清明集』을 중심으로」, 『法史學硏究』 44, 2011.

제6장

1) 송대 능의 석각은 수량 면에서 唐代의 능을 넘어설 뿐 아니라(건릉 제외), 종류 면에서도

변화와 창조가 풍부하였다. 특히 석조상에는 고래로부터 숭상되어 온 중원의 한족문화만이 아니라 주변지역의 문화요소도 포함되어 있어 송왕조의 주변지역과의 문화교류를 시사해 준다. 陳朝雲, 「북송 황릉 신도(神道)에 설치된 석상을 통해 본 북송과 주변지역의 문화교류」, 『중국사연구』 46, 2007.

2) 김성규, 「『金史』「新定夏使儀注」의 의의와 특징」, 『대동문화연구』 84, 2013.

3) 건국하고 10년 남짓 사이에 대국 遼와 북송을 차례로 멸망시키고, 고려와 西夏까지 신속시킨 金은 명실공히 동북아시아의 패자로 등장한다. 중국 남쪽에 틀어박힌 송을 압박하는 금의 태도는 과거 요나라와는 전혀 달랐다. 송의 입장에서 보면 금은 요와 같은 '敵國'(대등국)이 아니라 '臣事'해야 할 우월한 존재가 되었다. 남조-북조로 부르던 호혜적 호칭이 宋-大金이라는 불균등한 호칭으로 바뀐 것도 그러한 정황을 잘 보여준다. 이에 여진족에게 자기중심적 세계관이 나타나게 된 것은 매우 자연스러운 현상이었다. 김성규, 「金朝의 '禮制覇權主義'에 대하여－外國使入見儀의 분석을 중심으로」, 『중국사연구』 86, 2013.

4) 박영철, 「宋代 法書의 禁書와 粉壁의 條法－宋代 王法主義의 一考察」, 『중국사연구』 68, 2010.

5) 김용완, 「劉豫의 齊國과 南宋과의 關係」, 『湖西史學』 27, 1999 ; 김용완, 「齊國皇帝 劉豫에 관한 小考」, 『湖西史學』 23·24합, 1996.

6) 정일교, 「南宋代 銅錢 鑄造에 관한 고찰」, 『동양사학연구』 132, 2015.

7) 김용완, 「南宋 高宗代 戰功者의 出身地 分析」, 『忠南史學』 6, 1994.

8) 김성규, 「악비(岳飛)와 문천상 小傳」, 『건지인문학』 11, 2014.

9) 박지훈, 「남송 고종대 주전파의 화이론」, 『동양사학연구』 80, 2003.

10) 송재윤, 「황제(皇帝)와 재상(宰相): 남송대(南宋代)(1127~1279) 권력분립이론(權力分立理論)」, 『퇴계학보』 140, 2016.

11) 김용완, 「南宋時代 西南部地域 少數民族 變亂研究－高宗·孝宗時代를 中心으로」, 『송요금원사연구』 8, 1993.

12) 배숙희, 「南宋初 對金關係의 변화와 河南·陝西 地域」, 『중국학연구』 40, 2007.

13) 윤은숙, 「북아시아 유목민의 역사 요람 興安嶺－몽골족의 활동을 중심으로」, 『역사문화연구』 39, 2011.

14) 남송의 總領所는 군비지급을 담당하는 곳으로, 초기 설립 당시 군비의 지급 대상은 御前諸軍과 九都統司였다. 군사의 녹봉은 熟券과 生券으로 나누어진다. 레이지아성, 「숙권(熟券), 생권(生券)과 남송(南宋) 총령소(總領所)의 재정 문제」, 『중국사연구』 81, 2012.

15) 김위현, 「금건국과 발해유민」, 『고구려연구』 29, 고구려발해학회, 2007.

16) 효종이 즉위하고 북벌을 준비하면서 막대한 군비가 지출되었는데, 북벌의 진행과 함께 방대한 군수품이 필요해져 남송 물가는 다시 상승하였다. 정일교, 「隆興北伐 時期 物價變動 研究」, 『중앙사론』 44, 2016.

17) 심영환, 「南宋 淳熙 5년(1178) 呂祖謙 勅授告身」, 『사림』 36, 수선사학회, 2010.

18) 박지훈, 「남송 효종대 隆興和議와 和戰論」 『동양사학연구』 61, 1997.

19) 정일교, 「南宋時期 紙幣發行 研究」, 『인문학연구』 89, 충남대학교 인문과학연구소, 2012.

20) 남송 총령소의 직권에서 지폐의 발행과 관리는 매우 중요한 일이었다. 남송의 지폐는 '지역 行使' 방식을 채택하여, 동남지역은 行在會子 혹은 東南會子, 회남과 회북 두 지역은 兩淮會子, 호북지역은 湖北會子, 사천지역은 錢引을 사용하였다. 양회회자, 호북회자, 전인은 각각의 총령소에서 관리하고 그 책임을 졌다. 단, 총령소의 가장 중요한 책임은 재정 관리였고 그 최종 목표는 군사자금의 공급으로서, 금융의 통제라든가 화폐의 안정성 유지는 아니었다. 레이지아성, 「총령소(總領所)와 남송시대 지폐의 발행과 관리」, 『중국사연구』 82, 2013.

21) 지폐를 위조하는 방법으로는 인쇄판 위조, 界와 액면가 위조, 會底를 관리에게서 사들여 위조하는 것 등이 있었다. 남송 때 위조지폐의 성행은 재정 때문에 지폐를 남발하며 지폐의 관리·감독을 소홀히 한 정부의 책임이 가장 컸다. 정일교, 「宋代 僞造紙幣研究」, 『인문학연구』

96, 충남대학교 인문과학연구소, 2014.

22) 박지훈, 「남송대 개희북벌과 북벌론의 전개」, 『경기사론』 창간호, 1997.
23) 喬東山, 「南宋吳氏家族和呂氏家族比較研究」, 『역사문화연구』 54, 2015.
24) 가와무라 야스시 지음, 임대희 옮김, 『송대 양자법』, 서경문화사, 2005.
25) 이범학, 「眞德秀 經世理學의 成立과 그 背景－南宋後期 理學의 官學化와 그 意義」, 『한국학논총』 20, 1998. 진덕수의 저작 『大學衍義』는 명대에 丘濬이 『大學衍義補』로 그 명성을 이었다. 이 두 책을 바탕으로 해서 조선의 정조가 편찬한 것이 『御定大學類義』다.
26) 이범학, 「魏了翁(1178~1237)의 經世理學과 道統論」, 『한국학논총』 22, 2000 ; 이범학, 「魏了翁의 先賢謚號奏請 事業과 理學官僚의 擡頭－道統確立의 政治史的 意義」, 『한국학논총』 23, 2001.
27) 이근명, 「남송-몽골관계사 연구의 주요 쟁점과 그 추이」, 『동북아 중세의 한족과 북방민족－최근 중국학계의 연구동향과 그 성격』, 동북아역사재단, 2010.
28) 박지훈, 「남송 말기 眞德秀의 대외관」, 『경기사학』 3, 경기사학회, 1999.
29) 민병훈, 「서하·금의 交聘 관계에 대하여」, 『중앙아시아연구』 1, 중앙아시아학회, 1996.

제7장

1) 송대의 재정 지출에서 가장 큰 비중을 차지한 것은 군비로, 약 60~90% 정도였다. 정일교, 「南宋時代 財政과 軍費 比重 研究」, 『동양사학연구』 136, 2016.
2) 이종찬, 「『名公書判淸明集』을 통해 본 宋代 不動産 거래와 親隣法」, 『法史學研究』 31, 2005.
3) 송대의 개봉이나 항주는 100만 전후의 많은 인구가 거주하였는데, 당연히 임대업자들이 있었고 임대료가 폭등하기도 했다. 임대료는 임차 계층에 따라서 큰 차이를 보이고, 같은 시기라도 開封府가 지방도시에 비해 훨씬 높았다. 조복현, 「宋代 城市에서 住宅의 賃貸業과 賃貸價格 研究」, 『중앙사론』 29, 2009.
4) 김성규, 「西南 蠻夷 對宋 朝貢의 契期와 貢期」, 『송요금원사연구』 8, 2003 ; 김성규, 「송대 西南 蠻夷의 분포 諸相과 조공의 추이」, 『역사문화연구』 19, 2003.
5) 이근명, 「11세기 후반 송 베트남 사이의 전쟁과 외교 교섭」, 『동북아역사논총』 34, 2011.
6) 김성규, 「宋王朝 對安南國王 책봉의 형식과 논리」, 『동양사학연구』 115, 2011.
7) '악주전투' 자체는 극히 보잘 것 없었으나 이후의 역사 전개에 큰 영향을 주었다. 즉 제왕 쿠빌라이와 대원 울루스의 탄생을 가져왔으며, 한편으로는 15년간에 걸친 가사도 정권을 이끌어냈다. 고려의 태자 王倎(元宗)도 이때 우연히 쿠빌라이 기병대와 만나 인연을 쌓았다. 스기야마 마사아키 지음, 임대희·양영우·김장구 옮김, 『몽골 세계제국』, 신서원, 1999.
8) 김영제, 「南宋 中後期 地方財政의 一側面－慶元府의 酒稅收入과 '府' 財政의 擴大過程을 中心으로」, 『동양사학연구』 85, 2003 ; 김영제, 「南宋의 地方財政에 대해서－浙東路 慶元府(明州)의 財政收支를 中心으로」, 『중국사연구』 21, 2002.
9) 박원길, 「대몽골제국과 남송의 외교관계 분석」, 『몽골학』 8, 한국몽골학회, 1999.
10) 이근명, 「南宋末 蒙古軍의 南下와 襄陽·樊城의 戰鬪」, 『역사문화연구』 17, 2002.
11) 왕무화, 「南宋 말기 무장의 상황－呂文德과 呂家軍을 둘러싼 분석」, 『인문학연구』 12, 2007.
12) 신만리, 「송원(宋元)교체기 여문환(呂文煥)과 그 가족(家族)」, 『중앙아시아연구』 19-2, 2014.
13) 이근명, 「南宋時代 福建民의 海上 貿易活動과 그 性格」, 『역사문화연구』 14, 2001 ; 이근명, 「南宋 後半期 福建地域 社會構造의 變化와 그 性格」, 『歷史教育』 78, 2001 ; 이근명, 「南宋建國期 福建一帶의 人口移動과 社會變化」, 『송요금원사연구』 4, 2000 ; 이근명, 「南宋時代 農村市場의 發達情況과 農民生活－福建地方을 中心으로」, 『외대사학』 8, 1998 ; 이근명, 「南宋時代 福建一帶의 海賊과 地域社會」, 『동양사학연구』 66, 1999 ; 이근명, 「南宋初 福建一帶의 民衆反亂과 地域社會」, 『中國學報』 38, 1999 ; 조복현, 「宋代 福建의 社會經濟的 發展과 商人들의 네트워크 研究」, 『중국사연구』 31, 2004.

14) 李京圭, 「宋·元代 泉州 해외무역의 번영과 市舶司 설치」, 『大丘史學』 81, 2005.
15) 무역으로 번영한 천주가 송대에 해로를 통해 왕래한 지역은 60군데 이상이었다. 송의 대외창구로 국제무역항이었던 천주는 해상 실크로드의 출발점으로서 시박사가 설치되면서 경제 면에서 독보적인 위상을 차지하였다. 복건상인을 중심으로 한 천주의 항해자는 항해의 안전을 빌며 天后宮에서 제사를 지내고, 마조신상을 모시고 四海로 나아가 마조신앙이 해외 각지로 전파되기도 하였다. 李京圭, 「宋代 泉州의 번영과 媽祖信仰」, 『인문과학연구』 13, 2010.
16) 이개석, 「元朝의 南宋併合과 江南支配의 의의」, 『경북사학』 21, 경북사학회, 1998.
17) 김성규, 「岳飛와 문천상 小傳」, 『건지인문학』 11, 2014.

제8장

1) 이근명, 「南宋時代 農村市場의 發達情況과 農民生活」, 『역사문화연구』 8, 1998.
2) 이근명, 『남송 시대 복건 사회의 변화와 식량 수급』, 신서원, 2013 ; 이근명, 「南宋時代 福建經濟의 地域性과 米穀需給」, 『송요금원사연구』 1, 1997 ; 이근명, 「南宋時代 福建一帶의 農耕方式과 麥作」, 『中國學報』 42, 2000 ; 이근명, 「南宋時代 福建一帶의 商品作物 排作狀況과 그 性格」, 『역사문화연구』 12, 2000 ; 이근명, 「南宋時代 福建地方의 水利開發과 地域差」, 『역사학보』 156, 1997.
3) 김영제, 「南宋代 江西路 撫州의 양세액과 財政收支－天一閣藏『弘治撫州府志』의 기록을 중심으로」, 『역사학보』 176, 2002.
4) 이근명, 「南宋時代 社倉制의 實施와 그 性格－福建地方을 中心으로」, 『歷史教育』 60, 1996.
5) 이근명, 「南宋시대 兩浙의 인구와 사회변화－麥作의 普及 문제를 중심으로」, 『중국연구』 28, 한국외국어대학교 중국연구소, 2001.
6) 이근명, 「南宋時代 福建一帶의 商品作物 排作狀況과 그 性格」, 『역사문화연구』 12, 2000.
7) 박희진, 「남송대 남방지역 稻麥 二毛作의 발전 情況－江南의 麥作 擴散을 중심으로」, 『중국사연구』 99, 2015.
8) 이근명, 「南宋時代 兩浙의 인구와 사회변화－麥作의 보급을 중심으로」, 『중국연구』 28, 한국외국어대학교 중국연구소, 2001.
9) 이근명, 「南宋時代 福建 讀書人의 科擧 應試狀況과 解額」, 『역사문화연구』 17, 2002.
10) 이근명, 「남송시대 농촌시장의 발달정황과 농민생활」, 『외대사학』 8, 1998 ; 이근명, 「남송시대 복건경제의 지역성과 미곡수급」, 『송요금원사연구』 창간호, 1997.
11) 학교는 田産으로서 學田을 소유하였는데 그 租佃耕種의 수입으로 학교를 유지하였다. 이것에 관해서는 學田碑에 상당히 풍부한 기록이 담겨 있다. 李雪梅, 「학전비(學田碑)와 송원(宋元) 학전(學田) 제도화 확립의 노력」, 『중국사연구』 69, 2010.
12) 양종국, 「과거제도의 성립과 北宋 仁宗 嘉祐六年 殿試運營의 실례」, 『역사와 역사교육』 3·4합, 1999 ; 배숙희, 「宋代 殿試策題에 關하여」, 『동양사학연구』 49, 1994.

제9장

1) 조복현, 「宋代 水産品의 價格과 그 特徵 研究」, 『역사학보』 198, 2008.
2) 김영진, 「북송전기 京師米行商의 入中邊糧活動 : 상업자본형성에 관한 일고찰」, 『역사학보』 101, 1984.
3) 조복현, 『중국 송대 가계수입과 생활비(상)－물가와 지출』, 신서원, 2016. 송대 가정경제의 지출에서 중요한 의미를 갖는 물가를 다룬 책이다. 이에 따르면 송대에 부식인 육류는

주로 부귀한 사람들이 먹을 수 있었고, 경제력에 여유가 없는 관원이나 상인, 지주들도 육류를 자주 먹기 어려웠다. 조복현, 「宋代 都市에서 肉類의 消費와 價格 硏究」, 『역사문화연구』 29, 2008.

4) 유교적 교양을 갖춘 송대 지방관들은 표면상 유가의 의례경전인 『禮記』, 역사적 典範, 祀典의 기록 여부 등을 기준으로 불법적인 민간사묘를 淫祠로 규정하고 엄벌주의를 천명하였다. 그러나 실제로는 지역사회 질서를 유지하기 위해 음사에 대한 처벌을 대단히 약하게 하거나 법률의 적용 자체에 미온적인 태도를 보였다. 구경수, 「『名公書判淸明集』을 통해 본 南宋代 地方官들의 祠廟信仰에 대한 인식과 대응」, 『역사민속학』 31, 2009.

5) 개봉은 三鼓 이후에도 夜市를 금지하지 않았고, 상업과 무역지역 역시 더 이상 획정된 시장으로만 국한되지 않았다. 이에 도처에 酒樓·飮食店·妓館이 들어섰고 다양한 이름의 茶館도 번성하였다. 오원경, 「開封 茶館을 통해 본 北宋朝 都市茶文化」, 『중국사연구』 42, 2006.

6) 남송대 임안의 경우 원래의 본토박이 외에 대부분 개봉으로부터 온 고관귀족과 중원 각지의 流民들이 더해지면서 거주민이 급증하고 구성원은 복잡해졌다. 이에 임안의 茶館은 수적인 면에서뿐 아니라 내용 면에서도 북송대의 개봉과 비교하여 더욱 번영하고, 남북의 다관 심지어 기타 문화의 일부 내용과 특징이 융합되면서 다관의 면모 역시 다양하게 변화되었다. 오원경, 「臨安 茶館을 통해 본 南宋朝 都市茶文化」, 『중국사연구』 70, 2011.

7) 이하라 히로시 지음, 조관희 옮김, 『중국 중세 도시 기행 ; 송대의 도시와 도시생활』, 학고방, 2012.

8) 孟元老 지음, 김민호 옮김, 『동경몽화록』, 소명출판사, 2010 ; 김민호, 「북송(北宋) 개봉(開封)의 풍속과 번영의 기록－맹원로(孟元老)의 『동경몽화록(東京夢華錄)』 읽기」, 『중국어문학』 47, 영남어문학회, 2006.

9) 김민호, 「남송(南宋) 항주(杭州)의 늦여름과 가을 풍경－『몽량록(夢粱錄)』 譯註 권1」, 『중국어문논역총간』 28, 2011 ; 「권2」, 『중국어문논역총간』 29, 2011 ; 「권3」, 『중국어문논역총간』 30, 2012 ; 「권4」, 『중국어문학지』 41, 2012 ; 「권5상」, 『중국학논총』 44, 2014 ; 「권5하」, 『중국학논총』 46, 2014 ; 「권6」, 『중국학논총』 47, 2015 ; 「권7」, 『중국학논총』 49, 2015.

10) 專賣品으로 국가의 주요 재원이 되었을 뿐 아니라 특히 송조에서는 전매가 당시 遼·金과의 대립 속에서 국방과 연계되어 정책적으로 운용되면서 정치·군사적으로 중요한 역할을 하였다. 더욱이 茶馬무역을 통한 이민족과의 경제·외교적 교류는 자연히 飮茶라는 공통된 생활양식을 매개로 한 漢族과 이민족 간의 문화적 통합을 가져왔다. 오원경, 「唐宋代 "茶風"의 形成과 發展」, 『중국사연구』 7, 1999.

11) 송대에는 상업경제의 발달과 도시의 번영으로 飮茶文化가 서민의 생활 속으로 광범하게 확대되었다. 그에 따라 차 겨루기(鬪茶)라는 茶藝가 사람들 사이에 깊숙이 침투하고, 飮茶는 각종 儀式의 축적을 통해 중국의 보편적인 전통이 되었다. 오원경, 「鬪茶를 통해 본 송대 차문화」, 『중국학보』 48, 2003.

12) 서은미, 「북송대 복건 납차와 차법」, 『역사학보』 173, 2002.

13) 신채식, 「10~13世紀 東아시아 文化交流－海路를 통한 麗宋의 文物交易을 中心으로」, 『中國과 東아시아 世界』, 國學資料院, 1996.

14) 배숙희, 「송대 동아 해역상 표류민의 발생과 송환」, 『중국사연구』 65, 2010.

15) 이석현, 「北宋代 使行 旅程 行路考－宋 入境 이후를 중심으로」, 『동양사학연구』 114, 2011.

16) 송대의 시박세율은 시기에 따라 변동이 잦았다. 남송초 전쟁으로 인한 국고 부족으로 세율이 가장 높았던 때를 제외하면 海商의 入港이 활발할 경우, 시박 상품의 공급 증가로 인해 시장에서는 가격하락 요인이 생겼을 수 있다. 그로 인해 송조 戶部로서는 화폐로 환산된 시박 수입이 줄어들게 되어 시박 세율을 높였을 것으로 추정된다. 반면 해상의 입항이 저조할 경우 수입이 줄어들므로 이번에는 해상을 불러들여 수입을 늘리기 위해 또다시 한동안 세율 인하조치를 내렸다. 김영제, 「宋代의 市舶稅: 市舶稅의 徵收와 關聯하여」,

『역사문화연구』 56, 2015.

17) 김영제,「교역에 대한 宋朝의 태도와 高麗海商의 활동」,『역사학보』 213, 2012.

18) 김영제,「송대 錢荒의 배경－화폐유통과 관련하여」,『동아시아의 지역과 인간』, 지식산업사, 2005 ; 김영제,「北宋의 錢荒에 對해서」,『송요금원사연구』 4, 2000.

19) 김성규,「北宋朝貢年表考索」,『전북사학』 25, 2002 ; 김성규,「북송조공연표고색(續)－조공품, 회사품, 관작」,『전북사학』 26, 2003.

20) 신종은 고려와도 협조관계를 구축하기 위해 적극 노력하였다. 이에 고려사절이 약 70여 년 만에 송에 도착하여 후한 예우를 받았고 이 같은 기조는 북송 말기까지 지속되었다. 김영제,「高麗使節에 대한 北宋政府의 禮遇－神宗代 高麗使節의 使行旅程과 관련하여」,『중국사연구』 84, 2013 참조. 고려사절의 宋 入境 이후의 여정과 활동에 관해서는 이석현,「북송대 使行 旅程 行路考」,『동양사학연구』 114, 2011 참조.

21) 강장희,「송대 무역의 발달과 향료－남송시대 해상무역을 중심으로」,『해양환경안전학회지』 13, 해양환경안전학회, 2007 ; 김영제,「宋代의 市舶稅: 市舶稅의 徵收와 關聯하여」,『역사문화연구』 56, 2015.

22) 일반적으로『高麗圖經』이라고 한다. 송 휘종이 고려에 國信使를 보낼 때 수행했던 徐兢(1091~1153)이 1123년 고려 개경을 한 달 간 다녀온 경과와 개경의 모습, 각종 풍습과 신앙, 생활모습 등을 그림을 곁들여 기록한 책. 1124년에 완성한 이 책은 모두 40권 29류로 구성되고, 그 아래에 3백여 세목으로 구분되었다. 현재 그림은 남아 있지 않다. 서긍은 正本을 御府에 교부하고 副本을 자신의 집에 보관하였는데, 금의 개봉 점령 후 正本은 없어지고, 副本도 빌려주었다가 사라져 10년 후에 발견되었는데 그때엔 이미 각 卷의 圖는 사라지고 없었다고 한다. 박경희,「徐兢과 "선화봉사고려도경"」,『퇴계학연구』 4, 단국대학교 퇴계학연구소, 1990. 현재 국내에는 두 종류의 완역본이 나와 있다. 서긍 저, 조동원 역,『선화봉사고려도경』, 황소자리, 2005 ; 서긍 원작, 정요석·김종윤 공역,『(선화봉사)고려도경』, 움직이는책, 1998.

23) 배규범,「서긍(徐兢)(1091~1153)의『고려도경(高麗圖經)』간행(刊行)과 내용상 특징」,『동방문학비교연구』 6, 2016.

24) 한국 신안 앞바다에서 원나라의 무역선을 건져올린 예가 있는데, 중국에서도 800년 전에 침몰한 남송시대 초기의 옛 선박이 1987년에 광동성(廣東 省 台山市海域 陽江市 해역)에서 발견되었다. '南海一号'라고 부르는 이 선박은 해상 실크로드를 보여주는 증거라고 하여 중국에서 많은 호평을 받았다. 해상에 침몰된 선박 가운데 가장 오래되고, 선체가 가장 크고, 보존 상태가 가장 좋은 원양무역상선으로, 도자기의 역사에서도 문헌상 찾기 어려운 실물 자료를 제공하고 있다. 선박에는 6만~8만 건에 이르는 국보급 문화재가 실려 있다. 길이 30.4m, 넓이9.8m, 높이 약 4m, 배수량 약 800t, 적재량 무게 약 400t(2007년 12월 21일 인양). 이 선박은 일반적으로 남송시기의 복건 泉州에서 나오는 특징을 갖춘 목질로 만들어졌다.

25) 최운봉·허일,「중국 송대 海船의 주요 유형에 관한 연구」,『해양환경안전학회지』 10-1, 2004.

26) 최운봉·허일,「중국 송대 尖底船의 조선기술 및 그 구조에 관한 연구」,『해양환경안전학회지』 10-1, 2004.

27) 외국으로의 항해 빈도가 늘어나면서 그에 대한 민간신앙으로서 수호신이 형성되는데 그 대표적인 것이 마조였다. 마조는 林默이라는 여성이 생전에 길흉화복을 점치고 해상 조난자를 많이 구제하여 사후에 항해자들과 어민들의 수호신이 되었다. 시대의 변천과 요구에 따라 마조는 국가제전의 대상이 되고 여러 차례 褒封되면서 그 신앙이 확산되었고 복건 상인들의 활약에 힘입어 국내는 물론 해외로까지 전파되었다. 李京圭,「中國에서의 媽祖信仰의 成立과 發展에 관하여」,『중국사연구』 68, 2010 ;『中國民間信仰 硏究－媽祖를 중심으로』, 대구가톨릭대학교출판부, 2015.

제10장

1) 교토(京都) 대학 문학부 교수. 일본 교토 학파를 대표하는 동양사학자. 송대사가 주전공이지만 연구범위는 시대를 가리지 않았고, 공간적으로도 한·중·일을 망라하였다. 중국사를 보는 관점, 특히 송대사의 시대구분과 관련하여 그는 송대 이후를 근세로 보아 이 책의 저자인 도쿄 대학의 스도 요시유키가 중세로 본 것과는 대조적인 입장을 취했다. 일본의 중국사학계는 이 두 사람을 중심으로 교토 대학파와 도쿄 대학파로 크게 나뉘어 시대구분논쟁을 치열하게 전개하였고, 이 논쟁을 통해 일본의 중국사 연구는 전반적으로 크게 진전되었다고 평가받고 있다. 宮崎市定 저, 조병한 역, 『중국사』, 역민사, 1983 참조.

2) 김기욱·박현국, 「南宋時期 醫學에 관한 硏究」, 『대한한의학원전학회지』 17-1, 대한한의학원전학회, 2004.

3) 송대는 중국 고대 의학 발전사상 중요한 시기로 의사제도가 전에 없이 발전을 이루었을 뿐 아니라 校正하고 정리하고 새롭게 저술한 의학서적 수가 그 어느 시대보다 많았다. 藥物學 등의 방면에서 등장한 새로운 견해는 후세에 많은 영향을 끼쳤다. 楊小敏·王中良, 「試析宋代'無名醫'的緣由」, 『역사문화연구』 38, 2011.

4) 公使錢은 지방 조세를 중앙으로 집중시키기 위하여 처음 지급하였으나 점차로 공무상 빈객을 접대하거나 군대의 노고를 치하하는 데 사용되었다. 공무 집행 중에 개인 재산의 소비를 막고 관원들의 일상 생활에도 경제적인 도움을 주어 요전제도에 내포되어 있는 문제점을 보완하는 제도적인 장치였다. 조복현, 「송대 관원의 공사전 연구」, 『동양사학연구』 181, 2003.

5) 양종국, 「심괄(沈括)의 몽계필담(夢溪筆談)과 인쇄사화(印刷史話)」, 『역사와 역사교육』 2, 웅진사학회, 1997.

6) 김병환, 「북송성리학－유가의 부흥과 '도, 불'의 영향」, 『중국철학』 6, 1999.

7) 류봉국, 「송대성리학 형성의 연원적 고찰(상)」, 『대동문화』 1, 1963.

8) 김성규, 「공자의 관을 덮고 나서: 중국왕조의 공자 평가 2000년 簡史」, 『역사교육』 139, 2016.

9) 강춘화, 「송대의 삼교합일사조」, 『원광대한국종교』 18, 1993.

10) 민병희, 「朱熹(1130~1200)에 있어서 形而上學과 經世의 관계」, 『역사문화연구』 28, 2007.

11) 김경수, 『북송 초기의 삼교회통론』, 예문서원, 2013.

12) 김학권, 「주돈이 철학의 연구」, 『논문집(인문·사회)』 31-1, 원광대학교, 1995.

13) 遠藤隆俊 저, 김종건 역, 「북송 사대부의 일상생활과 종족－范仲淹의 『家書』를 통한 분석」, 『중국사연구』 27, 2003 ; 신채식, 「宋, 范仲淹의 文敎改革策」, 『역사교육』 13, 1970.

14) 박지훈, 「구양수의 화이관」, 『이대사원』 22·23합, 1988.

15) 이범학, 「북송 후기의 정치와 당쟁사의 재검토－신법당의 입장을 중심으로 」, 『한국학논총』 14, 1991.

16) 왕안석은 원래 經史에 능통하고 經典을 중심으로 세상을 경륜할 것을 주장하여 자기 이론을 세워 신법의 사상적 토대로 삼았다. 그리하여 아들 제자와 함께 『詩經』, 『尙書』, 『周禮』에 새롭게 주석을 하였는데 이것이 바로 『三經新義』이며, 이 책에서는 이를 줄여서 신의라고 하였다.

17) 주희의 도통론은 무관의 왕인 공자가 지니는 정치적 상징성을 극대화하고, 공자가 구현하였다고 보는 '문헌적 왕권'을 새로운 방식으로 구현하며 사대부의 권력을 새롭게 규정한 것이다. 도통과 치통 간의 관계는 聖人과 帝王의 관계이며, 이는 곧 사대부 권력과 군주 권력의 문제에 대한 논의였다. 민병희, 「道統과 治統, 聖人과 帝王 : 宋~淸中期의 道統論을 통해본 士大夫社會에서의 君主權」, 『역사문화연구』 40, 2011 ; 신채식, 「宋代 新儒敎(道學)의 宗敎性에 關하여」, 『송요금원사연구』 8, 2003.

18) 윤영해, 『주자의 불교비판연구』, 서강대학교 박사학위논문, 1997.

19) 김병환, 「북송 성리학-유가의 부흥과 '도(道)', '불(佛)'의 영향」, 『중국철학』 6, 1999.
20) 민병희, 「주희의 四書章句集注와 士大夫社會의 변화」, 『역사학연구』 53, 호남사학회, 2014.
21) 주희의 역사에 대한 관심은 『八朝名臣言行錄』 편찬 과정을 통해서도 잘 드러난다. 그는 다양한 자료를 이용하고 '명신'들의 긍정적인 면과 함께 부정적인 면도 채록하는 등 상당히 객관적이고 엄격한 태도를 취하였다. 이근명, 「『宋名臣言行錄』의 편찬과 후세 유전」, 『기록학연구』 11, 한국기록학회, 2005.
22) 오상훈, 「북송 불교사상의 한 기조-유, 불, 도교의 접근」, 『경북사학』 21, 1988.
23) 閻孟祥, 「宋代宏智正覺禪思想研究的幾個問題」, 『역사문화연구』 33, 2009.
24) 박재현, 「송대의 시대정신과 선종 종파의 부침: 양기파와 황룡파를 중심으로」, 『한국선학』 35, 2013.
25) 김병규, 「송학과 불교」, 『불교학논집』 1, 1959.
26) 송일기, 「蘇州 瑞光寺塔 出土 北宋初期의 佛教文獻 研究」, 『한국도서관 정보학회지』 45, 2014.
27) 북송 말의 孔淸覺이 항주 白雲庵에서 연 종파로, 白雲宗이라고도 한다.
28) 김한신, 「北宋 朝廷의 民間信仰 統制-民間信仰의 改革과 儒家的 禮的 秩序의 確立」, 『동양사학연구』 130, 2015 ; 김민성, 「唐宋代 台州의 城隍神과 地域 엘리트」, 『송요금원사연구』 8, 1993.
29) 박영철, 「『名公書判清明集·戶婚門』 校勘」, 『역사문화연구』 20, 2008 ; 「名公書判清明集의 版本과 讀解」, 『역사문화연구』 22, 2005 ; 「宋代 法書의 禁書와 粉壁의 條法-宋代 王法主義의 一考察」, 『중국사연구』 68, 2010.
30) 1167~1244. 탁월한 역사관을 바탕으로 총 17종, 천여 권에 이르는 저작을 남긴 남송의 역사가. 그의 역작으로 꼽히는 『建炎以來繫年要錄』은 다양한 사료를 원용하고 사료 고증도 매우 엄격히 하여 남송사학의 전범으로 꼽힌다. 劉馨珺, 「史家之道 : 李心傳與『建炎以來繫年要錄』」, 『역사문화연구』 40, 2011.
31) 송·거란·금 등 세 왕조 사이에 벌어진 남송·북송 교체기의 군사외교적 기록의 寶庫로, 1차 사료와 구어체 문체 등이 많이 포함된 12~13세기 동아시아사 복원을 위한 핵심사료로 평가된다. 중국 특유한 華夷觀이 적게 반영되어 송의 치욕적인 내용이 많아서인지 중국에서도 연구는 많지 않은 편이다. 한국에서는 2005년 12월 충주대학교에서 연구회가 결성되어 윤독회 등을 통한 연구성과들이 출간되고 있는데, 향후 교감과 표점을 비롯한 문헌학적·역사학적 가치를 지닌 연구성과의 출현이 기대된다. 충주대학교 동아시아연구소, 『三朝北盟會編研究論集』, 차이나하우스, 2009 ; 유원준, 「『三朝北盟會編』 板本 및 史料的 價値에 관한 研究」, 『중국사연구』 84, 2013.
32) 김양섭, 「요, 금, 송 삼사 편찬에 대하여」, 『중앙사론』 6, 1989.
33) 유원준, 「당송변혁기 死後世界觀과 '召喚 및 還魂'에 대한 認識의 變化」, 『역사문화연구』 31, 2008. 『太平廣記』와 『夷堅志』를 중심으로 唐·北宋의 사후세계관의 변화를 고찰한 논문이다.
34) 서장원, 「『太平廣記』 東傳之始末及其影響」, 『중국어문학』 7, 1984.
35) 이기훈, 「송대 족보문화와 소순(蘇洵)의 『소씨족보(蘇氏族譜)』」, 『중국문학연구』 45, 2011.
36) 정헌철, 「花間詞考」, 『중국문학』 6, 한국중국어문학회, 1979 ; 이경규, 「『香奩集』과 『花間集』의 詩語 비교연구」, 『중국어문학논집』 66, 중국어문학연구회, 2011.
37) 정래동, 「李淸照의 詞와 生涯」, 『아시아여성연구』 15, 숙명여자대학교 아세아여성문제연구소, 1976 ; 권수전, 「李淸照의 삶과 작품세계」, 『중국학』 20, 대한중국학회, 2003.
38) 임승배, 「남송 詞風의 변화」, 『중국인문과학』 18, 중국인문학회, 1999.
39) 여승환, 「송대 '와사(瓦舍), 구란(勾欄)'의 유래 고찰」, 『중국문학연구』 31, 한국중문학회, 2005.
40) 최종인, 「宋代 北宗 山水畵의 연구」, 『군산실전 논문집』 3, 1980.
41) 박은화, 「五代, 遼, 北宋代 古墳壁畵의 花鳥畵 고찰」, 『중국사연구』 91, 2014.

42) 강희정, 「오대(五代), 북송(北宋), 요(遼)의 미술」, 『중국사연구』 43, 2006.
43) 쑨쉬, 「북송(北宋) 사관(寺觀) 관리정책 초탐—『담원(談苑)』 "금삼만구천사(今三萬九千寺)"의 "금(今)"자 검토」, 『중국사연구』 73, 2011.
44) 박현숙, 「곽희(郭熙)의 『임천고치(林泉高致)』에 나타난 신유학 예술관」, 『동양예술』 31, 2016 ; 장완석, 「郭熙, 郭思 '林泉高致' 美學思想」, 『한국철학논집』 17, 한국철학사연구회, 2005 ; 장완석, 「성리학(性理學)과 산수화(山水畵)의 발전에 관한 연구—송대를 중심으로」, 『한국철학논집』 32, 2011.
45) 허영환, 「北宋末의 讀書人과 畵院과의 관계」, 『사총』 23, 고려대학교 역사연구소, 1979 ; 박은화, 「북송말(北宋末), 남송초(南宋初)의 산수화(山水畵)」, 『강좌 미술사』 29, 2007 ; 김선옥, 「북송 거비파 산수화에 대한 유가적 고찰」, 『동양예술』 19, 2012.
46) 서은숙, 「송대 사대부의 審美意識 小考—송대 사대부의 회화관을 중심으로」, 『중국어문학회논집』 13, 중국어문학연구회, 2000.
47) 한방임, 「북송회화에 있어 문인화론의 역할과 의미 연구」, 『미학 예술학 연구』 34, 2011.
48) 김용완, 「南宋 南渡人의 社會經濟的 貢獻研究」, 『湖西史學』 21·22합, 1994.
49) 전경원, 「소상팔경—동아시아의 시와 그림」, 건국대학교출판부, 2007 ; 송희경, 「남송의 瀟湘八景圖에 관한 연구」, 『미술사학연구』 205, 한국미술사학회, 1995.
50) 위진~북송 말에 활동한 화가의 전기와 작품목록을 중심으로 회화의 포괄적인 양상을 수록한 휘종 勅撰의 유일한 官撰書. 郭若虛의 『圖畫見聞誌』, 鄧椿의 『畫繼』와 함께 송대에 출간된 대표적인 畵史다. 총 20권이며 撰人의 이름이 없어 편찬자는 알 수 없지만 당시 궁정에서 활동하던 내부 관리와 내신 등 여러 인물이 공동 편찬한 것으로 여겨진다. 박은화, 「『宣和畵譜』의 山水門에 나타난 북송말의 山水畵觀」, 『중국사연구』 71, 2011 ; 한방임, 「『선화화보(宣和畵譜)』에 나타난 송대 회화의 경향과 예술사상」, 『미학 예술학 연구』 25, 2007.
51) 최성은, 「杭州 煙霞洞石窟 十八羅漢像에 대한 研究」, 『미술사학연구』 190·191, 1991 ; 정은우, 「抗州 飛來峰의 佛敎彫刻」, 『미술사연구』 8, 1994 ; 주경미, 「北宋代 塔形舍利莊嚴具의 研究」, 『중국사연구』 60, 2009.
52) 북송대 도자 연구의 쟁점은 여요와 관요에 대한 이해와 직결되어 있는데 북송의 황실용 자기는 정요 → 여요 → 관요 순으로 이동한다. 정요와 여요의 제작체계를 이해하기 위해서는 貢瓷와 官窯, 또는 貢窯에서 官窯로 가는 과도기적인 상황들을 파악해야 한다. 김윤정, 「북송대(北宋代) 공자(貢瓷)에 대한 인식과 정요(定窯)와 여요(汝窯)의 성격」, 『중국사연구』 98, 2015 ; 米玲·丁建軍·崔勇, 「北宋北方陶瓷業與興衰之研究—以定窯系爲中心的考察」, 『역사문화연구』 44, 2012.
53) 이희관, 『황제와 자기; 송대 관요 연구』, 경인문화사, 2016.
54) 방병선, 「고려청자의 중국 전래와 도자사적 영향」, 『강좌 미술사』 40, 2013 ; 송동림, 「한반도 근해 출수 송원도자(宋元陶瓷)의 양상과 최종 수요처」, 『문물연구』 29, 2016.
55) 조점숙, 「북송조의 견직업에 대한 일고찰」, 『이대사원』 15, 1978.
56) 오원경, 「宋代 四川榷茶와 茶馬貿易」, 『淑大史論』 20, 1998.

연 표

서기	황제 연호	중 국	동아시아
960	송宋 태조太祖 건륭乾隆원	전전도점검殿前都點檢 조광윤趙匡胤, 후주 공제恭帝를 폐하고 제위에 오름(송 태조)	
963	태조 건덕乾德원	송, 형남荊南·초楚를 멸하고 호북·호남의 땅을 병합	963 고려, 송의 책봉을 받음
965	태조 건덕3	후촉後蜀을 공격하여 항복시키고, 사천四川을 병합	
970	태조 개보開寶3	편전무便錢務를 설치하여 송금送金어음 발행	969 일본 안나安和의 변
971	태조 개보4	남한南漢 항복시켜 광동·광서 병합. 처음으로 광주廣州, 항주杭州에 시박사市舶司 설치	
973	태조 개보6	태조, 처음으로 강무전講武殿에서 복시覆試 시행. 이로부터 전시殿試 시작	
975	태조 개보8	남당南唐을 항복시켜 강소·안휘·강서 땅을 병합	
978	태종 태평흥국太平興國3	전숙錢俶이 입조入朝하여 오월吳越의 땅을 송에 바침	
979	태종 태평흥국4	태종, 북한을 항복시켜 천하통일. 요를 공격했지만 고량하高粱河에서 패배	980 탕구트黨項 이계봉李繼捧이 정난군절도사定難軍節度使 계승
980	태종 태평흥국5	차역법差役法 제정	982 이계봉이 송에 영역을 헌납하자 족제族弟인 계천이 송에 반기를 듦. 거란 성종聖宗 즉위
992	태종 순화淳化3	상평창常平倉 설치. 순화각첩淳化閣帖 새김. 이 무렵 강남에서는 조도早稻와 만도晩稻가 구별됨	994 고려, 거란의 책봉을 받음
997	태종 지도至道3	전국을 15로路로 나누고 각 로에 전운사를 둠. 개인 편전便錢 금함	995 이 무렵 고려, 관제개혁 실시
1004	진종眞宗 경덕景德원	진종, 친정親征하여 거란군과 대치하다가 전연澶淵의 맹盟 체결	1002 탕구트 이계천李繼遷, 영주靈州를 차지함 1003 이계천 죽고 이덕명李德明이 계승
1012	진종 대중상부大中祥符5	사신을 복건에 파견, 점성도占城稻를 구해 강남·회남·양절 3로에 나누어주어 파종시킴	1006 송이 이덕명을 정난군절도사 서평왕西平王에 책봉 1010 안남安南에 이조李朝 성립. 거란의 성종, 고려 침공
1022	인종仁宗 건흥乾興원	한전법限田法 시행하여 관호官戶형세호形勢戶의 토지소유 제한	1016 일본 후지와라노미치나가藤原道長 섭정이 됨
1023	인종 천성天聖원	익주益州에 교자무交子務 설치하여 관영 교자交子 발행	1019 도이刀伊의 적賊, 규슈 침공

1039	인종 보원寶元2	이 해부터 서하西夏의 이원호李元昊가 매년 공격해옴	1030 거란, 고려와 평화 회복
1043	인종 경력慶曆3	천보방전법千步方田法 실시	1031 탕구트의 이덕명이 죽고 이원호李元昊가 계승. 거란 성종이 사망하고 흥종興宗이 계승
1044	인종 경력4	서하 이원호를 하국왕夏國王에 봉하고, 송하화약宋夏和約 체결	1038 이원호, 대하황제大夏皇帝를 칭함
1049	인종 황우皇祐원	영남嶺南에서 농지고儂智高의 반란 발생	1049 고려, 양반 공음전시법功蔭田柴法 제정
1060	인종 가우嘉祐5	왕안석王安石, 「만언서萬言書」 상주	1051 일본 전구년의 역前九年役 시작(~1087)
1069	신종神宗 희령熙寧2	왕안석, 참지정사參知政事가 됨. 제치삼사조례사制置三司條例司 설치. 청묘법靑苗法·면역법免役法·농전수리법農田水利法·균수법均輸法·어전법淤田法 등의 신법神法 시행	1066 거란, 국호를 다시 요遼로 바꿈
1070	신종 희령3	보갑법保甲法을 개봉부에서 시행. 이록법吏祿法 시행. 진주秦州에서 시역무市易務 설치	
1071	신종 희령4	면역법免役法 전국에 시행. 각종 농지개량과 개간 실시	
1072	신종 희령5	방전균세법方田均稅法 실시. 겹단郟亶에 의해 양절로兩浙路에서 수리사업 시행. 보마법保馬法 시행. 시역법을 수도에서 시행. 왕소王韶 토번지역 정벌(희하로熙河路 경략)	
1073	신종 희령6	보갑법을 하북·하동·섬서 등 5로에서 시행. 면행법免行法 시행. 주돈이周敦頤 사망	
1074	신종 희령7	왕안석 하야. 동전의 대외수출금지 해제	
1075	신종 희령8	왕안석, 다시 재상이 됨. 교지交趾가 침략	
1076	신종 희령9	왕안석 사직. 시박사를 광주廣州 한 곳으로 통일.	1076 고려, 관제개혁 단행
1079	신종 원풍元豐2	집교법集敎法 시행. 대보장大保長을 개봉에 모아 무예를 가르침	
1080	신종 원풍3	단교법團敎法 시행. 보정에게 무예를 가르침. 호마법戶馬法 시행. 관제 대개혁 단행(~1062). 삼사 폐지, 3성6부9시5감三省六部九寺五監 부활, 원풍고 설치	
1081	신종 원풍4	이헌李憲, 서하 원정에서 패함	
1084	신종 원풍7	사마광司馬光, 『자치통감資治通鑑』을 저술하여 황제에게 바침	1083 일본 후삼년의 역後三年役 시작(~1087)
1085	신종 원풍8	신종이 사거하고 철종 즉위. 선인태황태후 고씨가 섭정이 되어 사마광 기용. 보갑법을 개정하고 방전균세법·시역법·면행법 중지. 원우元祐의 치治 시작	

1086	철종哲宗 원우元祐원	사마광, 여공저呂公著가 재상이 되어 보갑법·이록법·면역법·청묘법을 중지시키고 제거상평사提擧常平司 폐지	1086 일본 시라카와白河 상황上皇의 원정院政 시작
1087	철종 원우2	낙洛·촉蜀·삭朔 3당의 당쟁 시작	
1091	철종 원우6	동전 수출 재금지	
1093	철종 원우8	선인태황태후 사거, 철종 친정	
1094	철종 소성紹聖원	장돈章惇이 재상이 되어 신법 부활시킴. 제거상평사 설치. 『맥경脈經』, 『보주본초補註本草』 등 의서·본초서 출판	
1096	철종 소성3	서하, 침략	
1099	철종 원부元符2	송, 서하와 통호	
1100	철종 원부3	철종 사거하고 휘종 즉위, 향태후向太后가 섭정에 오르고 장돈은 사직, 증포曾布·한충언韓忠彦이 재상이 되어 신구 양당의 조화 이룸	
1101	휘종徽宗 건중정국建中靖國원	향태후 사거하고 휘종이 친정 단행	
1102	휘종 숭녕崇寧원	채경蔡京, 재상이 됨. 강의사講議司 설치하고 신법 시행. 구법당을 탄압하고 원우간당비元祐姦黨碑를 세움. 전임專任 제거시박관提擧市舶官 설치	
1105	휘종 숭녕4	서하 침입. 주면朱勔 화석강花石綱을 일으킴	
1107	휘종 대관大觀원	사천四川에서 교자交子 대신 전인錢引 유통	1107 고려의 윤관, 여진 정벌
1112	휘종 정화政和2	한전면역법限田免役法 시행	1113 여진 완안부完顔部의 아구타阿骨打가 부장部長 계승
1118	휘종 중화重和원	금金에 마정馬政을 파견하여 대요對遼 협공 의논	1114 아구타, 반요反遼의 군사 일으킴. 맹안모극猛安謀克 제정 1115 아구타 제위에 올라 금金 건국. 요 황제의 친정군을 혼동강混同江변에서 격파
1120	휘종 선화宣和2	방랍方臘의 난 발생. 방전균세법 중지	1119 금국 여진대자女眞大字 제정
1121	휘종 선화3	방랍의 난 진정. 양산락梁山濼의 송강宋江 투항. 서역소西域所의 환관 이언李彦이 공전公田을 관할하면서 많은 민전民田 몰수	1122 금이 요의 중경中京을 함락하자 요 황제 서쪽으로 감
1122	휘종 선화4	연산의 역. 동관童貫, 연경燕京을 공격했지만 실패. 금이 연경 함락	
1123	휘종 선화5	송, 연경 회복	1124 금이 요의 천조제天祚帝를 사로잡아 요 멸망
1125	휘종 선화7	금군, 개봉 공격. 서역소의 공전, 화석강을 그만둠. 휘종 퇴위하고 아들 흠종 즉위	
1126	흠종欽宗 정강靖康원	금군, 다시 대거 쳐들어와 개봉 함락	1126 고려, 외척 이자겸李資謙의 난 발생. 고려, 금의 책봉을 받음

1127	고종高宗 건염建炎원	금군이 휘종·흠종을 사로잡아 북으로 귀환하고 북송은 멸망. 금은 장방창張邦昌을 황제로 삼아 초를 건국. 고종이 남경南京 응천부應天府에서 즉위	
1129	고종 건염3	묘부苗傅·유정언劉正彦의 병변兵變(명수의 난). 금군, 강남으로 들어와 항주杭州 파괴	1129 일본 도바鳥羽 상황上皇의 원정 개시
1130	고종 건염4	송제, 남하하는 금군을 피해 온주溫州에 이름. 종상鍾相·양요楊么의 난 발생(~1135) 금은 유예劉豫를 세워 제국齊國의 황제로 삼음. 금의 포로가 되었던 진회秦檜가 귀국하여 예부상서에 임명됨	
1131	고종 소흥紹興원	진회, 재상이 됨. 금이 섬서지방을 정복하여 제국齊國에게 줌	
1132	고종 소흥2	고종, 임안臨安으로 돌아옴. 유예, 개봉을 제의 도읍으로 정함	1132 야율대석耶律大石, 중앙아시아에서 서요西遼 건국
1134	고종 소흥4	송군, 금제연합군과 싸움	1135 금 태종 죽고 희종熙宗 즉위. 삼성三省제도 설치. 고려에 묘청의 난 발생(~1136)
1135	고종 소흥5	휘종, 금에서 포로로 있다가 사망	
1137	고종 소흥7	금, 제국齊國 폐지하고 화북 직접 통치	1138 금 여진소자女眞小字 제정
1141	고종 소흥11	진회 정권이 군벌세력을 억누르는 데 성공하여 악비岳飛를 체포, 살해	
1142	고종 소흥12	금과 화의. 송은 금에 대해 신사臣事하기로 함. 휘종의 재궁梓宮(관)·황태후, 금국에서 돌아옴. 송·금 각국 경계지점에 각장榷場 설치	1142 금, 송의 강왕康王 구構를 송 황제로 책봉 1149 해릉왕海陵王 완안량, 금 희종을 시해하고 즉위
1155	고종 소흥25	진회 사망	1153 금 황제 량, 도읍을 회령부會寧府에서 연경으로 옮김
1156	고종 소흥26	흠종, 포로로 된 상태에서 오국성에서 사망	1156 일본, 호겐保元의 난
1161	고종 소흥31	금군이 대거 남침하자 송의 장수 우윤문虞允文이 채석기采石磯에서 격파	1159 일본, 헤이지平治의 난 1161 금 황제 량, 직접 남송을 침공하여 양주揚州에 이르렀지만 부하에게 피살됨
1165	효종 건도乾道원	송금화약宋金和約	1164 금, 통검추배通檢推排(첫번째) 단행 1167 일본, 다이라노 기요모리平清盛가 대정대신太政大臣이 됨 1168 일본 에이사이榮西, 입송
1175	효종 순희淳熙3	주희朱熹와 육구연陸九淵이 아호사鵝湖寺에서 만나 토론	1170 고려 무신 정중부鄭仲夫 등이 문신 살해(경인庚寅의 난) 1172 송의 명주明州에서 일본에 방물方物, 첩서牒書 보냄 1173 고려 계사癸巳의 난(김보당의 난)으로 문신 대학살

1194	광종 소희紹熙5	황하가 범람하여 남쪽으로 흐르면서 새로운 물길(남북이류南北二派)이 됨	1185 일본 헤이케平家 멸망 1192 일본 미나모토 요리토모源頼朝가 정이대장군이 됨 1196 고려, 최충헌崔忠獻이 권력을 장악하여 최씨 정권시대 개막
1200	영종寧宗 경원慶元6	주희 사망	1197 금 서북변에 계호界壕 구축하여 몽골 유목민의 침입에 대비함
1206	영종 개희開禧2	한탁주韓侂冑의 주도 하에 송금개전宋金開戰. 촉의 송 장수 오희吳曦가 반기를 듦	1206 금, 오희를 촉왕에 책봉. 몽골 테무진이 칭기스칸을 칭함
1207	영종 개희3	한탁주 살해됨	
1208	영종 가정嘉定원	송금화약 체결. 사미원史彌遠이 재상이 됨	1211 칭기스칸, 금으로 진격. 야율유가耶律留哥, 동북지역에서 금에 반란 일으킴
1213	영종 가정6	금에 대한 세폐歲幣 제공 중지	1215 금, 도읍을 중도中都에서 변경汴京으로 옮김. 몽골, 금의 중도 함락
1217	영종 가정10	금의 침입군을 맞아 싸움	1219 일본 미나모토 사네토모源實朝 살해되고 호조北條 씨의 집권정치 시작. 칭기스칸, 중앙아시아 원정 1220 송, 하夏와 연합하여 금 협공 1222 일본, 조큐承久의 난
1225	이종理宗 보경寶慶원	호주湖州 사람 반임潘壬이 제왕齊王 횡竑을 황제로 세우려 시도했으나 실패	1223 일본 승려 도겐道元 입송 1224 송·금·하 삼국화약 성립 1227 서하 왕 이현李晛이 몽골군에 항복하여 서하 멸망. 몽골 칭기스칸 사망
1233	이종 소정紹定6	사미원 사망	1231 몽골군이 고려에 침입하자 고려 항복 1232 고려, 강화도 천도. 이때부터 몽골이 고려를 연달아 침입
1234	이종 단평端平원	송이 금의 변경汴京·낙양을 점령했지만 몽골군에게 빼앗김	1234 금, 몽골·송 연합군에 공격당하여 채주蔡州에서 멸망 1235 몽골군, 대거남하하여 송 침공
1257	이종 보우寶祐5	몽골군 길을 나누어 송의 영토 침입	1251 몽골 뭉케 카안, 대 카안에 오름 1252 몽골 우량카다이, 대리국 원정 1257 몽골 우량카다이, 교지交趾를 공격하여 복속시킴

1259	이종 개경開慶원	몽골의 쿠빌라이가 악주를 포위공격. 가사도賈似道가 화의를 제의하자 쿠빌라이는 포위를 풀고 북으로 돌아감	1258 고려, 최씨정권 무너짐 1259 몽골 뭉케 카안, 송의 합주合州 포위공격중에 사망. 고려, 몽골에 복속
1263	이종 경정景定4	가사도 공전법公田法 실시	1261 쿠빌라이 카안, 송 원정의 명을 내려 대송전쟁 재개
1273	도종度宗 함순咸淳9	번성樊城·양양襄陽, 원군의 손에 함락됨	1274 일본, 분에이文永의 역
1276	공제恭帝 덕우德祐2	원군元軍이 임안臨安으로 들어오자 공제 항복. 두 왕王이 밖으로 탈출	
1277	단종端宗 경염景炎2	천주泉州의 포수경蒲壽庚, 송의 종실宗室과 병사 살해. 단종, 강주硐洲에서 사망	
1278	위왕衛王 상흥祥興원	황제, 애산崖山으로 옮김	
1279	위왕 상흥2	애산에서 원군의 맹공을 받아 황제는 바다에 빠지고 송은 멸망	1281 일본, 고안弘安의 역

옮긴이 후기

그동안 중국사를 개괄적으로 서술한 책은 시중에 여럿 출판되어 있었다. 그에 이어서 시대별로 나누어 조금 더 구체적인 내용으로 서술한 책을 번역하여 소개하겠다는 의도로 시작한 시도가 이 책으로써 마지막을 장식하게 되었다. 시대사 형식의 서적을 소개할 필요를 느끼는 것은, 각 시대마다 그 속에서 움직이고 있는 시대 분위기가 다를 수 있고, 나름대로 그 가운데 일괄되게 파악되는 유사함을 쉽게 이해할 수 있다는 점 때문일 것이다. 이 시리즈 외에도 여러 가지로 선택의 여지는 있었지만, 그 가운데에서 고단샤의 '중국의 역사' 시리즈가 비교적 적합하게 여겨졌다. 이 시리즈의 뒷부분 책들이 이미 각기 다른 제목으로 번역되어 나와 있어서 망설이기도 했지만, 오히려 이미 번역 출판되어 있다는 점에서 이 시리즈가 나름대로 선택을 받고 있다고 판단하여 그 이전 부분을 차례로 번역하여 소개할 필요가 있다고 생각했다.

이 시리즈를 번역하는 데에 여러분들께서 협조해 주신 데 대해서 감사를 드린다. 이 책이 나오는 동안 독자로부터 '송대사 편'은 언제쯤 출판되느냐는 질문을 계속 받아왔다. 아마도, 선진시대부터 명대까지 시리즈로 출간되고 있는데, 마지막으로 남아 있는 이 책이 나올 듯 나올 듯하면서 계속 시간을 끌고 있는 데 대한 질책이었을 것이다. 이 때문에 앞으로 이러한 시리즈를 발간할 때에는 가능한 한 시간에 맞추어야겠다는 반성을 해보기도 한다. 그동안 하염없이 늦어지는 이 책을 기다려주신 독자 여러분께도 감사의 인사를 드린다.

일반 독자를 위한 학술서 번역은 학자가 할 수 있는 훌륭한 사회 봉사에 속한다. 사실, 그럴 경우 우리나라에서는 금전적인 이득을 기대하기 어렵다. 그렇다고 명성이 높아지는 것도 아니다. 오히려 "번역이나 하고 앉아 있다"라는 핀잔을 듣기 일쑤다. 경우에 따라서는 저작권 문제를 해결하는 데 직접 도움을 주어야 할 때도 있다. 이들 저서의 판매 부수가 얼마 되지 않다 보니, 출판사로서는 비싼 저작권료를 지불하면서까지 번역서에 손댈 엄두를 내지 못하기 때문이다. 최근 들어서는 아예 각 대학교 도서관이 도서를 배열할 장소가 부족하다는 이유를 들어 그나마도 도서 구입을 하지 않는 상태가 되다 보니, 더욱 안타까운 실정이 되었다.

인구가 많은 중국이나 일본에서는 국가기관에서 번역을 지원하는 경우가 많은데, 한국에서는 그렇게 지원해 보아야 별 생색도 나지 않는다는 생각에서인지 학술서 번역을 지원하려고 하지 않는다. 물론 충실한 내용을 갖춘 학술 결과물을 자체적으로 창출해 낼 수 있다면야 좋겠지만 그런 수준에 도달하기까지는 아직 시간이 필요하다는 것이 현실이다.

이 시리즈는 애초에 『수당오대』나 『위진남북조』로 시작할 때에는, 번역자가 『위진남북조 수당사 논저목록』이라는 해당 시대의 논저목록을 준비하고 있을 때여서 번역서에는 가급적 논저를 역주譯註로 달거나 하지 않았다. 그 논저목록은 우선 2000년 이전의 연구목록을 기준으로 한 것인데 출간까지는 아직 조금 더 시간이 걸릴 듯하다. 『진한사』와 『선진시대』부터는 기왕에 발표된 논저를 역주로 달아 이해의 폭을 넓히는 데 도움을 주고자 하였다. 그런데, 『송대사』는 초벌 번역을 마친

후 처음 이러한 부차적인 작업을 부탁드린 분이 굳이 일본에서 출판한 '역사서'를 번역해야 하느냐면서, 그다지 끌리지 않는다고 거절하였다. 두 번째로 부탁드린 분은, 기존에 나왔던 연구업적들을 역주 형태로 반영했으면 좋겠다는 방침에 대해 한국에서 연구된 부분과 일본에서 서술한 부분이 일치하지 않는 곳이 꽤 된다고 하면서 역주 작업을 그다지 탐탁치 않아하셨다. 단, 이러한 책이 나오는 것 자체는 필요하다고 하시면서 승낙을 하셨다. 그리고 본문에 들어가야 할 목록을 꾸준히 찾아주셨는데, 정확히 본문의 어느 부분에 붙여야 할지 판단이 쉽지 않다면서 여러 차례나 작업을 미루었다.

실제로 최근 한국의 송대사 연구는 그 폭이 매우 넓어져서, 일본에서 40여 년 이전에 출판된 이 책에서 다루는 내용과는 그 설정 자체가 일치하지 않는 부분이 많다는 것을 확인할 수 있었다. 이러한 점에서 지금 한국에서의 송대사에 대한 관심 내용을 역주 형태로 더 많이 싣고자 하였다. 즉, 새로이 한국의 송대사 연구목록을 만들 듯이 모아 역주에 그 내용까지 간략히 소개하고자 하였다. 그 과정에서 많은 분들께 번거로움을 끼쳤다. 그렇게 모은 자료들을 정리하는 데에만 3개월이나 소요되었다. 그런데 이것을 본문에 반영하고 보니 애초의 편집본에 100쪽 넘게 더 분량이 추가되었다. 이것을 넘겨받은 출판사에서는 각주脚註를 미주尾注로 바꾸고 그 가운데 상당 부분을 삭제하고 그 내용도 줄였다. 처음에는 좀 당혹스러웠으나, 오히려 한국학자들이 자발적으로 한국판 『송대사』 책을 만들기를 기다리는 편이 낫겠다는 생각을 갖게 되었다.

지금은 우아하게 자제自制한 『송대사』 번역서의 형태로 절제하는 것이 좋겠다고 한 발 물러서게 되었다. 그리고, 이렇게 책을 깔끔하게 만들어낼 수 있는 여력을 갖춘 출판사에서 이 책을 마무리할 수 있게 된 것이 오히려 다행이었다고 생각한다.

한편 혜안출판사와 작업을 하면서 내용을 파악하고 접근하는 데 실수를 최대한 줄일 수도 있게 되었다. 예컨대 출판사 편집부에서는 교정 과정에서 본문의 '안열법按閱法'에 대해 주注를 달아줄 것을 요청하였다. 이 용어는 사료에는 오직 한 군데 출현하는데, 이것으로는 설명하기 어려웠다. 송대사를 전공으로 하는 중국인 교수와 몇 차례에 걸쳐 의논한 결과, 원저자가 사료를 잘못 읽은 것으로 판단내렸다. 옮긴이로서는 원저자가 잘못 해석한 부분은 고쳐야 한다고 생각하여 본문을 고쳤으나, 출판사는 원저자의 글 자체를 고치기보다는 본래의 문장 취지를 살리는 방향으로 하고, 옮긴이의 의견은 출판사에서 주注로 처리해 주었다. 지금 생각해 보면, 그렇게 하는 것이 가장 무난한 방법이었다. 또한, 옮긴이는 60여 년간 한국어를 써왔음에도 이를 문장으로 표현할 때 다소 부연하는 어투를 사용하는 경우가 많은데, 이 경우에도 출판사에서 적합한 용어로 간결히 줄여서 정리해 주었다. 역시 많은 사람들에게 환영받는 책이 되려면 아무래도 깔끔하게 정리하여 표현할 줄 아는 출판사에 맡기는 것이 가장 좋은 방법일 것이다.

최근에, 송대사와 관련된 국제적인 모임이 유난히도 많았다. 허베이河北대학에서 한국외국어대학이 참여하여 국제학술대회가 열렸고, 장쩌후 송사 청년학자江浙滬宋史青年學者 모임이나, 중국대륙송사연구생도사진영中國大陸宋史研究生導師陣營, 항저우 송사논단杭州宋史論壇, 중일청년학자송요금원사연구회中日青年學者宋遼金元史研究會를 비롯하여, 제7계 청년법사논단第七屆青年法史論壇 등 지역의 경계를 벗어나면서 시각視覺의 격차를 발견할 수 있는 많은 모임들이 이루어지고 있다. 한편으로는 『천성령天聖令』이나 『청명집清明集』 같은 새로운 자료가 발견되어, 송대사에 대한 이해의 폭이 더 넓어지고 더 깊이 있는 이해가 가능해지고 있다. 그럴수록

더욱 송대에 대한 기초적인 이해가 갖추어져야 각기 그 이해의 정확도를 보증할 수 있을 것이다.

송대사를 포함한 송·요·금 시대는, 각각의 인물에 대해 전혀 다른 입장에서 접근하는 경우를 자주 볼 수 있다. 예컨대 남송 중기의 유명한 정치인물이자 유학자인 '당중우唐仲友'에 관해서 한국에서는 김태완의 『율곡 이이의 ≪경연일기≫』(역사비평사, 2012)에 소상하게 설명되어 있다. 그런데 외국에서는 그에 관해 상당히 긍정적으로 보려는 연구가 있어서, 시대가 바뀌면 다른 해석도 가능할지 주목된다. 시대가 바뀌면서 전혀 상반된 평가를 받는 경우도 자주 볼 수 있다. 한편으로는, 그러한 평가를 보편적인 가치 기준으로 다시 평가해 낼 힘을 기르는 것이야말로 송대사를 읽으면서 키울 수 있는 가치일 수도 있겠다. 이 책이 그런 상대적인 가치 구분을 할 수 있는 촉매제가 되었으면 좋겠다.

마지막으로 옮긴이 후기를 쓰면서 이 책의 원저자인 나카지마 사토시 교수님이 떠오른다. 아마도 1997년 무렵이었다고 생각되는데, 판권료도 드릴 겸해서 댁宅 근처에서 만나뵈었다. 헤어지기 직전에 "연구에 매진하려면, 무엇보다도 건강에 주의하여야 하니, 꼭 몸 관리에 신경 쓰도록 하시오"라고 당부하셨다. 보통 같으면 연하年下인 옮긴이가 나카지마 선생님께 드려야 할 말씀인데 거꾸로, 옮긴이가 듣게 되니, 고맙기도 하고 황송하기도 했다. 몹시 상대방을 위해 주시는 분이라고 생각되었다. 그리고 이 책과 이 시리즈가 완성되는 과정에서 여러 분들에게 폐를 끼쳤는데, 특히 남인국 선생님께는 여러 가지로 고마움을 전해드리고 싶다. 이 책을 마무리하면서, 매일 밤 11시 08분에 경북대학교 북문에 도착하여 나를 집까지 데려다준 410번 버스의 기사님께도 감사를 드려야 할 것 같다.

옮긴이 임 대 희

찾아보기

_ㄴ

_ㄷ

_ㅇ

_ㅈ

지은이 **스도 요시유키** 周藤吉之 1907년 島根縣 출생. 東京大學 문학부 동양사학과 졸업. 東京大學 문학부 교수를 거쳐 東洋大學 교수. 주요 저서로 『中國土地制度史硏究』, 『宋代經濟史硏究』 등이 있다.

나카지마 사토시 中嶋敏 1910년 石川縣 출생. 東京大學 문학부 동양사학과 졸업. 東京教育大學 교수를 거쳐 大東文化大學 교수, 東洋文庫 연구원. 주요 저서로 『東洋史學論集』, 『同續編』 등이 있다.

옮긴이 **이석현** 李錫炫 1964년 부산 출생. 고려대학교 사학과 졸업, 동 대학원 석사·박사(동양사) 졸업. 중국 사회과학원 역사연구소(진수학자), 고려대학교 중국연구소(연구조교수), 경성대학교(교양학부 전임강사), 연세대학교 국학연구원(연구교수), 서강대학교 디지털역사연구소(연구교수), 현재 덕성여자대학교 연구교수.

임대희 任大熙 1953년 경주 출생. 德壽國民學校, 中央中高等學校, 서울대학교(동양사), 空軍士官學校教授部(역사교관), 臺灣師大(歷史硏究所 중퇴), 東京大學(동양사), 茨城大學(人文學部 전임강사), 筑波大學(외국인방문학자), 京都大學(외국인방문교수), 南京師大法學院講座教授, 현재 경북대학교 교수.

중국의 역사 **【송 대】**

스도 요시유키 · 나카지마 사토시 지음

이석현 · 임대희 옮김

2018년 11월 17일 초판 1쇄 발행

발행처 | 도서출판 혜안
발행인 | 오일주

등록번호 | 제22-471호
등록일자 | 1993년 7월 30일

주소 | ㊝ 04052 서울시 마포구 와우산로 35길3(서교동) 102호
전화 | 02-3141-3711~2 / **팩스** | 02-3141-3710
이메일 hyeanpub@hanmail.net

ISBN 978-89-8494-616-3 93910

값 22,000 원

북송 강역도

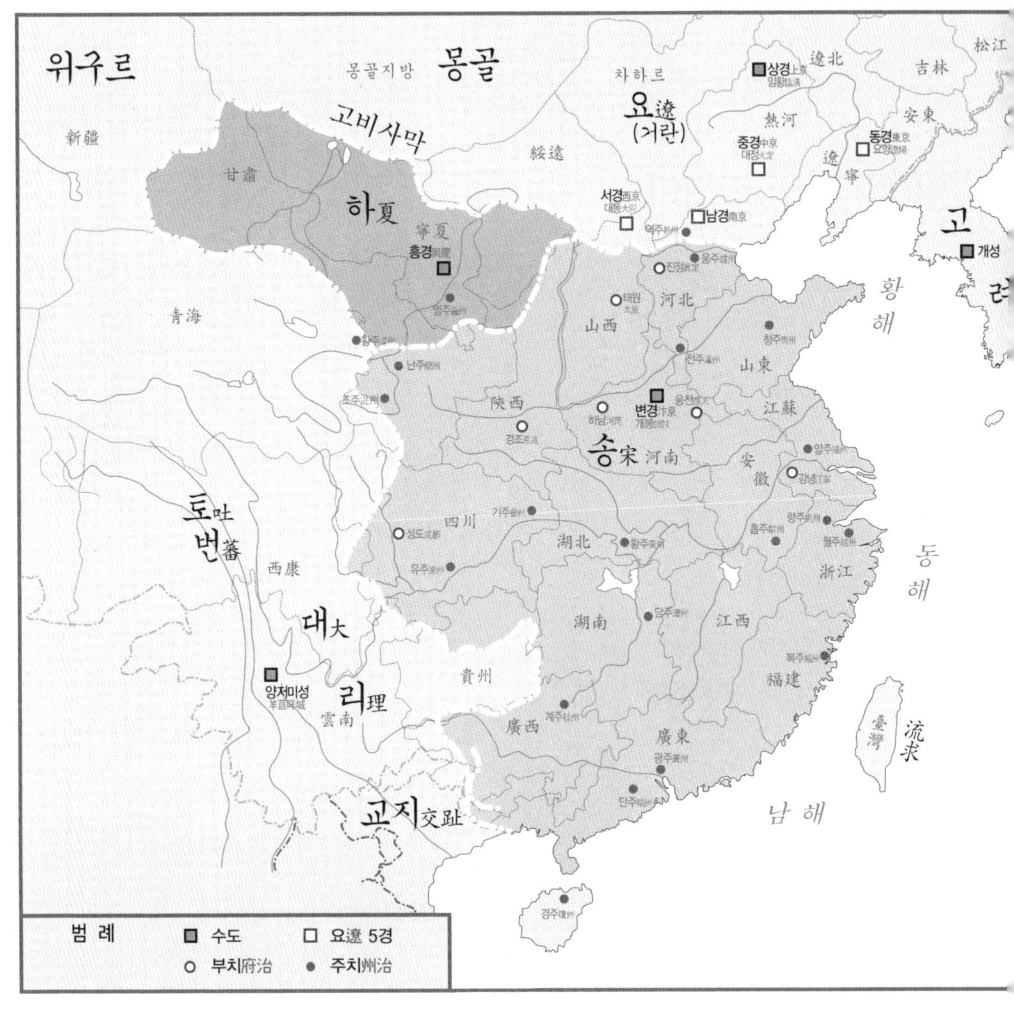

위구르
몽골지방
몽골
차하르
요遼
(거란)
상경上京
遼北
吉林
松江
고비사막
新疆
熱河
安東
중경中京
동경東京
綏遠
甘肅
遼寧
하夏
서경西京
남경南京
寧夏
고
흥경
개성
려
황해
河北
태원
靑海
山西
山東
陝西
변경
江蘇
송宋
河南
安徽
四川
토吐
번蕃
湖北
西康
浙江
동해
湖南
江西
대大
福建
貴州
양저미성
리理
雲南
廣西
廣東
臺灣
流求
교지交趾
남해
범례
수도
요遼 5경
부치府治
주치州治

남송 강역도

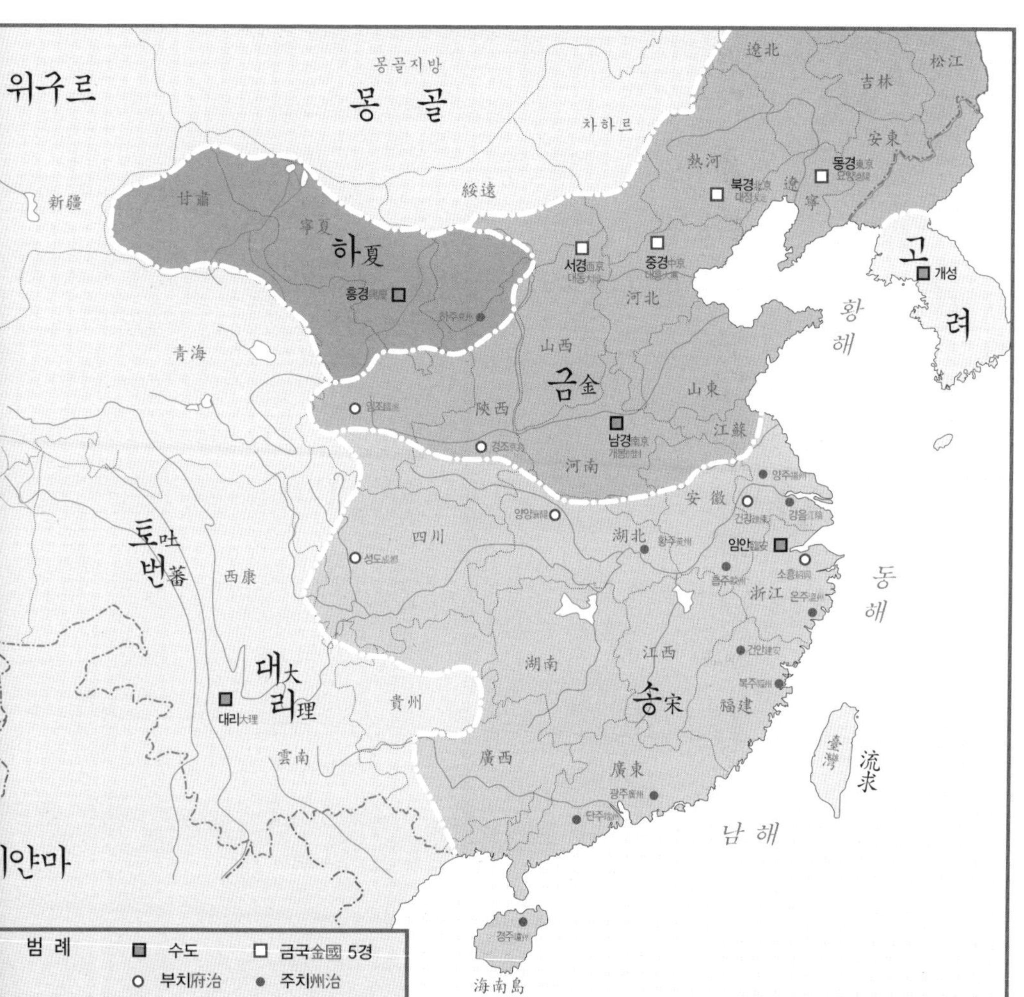

위구르
몽골지방
몽 골
차하르
新疆
甘肅
綏遠
寧夏
하夏
흥경
하주
靑海
遼北
吉林
松江
安東
熱河
遼寧
북경北京
동경東京
서경西京
중경中京
河北
山西
금金
山東
陝西
임조
남경南京
경조
河南
江蘇
고려
개성
황해
토번吐蕃
西康
四川
양양
성도
湖北
황주黃州
安徽
양주揚州
건강建康
강음江陰
임안臨安
소흥紹興
浙江
온주溫州
동해
湖南
江西
건안建安
복주福州
福建
송宋
대리大理
대리
貴州
雲南
廣西
廣東
광주廣州
단주
臺灣
流求
남 해
미얀마
경주
海南島
범 례
수도
금국金國 5경
부치府治
주치州治